U0149348

《獸譜》滿文圖說校注

下冊

莊吉發校注

滿語叢刊
文史哲出版社印行

國家圖書館出版品預行編目資料

《獸譜》滿文圖說校注 / 莊吉發編譯. --初版.-- 臺北市：文史哲，民 107.12
面； 公分.（滿語叢刊；33）
ISBN 978-986-317-449-6 (平裝：二冊)

1.滿語 2.中國畫

802.91 107023031

滿語叢刊 33

《獸譜》滿文圖說校注（上下冊）

校注者：莊吉發
出版者：文史哲出版社
http:// www.lapen.com.tw
e-mail:lapen@ms74.hinet.net
登記證字號：行政院新聞局版臺業字五三三七號
發行人：彭正雄
發行所：文史哲出版社
印刷者：文史哲出版社
臺北市羅斯福路一段七十二巷四號
郵政劃撥帳號：一六一八〇一七五
電話886-2-23511028．傳真886-2-23965656

上下冊定價新臺幣一二六〇元

民國一〇七年（2018）十二月初版
民國一〇八年（2019）三月初版三刷

ISBN 978-986-317-449-6 65133

《獸譜》滿文圖說校注

下 冊

目 次

《獸譜》第三冊畫冊 307-322

《獸譜》第三冊滿文圖說校注 325-399

旋毛馬 325 駝 329 騾 333 驢 337
牛 341 犛牛 345 旄牛 347 羊 349
羬羊 353 麢羊 355 犬 357 豕 361
豪彘 365 鹿蜀 367 類 369 猾褢 371
猼訑373 狸力 375 長右 377 彘 379
𤜣381 蠱雕 383 菍聾 385 犳 387
嚻 389 谿邊 391 玃如 393 朱厭 395
舉父 397 土螻 399

《獸譜》第四冊畫冊 401-416

《獸譜》第四冊滿文圖說校注 419-303

狡 419 猙 421 天狗 423 獓狚 425
讙 427 蠻蠻 429 窮奇 431 孰湖 433
臛疏435 孟槐 437 孟極 439 幽頞 441
足訾 443 諸犍 445 那父 447 窫窳 449

諸懷 451 狕 453 閭 455 駮馬 457
狍鴞 459 獨狢 461 居暨 463 驒 465
天馬 467 領胡 469 辣辣471 獂 473
雙雙 475 從從 477
《獸譜》第五冊畫冊……479-494
《獸譜》第五冊滿文圖說校注……497-555
狪狪 497 軨軨 499 犰狳 501 朱獳 503
獙獙 505 蠪姪 507 峳峳 509 媻胡 511
精精 513 猲狙 515 當康 517 合窳 519
蜚 521 難523 朏朏 525 蠪蚔 527
馬腹 529 夫諸 531 麈533 犀渠 535
獺537 山膏 539 文文 541 鼉圍 543
狏狼 545 雍和 547 獜 549 狙如 551
猴553 狢即 555
《獸譜》第六冊畫冊……557-572
《獸譜》第六冊滿文圖說校注……573-641
梁渠 575 聞獜577 蛫 579 并封 581
羅羅 583 開明獸 585 夔 587 跊踢 591
利未亞師子 593 蠱 595 戎宣王尸 597
猎猎 599 崮狗 601 檮杌 603 旱獸 605
屏翳 607 厭火獸 609 三角獸 611 蝬 613
獨角獸 615 鼻角獸 617 加默良 619 亞細亞州山羊 621
般第狗 623 獲落 625 撒辞漫大辞 627 狸猴 629
意夜納 631 惡那西約 633 蘇獸 635
跋 637

《獸譜》第三冊畫冊

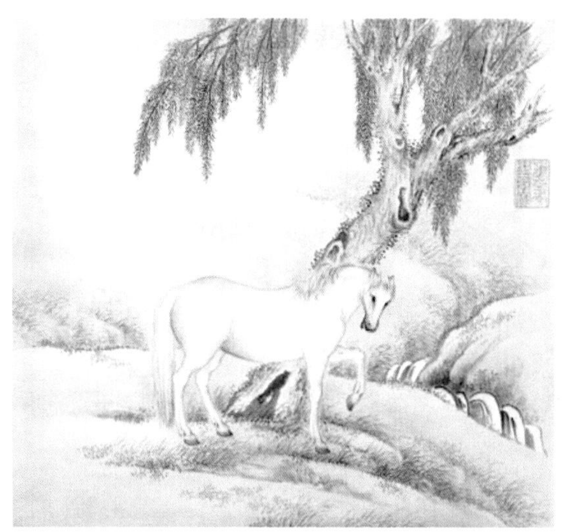

旋毛馬

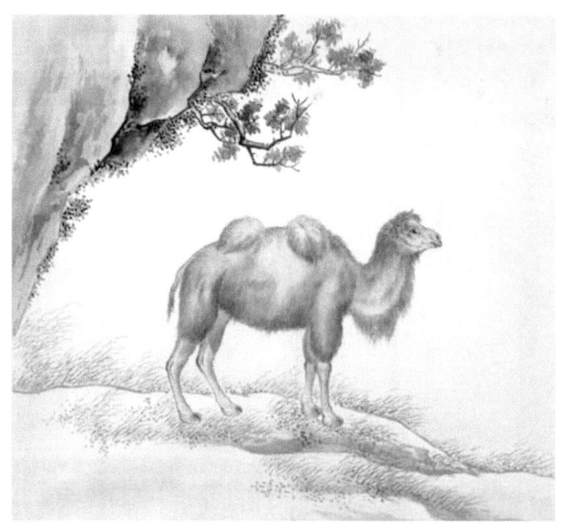

駝

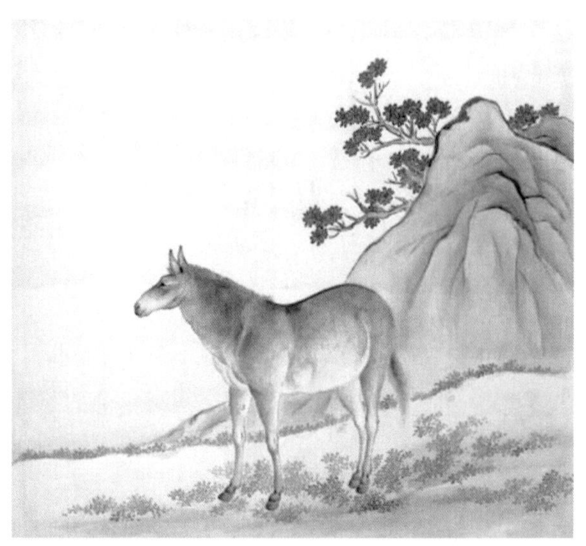

騾

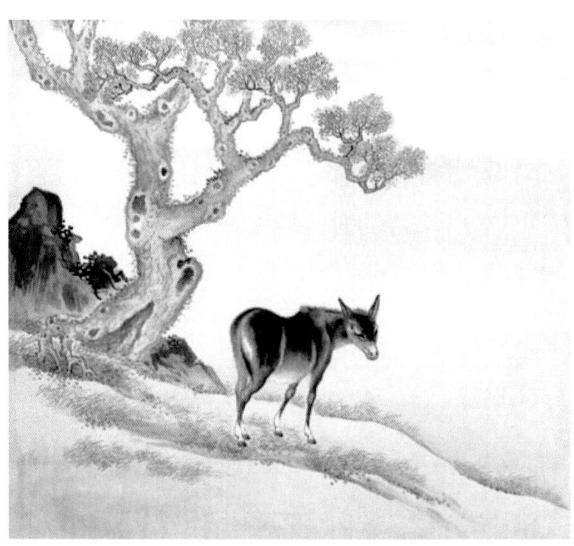

驢

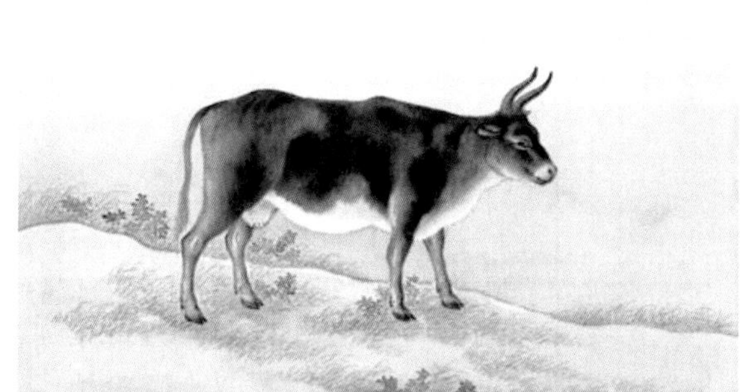

牛

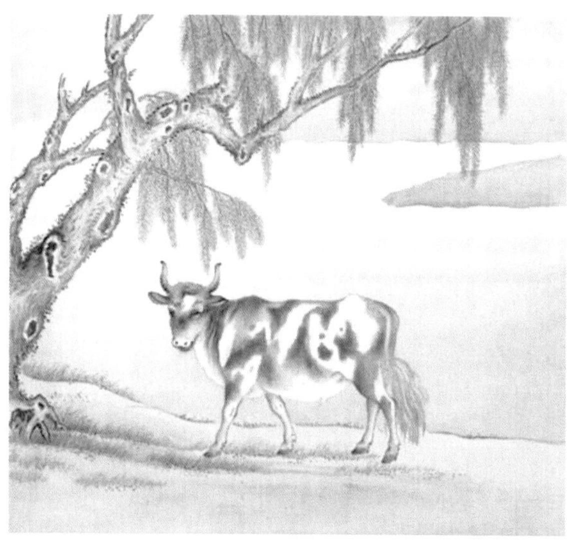

犛牛

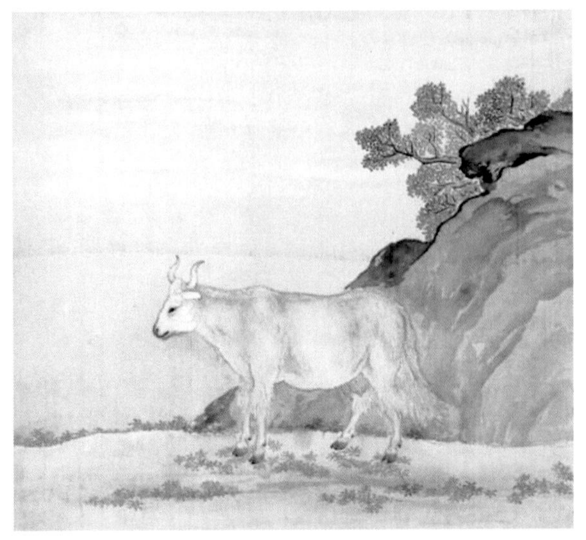

旄牛

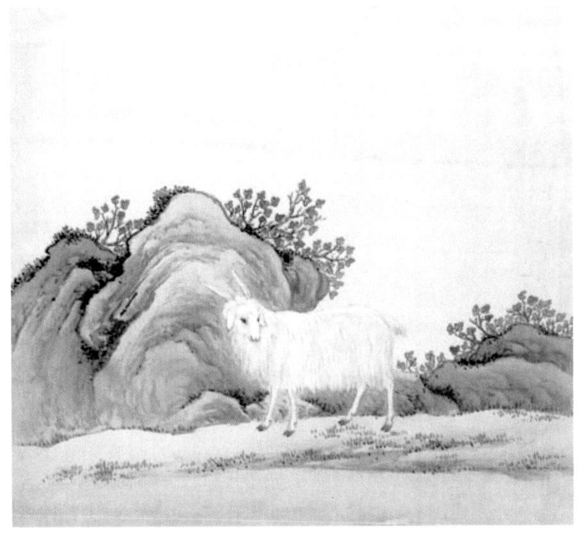

羊

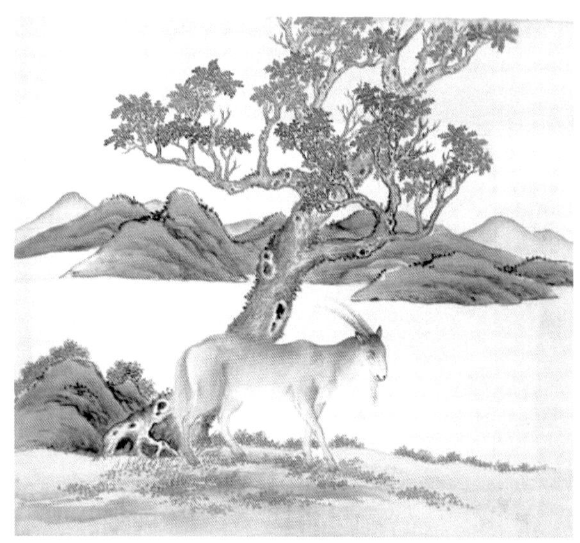

羬羊

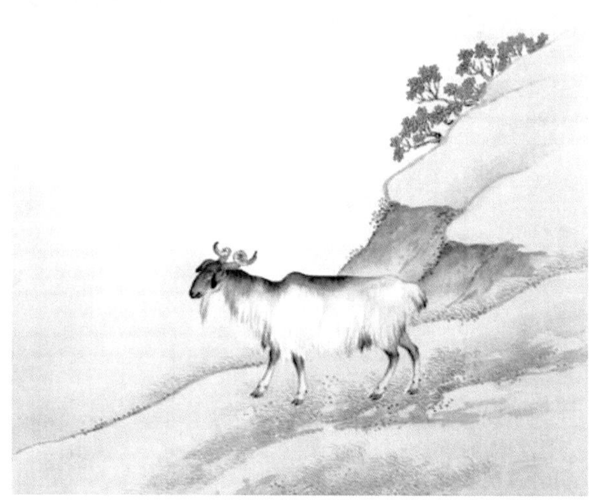

䍶羊

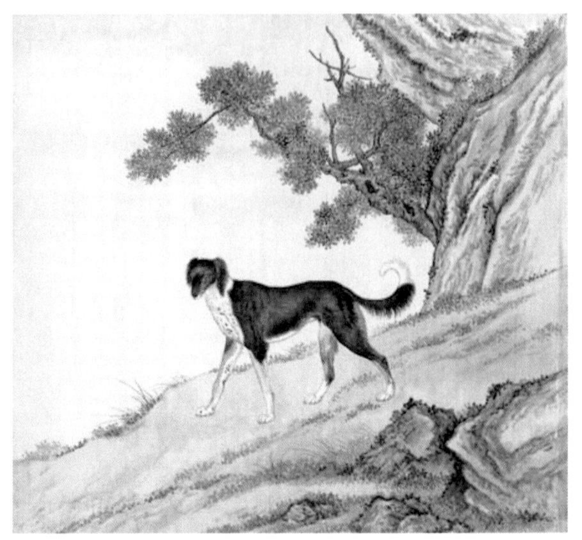

犬

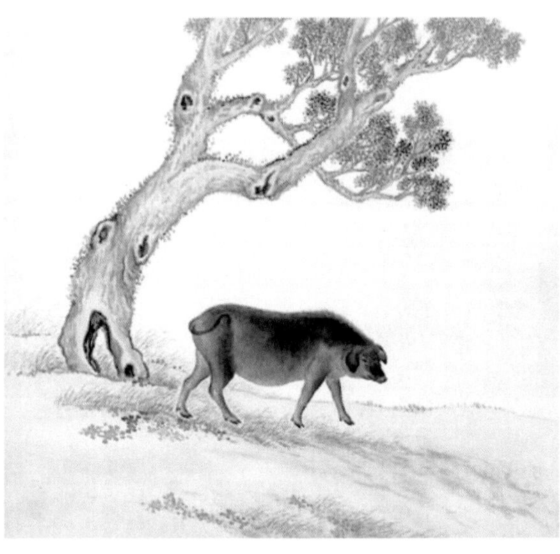

豕

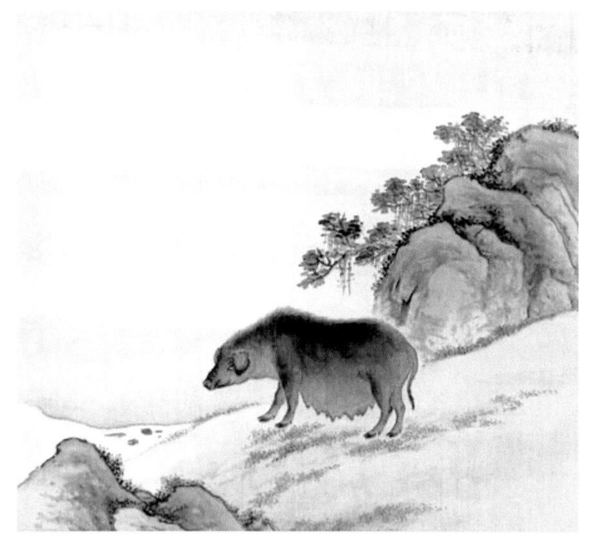

豪彘

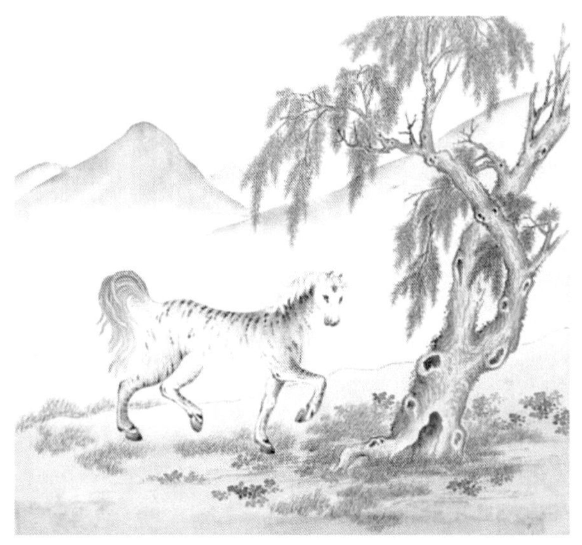

鹿蜀

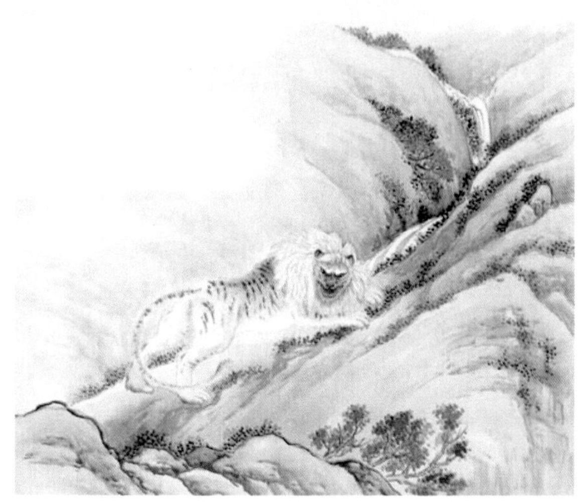

類

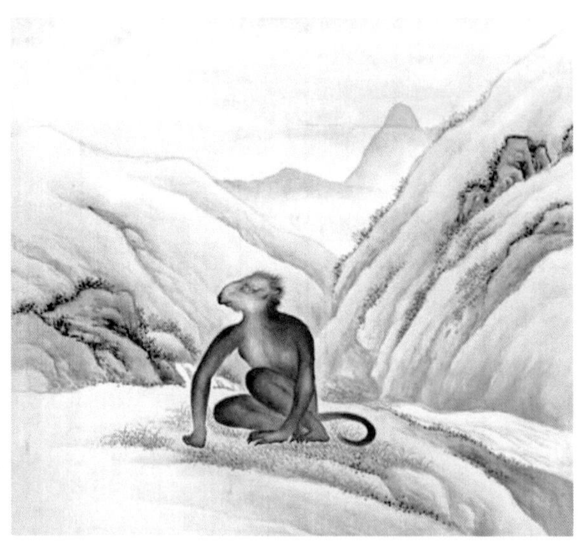

猬褢

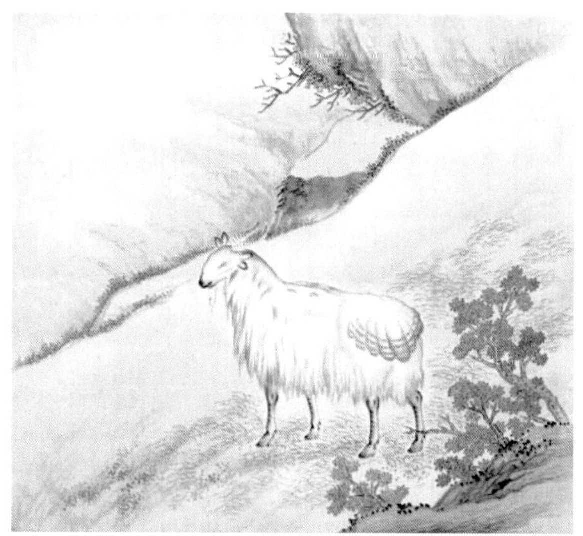

獱訑

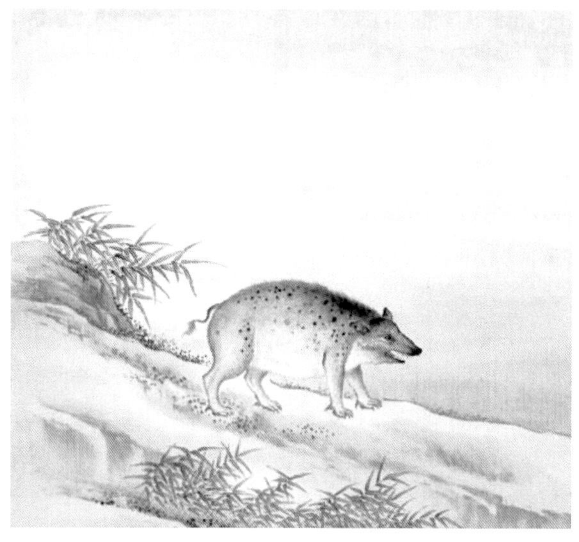

狸力

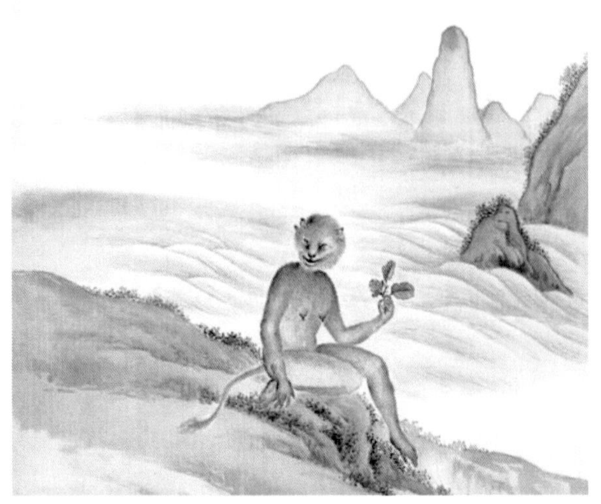

長右

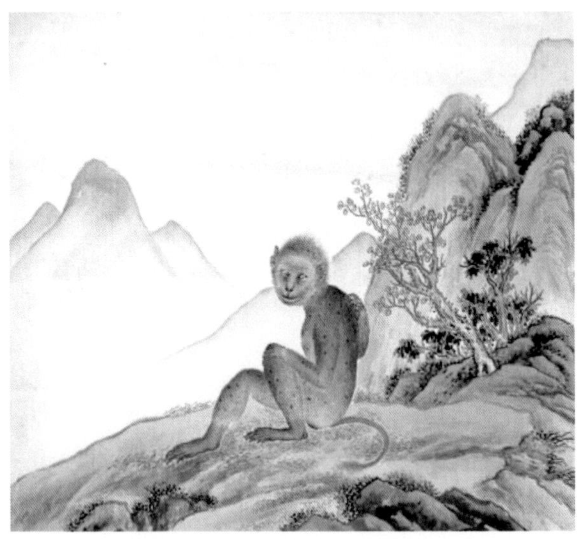

㲋

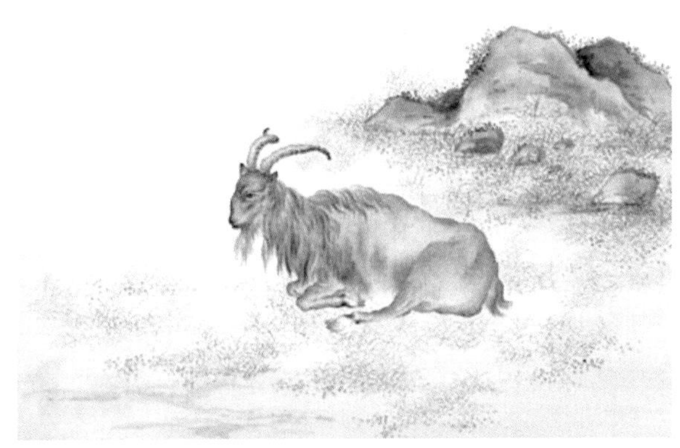

羬

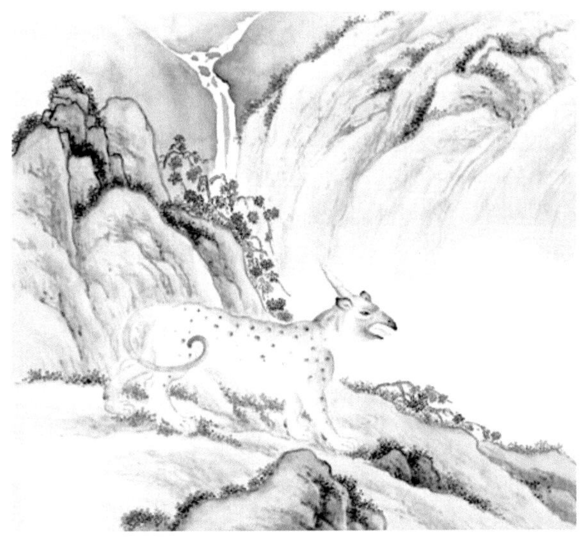

蠱雕

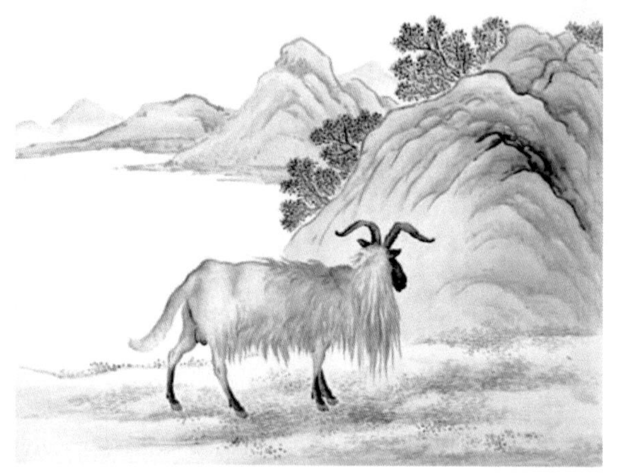

菍聾

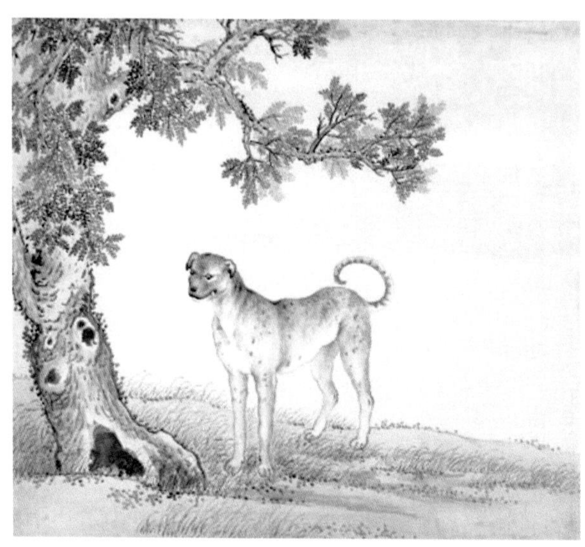

犳

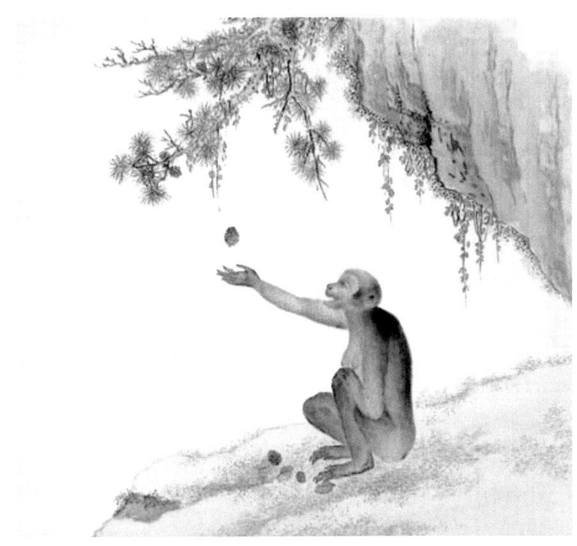

囂

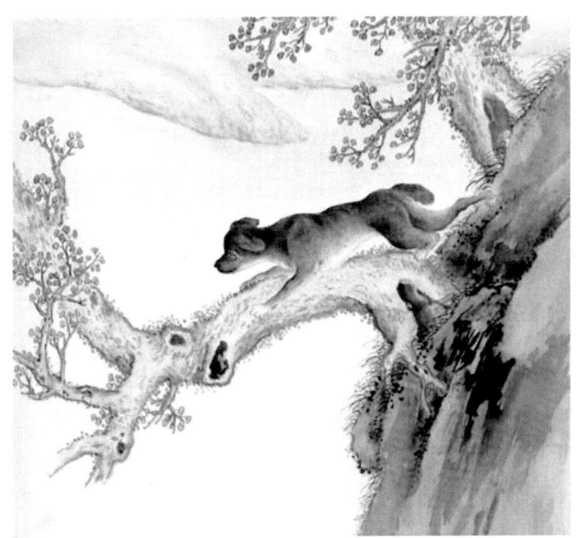

谿邊

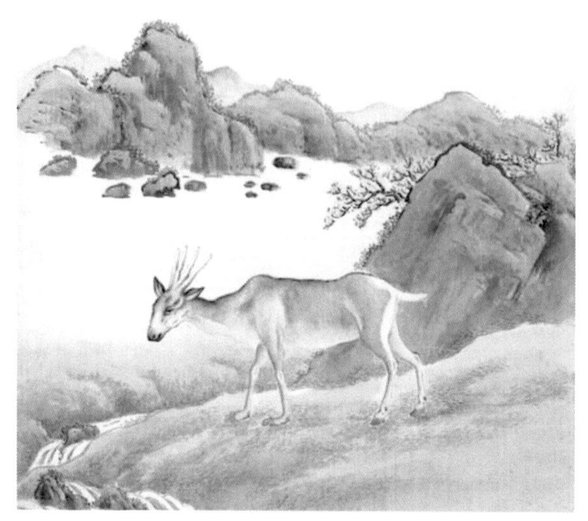

玃如

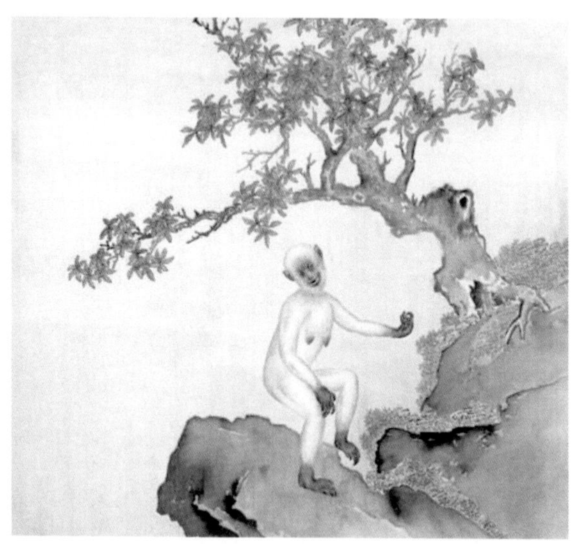

朱厭

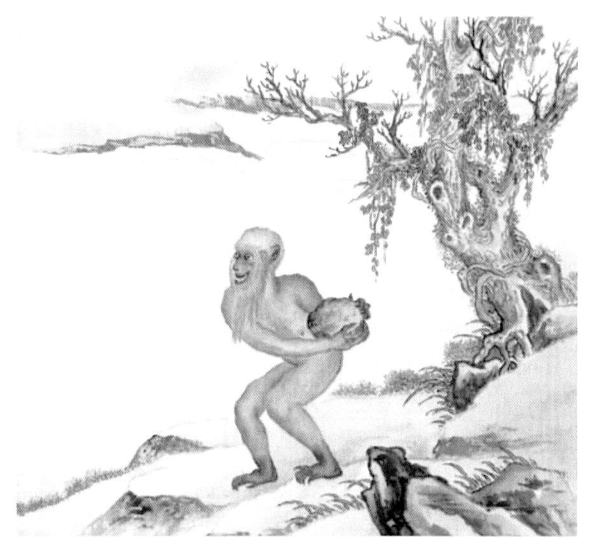

舉父

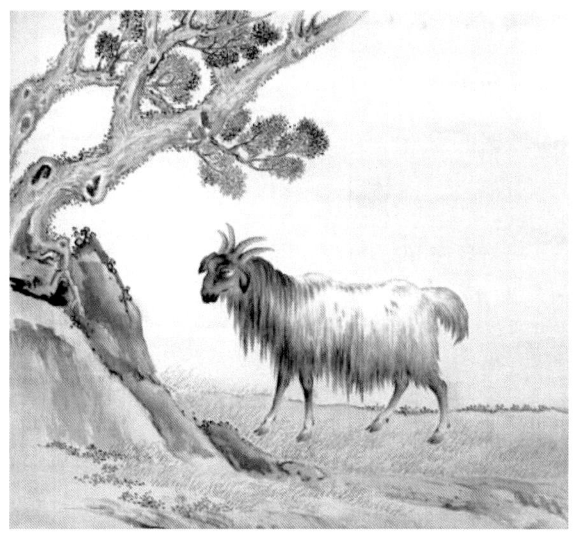

土螻

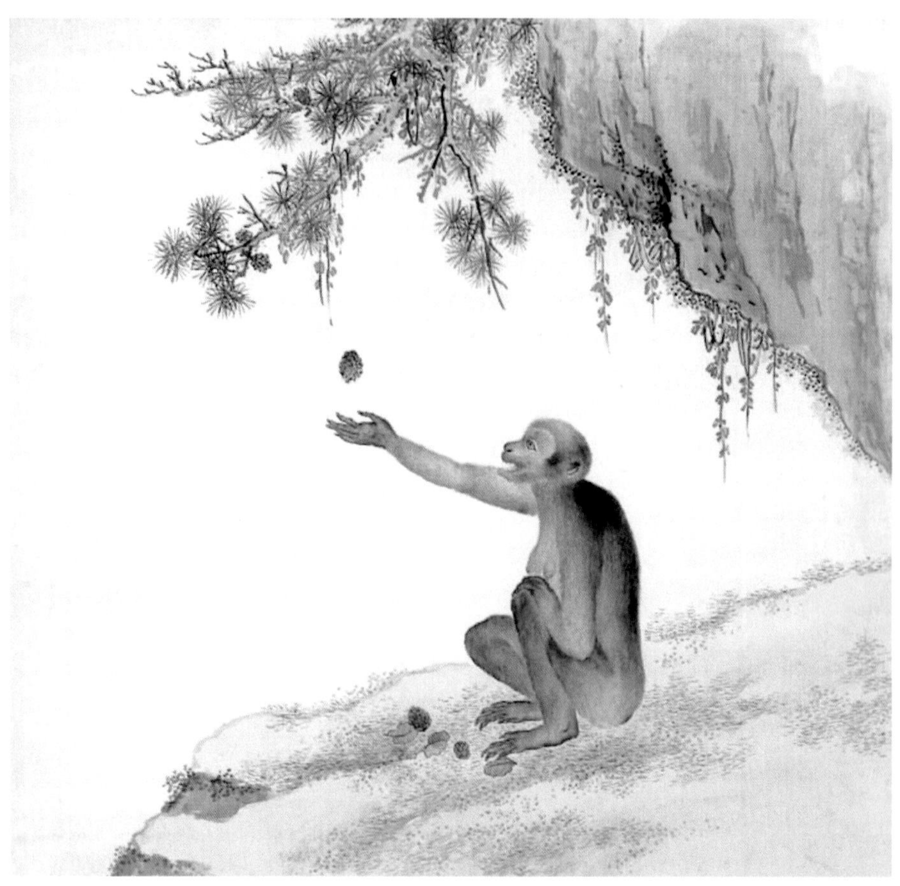

囂

《獸譜》第三冊滿文圖說校注

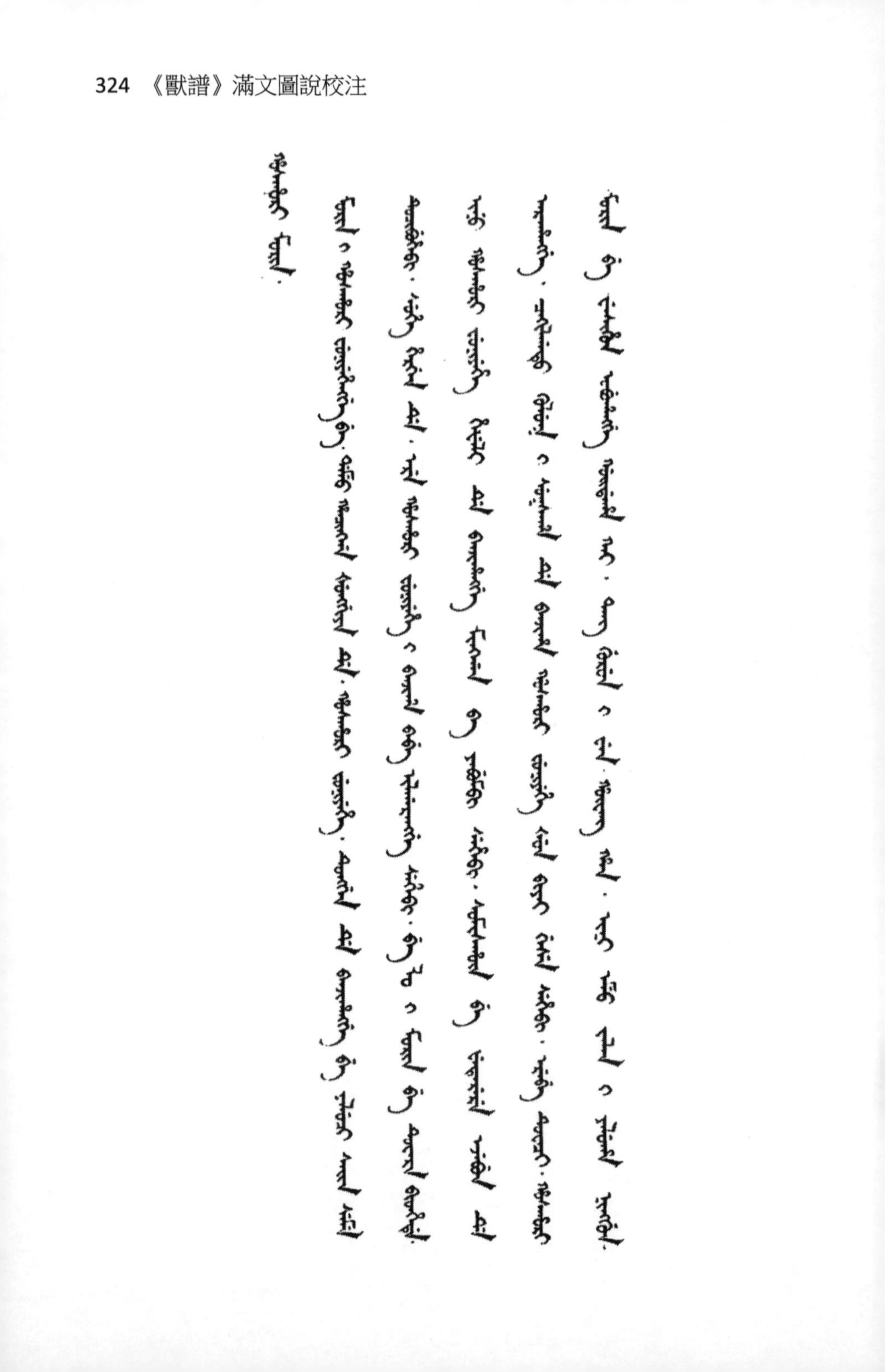

[illegible]

[illegible]

[illegible]

[illegible]

[illegible]

[illegible]

hoshori morin

morin i hoshori funiyehengge be, damu hancingga šunggiya de, hoshori funiyehe, tunggen de banjihangge be yaluci sain seme tucibuhebi. suhe hergen de, ere hoshori funiyehe i banjiha babe ilgarangge sehebi. be lo i morin be tuwara bithede, inu hoshori funiyehe hefeli de banjihangge minggan ba yabumbi sehebi. somishūn be feterere ejebun de arahangge, cakilgatu kuluk i suksaha de banjiha hoshori funiyehe šun biyai gese sehebi. erebe tuwaci, hoshori morin be wesihun obuhangge goidaha kai. tang gurun i wen huwang han, ini emu jalan i yaluha ninggun

旋毛馬

馬之旋毛者，始見於《爾雅》曰：回毛在膺宜乘[1]。注謂：別旋毛所在也。伯樂《相馬法》亦云：旋毛在腹下者千里[2]。《洞冥記》載：步影[3]股有旋毛如日月狀，是旋毛之足重久矣。迨唐文皇贊其生平所乘六馬，

旋毛马

马之旋毛者，始见于《尔雅》曰：回毛在膺宜乘。注谓：别旋毛所在也。伯乐《相马法》亦云：旋毛在腹下者千里。《洞冥记》载：步影股有旋毛如日月状，是旋毛之足重久矣。迨唐文皇赞其生平所乘六马，

[1] 回毛在膺，滿文讀作"hoshori funiyehe, tunggen de banjihangge"意即「卷毛長在胸脯」。

[2] 旋毛在腹下者千里，滿文讀作"hoshori funiyehe hefeli de banjihangge minggan ba yabumbi"，意即「卷毛長在腹下者行千里」。

[3] 步影，滿文讀作"cakilgatu kuluk"，係蒙文"čakilγatu külüg"借詞，意即「帶電的駿馬」。

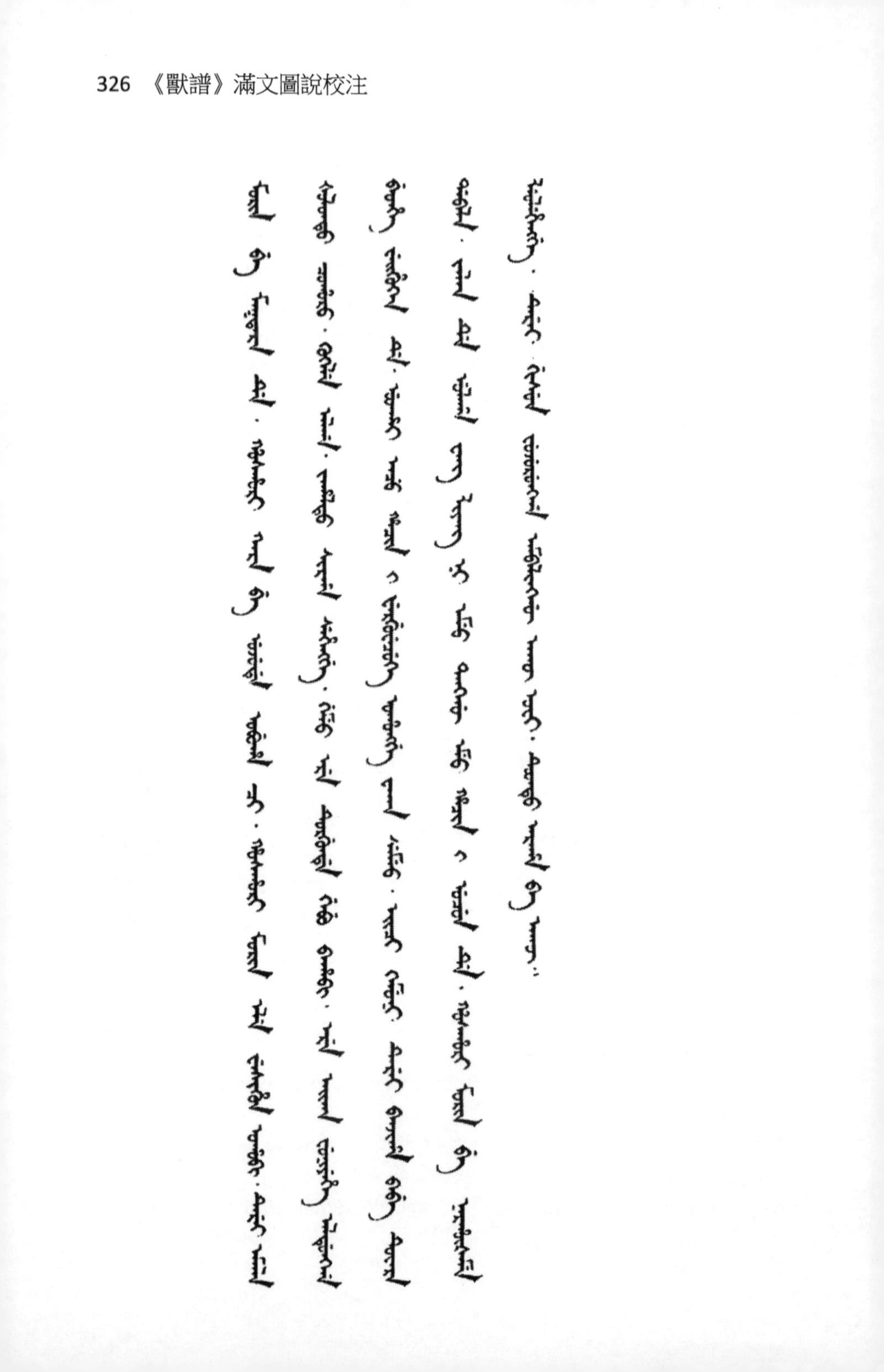

[illegible]

morin be maktara de, hoshori kara be ujude obuha ci, hoshori morin ele wesihun ohobi. terei amala šolontu cohoro, kukele alga, jahaltu sirha sehengge, gemu ere turgunde gebu bahabi. ere aika funiyehe aldungga bethe weihuken de, uthai encu hacin i ferguwecuke ohongge waka semeo. eici kemuni terei banjiha babe tuwara dabala. jalan de ulaha wang liyang ni emu tanggū emu hacin i ucun de, hoshori morin be narhūšame leolehengge, terei gisun fujurungga ambalinggū akū ofi, tuttu araha ba akū.

而以拳毛騧居首，於是旋毛益貴[4]。厥後九花虬[5]、碧雲騢、錦膊驄，皆以此得名。豈奇毛逸足，其神駿固不同耶？抑當視其所在耶？世所傳〈王良百一歌〉論旋毛特詳，其言不雅馴，故弗錄。

而以拳毛騧居首，于是旋毛益贵。厥后九花虬、碧云騢、锦膊骢，皆以此得名。岂奇毛逸足，其神骏固不同耶？抑当视其所在耶？世所传〈王良百一歌〉论旋毛特详，其言不雅驯，故弗录。

---

4 旋毛益貴，句中「旋毛」，滿文讀作“hoshori morin”，意即「旋毛馬」。
5 九花虬，滿文讀作“šolontu cohoro”，意即「有豹花的駿馬」。

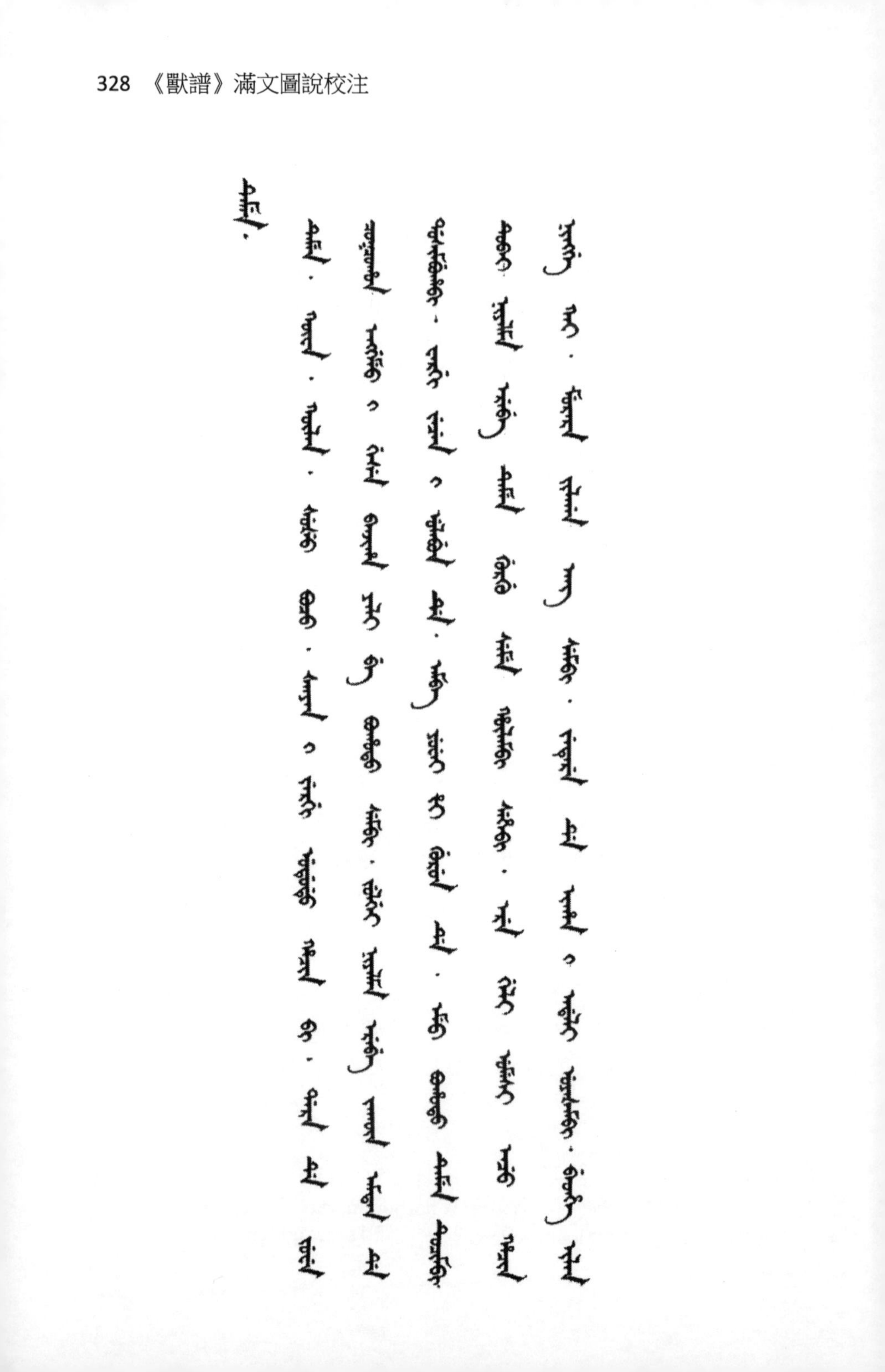

temen

temen, kūwa, kūlan, šušu boco, šanyan i jergi ududu hacin bi, dara de juwe cokcohon enggemu i gese banjiha yali be bohoto sembi. julgei niyalma erebe jakūn amtan de dosimbuhabi wargi jecen i ulabun de, amba yuwei jy gurun de, emu bohoto temen tucimbi. tubai niyalma erebe tumen gurgu seme hūlambi sehebi. ere geli umesi encu hacin ningge kai. murara jilgan ang sembi. jetere de ihan i adali uyašambi. bethe ilan

---

駝

駝，黃、褐、紫、白數種[6]，背兩峯如鞍，曰駝峯[7]，亦作封[8]。古人列於八珍。《西域傳》云：大月氏出一封橐駝，俗呼封牛[9]。又其種之特異者，鳴曰圜。食如牛齝[10]，足三

驼

驼，黄、褐、紫、白数种，背两峯如鞍，曰驼峯，亦作封。古人列于八珍。《西域传》云：大月氏出一封橐驼，俗呼封牛。又其种之特异者，鸣曰圜。食如牛龄，足三

---

6 黃、褐、紫、白數種，句中「黃」，滿文讀作“kūwa”，係蒙文“quwa”借詞，意即「乾草黃」;「褐」，滿文讀作”kūlan”，係蒙文“qula”借詞，意即「黃褐毛的」。

7 駝峯，滿文讀作“banjiha yali be bohoto sembi”，意即「所長的肉叫做駝峯」。

8 亦作封，原書未譯出滿文。

9 俗呼封牛，滿文讀作“tubai niyalma erebe temen gurgu hūlambi”，意即「那裡的人呼其為野駱駝」。

10 食如牛齝，滿文讀作“jetere de ihan i adali uyašambi”，意即「吃食物像牛反芻」。

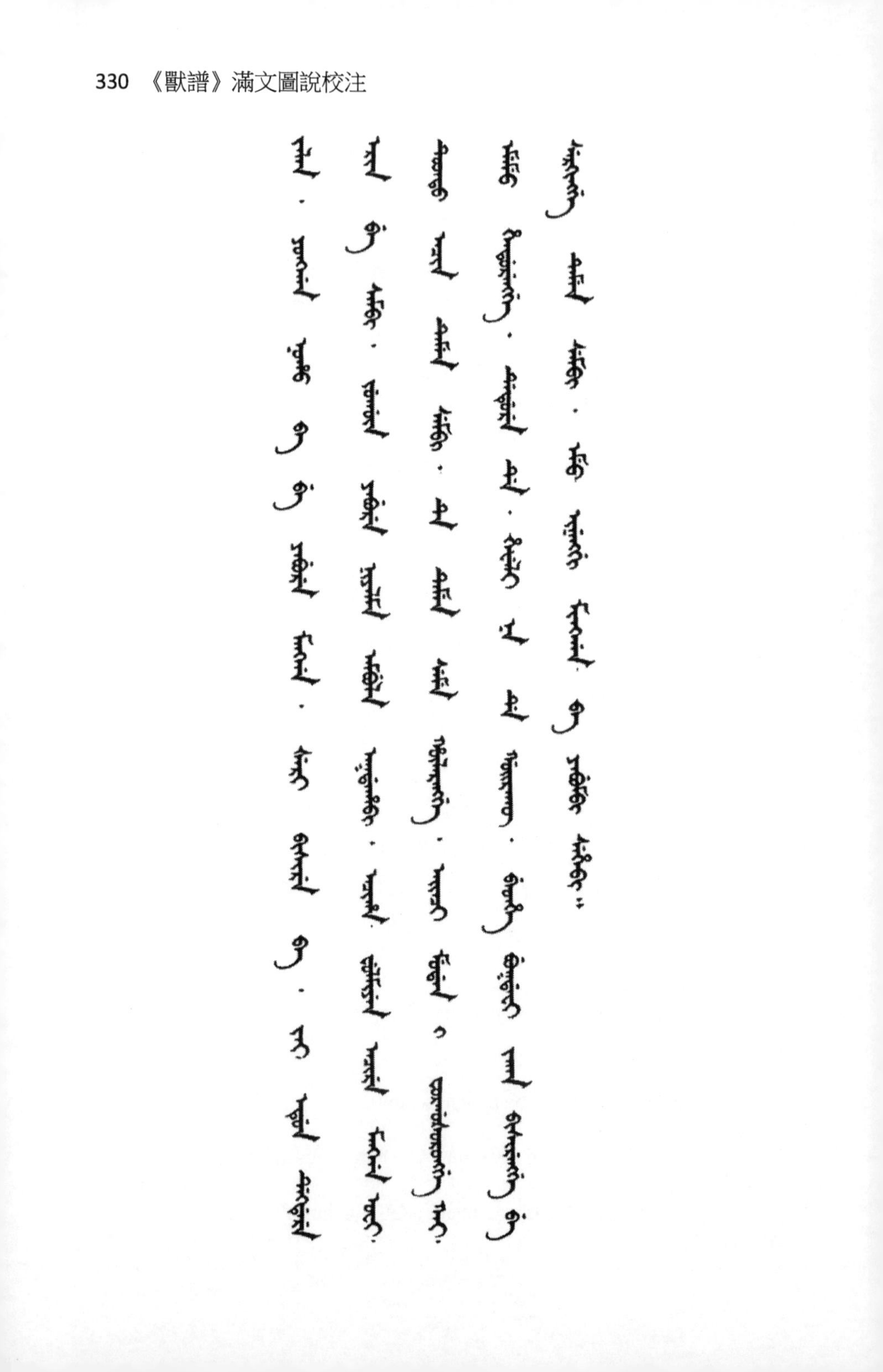

[illegible]

jalan, yonggan noho ba be yabure mangga, šeri bisire ba, jai edun dekdere erin be sambi. jugūn yabure niyalma ambula akdahabi, aciha fulmiyen acire mangga ofi, tuttu acin temen sembi. te temen seme hūlarangge, ainci mudan i forgošorongge kai. ememu hendurengge, dedure de, hefeli na de goirakū, bethe bukdafi jaka bisirengge be serkingge temen sembi. emu inenggi minggan ba yabumbi sehebi.

節，善行流沙中[11]。知水泉及風候，行旅多資之[12]。以其能負囊橐，故曰橐駝。今云駱駝，蓋橐音之轉耳。或云臥而腹不貼地，屈足漏明者曰明駝[13]，日可行千里。

节，善行流沙中。知水泉及风候，行旅多资之。以其能负囊橐，故曰橐驼。今云骆驼，盖橐音之转耳。或云卧而腹不贴地，屈足漏明者曰明驼，日可行千里。

---

[11] 流沙，滿文讀作“yonggan noho ba”，意即「光是沙之地」。

[12] 行旅多資之，滿文讀作“jūgun yabure niyalma ambula akdahabi”，意即「行路的人多依靠牠」。

[13] 屈足漏明者曰明駝，句中「漏明」滿文讀作“jaka bisirenge”，意即「有縫隙的」。

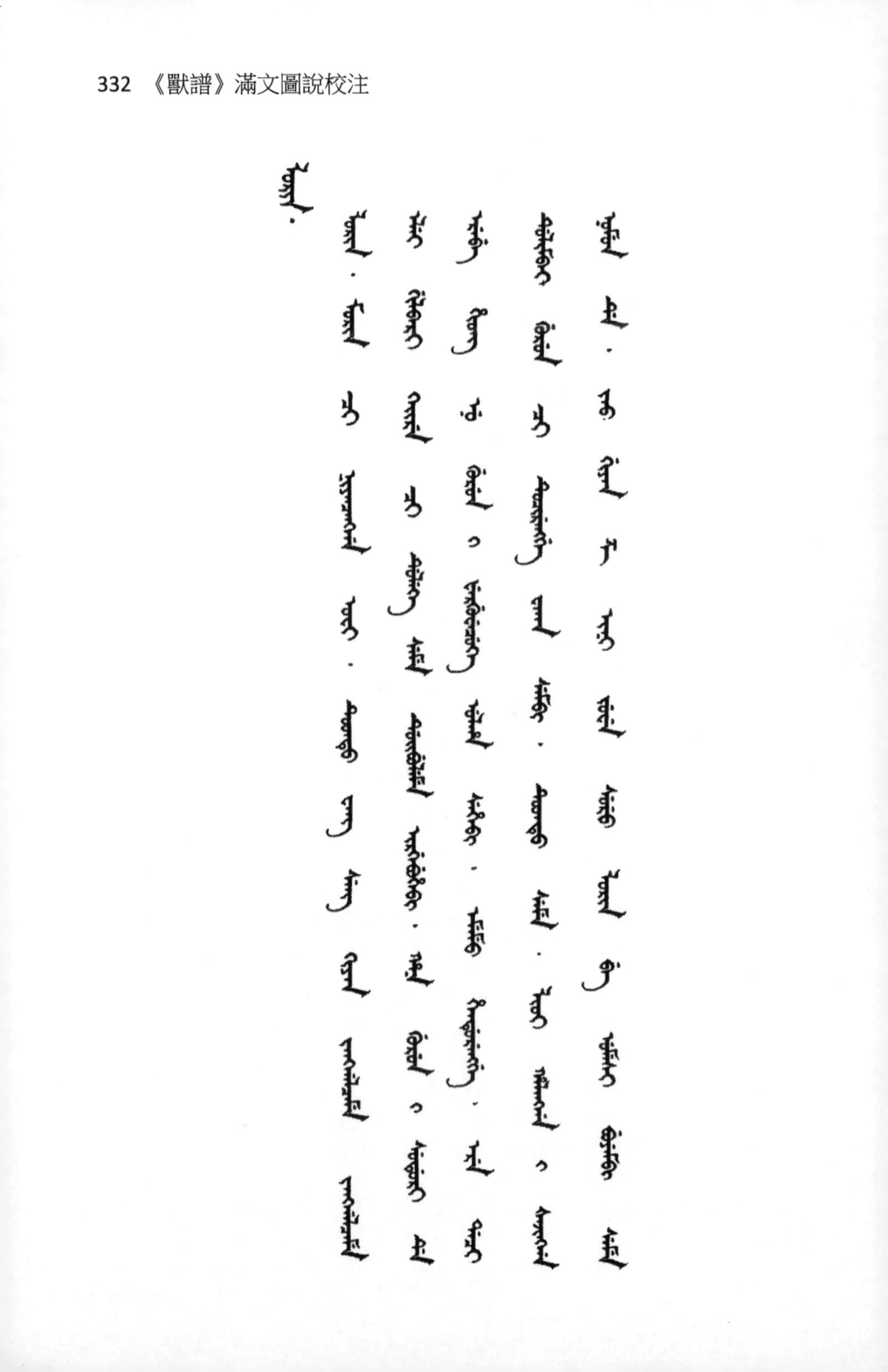

lorin

lorin, morin ci niyancangga ofi, tuttu wang seng kiyan janggalcame janggalcame elei gilbari keire ci duleke seme duibuleme irgebuhebi. ha<u>n</u> gurun i suduri de erebe hiong nu gurun i ferguwecuke ulha sehebi. ememu hendurengge, ere daci dulimbai gurun ci tucirengge waka swmbi. tuttu seme, lioi halangga i šajingga nomun de, jao giyan dz ini juwe suru lorin be umesi buyembi seme

---

骡

騾，古作鸁[14]。力健於馬，故王僧虔有駸駸欲度驊騮前之喻矣。《漢書》以為匈奴奇畜，或者謂舊非中國所產。然《呂氏春秋》載趙簡子有兩白騾而甚愛之之事，

騾

骡，古作骡。力健于马，故王僧虔有骎骎欲度骅骝前之喻矣。《汉书》以为匈奴奇畜，或者谓旧非中国所产。然《吕氏春秋》载赵简子有两白骡而甚爱之之事，

---

[14] 古作鸁，原書未譯出滿文。

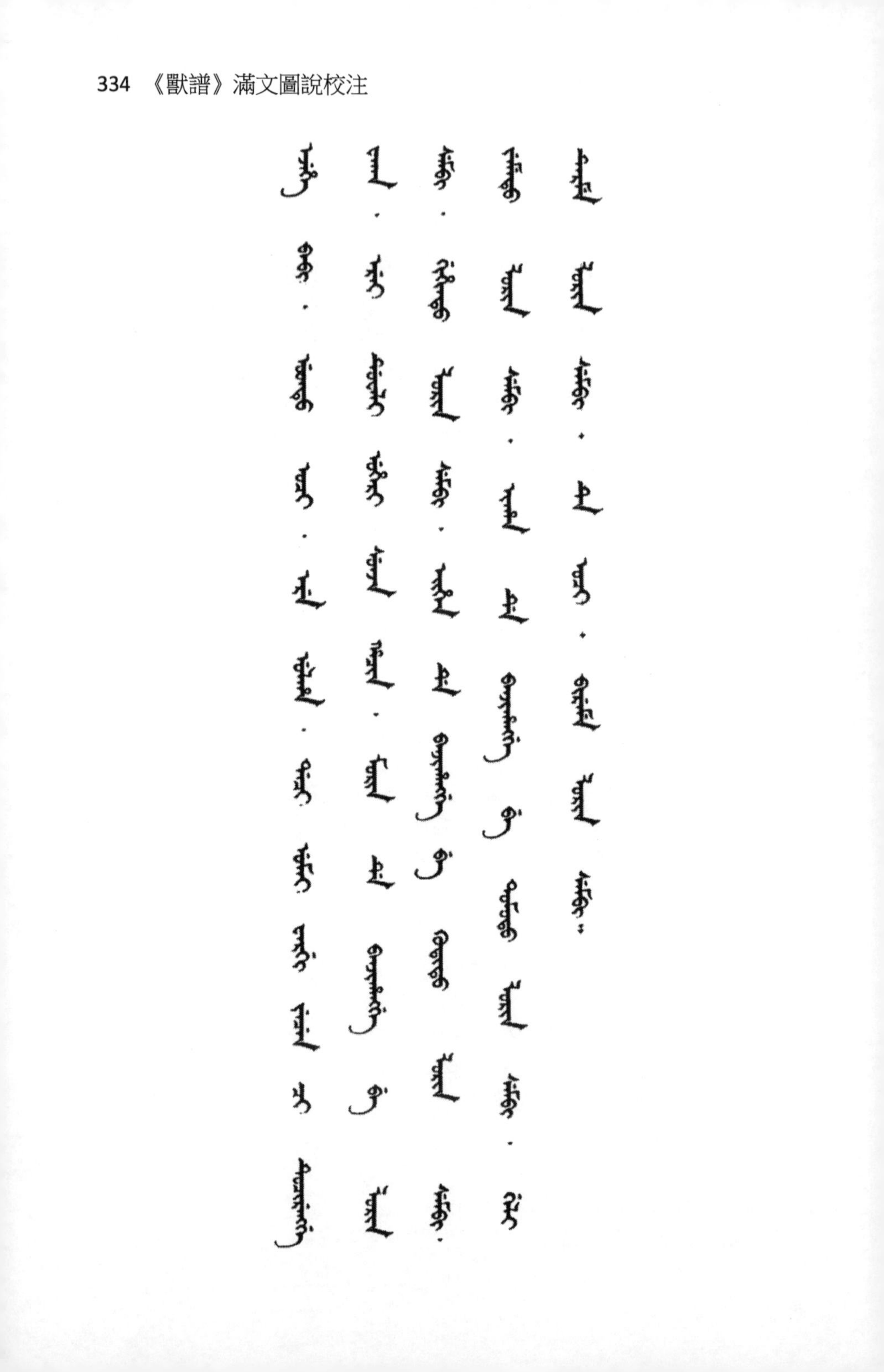

ejehe babi, uttu oci, ere ulha, daci umai wargi jecen ci tucirengge waka. erei duwali uheri sunja hacin, morin de banjihangge be lorin sembi, gihintu lorin sembi. eihen de banjihangge be kutitu lorin sembi, jemetu lorin sembi. ihan de banjihangge be tomotu lorin sembi, geli terme lorin sembi. te oci, bireme lorin sembi.

則其種固不始於西域歟[15]？類凡五：馬生者為騾，為駏驉；驢生者為駃騠，為騸驝；牛生者為馲駋，亦為鸗。今通謂之騾。

则其种固不始于西域欤？类凡五：马生者为骡，为駏驉；驴生者为駃騠，为騸驝；牛生者为馲駋，亦为鸗。今通谓之骡。

---

15 則其種固不始於西域歟，滿文讀作"uttu oci, ere ulha, daci umai wargi jecen ci tucirengge waka"，意即「因此，此畜原本並非出自西域」。

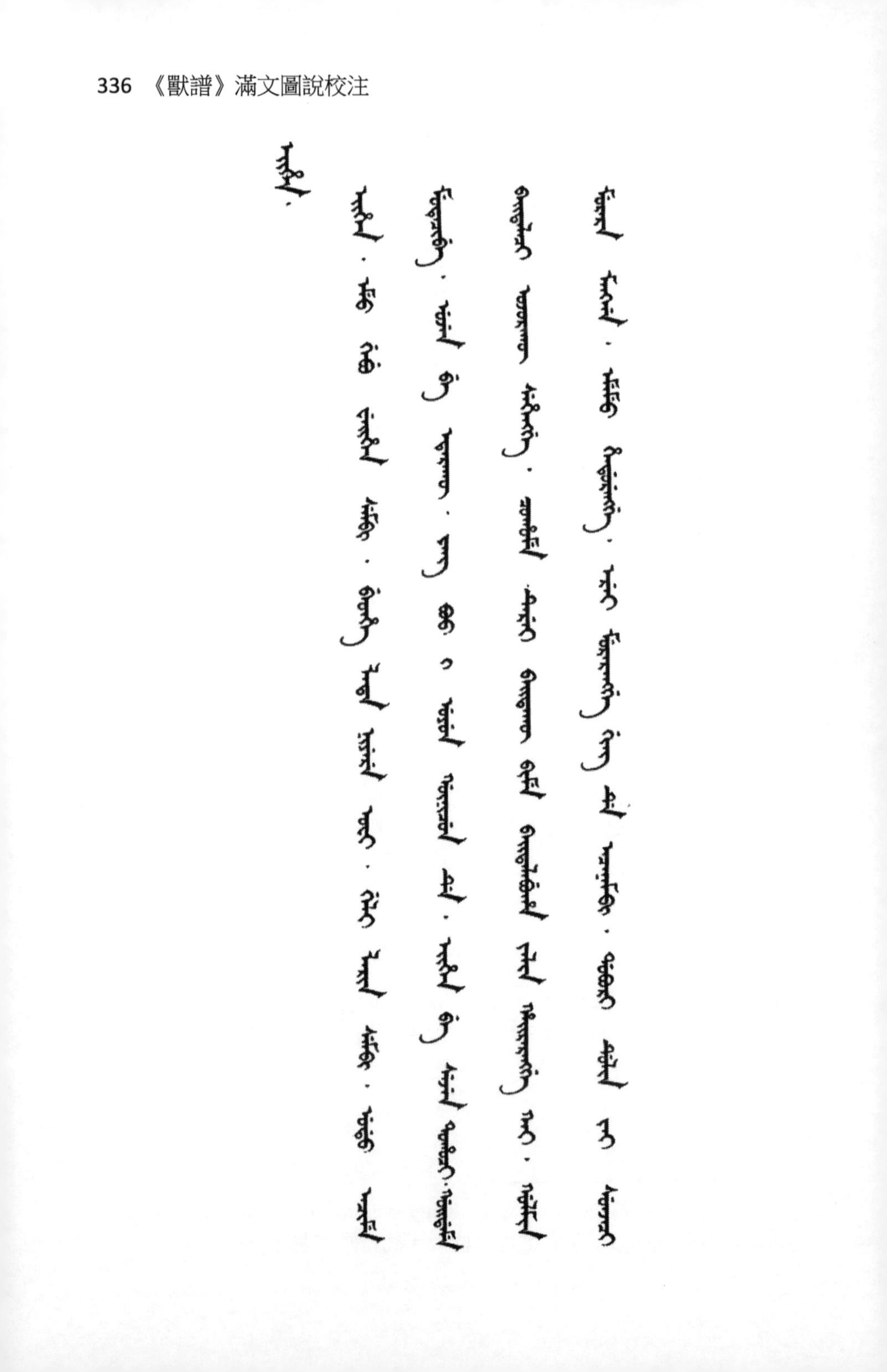

[illegible]

[illegible]

[illegible]

[illegible]

[illegible]

eihen

eihen, emu gebu weihen sembi. bethe lata niyere ofi, geli larin sembi. udu acime mutecibe, ujen be eterakū, wang boo i uyun gūnicun de, eihen be sejen tohoci, goidame baitalaci ojorakū sehengge, cohome terei baitakū bime baitalabuha jalin hairarangge kai. golmin murara mangga, ememu hendurengge, erei murarangge ging de acanambi, dobori dulin jai sunjaci

---

驢

驢，一名衛，其足蹇劣，又謂之蹇。雖負載而不任重[16]。王褒《九懷》云：蹇驢服駕，無用日多，蓋亦惜其無用為用耳。善長鳴，或云其聲應更[17]，每夜中及五

驴

驴，一名卫，其足蹇劣，又谓之蹇。虽负载而不任重。王褒《九怀》云：蹇驴服驾，无用日多，盖亦惜其无用为用耳。善长鸣，或云其声应更，每夜中及五

---

[16] 雖負載而不任重，滿文讀作"udu acime mutecibe, ujen be eterakū"，意即「雖能負載，而不勝重」。

[17] 其聲應更，滿文讀作"erei murarangge de acanambi"，意即「其鳴應更」。

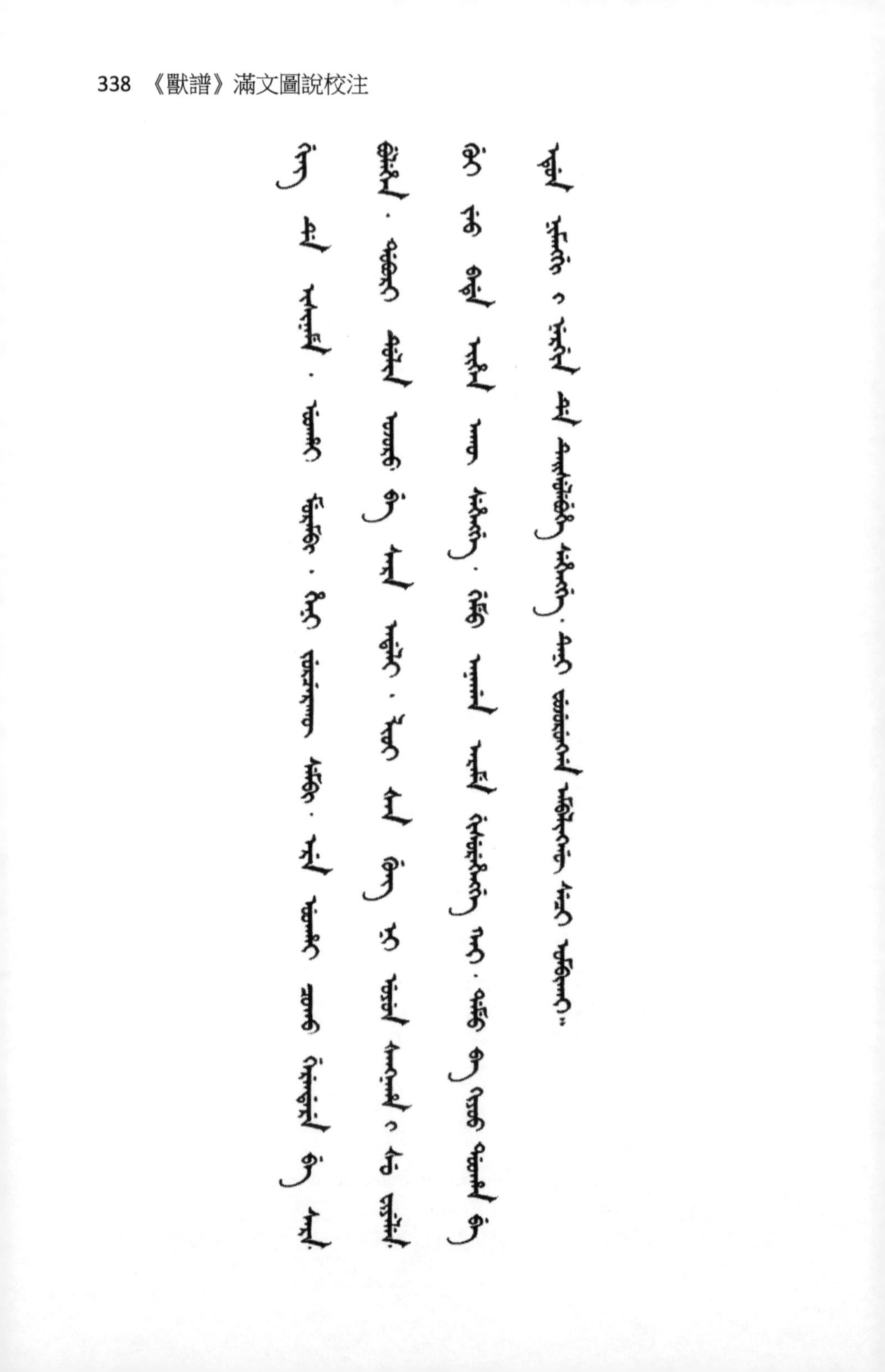

[illegible]

[illegible]

[illegible]

[illegible]

ging de isiname, uthai murambi, heni jurcerakū sembi. ere uthai coko gerendere be sara, bulehen dobori dulin ojoro be sara adali. lioi šan gung ni uyun šangnaha i šu fiyelen, gui jeo bade eihen akū sehengge, gemu anagan arame gisurehengge kai. damu ba kiyoo doohan be edun nimanggi i nergin de teisulebuhe sehengge, teni fujurungga ambalinggū seci ombikai.

更初輒不爽[18]，殆猶雞知將旦，鶴知夜半歟？〈盧山公九錫文〉、〈黔無驢〉，皆寓言也。夫惟大雅，則在灞橋風雪中云[19]。

更初辄不爽，殆犹鸡知将旦，鹤知夜半欤？〈庐山公九锡文〉、〈黔无驴〉，皆寓言也。夫惟大雅，则在灞桥风雪中云。

---

[18] 每夜中及五更初輒不爽，滿文讀作"dobori dulin jai sunjaci gin de isiname, uthai murambi, heni jurcerakū"，意即「每至夜半及五更即鳴，毫不違誤」。

[19] 夫惟大雅，則在灞橋風雪中云，滿文讀作"damu ba kiyoo doohan be edun nimanggi i nergin de teisulebuhe sehengge, teni fujurungga ambalinggū seci ombikai"，意即「惟所謂灞橋遇風雪時，始可謂大雅也」。

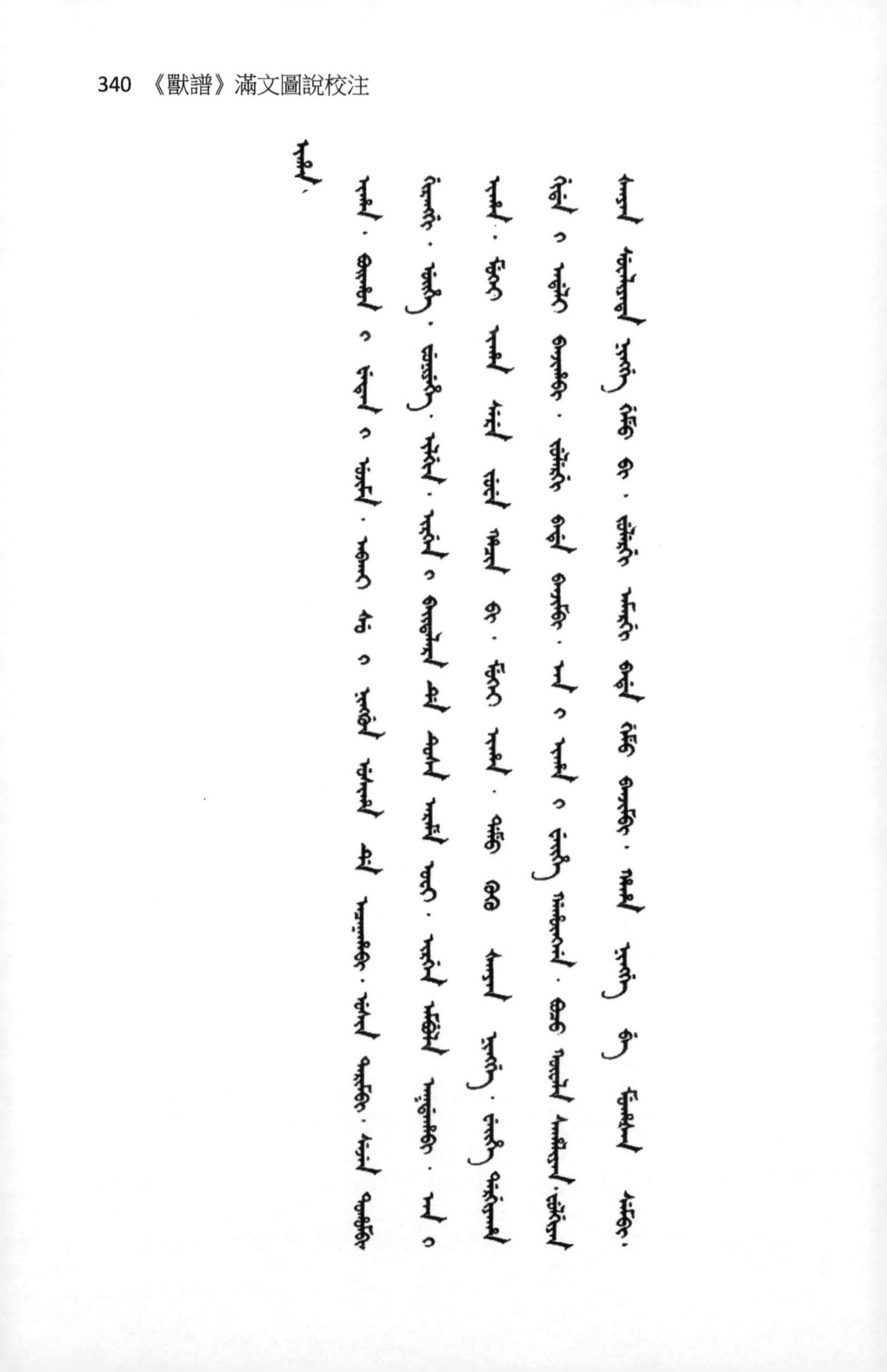

[illegible]

[illegible]

[illegible]

[illegible]

[illegible]

[illegible]

ihan

ihan, boihon i feten i ujima, abkai šu i ninggun usiha de acanahabi. usin tarimbi, sejen tohombi. giranggi, uihe, funiyehe, ilgin, irgen i baitalara de tusa arame ofi, irgen ambula akdahabi. an i ihan, mukei ihan sere juwe hacin bi. mukei ihan, damu kuku šanyan ningge, weihe dargiyaha gida i adali banjihabi. julergi bade banjimbi. an i ihan i weihe gahūngga, boco kūwala, sahaliyan, fulgiyan, šanyan suwaliyata ningge gemu bi. julergi amargi bade gemu banjimbi. haha ningge be muhašan sembi.

牛

牛，土畜，應天文六星。服耕牽車，骨角毛革，以利民用，民多賴之。有犦牛[20]、水牛二種。水牛惟青與白者，角如擔矛，產南方。犦牛角捄然[21]，色則黃、黑、赤、白駁[22]，南北並產焉。牡曰牯[23]，

牛

牛，土畜，应天文六星。服耕牵车，骨角毛革，以利民用，民多赖之。有犦牛、水牛二种。水牛惟青与白者，角如担矛，产南方。犦牛角捄然，色则黄、黑、赤、白驳，南北并产焉。牡曰牯，

---

[20] 犦牛，滿文讀作"an i ihan"，意即「平常的牛」。

[21] 角捄然，滿文讀作"weihe gahūngga"，意即「角向前彎曲」。

[22] 色則黃、黑、赤、白駁，句中「黃」，滿文讀作"kūwala"，意即「乾草黃」。

[23] 牡曰牯，句中「牯」，滿文讀作"muhašan"，意即「牤牛」、「種公牛」。

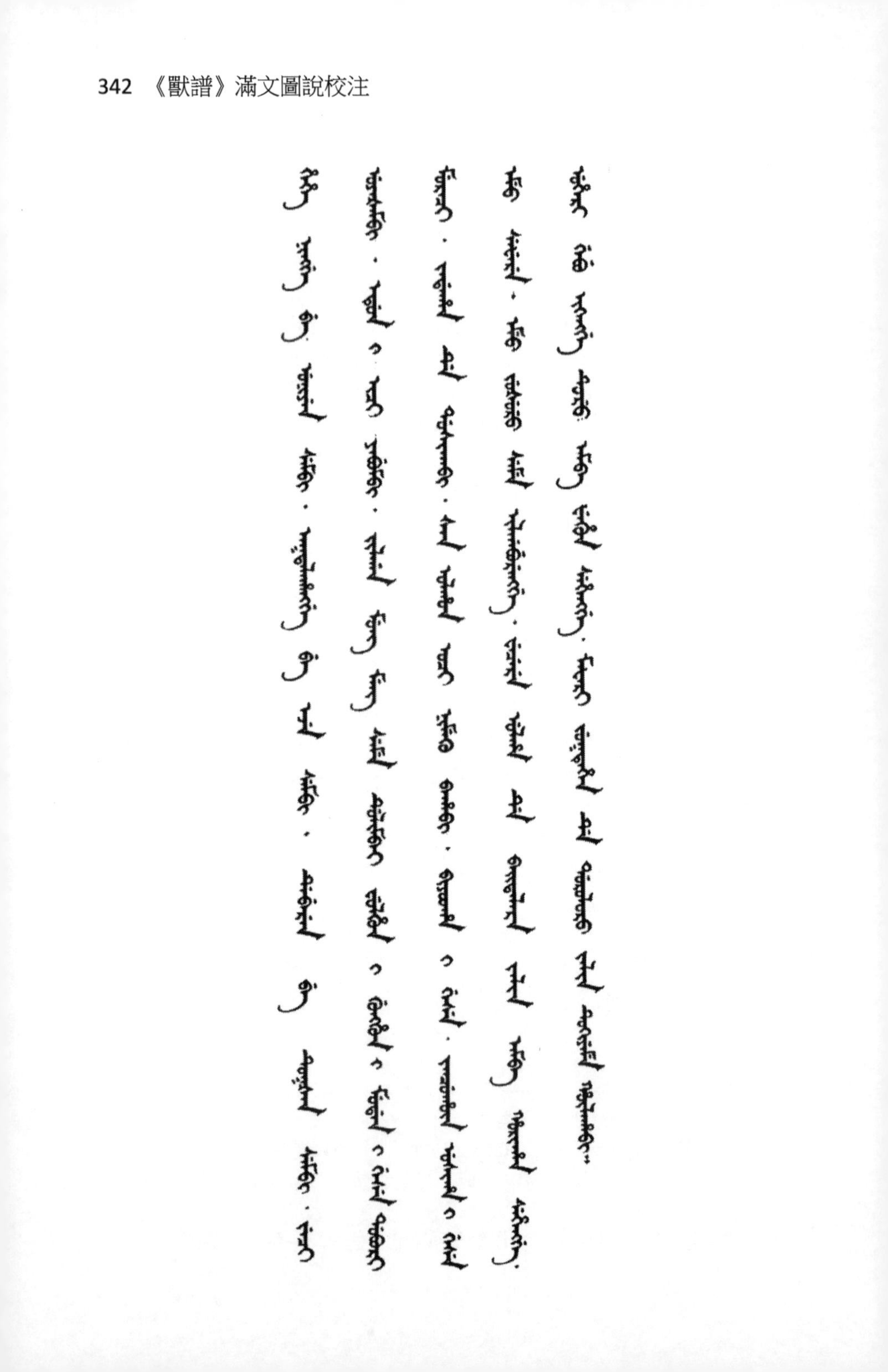

hehe ningge be uniyen sembi. aktalahangge be eje sembi. deberen be tukšan sembi. jeci uyašambi. edun i ici yabumbi. jilgan mung meng seme dulimbai fulhun i gunghun i mudan i gese, dobori muraci, jadahan de dosikabi. šan olhon oci nimeku bahabi. biyooha i gese. jancuhūn usiha i gese emu sefere, emu jušuru seme ilgaburengge, wecere ulha de baitalara jalin amba horihan sehengge, uheri gebu ikengge turu amba fehun sehengge, mafari juktehen de doroloro jalin tukiyeme hūlahabi.

牝曰牸[24]，犗者曰犍[25]，其子曰犢。其食齝。其行順風，其聲牟如黃鐘之宮，夜鳴則庮也[26]，耳燥則病也。繭栗握尺之辨也，犧牲之用也，太牢通稱也。一元大武，為宗廟之禮稱之也。

牝曰牸，犗者曰犍，其子曰犊。其食齝。其行顺风，其声牟如黄钟之宫，夜鸣则庮也，耳燥则病也。茧栗握尺之辨也，牺牲之用也，太牢通称也。一元大武，为宗庙之礼称之也。

---

[24] 牝曰牸，句中「牸」，滿文讀作“uniyen”，意即「奶牛」、「乳牛」。

[25] 犗者曰犍，滿文讀作“aktalahangge be eje sembi”，意即「閹割者稱騸牛」。

[26] 庮，滿文讀作“jadahan de dosikabi”，意即「犯宿疾」。

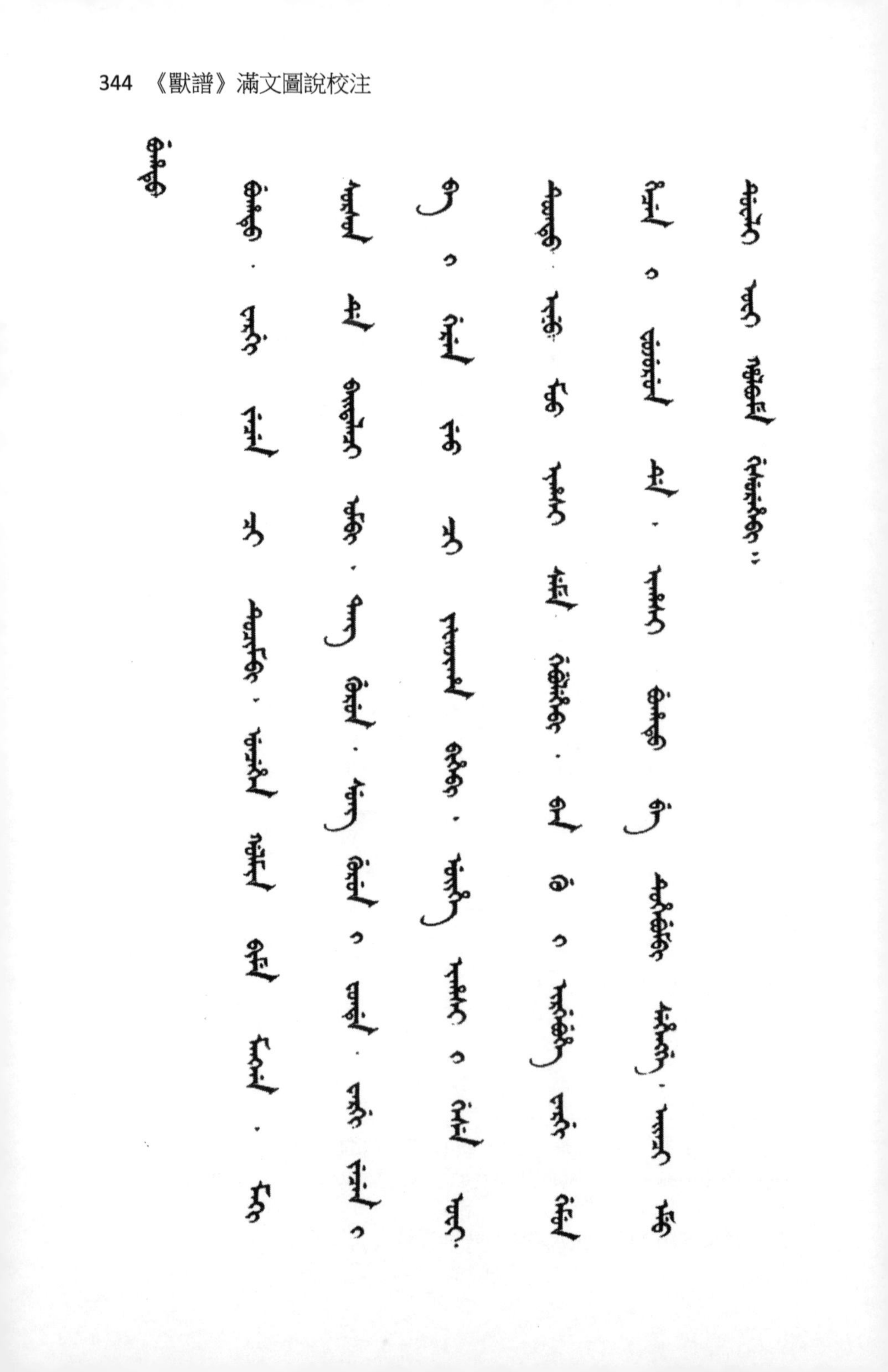

buhatu

buhatu, wargi jecen ci tucimbi. uncehen golmin bime mangga. maki sorson de baitalaci ombi. tang gurun, sung gurun i fonde, wargi jecen i ba i geren jeo ci jafanjiha bihebi. uihe ihasi i gese ofi, tuttu inu moo ihasi seme gebulehebi. ban gu i irgebuhe wargi gemun hecen i fujurun de, ihasi buhatu be tuhebumbi sehengge, ainci emu duwali ofi holbome gisurehebi.

犛牛

犛，一作氂，讀如髦、氂二音[27]，出西域。尾長而勁，可為旄旄、冠纓之飾。[28]唐、宋西徼諸州貢之。角如犀，故亦名毛犀。班固〈西都賦〉云：頓犀犛，蓋連類而稱之耳。

犛牛

犛，一作牦，读如髦、厘二音，出西域。尾长而劲，可为旄旄、冠缨之饰。唐、宋西徼诸州贡之。角如犀，故亦名毛犀。班固〈西都赋〉云：顿犀牦，盖连类而称之耳。

[27] 一作氂，讀如髦、氂二音，原書未譯出滿文。

[28] 旄旄冠纓之飾，句中「旄旄」，滿文讀作“makitu”，此作“maki”，異。

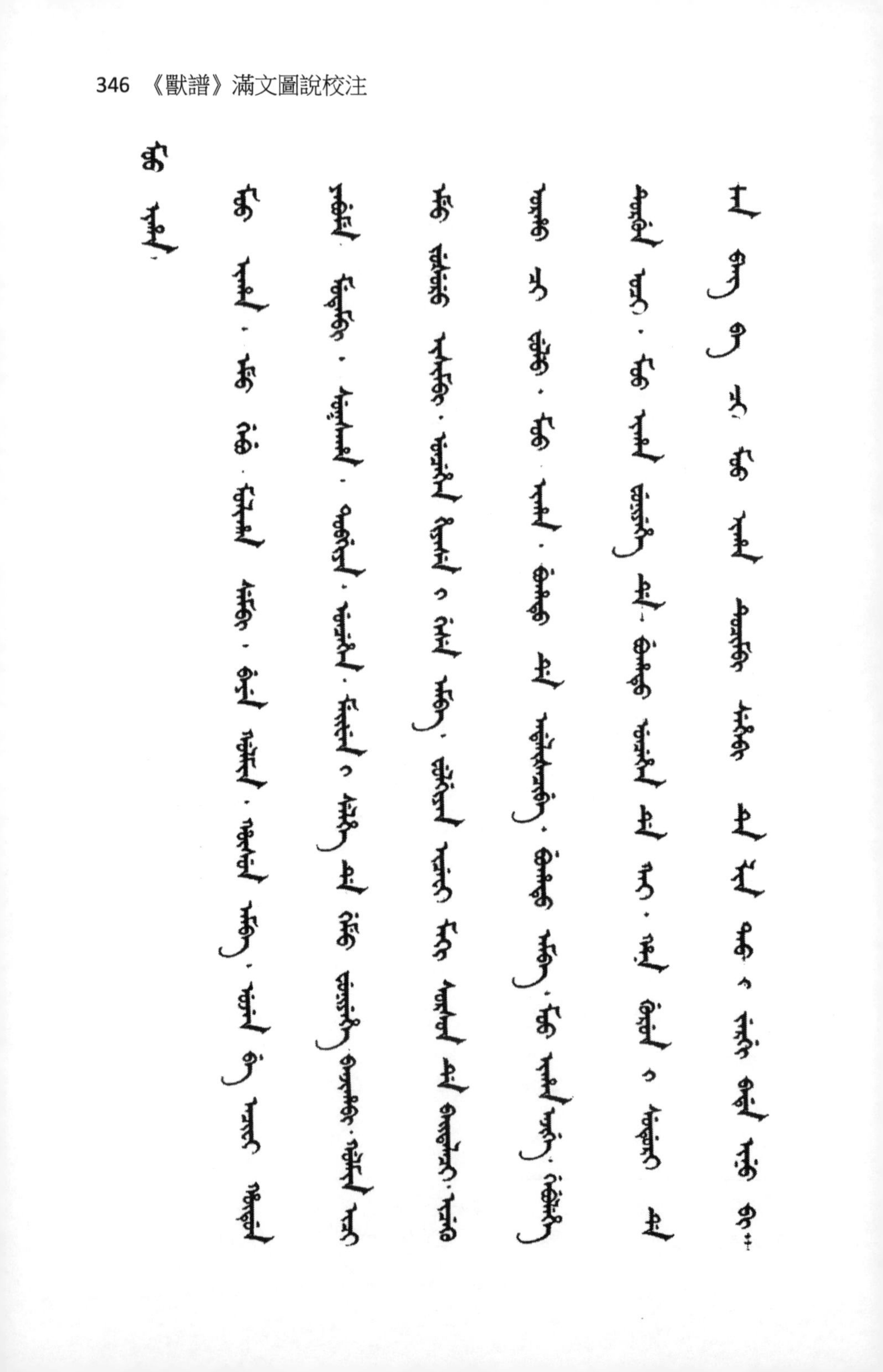

moo ihan

moo ihan, emu gebu molihan sembi. beye golmin, hūsun amba, ujen be acifi hūdun yabume mutembi, suksaha, tobgiya, uncehen, meifen i selhe de gemu funiyehe banjihabi, golmin ici emu jušuru isimbi, uncehen hiyase i gese amba. fulgiyan icefi maki sorson de baitalaci, iceku orho ci fulu moo ihan, buhatu de adališacibe, buhatu amba, moo ihan ajige, gebulehe turgun oci, moo ihan funiyehe de, buhatu uncehen de kai. han gurun i suduri de žan pang ba ci moo ihan tucimbi sehebi. te lin tao i jergi bade inu bi.

旄牛

旄牛，一名犛牛。體長多力，能負重迅行，髀、膝、尾、項下皆有毛，長尺許，尾大如斗。染茜以飾旄纓，勝於犛牛[29]。旄與犛相似，犛大而旄小，其得名則旄以毛，犛以尾。《漢書》謂：冉駹出旄牛，今臨洮諸郡亦有之。

旄牛

旄牛，一名犛牛。体长多力，能负重迅行，髀、膝、尾、项下皆有毛，长尺许，尾大如斗。染茜以饰旄缨，胜于牦牛。旄与牦相似，牦大而旄小，其得名则旄以毛，牦以尾。《汉书》谓：冉駹出旄牛，今临洮诸郡亦有之。

[29] 勝於犛牛，滿文讀作"iceku orho ci fulu"，意即「勝於茜草」，滿漢文義不合。

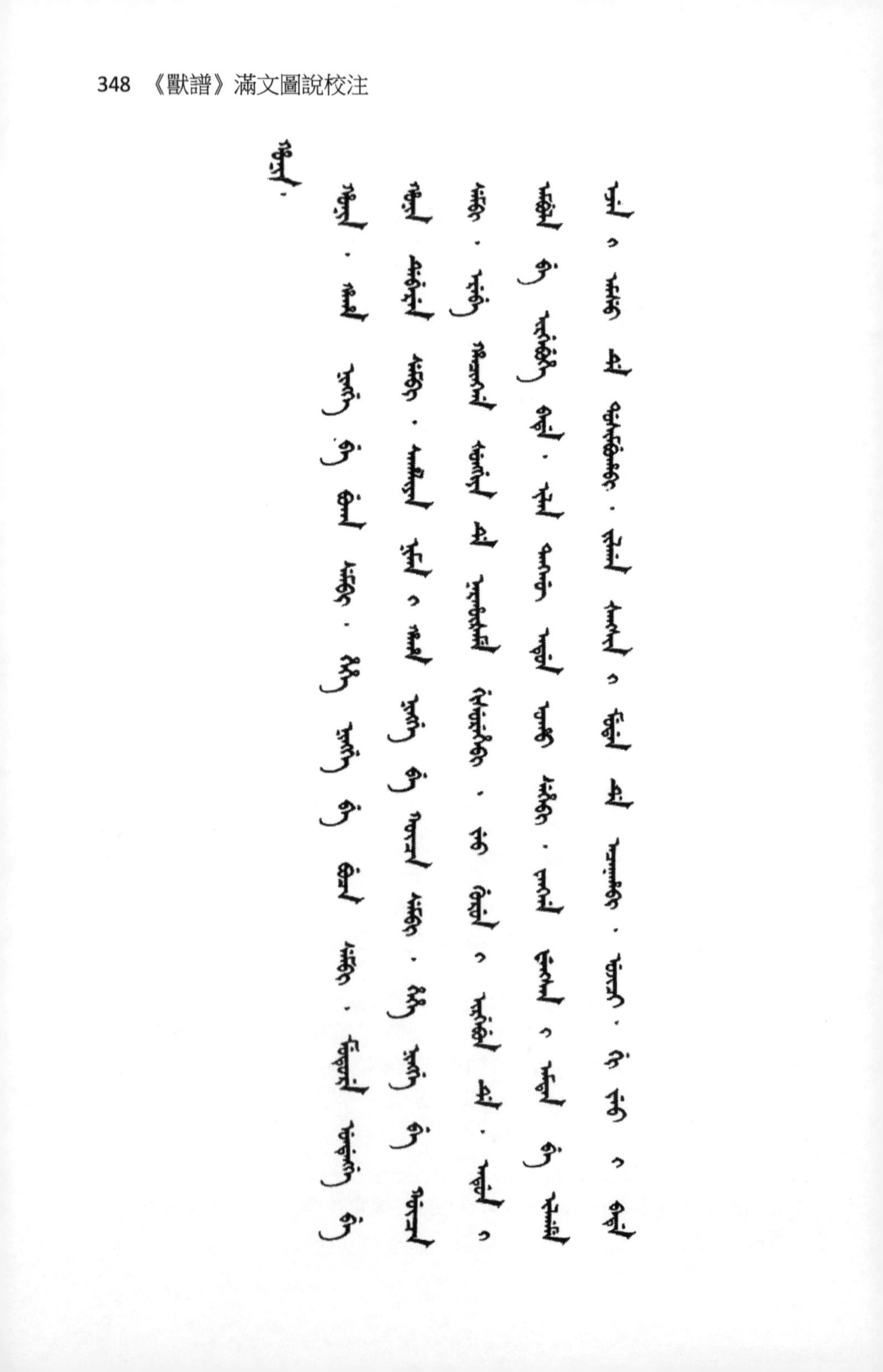

honin

honin, haha ningge be buka sembi. hehe ningge be buca sembi. muture undengge be honin deberen sembi. sahaliyan niman i haha ningge be kūca sembi. hehe ningge be gūca sembi. erebe hancingga šunggiya de narhūšame gisurehebi. jeo gurun i irgebun de, adun i ambula be irgebuhe bade, ilan tanggū adun oho sehebi. wangga fengsan i amtan be ilgame ejen i amsu de dosimbuhabi. jilgan šangsin i mudan de acanahabi. ujici, gi jeo i bade

羊

羊，牡羒[30]，牝牂[31]，未成羊羜；黑羖攊，牡羭，牝羖[32]，《爾雅》言之詳矣。三百維群，《周詩》以歌，考牧之盛，而薌羶別味，君膳珍焉。音中商，畜宜冀州。

羊

羊，牡羒，牝牂，未成羊羜；黑羖攊，牡羭，牝羖，《尔雅》言之详矣。三百维群，《周诗》以歌，考牧之盛，而芗膻别味，君膳珍焉。音中商，畜宜冀州。

---

30 牡羒，滿文讀作"haha ningge buka sembi"，意即「公的叫做羯羊或公綿羊」。

31 牝牂，滿文讀作"hehe ningge be buca sembi"，意即「母的叫做母綿羊」。

32 黑羖攊，牡羭牝羖，滿文讀作"sahaliyan niman i haha ninnge be kūca sembi, hehe ningge be gūca sembi"，意即「黑山羊公的叫做公山羊，母的叫做母山羊。

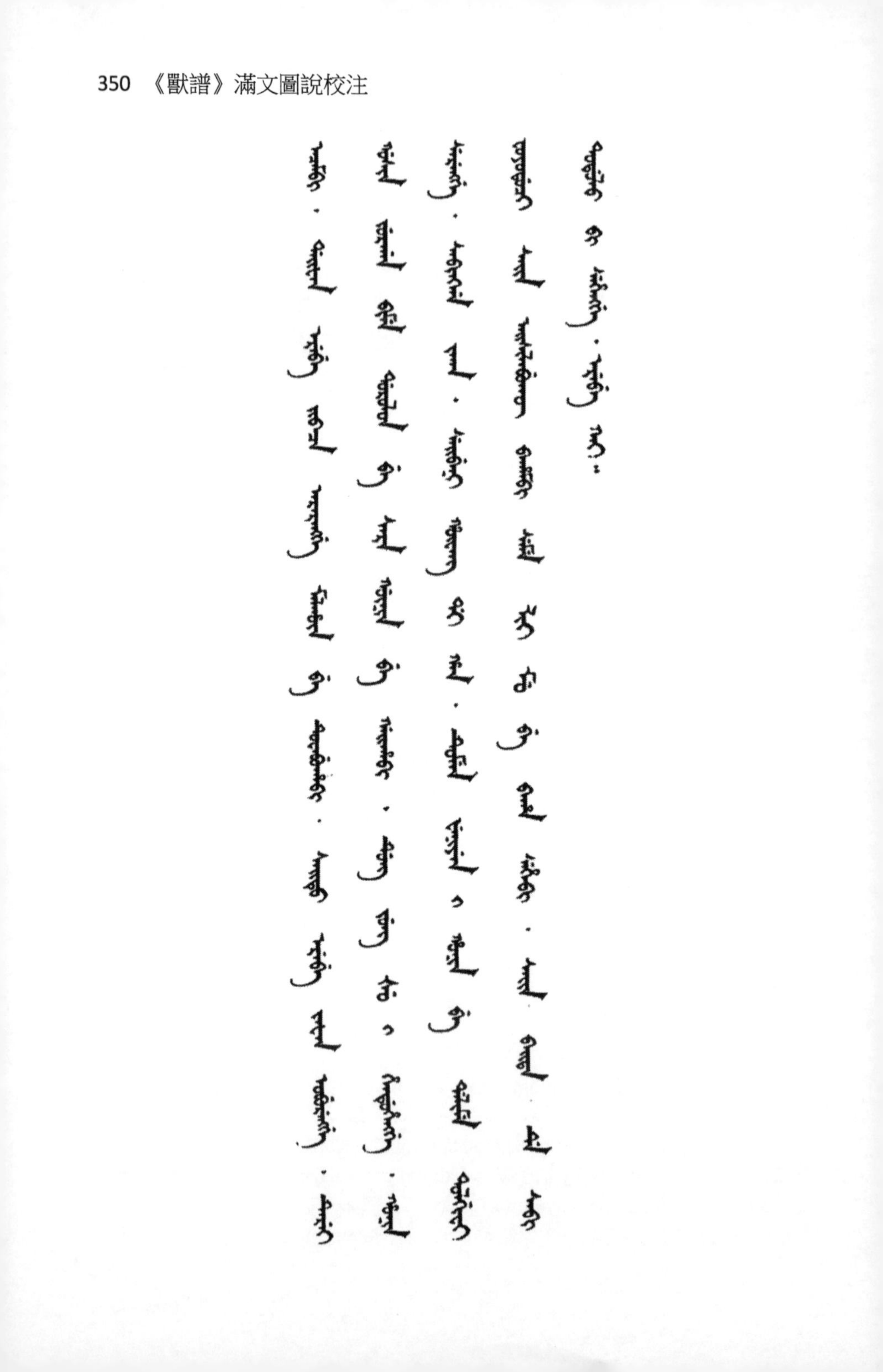

acambi. daifan erebe jibca ararangge malhūn be tuwabuhabi, saitu erebe jafan oburengge, terei gosin jurgan bime dorolon be sara gūnin be gaihabi. dung jung šu i henduhengge, honin serengge, sabingga jaka. seibeni hūwang di han, tumen feniyen i honin be dalime tolgifi foyodoci sain aisilabukū bahambi seme lii mu be baha sehebi. sain baita de sabi todolo bi sehengge, erebe kai.

大夫以為裘，昭其儉也。卿以為贄[33]，取其仁義而知禮也。董仲舒云：羊，祥也[34]。昔者黃帝夢驅羊萬群，占之而得良相力牧。所謂吉事有祥者[35]，其在斯乎？

大夫以为裘，昭其俭也。卿以为贽，取其仁义而知礼也。董仲舒云：羊，祥也。昔者黄帝梦驱羊万群，占之而得良相力牧。所谓吉事有祥者，其在斯乎？

---

[33] 卿以為贄，句中「贄」，滿文讀作“jafan”，意即「禮物」。

[34] 羊，祥也，句中「祥」，滿文讀作“sabingga jaka”，意即「祥瑞之物」、「瑞物」。

[35] 吉事有祥，滿文讀作“sain baita de sabi todolo bi”，意即「吉事有嘉祥」。

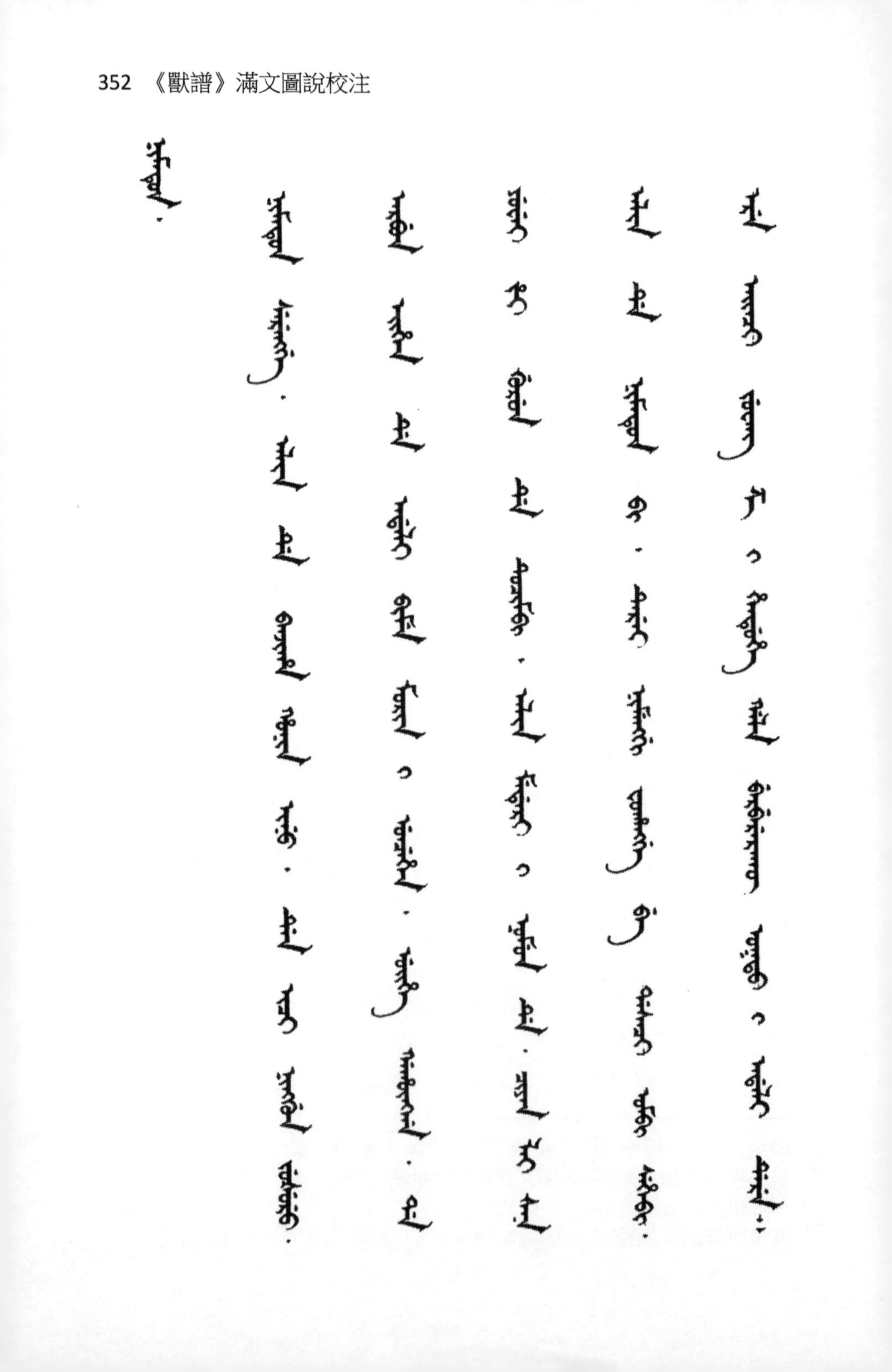

[illegible]

nimatun

nimatun serengge, alin de banjiha honin inu, den ici ninggun jušuru, arbun eihen de adali bime morin i uncehen, uihe gahūngga, da yuwei jy gurun de tucimbi. alin mederi i nomun de, ciyan lai šan alin de nimatun bi, terei nimenggi fohangge be dasaci ombi sehebi. ere ainci juwang dz i henduhe gala berbererakū okto i adali dere.

羬羊

羬羊，山羊也[36]。高六尺，狀如驢而馬尾，其角橢，產大月氏。《山海經》云：錢來之山有羬羊，其脂可以已腊[37]。蓋如《莊子》所云不龜手之藥矣。羬，亦作麙[38]。

羬羊

羬羊，山羊也。高六尺，状如驴而马尾，其角椭，产大月氏。《山海经》云：钱来之山有羬羊，其脂可以已腊。盖如《庄子》所云不龟手之药矣。羬，亦作麙。

[36] 山羊也，滿文讀作“alin de banjiha honin inu”，意即「是山上生長的羊」。

[37] 其脂可以已腊，滿文讀作“terei nimenggi fohangge be dasaci ombi”，意即「其脂可以治龜裂」。

[38] 羬，亦作麙，原書未譯出滿文。

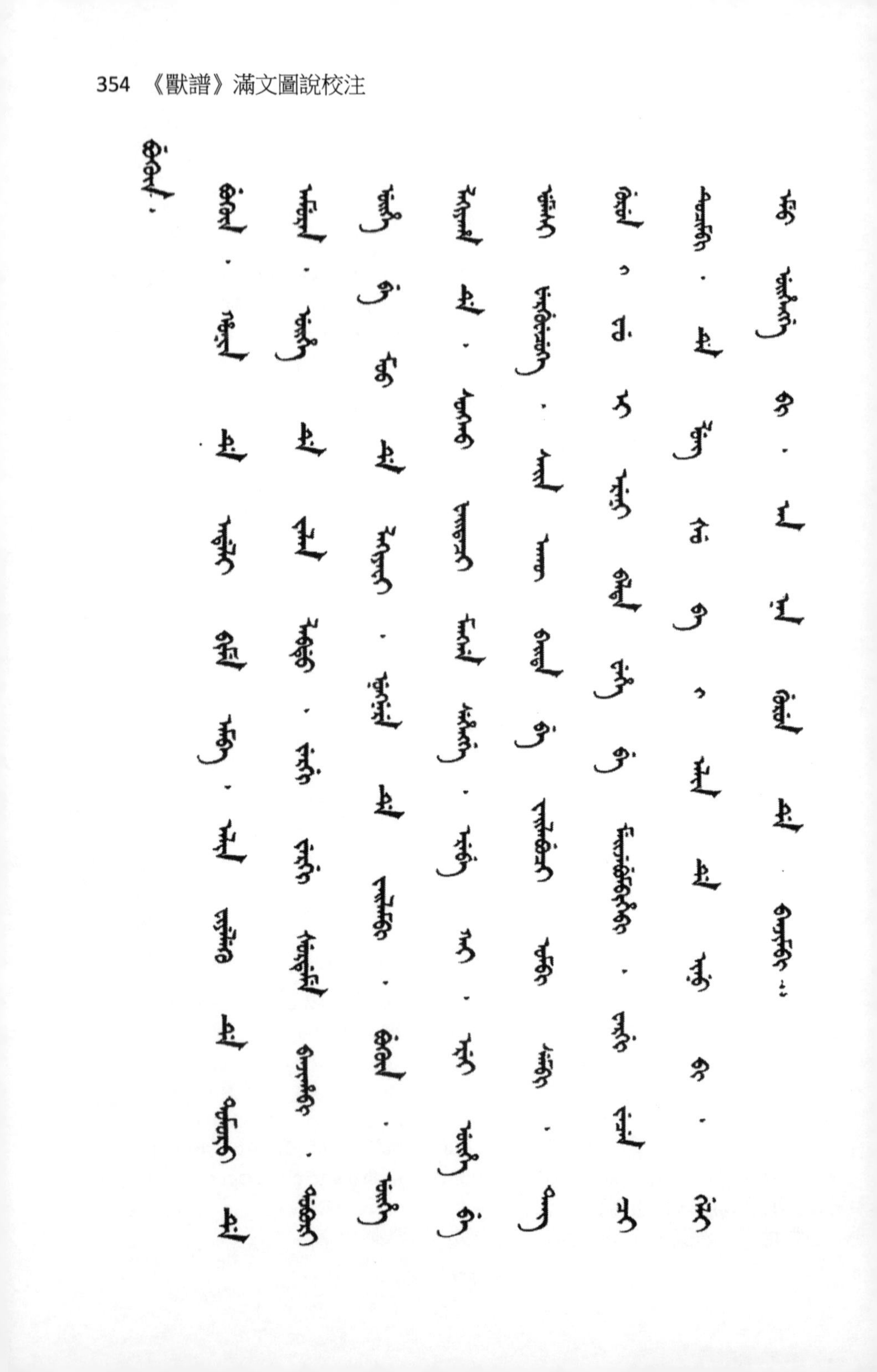

[illegible]

bukūn

bukūn, honin de adali bime amba, alin fiyeleku de tomoro de amuran. uihe de jalan labdu, jergi jergi šurdeme banjihabi. dobori uihe be moo de lakiyafi, nungnere de jailambi. bukūn, uihe lakiyaha de, songko faitaci mangga sehengge, erebe kai. erei uihe be umesi ferguwecuke, sain akū baita be jailabuci ombi sembi. tang gurun i fu i ereni balta wehe be meijebumbihebi. wargi jecen ci tucimbi. te lung šu ba i alin de inu bi, geli emu uihengge bi, an nan gurun de banjimbi.

麢羊

麢羊，一作羚羊[39]。似羊而大，好棲山崖間，角多節，蹙蹙圓繞，夜則懸角木上以遠害[40]。所謂羚羊挂角，無迹可尋者是也，其角號為有神，能辟不祥。唐傅奕用以碎金剛石焉。出西域，今隴蜀山中有之。又一角者，產安南。

麢羊

麢羊，一作羚羊。似羊而大，好栖山崖间，角多节，蹙蹙圆绕，夜则悬角木上以远害。所谓羚羊挂角，无迹可寻者是也，其角号为有神，能辟不祥。唐傅奕用以碎金刚石焉。出西域，今陇蜀山中有之。又一角者，产安南。

---

39 一作羚羊，原書未譯出滿文。

40 遠害，滿文讀作“nungnere de jailambi”，意即「避開傷害」。

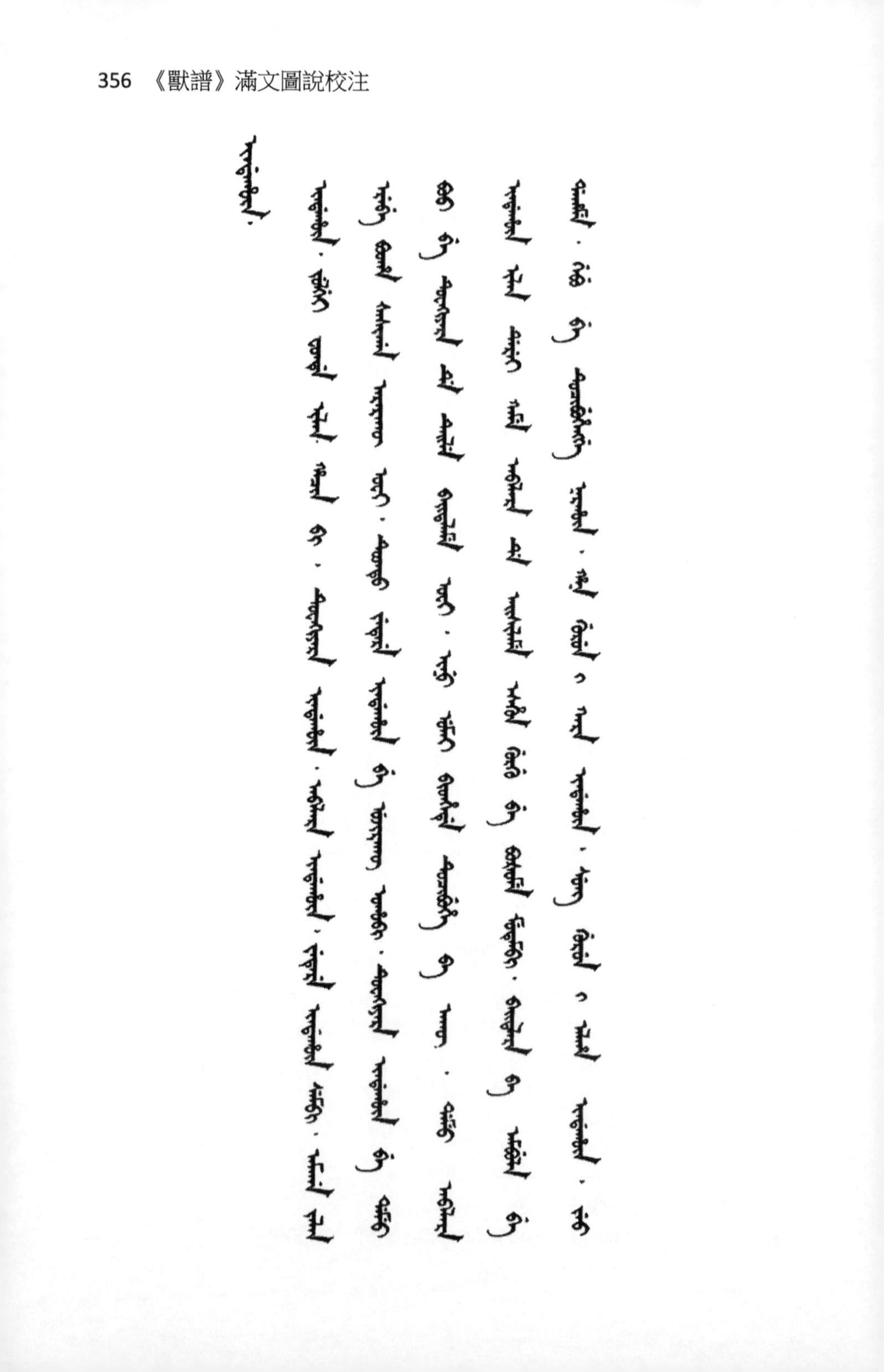

indahūn

indahūn, julgei fonde ilan hacin bi, tuwakiyara indahūn, abalara indahūn, jetere indahūn sembi. amaga jalan erebe booha šasigan ararakū ofi, tuttu jetere indahūn be ujirakū ohobi, tuwakiyara indahūn be damu boo be tuwakiyara de teile baitalame ofi, inu umai bithede tucibuhe ba akū, damu abalara indahūn ilan derei kame abalara de aisilame eshun gurgu be bošome mutembi, baitalara ba ambula be dahame, gebu be tucibuhengge narhūn, haṉ gurun i kara indahūn, sung gurun i alha indahūn, jeo

---

犬

犬，古有三種：曰守犬、田犬[41]、食犬。後世羹獻不以充庖，故食犬弗畜。守犬以備警禦而已，亦弗著。惟田犬所以佐三驅而逐猛獸，其為用也大，宜其稱名也詳。韓之盧[42]、宋之鵲[43]，周

犬

犬，古有三种：曰守犬、田犬、食犬。后世羹献不以充庖，故食犬弗畜。守犬以备警御而已，亦弗着。惟田犬所以佐三驱而逐猛兽，其为用也大，宜其称名也详。韩之卢、宋之鹊，周

---

41 田犬，滿文讀作“abalara indahūn”，意即「獵犬」。

42 韓之盧，滿文讀作“haṉ gurun i kara indahūn”，意即「韓國之黑狗」。

43 宋之鵲，滿文讀作“sung gurun i alha indahūn”，意即「宋國之花犬」。

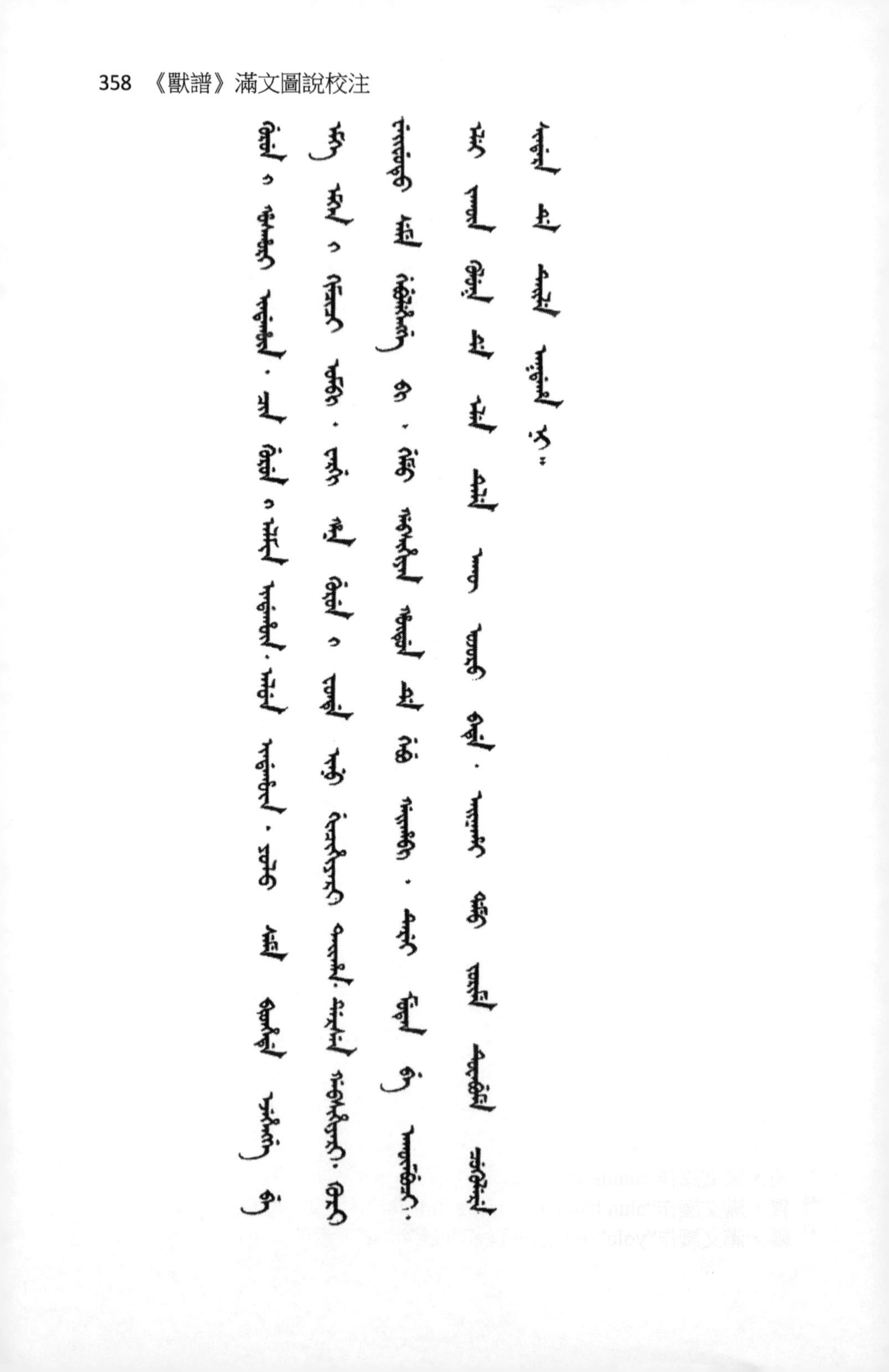

[illegible]

[illegible]

[illegible]

[illegible]

[illegible]

gurun i hoshori indahūn, cin gurun i almin indahūn, alun indahūn, yolo seme bithe ejehengge be emke emken i kimcici ombi. wargi han gurun i fonde inu gincihiyari taihan, dersen gabsihiyari, kuri weifutu seme gebulehengge bi, gemu gabsihiyan hūdun de gebu gaihabi, terei muten be akūmbuci, elei jakūn kuluk de elen tele akū ojoro bade, ainahai damu jorime tuwabume cukulere sindara de teile akdaha ni.

之鵜[44]，秦之獫[45]、猲[46]、驕[47]，載籍班班可考。西漢時亦有修毫、白望、青駮諸號，並以馴捷聞，充其技將與八駿爭先，而豈區區藉發蹤指示已哉！

之鹈，秦之猃、猲、骄，载籍班班可考。西汉时亦有修毫、白望、青驳诸号，并以驯捷闻，充其技将与八骏争先，而岂区区藉发踪指示已哉！

---

44 鵜，滿文讀作"hoshori indahūn"，意即「卷毛狗」。

45 獫，滿文讀作"almin indahūn"，意即一種花犬，長嘴。

46 猲，滿文讀作"alun indahūn"，一種短嘴花犬。

47 驕，滿文讀作"yolo"，意即一種嘴尾粗、唇垂耳大的藏狗。

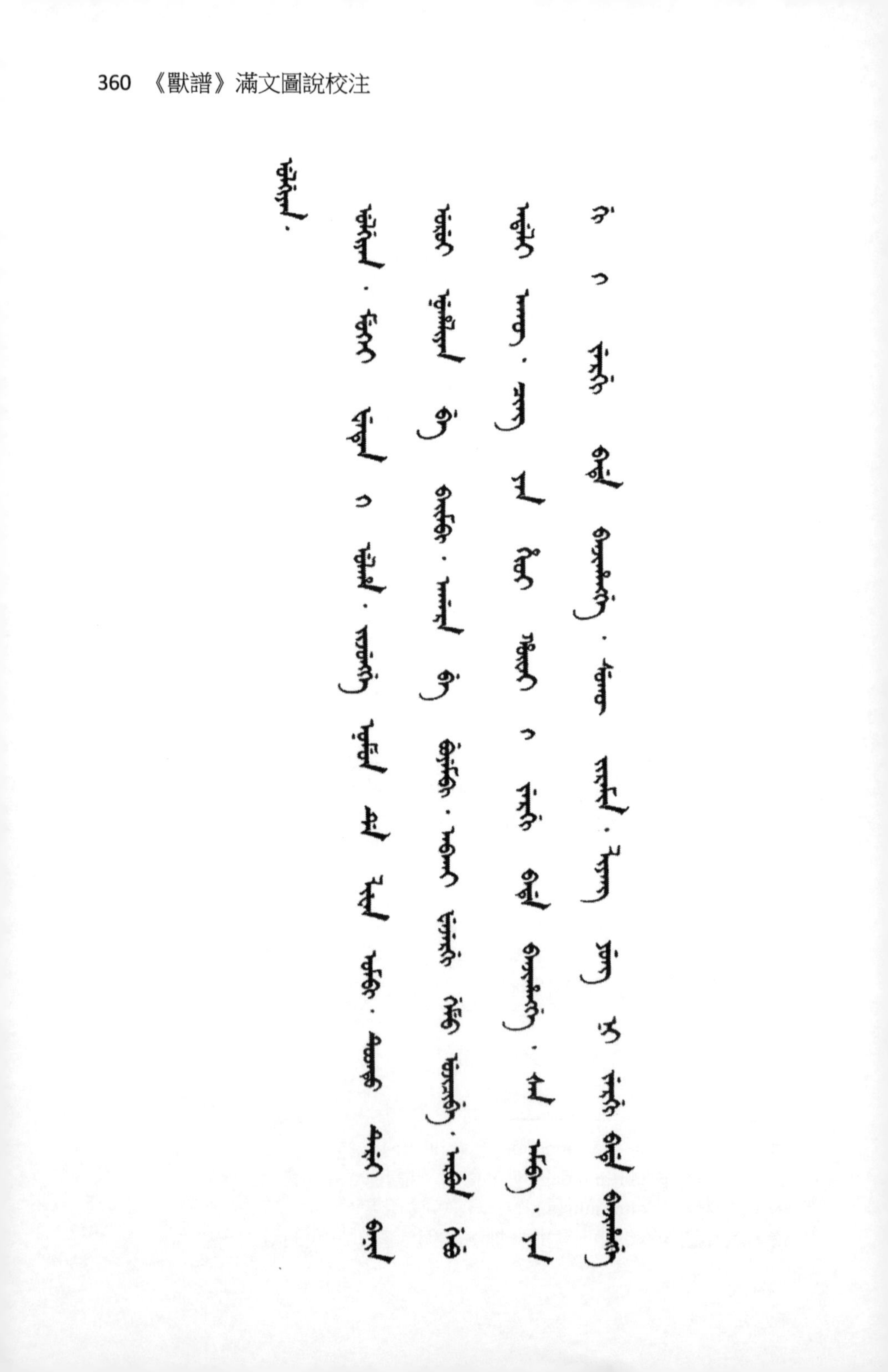

[illegible]

[illegible]

[illegible]

[illegible]

[illegible]

ulgiyan

ulgiyan, mukei feten i ulha, jijungge nomun de lifan ombi. tuttu terei banin urui nuhaliyan be baimbi, agara be buyembi, abkai fejergi gemu ujicibe, arbun gebu adali akū. cing yan hioi hūwai i jergi bade banjihangge, šan amba, yan gi i jergi bade banjihangge, sukū jiramin, liyang yung ni jergi bade banjihangge,

豕

豕，水畜[48]，在《易》為坎，故其性趨下，好雨，天下皆畜之，而形與名多不同。生青、兗、徐、淮者，耳大；燕、冀者，膚厚[49]；梁、雍者，

豕

豕，水畜，在《易》为坎，故其性趋下，好雨，天下皆畜之，而形与名多不同。生青、兖、徐、淮者，耳大；燕、冀者，肤厚；梁、雍者，

[48] 水畜，滿文讀作“mukei feten i ulha”，意即「五行水德的牲畜」。

[49] 膚厚，滿文讀作“sukū jiramin”，意即「皮厚」。

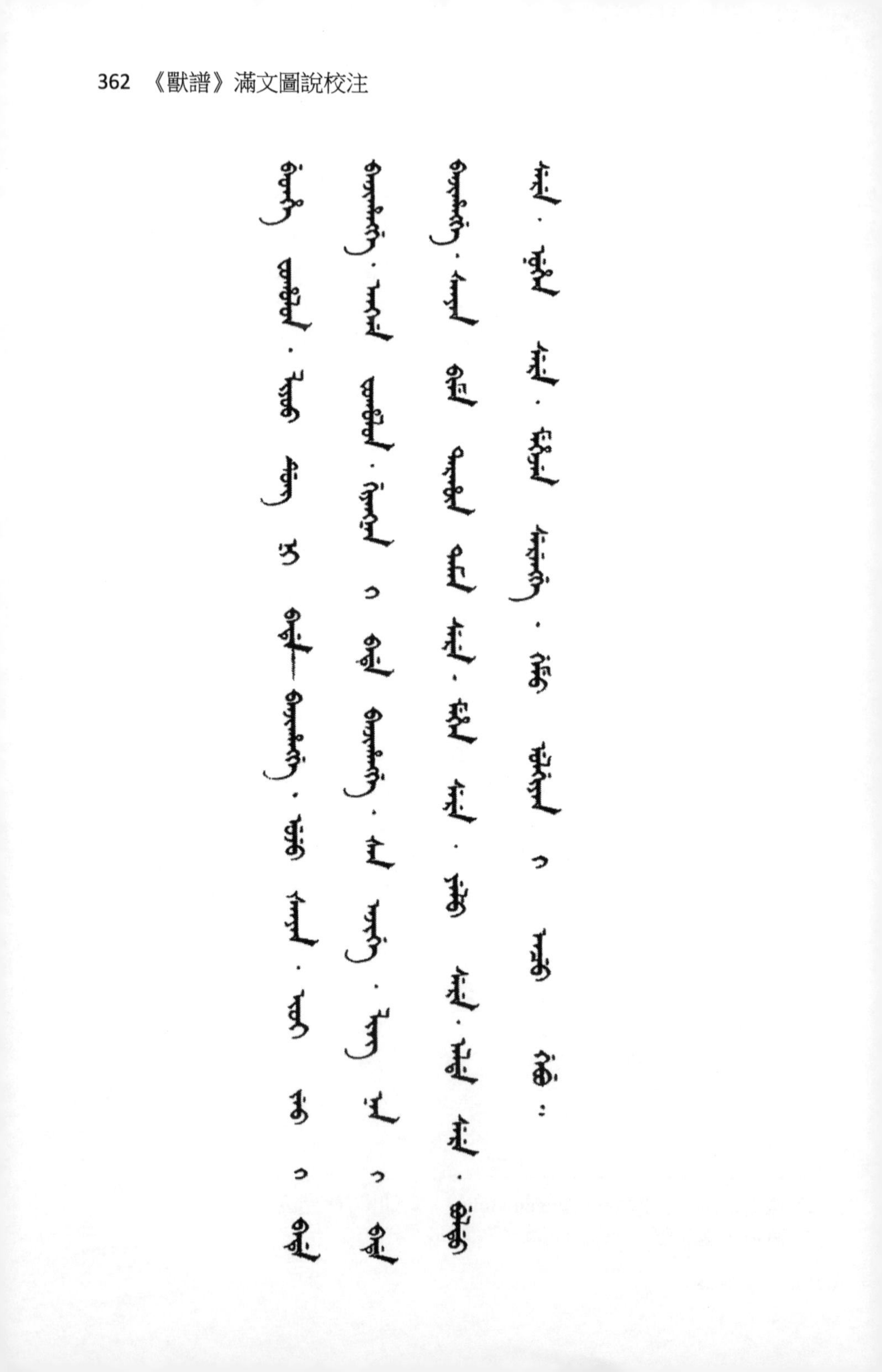

[illegible]

[illegible]

[illegible]

[illegible]

bethe foholon, liyoo dung ni bade banjihangge, uju šanyan. ioi jeo i bade banjihangge, angga foholon, giyangnan i bade banjihangge, šan ajige. ling nan i bade banjihangge, šanyan bime tarhūn. taman sere, mehen sere, yelu sere, alda sere, buldu sere, nuhen sere, mehejen serengge, gemu ulgiyan i encu gebu.

足短；遼東者，頭白；豫州者，咮短[50]；江南者，耳小；嶺南者，白而肥。豶也[51]，彘也[52]，豨也[53]，豬也[54]，豭也[55]，豝也[56]，豵也[57]，皆方言也[58]。

足短；辽东者，头白；豫州者，咮短；江南者，耳小；岭南者，白而肥。豶也，彘也，豨也，猪也，豭也，豝也，豵也，皆方言也。

50 咮短，滿文讀作"angga foholon"，意即「嘴短」。
51 豶，滿文讀作"taman"，意即「去勢的公猪」。
52 彘，滿文讀作"mehen"，意即「未下崽的母猪」。
53 豨，滿文讀作"yelu"，意即「野公猪」。
54 豬，滿文讀作"alda"，意即「半大猪」。
55 豭，滿文讀作"buldu"，意即「小公猪」。
56 豝，滿文讀作"nuhen"，意即「一歲野猪」。
57 豵，滿文讀作"mehejen"，意即「老母猪」。
58 皆方言也，滿文讀作"gemu ulgiyan i encu gebu"，意即「皆豕之異名」，滿漢文義不合。

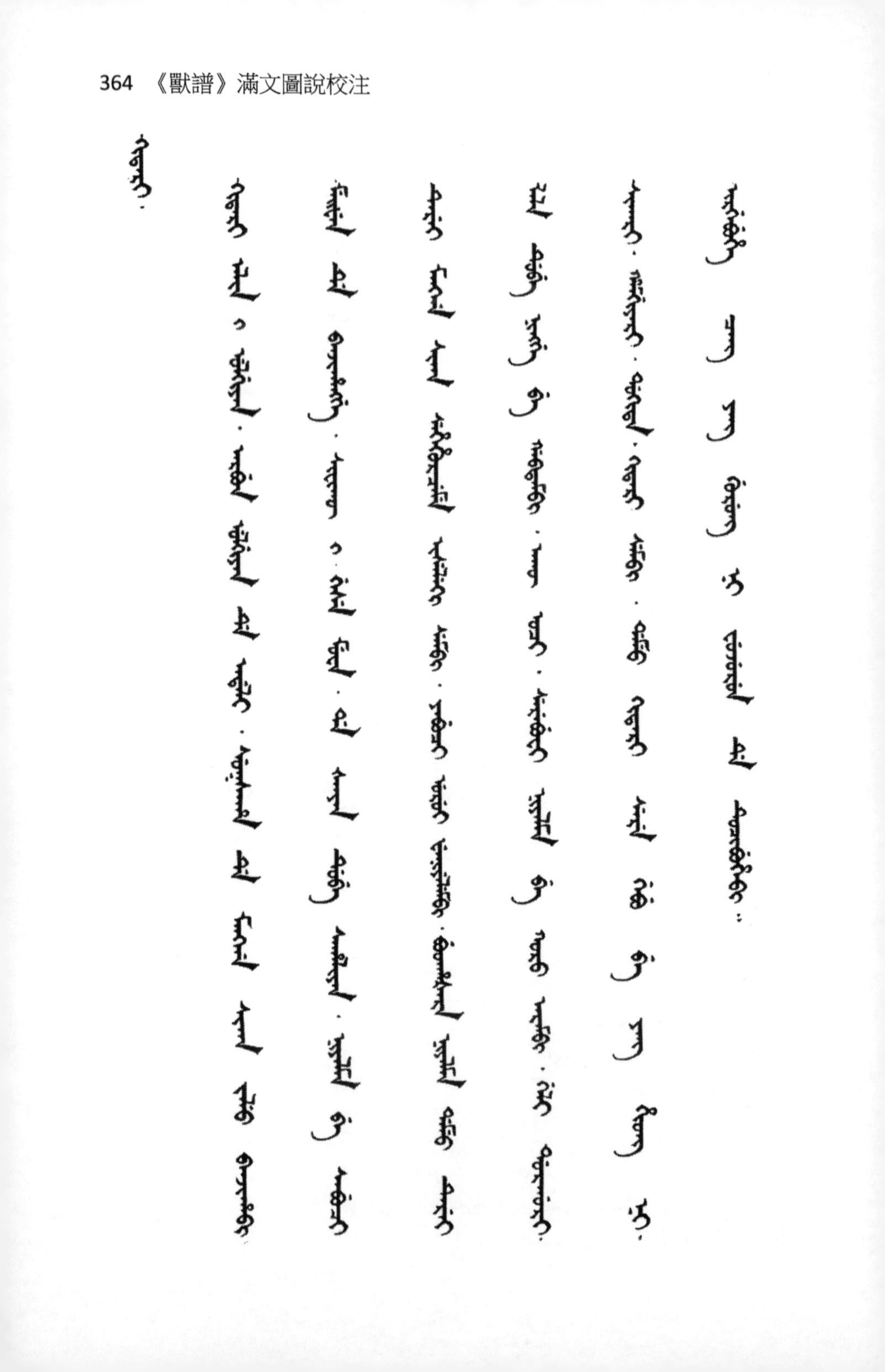

[illegible]

[illegible]

[illegible]

[illegible]

[illegible]

[illegible]

[illegible]

kitari

kitari, alin i ulgiyan, arbun ulgiyan de adali, suksaha de mangga sika jalu banjihabi. meifen de banjihangge, sifikū i gese muwa, da šanyan dube sahaliyan, niyalma be sabuci, terei mangga sika sehehurceme iseleki sembi, yabuci urui feniyelembi, buthašara niyalma damu terei lala dube ningge be gabtambi, akū oci, serebufi niyalma be koro arambi. geli dorgori sikari, hamgiyari, dokita, kitari sembi, damu kitari sere gebu be yang hiong ni irgebuhe cang yang gurung ni fujurun de tucibuhebi.

豪彘

豪彘，山豬也。形如豕，夾髀生毫鬣，上者大如笄，白而黑端[59]。見人則激毫以射，行輒成群；獵人惟敢射最後者，否則驚走傷人。亦曰貆豬，曰帚貒，曰蒿豬，曰貒貐，曰豪豬，惟豪豬之名見揚雄〈長楊賦〉。

豪彘

豪彘，山猪也。形如豕，夹髀生毫鬣，上者大如笄，白而黑端。见人则激毫以射，行輒成群；猎人惟敢射最后者，否则惊走伤人。亦曰貆猪，曰帚貒，曰蒿猪，曰貒貐，曰豪猪，惟豪猪之名见扬雄〈长杨赋〉。

---

59 白而黑端，滿文讀作"da šanyan dube sahaliyan"，意即「白根黑端」。

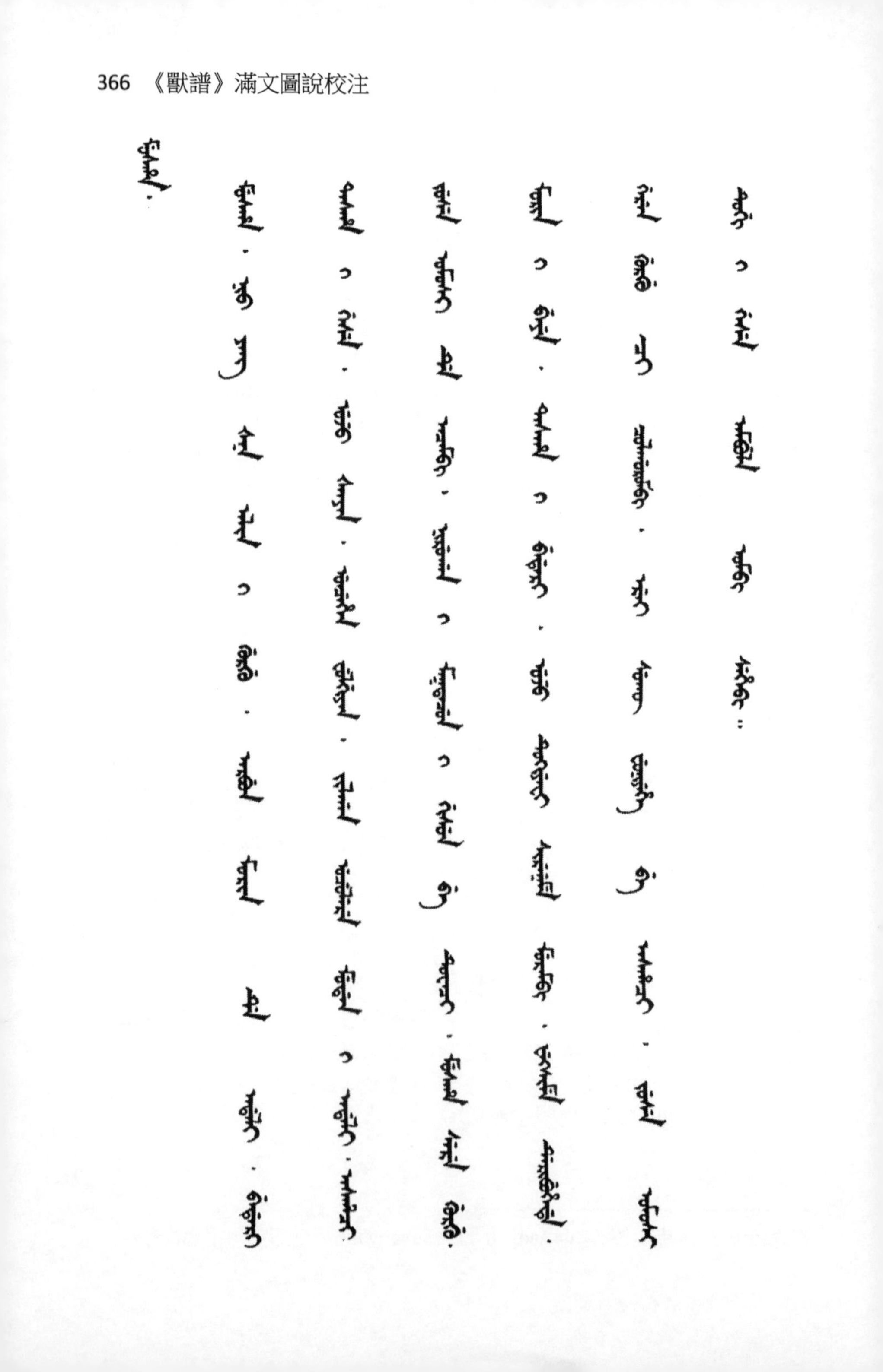

[illegible]

musha

musha, nio yang šaṉ alin i gurgu. arbun morin de adali, bederi tasha i gese, uju šanyan, uncehen fulgiyan, jilgan uculere mudan i adali, ashaci juse omosi de acambi. nirugan i maktacun i gisun be tuwaci, musha sere gurgu, morin i beye, tasha i bederi, uju tukiyefi sireneme murambi. feksime deribuhede, geren gurgu ci colgorombi. erei sukū funiyehe be ashaci, juse omosi tugi i gese ambula ombi sehebi.

鹿蜀

鹿蜀，杻陽山之獸也。狀如馬，文如虎，白首赤尾。其音如歌謠，佩之宜子孫。按〈圖贊〉曰：鹿蜀之獸，馬質虎文，驤首吟鳴[60]，矯足騰群[61]，佩其皮毛，子孫如雲。

鹿蜀

鹿蜀，杻阳山之兽也。状如马，文如虎，白首赤尾。其音如歌谣，佩之宜子孙。按〈图赞〉曰：鹿蜀之兽，马质虎文，骧首吟鸣，矫足腾群，佩其皮毛，子孙如云。

---

[60] 驤首吟鳴，滿文讀作“uju tukiyefi sireneme murambi”，意即「抬頭長鳴」。

[61] 矯足騰群，滿文讀作“feksime deribuhede, geren gurgu ci colgorombi”，意即「起跑時，超越諸獸」。

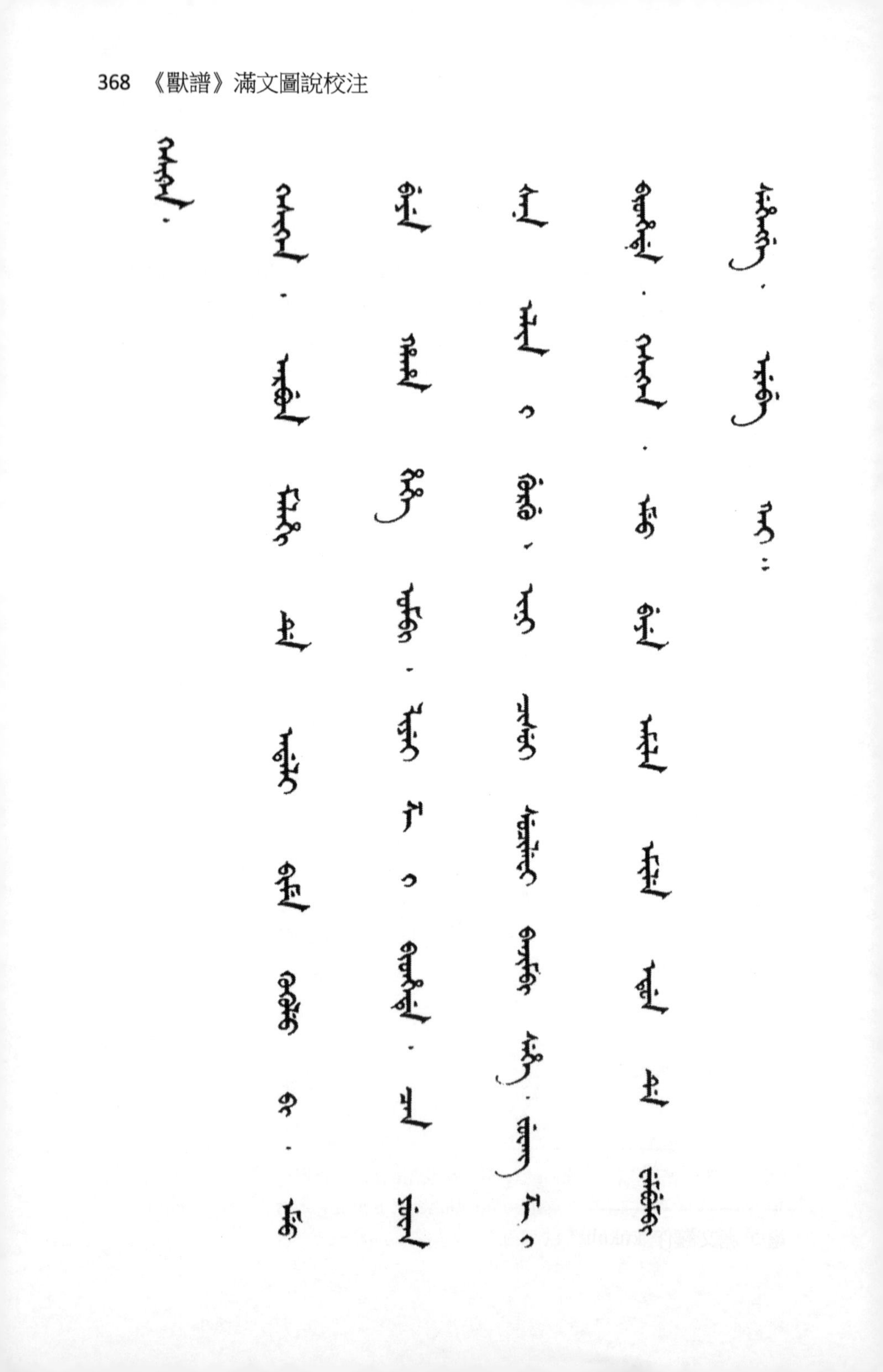

kesiken

kesiken, arbun malahi de adali bime kukulu bi, emu beye haha hehe ombi. liyei dz i bithede, can yuwan šan alin i gurgu, ini cisui sucilefi banjimbi sehe. juwang dz i bithede, kesiken, emu beye amila emile edun de wembumbi sehengge, erebe kai.

類

類，狀如貍而有髦[62]，自為牝牡，即《列子》所云：亶爰之獸，自孕而生。《莊子》所云：類自為雌雄而風化者也。

类

类，状如狸而有髦，自为牝牡，即《列子》所云：亶爰之兽，自孕而生。《庄子》所云：类自为雌雄而风化者也。

---

[62] 髦，滿文讀作“kukulu”，意即「頂毛」、「頂鬃」。

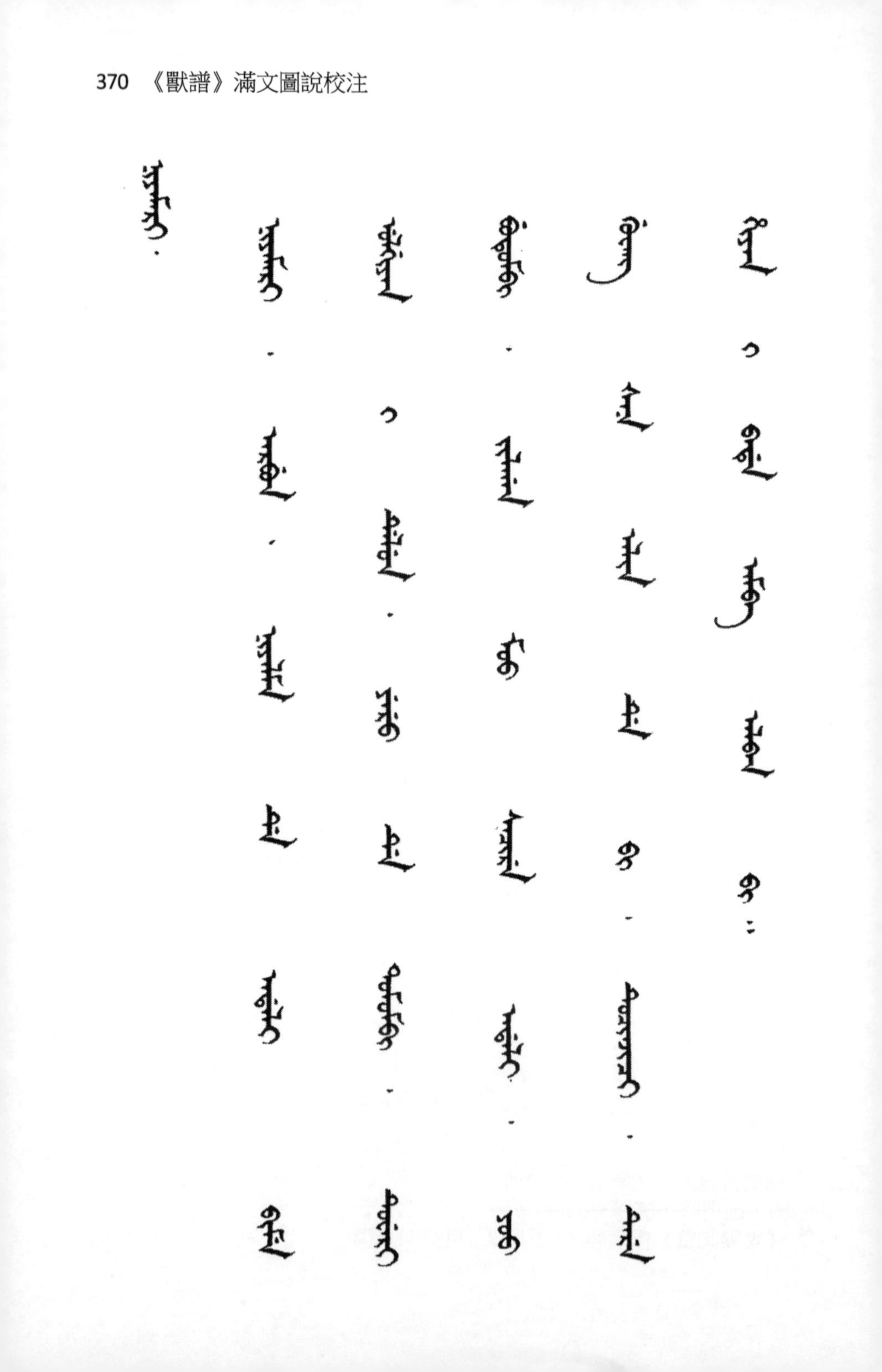

[illegible]

[illegible]

[illegible]

[illegible]

[illegible]

[illegible]

[illegible]

[illegible]

niyamari

niyamari, arbun niyalma de adali bime ulgiyan i delun, yeru de tomombi, tuweri butumbi, jilgan moo sacire adali. yoo guwang šan alin de bi, tucinjici, tere hiyan i bade amba alban bi.

猾褢

猾褢，狀如人而彘鬣[63]，穴居，冬蟄[64]，音如斲木。堯光山中有之，見則縣有大繇[65]。《太平御覽》作猾裹，《博物志》作猾宼，並誤[66]。

猾褢

猾褢，状如人而彘鬣，穴居，冬蛰，音如斲木。尧光山中有之，见则县有大繇。《太平御览》作猾裹，《博物志》作猾宼，并误。

---

63 彘鬣，滿文讀作"ulgiyan i delun"，意即「豬的鬃毛」。

64 冬蟄，滿文讀作"tuweri butumbi"，意即「冬眠」。

65 見則縣有大繇，滿文讀作"tucinjici, tere hiyan i bade amba alban bi"，意即「出現時，其縣有大賦役」。

66 《太平御覽》作猾裹，《博物志》作猾宼，並誤，原書未譯出滿文。

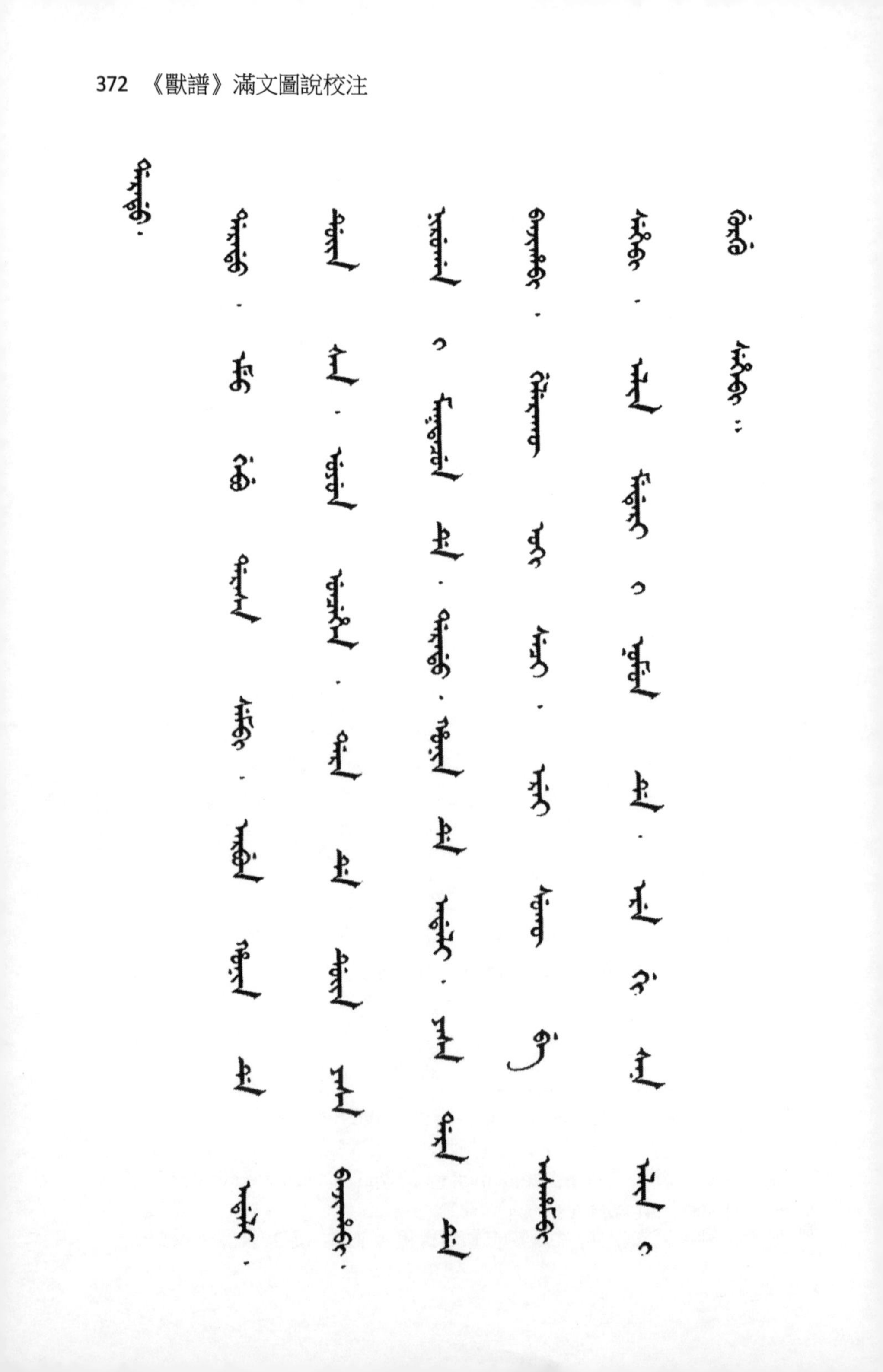

daradu

daradu, emu gebu darasa sembi. arbun honin de adali, duin šan, uyun uncehen, dara de duin yasa banjihabi. nirugan i maktacun de, daradu, honin de adali, yasa dara de banjihabi. gelerakū oki seci, erei sukū be ashambi sehebi. alin mederi i nomun de, ere gi ša<u>n</u> alin i gurgu sehebi.

猼訑

猼訑，一作䍸𦍦，一作䍸䍺，一作縛訑，亦名㹀[67]。其狀如羊，四耳，九尾，四目附於背。〈圖贊〉曰：猼訑似羊，眼反在背[68]。若欲不恐，厥皮可佩。《山海經》云：基山之獸也。

猼訑

猼訑，一作䍸𦍦，一作䍸䍺，一作缚訑，亦名㹀。其状如羊，四耳，九尾，四目附于背。〈图赞〉曰：猼訑似羊，眼反在背。若欲不恐，厥皮可佩。《山海经》云：基山之兽也。

[67] 一作䍸𦍦，一作縛訑，亦名㹀，原書未譯出滿文。

[68] 眼反在背，滿文讀作“yasa dara de banjihabi”意即「眼長在背上」。

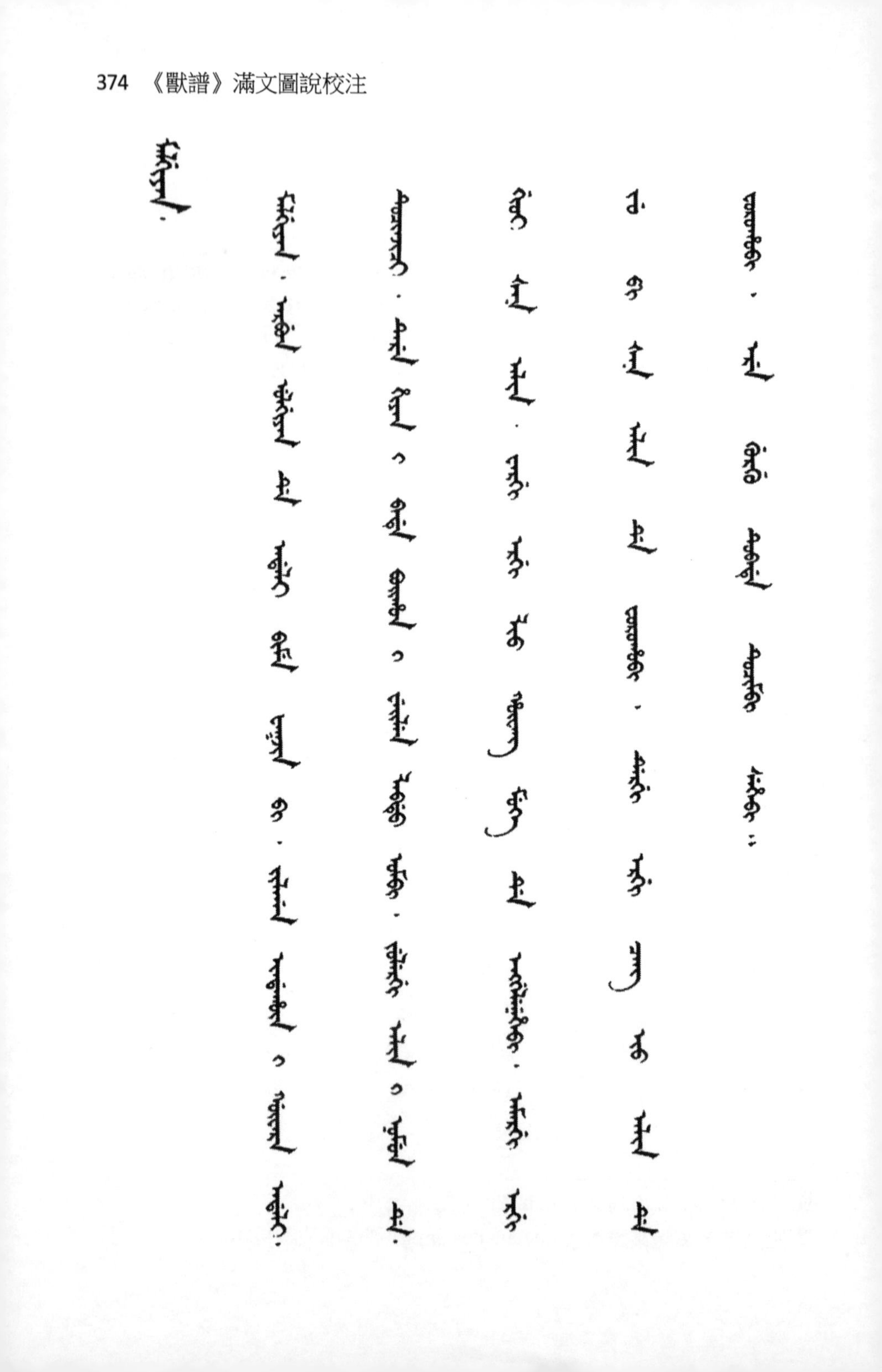

[illegible]

malgiyan

malgiyan, arbun ulgiyan de adali bime fakjin bi. jilgan indahūn i gūwara adali. tucinjici, tere hiyan i bade boihon i weilen labdu ombi. julergi alin i nomun de, gioi šan̲ alin wargi ergi lio hūwang muke de enggelenehebi, amargi ergi ju pi šan̲ alin de forohobi. dergi ergi cang io alin de forohobi, ere gurgu tubade tucimbi sehebi.

狸力

狸力，形如豚而有距，音如狗吠，見則其縣多土功[69]。《南山經》云：拒山西臨流黃，北望諸毗，東望長右，是獸實生焉。

狸力

狸力，形如豚而有距，音如狗吠，见则其县多土功。《南山经》云：拒山西临流黄，北望诸毗，东望长右，是兽实生焉。

[69] 土功，滿文讀作"boihon i weilen"，意即「治水築城等工程」。

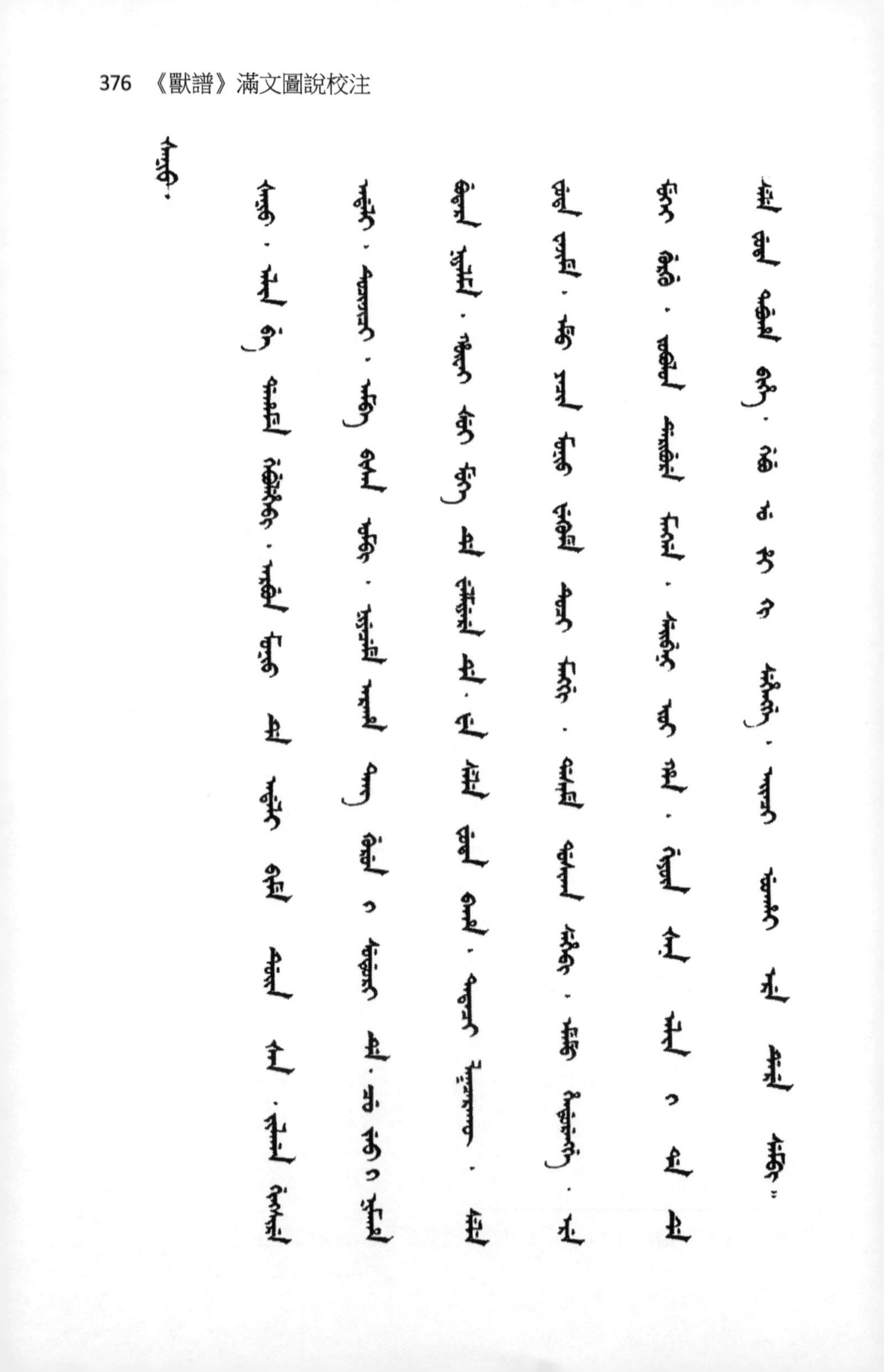

šanio

šanio, alin be dahame gebulehebi, arbun monio de adali bime duin šan, jilgan gingsire adali, tucinjici, amba bisan ombi. niyeceme araha tang gurun i suduri de, cu jeo i nimaha butara niyalma, hūwai šui muke de welmiyere de, fe sele futa baha, tataci lakcarakū, sele futa wajime, emu yacin monio fekume tuci manggi, dasame dosika sehebi. ememu hendurengge, ere mukei gurgu, jobolon deribure mangga, seibeni ioi han, giyūn šan alin i da de sele futa tabuha bihe, gebu u jy ki sehengge, ainci uthai ere dere sembi.

長右

長右，以山得名，狀如猴而四耳，其音如吟，見則有大水。《唐國史補》載：楚州漁人於淮中釣得古鐵鏁[70]，挽之不絕，鏁窮，有青獮猴躍出復沒。或曰此水獸也，好為害。昔者禹鎖於軍山之下，名無支祁，豈即此類歟？

長右

长右，以山得名，状如猴而四耳，其音如吟，见则有大水。《唐国史补》载：楚州渔人于淮中钓得古铁鏁，挽之不绝，鏁穷，有青猕猴跃出复没。或曰此水兽也，好为害。昔者禹锁于军山之下，名无支祁，岂即此类欤？

[70] 古鐵鏁，滿文讀作"fe sele futa"，意即「舊鐵繩」。

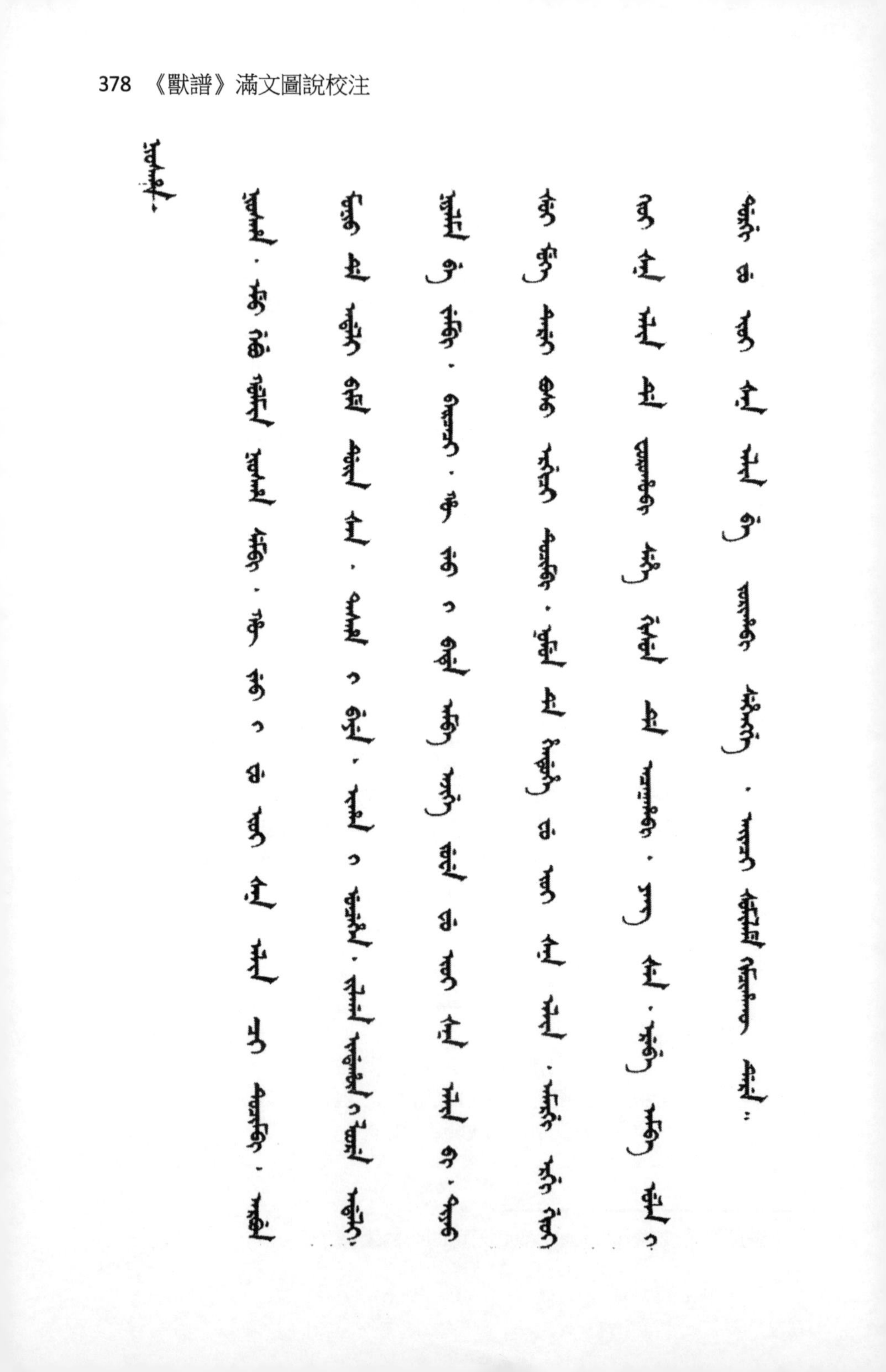

[illegible]

[illegible]

[illegible]

[illegible]

[illegible]

[illegible]

niosha

niosha, emu gebu golmin niosha sembi. hū jeo i fu ioi šan alin ci tucimbi. arbun monio de adali bime duin šan, tasha i beye, ihan i uncehen, jilgan indahūn i loore adali, niyalma be jembi. baicaci, hū jeo i bade amba ajige juwe fu ioi šan alin bi, tiyao šui muke terei boso ergici tucimbi. nomun de henduhe fu ioi šan alin, amargi ergi gioi kioi šan alin de forohobi sehe gisun de acanababi. yang šen, erebe amba ula i dorgi fu ioi šan alin be jorihabi sehengge, ainci šumilame kimcihakū dere.

㺅

㺅，亦名長㺅，出湖州浮玉山。狀似猴，四耳，虎身，牛尾，聲如犬嗥，是食人[71]。按湖州有大小浮玉二山，苕水出其陰，與《經》所云浮玉之山，北望具區相合。楊慎謂指大江之浮玉，蓋未深考耳。

㺅

㺅，亦名长㺅，出湖州浮玉山。状似猴，四耳，虎身，牛尾，声如犬嗥，是食人。按湖州有大小浮玉二山，苕水出其阴，与《经》所云浮玉之山，北望具区相合。杨慎谓指大江之浮玉，盖未深考耳。

---

[71] 是食人，滿文讀作“niyalma be jembi”，意即「食人」。

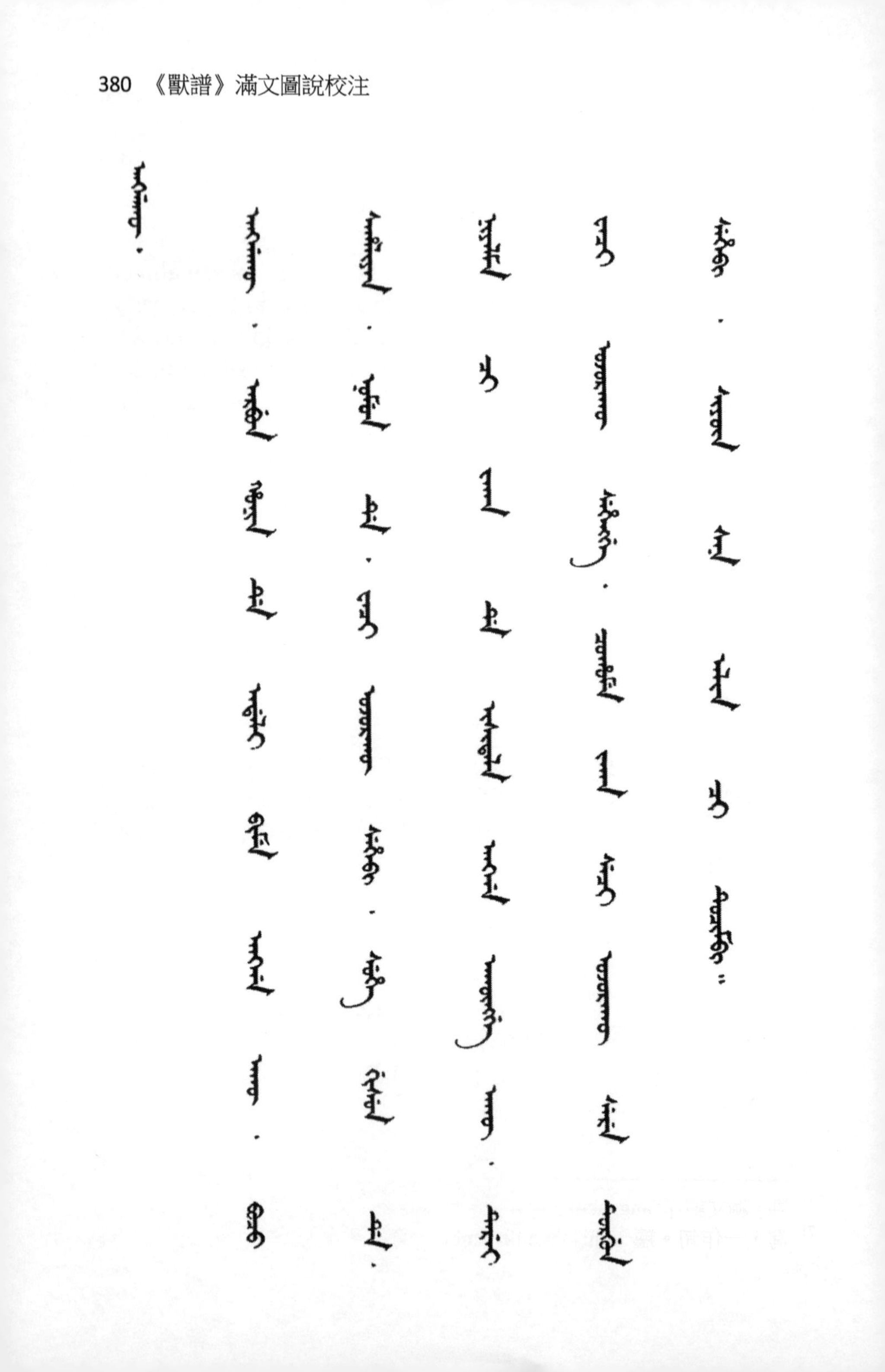

[illegible]

[illegible]

[illegible]

[illegible]

[illegible]

[illegible]

anggakū

anggakū, arbun honin de adali bime angga akū, boco sahaliyan. nomun de, waci ojorakū sehebi. suhe gisun de, niyalma ci jaka de isitala angga akūngge akū, terei waci ojorakū sehengge, cohome jaka seci ojorakū sere turgun sehebi. siyūn šan alin ci tucimbi.

䍺

䍺[72]，狀如羊而無口，黑色。《經》云不可殺也。釋之者曰：自人至物未有無口，其曰不可殺，為其不成物也。出洵山。洵，一作旬，䍺，亦作羦[73]。

䍺

䍺，状如羊而无口，黑色。《经》云不可杀也。释之者曰：自人至物未有无口，其曰不可杀，为其不成物也。出洵山。洵，一作旬，䍺，亦作羦。

---

[72] 䍺，滿文讀作"anggakū"，係"angga"與"akū"的結合詞彙，意即「無口」。

[73] 洵，一作旬。䍺，亦作羦，原書未譯出滿文。

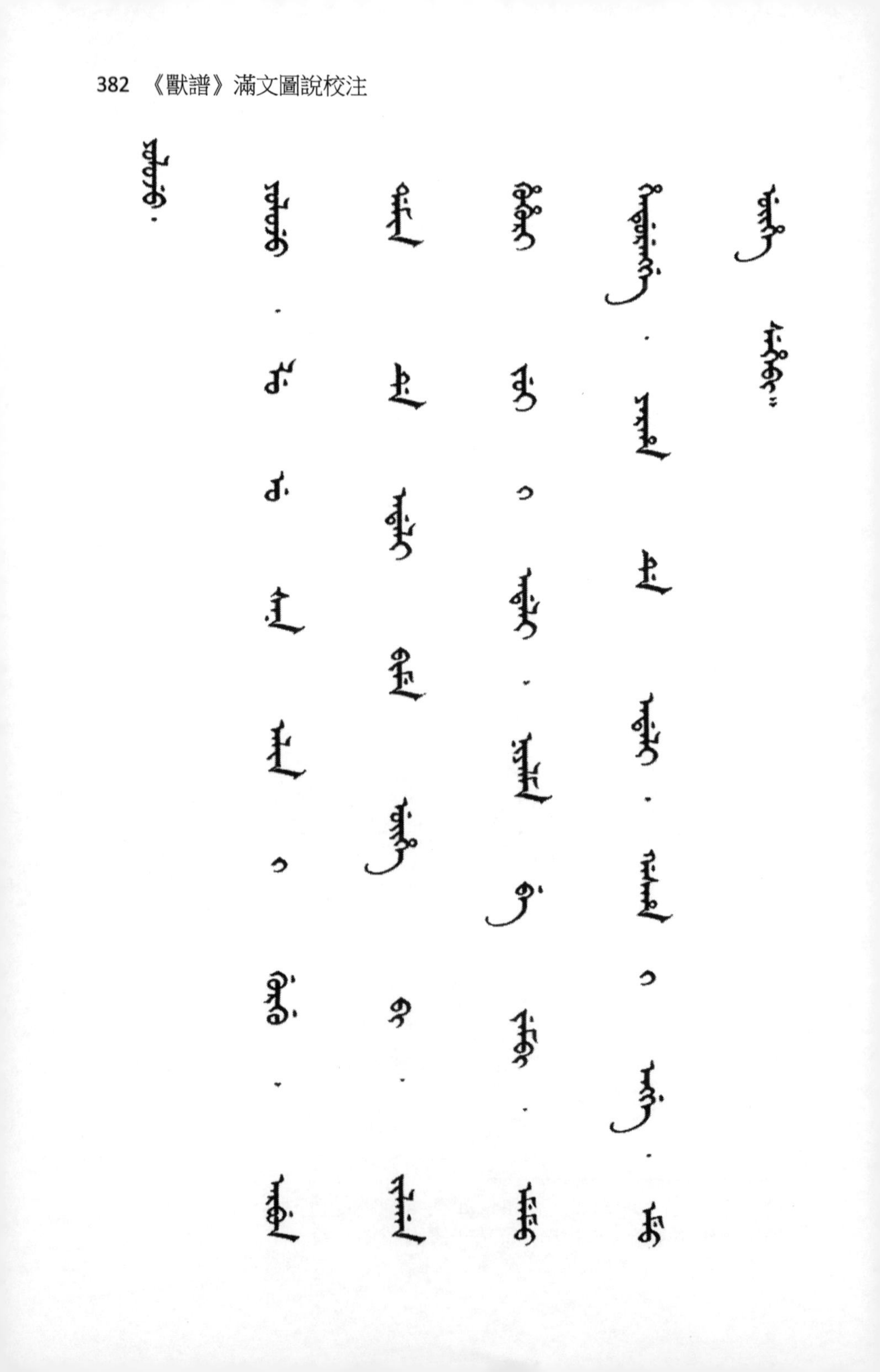

[illegible]

yoloju

yoloju, lu u šan alin i gurgu. arbun damin de adali bime uihe bi, jilgan huhuri jui i adali, niyalma be jembi. ememu hendurengge, yarha de adali, gasha i engge, emu uihe sehebi.

蠱雕

蠱雕[74]，鹿吳山之獸也。狀如雕而有角，音如嬰兒，是食人。一云如豹，鳥喙，一角。蠱，或作纂[75]。

蛊雕

蛊雕，鹿吴山之兽也。状如雕而有角，音如婴儿，是食人。一云如豹，鸟喙，一角。蛊，或作纂。

---

[74] 蠱雕，滿文讀作"yoloju"，是"yolo"與"ju"的結合詞彙。按："yolo", 意即「狗頭雕」，"yoloju"，就是近似狗頭雕的異獸。

[75] 蠱，或作纂，原書未譯出滿文。

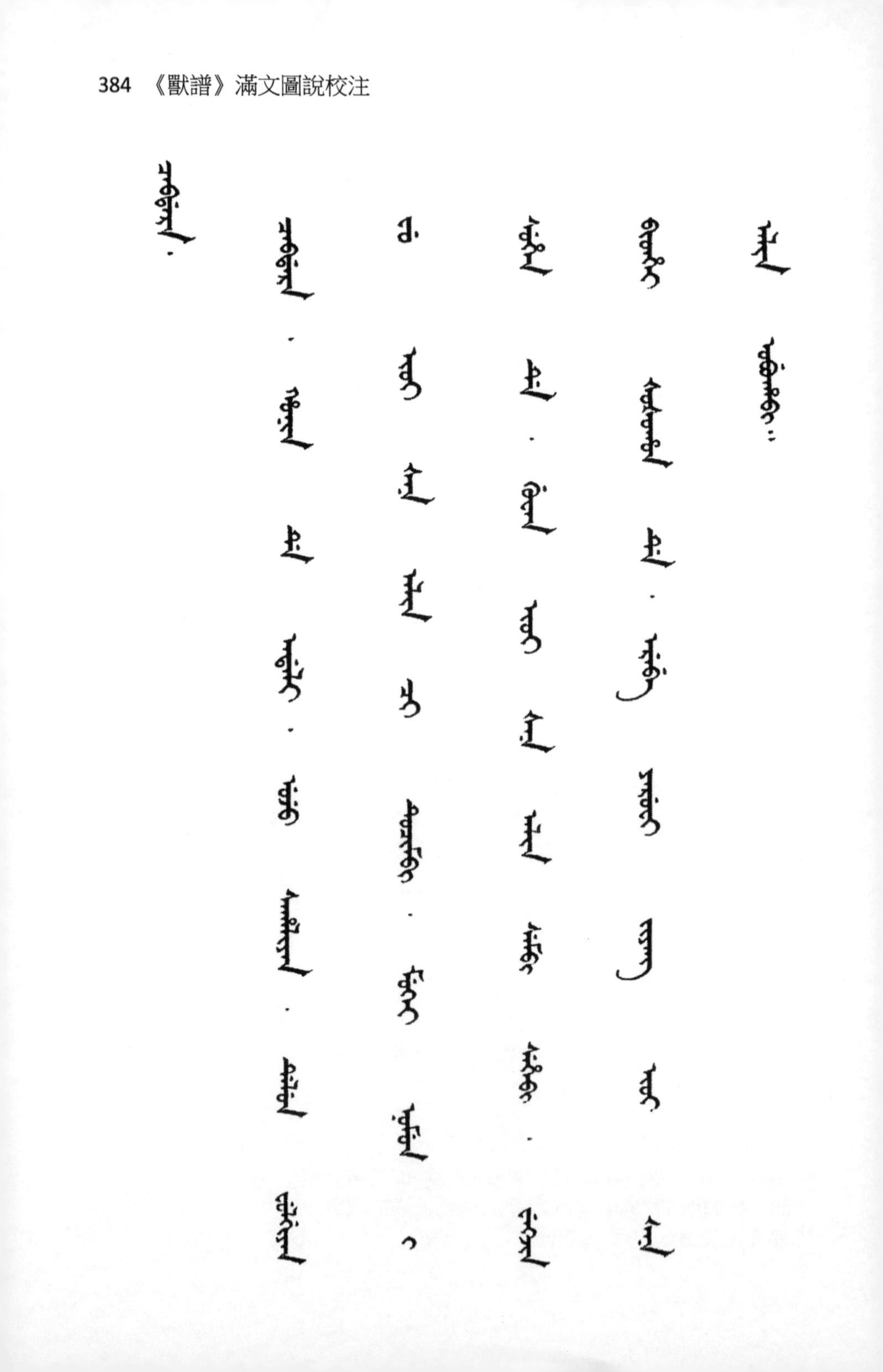

cabdara

cabdara, honin de adali, uju sahaliyan, delun fulgiyan, fu ioi šan alin ci tucimbi. mukei nomun i suhen de, guwan ioi šan alin sembi sehebi. wekjin bithei šošohon de, erebe yarufi jiyang ioi šan alin obuhabi.

菍聾

菍聾[76]，如羊，黑首，赤鬣[77]。出符禺山。《水經注》作觀愚之山。《緯略》引此作將遇之山。

菍聋

菍聋，如羊，黑首，赤鬣。出符禺山。《水经注》作观愚之山。《纬略》引此作将遇之山。

[76] 菍聾，滿文讀作“cabdara”，意即「銀鬢的」、「銀鬃的」。
[77] 赤鬣，滿文讀作“delun fulgiyan”，意即「紅鬃毛」。

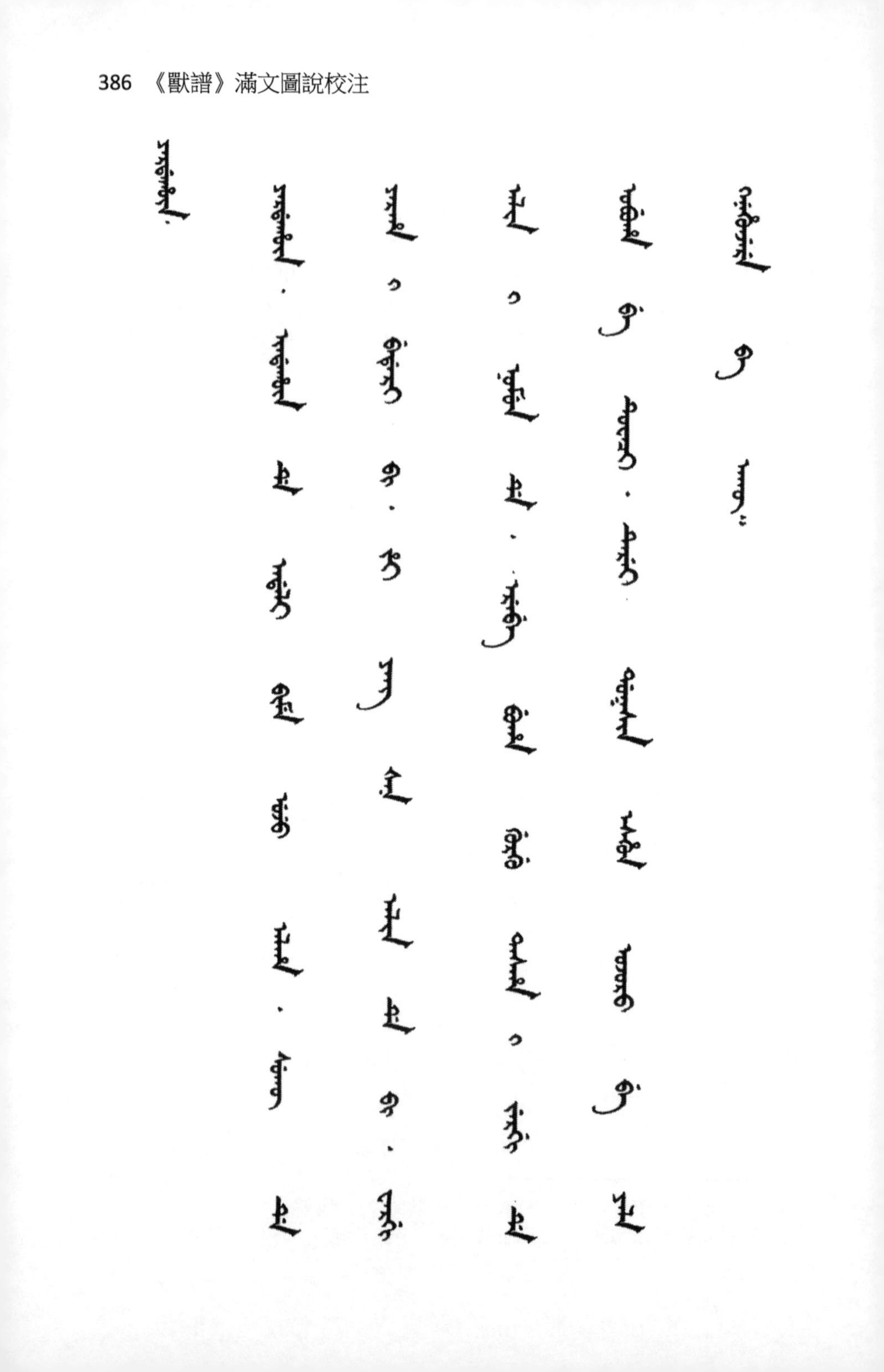

yardahūn

yardahūn, indahūn de adali bime uju alha, sukū de yarha i bederi bi. jy yang šan alin de bi. wargi alin i nomun de, erebe buha gurgu tasha i jergi de obuha be tuwaci, terei doksin eshun ojoro be yala kenehunjere ba akū.

犳

犳[78]，似狗而文首，皮有豹文。庈陽山中有之。《西山經》等之兕虎，其為猛摯無疑。犳音勺，一音腰[79]。

犳

犳，似狗而文首，皮有豹文。庈阳山中有之。《西山经》等之兕虎，其为猛挚无疑。犳音勺，一音腰。

78 犳，滿文讀作“yardahūn”，是豹“yarha”與狗“indahūn”的結合詞彙，犳似狗，皮有豹文。

79 犳音勺，一音腰，原書未譯出滿文。

ᡝᠨᡝᠨᡝᠪᡠ᠈

ᡝᠨᡝᠨᡝᠪᡠ᠈ ᠨᡳᠩᡤᡠ ᠨᡳᠩᡤᡠᠨ ᡳ ᠪᡝᠶᡝᠨ᠈ ᠰᡝᠪᡝ ᠨᡳᠩᡤᡠ ᡨᡝ

ᠰᡝᠷᡝ ᠪᡝ ᠰᡳᠰᡳᠯᡝ ᠪᡝᠶᡝ᠈ ᠰᡳᠯᡝ ᠰᡳᠨᡝ᠈ ᠰᡝ ᡨᡝ

ᠨᡝ ᡨᡝ ᠮᡳ ᡤᡳᠰᡠᡵᡝᠮᠪᡳ᠉

sofintu

sofintu, inu somnio i duwali, arbun monio de adali bime meiren golmin, fahara mangga, ioi ts'y šan alin ci tucimbi.

囂

囂[80]，亦禺屬，狀似猴而長臂，善投。出羭次山，或曰羭次，即榆次[81]。

嚣

嚣，亦禺属，状似猴而长臂，善投。出羭次山，或曰羭次，即榆次。

---

80 囂，滿文讀作“sofintu”，是“sofin”與“tu”的結合詞彙，按: “sofin”，意即「暴烈的」。

81 或羭次，即榆次，原書未譯出滿文。

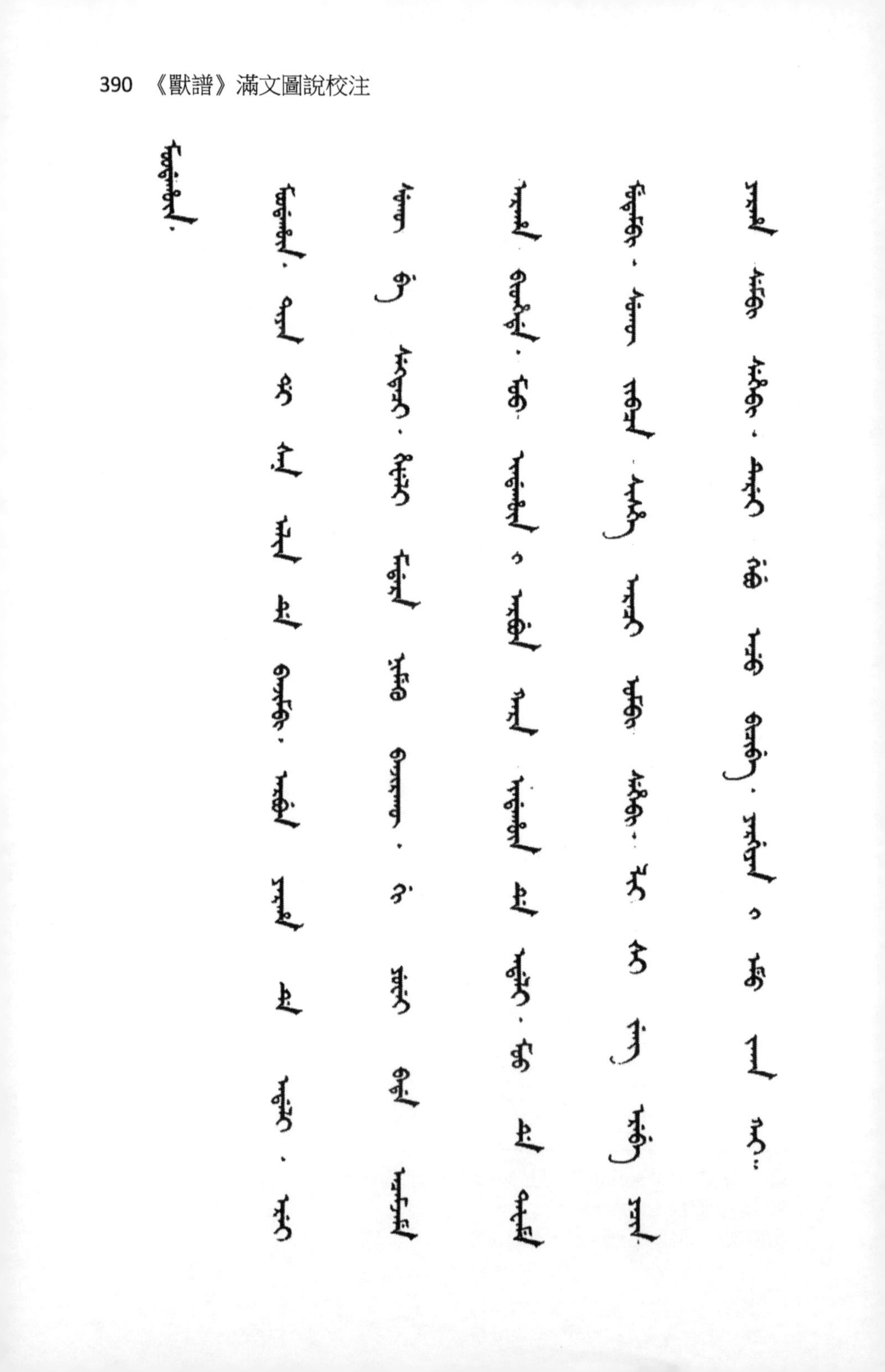

[illegible]

moodahūn

moodahūn, tiyan di šan alin de banjimbi. arbun yarha de adali. erei sukū be sekteci, hefeli madara nimeku banjirakū. gi yuwei bade acamjame araha bithede, moo indahūn i arbun kara indahūn de adali, moo de tafame mutembi. sukū jibca sishe araci ombi sehebi. lii ši jeng erebe yacin yarha sembi sehebi. terei gebu encu bicibe, yargiyan i emu jaka kai.

貘邊

貘邊[82]，生天帝山，一作谷遺[83]。狀如豹，席其皮者不蠱[84]。《冀越集》云：木狗，形如黑狗，能登木，其皮可為裘褥。李時珍謂之元豹，皆名異而實同者也。

貘边

貘边，生天帝山，一作谷遗。状如豹，席其皮者不蛊。《冀越集》云：木狗，形如黑狗，能登木，其皮可为裘褥。李时珍谓之元豹，皆名异而实同者也。

---

82 貘邊，滿文讀作"moodahūn"，是木"moo"與狗" indahūn"的結合詞彙。

83 一作谷遺，原書未譯出滿文。

84 不蠱，滿文讀作"hefeli madara nimeku banjirakū"，意即「肚腹不生膨脹之病」。

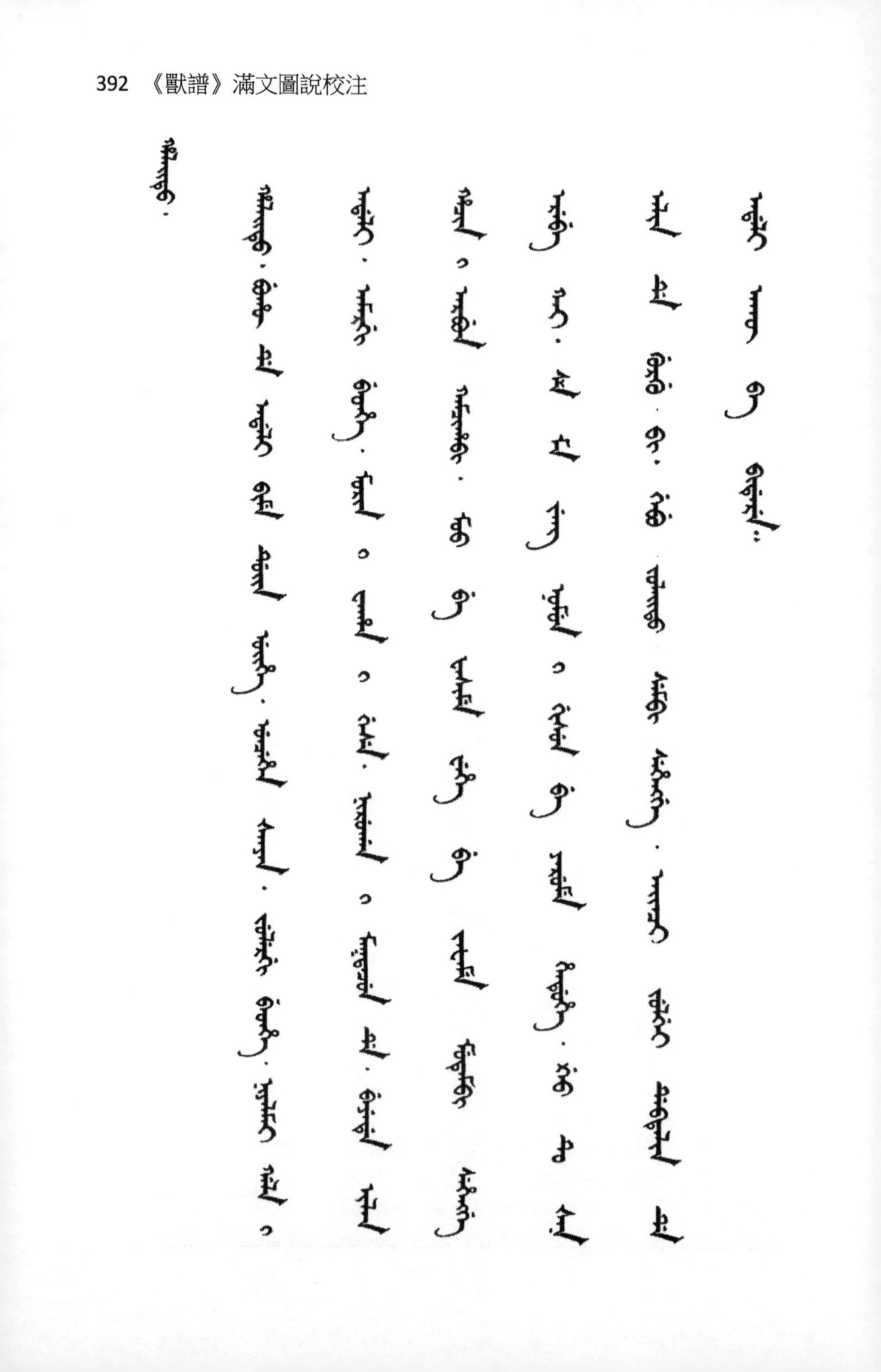

[illegible]

[illegible]

[illegible]

[illegible]

[illegible]

[illegible]

[illegible]

halaitu

halaitu, buhū de adali bime duin uihe, uncehen šanyan, julergi bethe, niyalmai gala i adali, amargi bethe, morin i wahan i gese, nirugan i maktacun de, beyede ilan hacin i arbun kamcihabi. moo be fasime wehe be jafame mutembi sehengge erebe kai. sy ma jeng nomun i gisun be yarume henduhe. g'ao tu šan alin de gurgu bi. gebu jolaitu sembi sehengge, ainci julgei debtelin de adali akū ba bidere.

玃如

玃如，似鹿而四角，白尾，其足前如人手，後若馬蹄[85]。《圖贊》所謂貌兼三形，攀木援石者也。一作獿如，亦作玃玃[86]。司馬貞引《經》云：皋塗山有獸名蠷，蓋古本異同耳。

玃如

玃如，似鹿而四角，白尾，其足前如人手，后若马蹄。《图赞》所谓貌兼三形，攀木援石者也。一作獿如，亦作玃玃。司马贞引《经》云：皋涂山有兽名蠷，盖古本异同耳。

---

[85] 其足前如人手，後若馬蹄，滿文讀作"julergi bethe, niyalmai gala i adali , amargi bethe, morin i wahan i gese "，意即「前足如人手，後足似馬蹄」。

[86] 一作獿如，亦作玃玃，原書未譯出滿文。

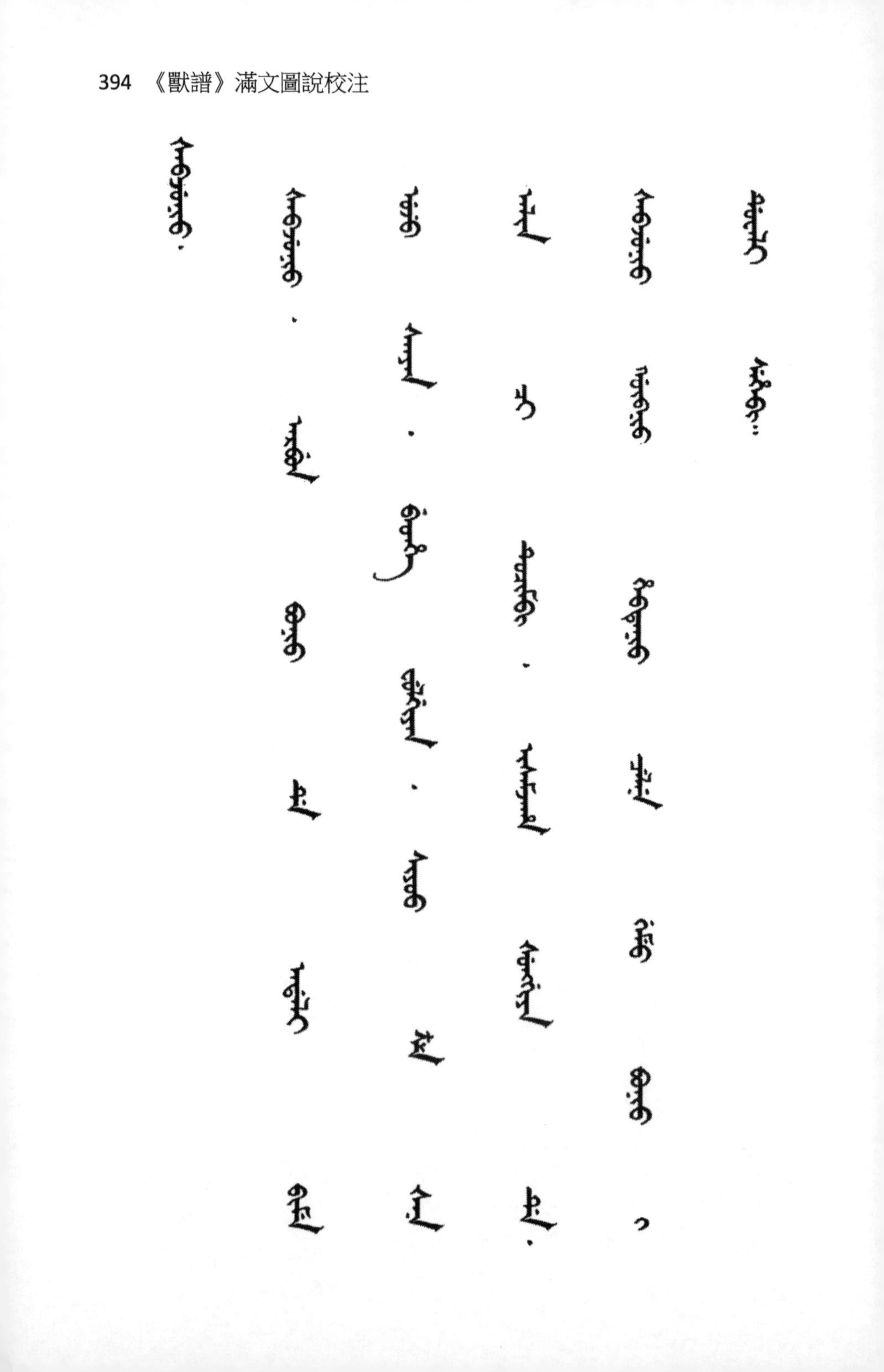

[illegible]

šabjunio

šabjunio, arbun bonio de adali bime uju šanyan, bethe fulgiyan, siyoo ts’y ša<u>n</u> alin ci tucimbi. isamjaha šunggiya de, šabjunio gūbnio hebtenio celne gemu bonio i duwali sehebi.

朱厭

朱厭，狀類猿而白首，赤足，出小次山。《駢雅》云：朱厭、騰猿、獑猢，前兒，皆猿屬也。

朱厌

朱厌，状类猿而白首，赤足，出小次山。《骈雅》云：朱厌、腾猿、獑猢，前儿，皆猿属也。

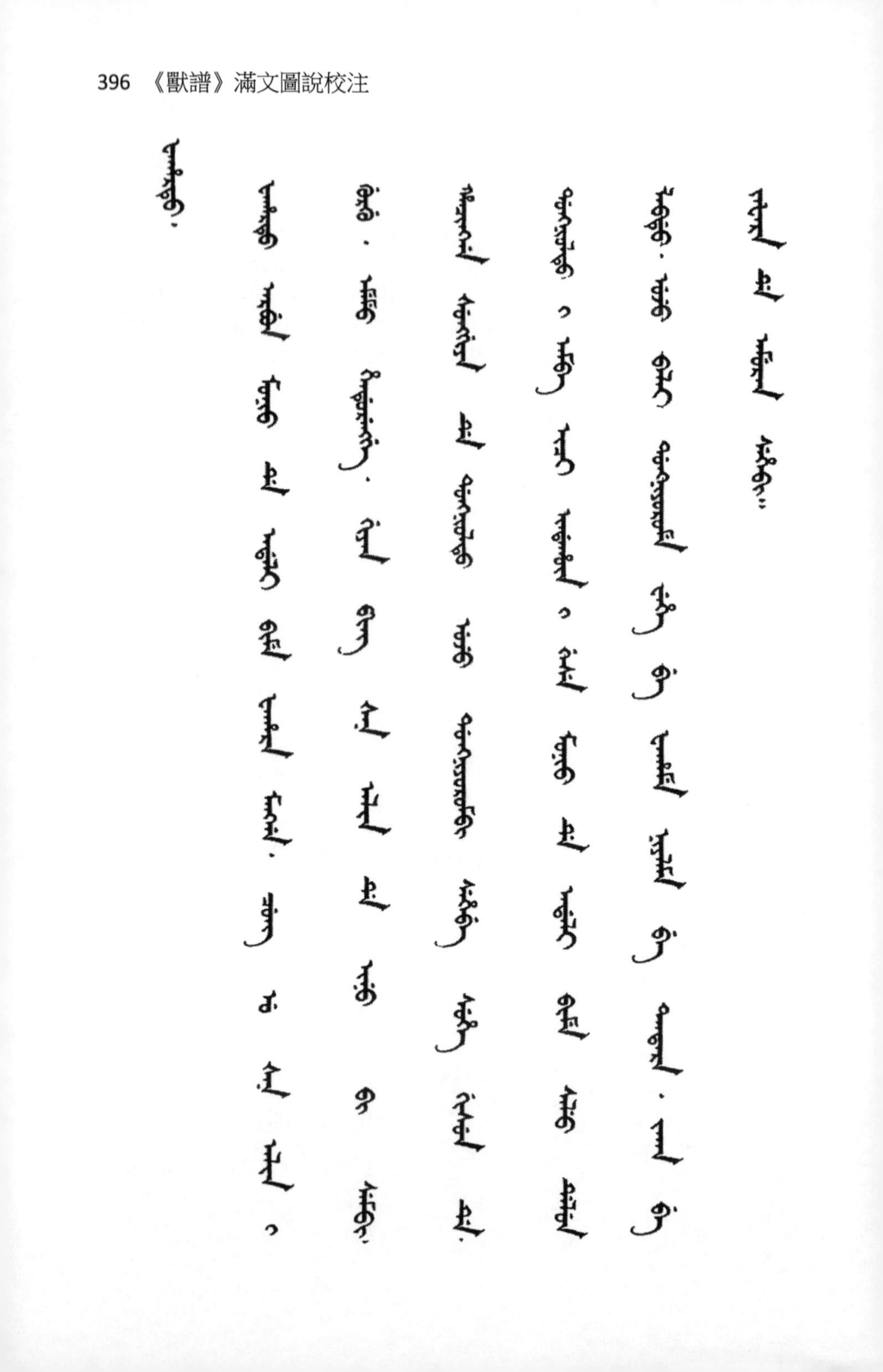

fahartu

fahartu, arbun monio de adali bime fahara mangga. cung u šan alin i gurgu, ememu hendurengge, giyan ping šan alin de inu bi sembi. hancingga šunggiya de, dongnioltu uju dongniyorombi sehebe suhe gisun de, dongnioltu i amba ici indahūn i gese, monio de adali bime salu delun labdu, uju balai dongniyorome wehe be fahame niyalma be tantara, jaka be jafara de amuran sehebi.

舉父

舉父。或作夸父[87]。狀如禺而善投[88]。崇吾山之獸也，或云建平山中亦有之。《爾雅》云：豦，迅頭，注謂：豦大如狗，似猴，多髯鬣，好奮迅其頭，舉石擿人[89]，玃物也。

举父

举父。或作夸父。状如禺而善投。崇吾山之兽也，或云建平山中亦有之。《尔雅》云：豦，迅头，注谓：豦大如狗，似猴，多髯鬣，好奋迅其头，举石擿人，玃物也。

---

[87] 或作夸父，原書未譯出滿文。

[88] 狀如禺而善投，滿文讀作"arbun monio de adali bime fahara mangga"，意即「狀如猴而善投擲」。

[89] 舉石擿人，滿文讀作"wehe be fahame niyalma be tantara"，意即「擲石打人」。

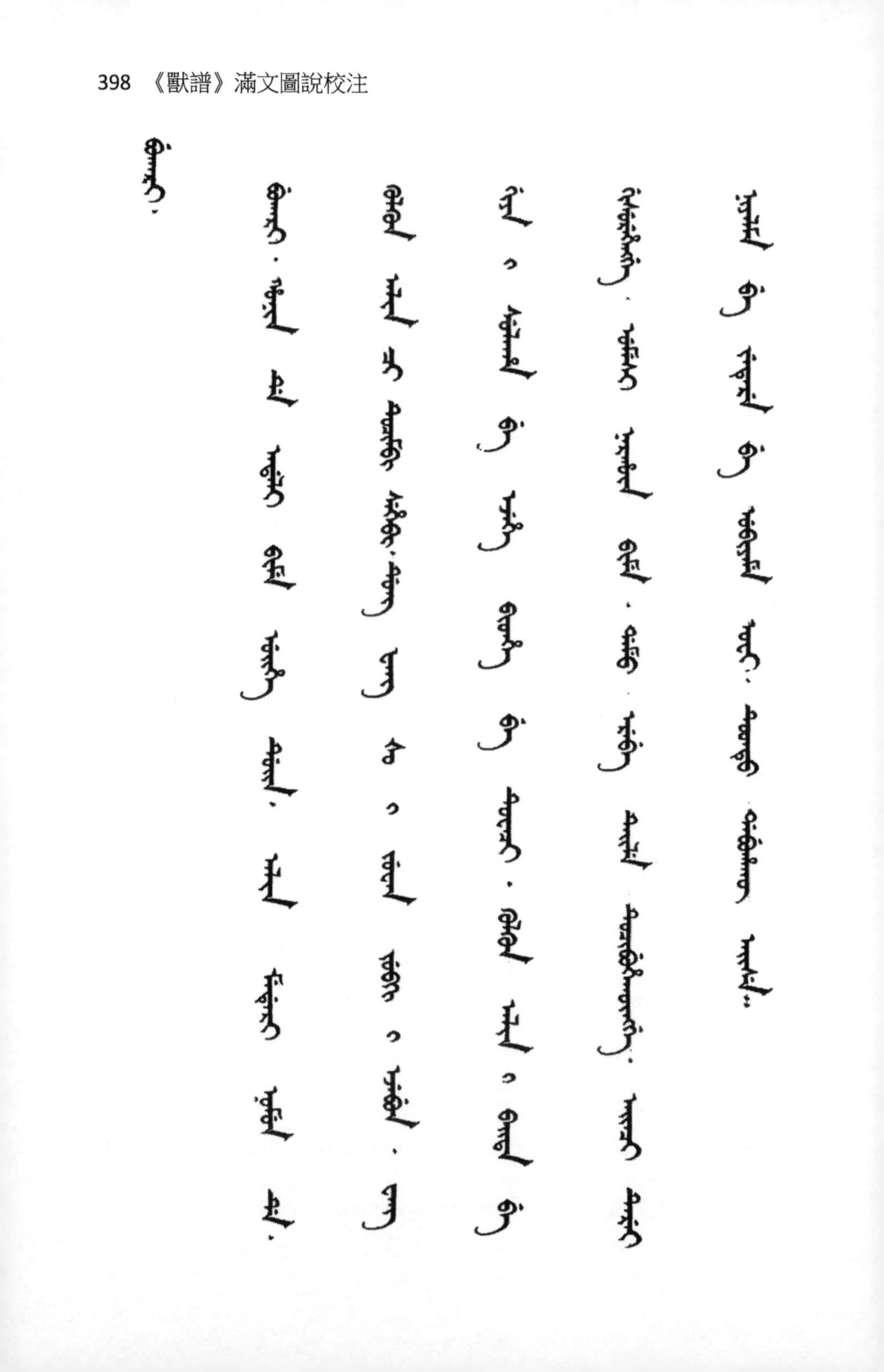

bukari

bukari, honin de adali bime uihe duin, alin mederi nomun de, kulkun alin ci tucimbi sehebi. dung fang šo i juwan jubki i ejebun, wang giya i sulaha be ejehe bithe be tuwaci, kulkun alin i baita be gisurehengge, umesi narhūn bime, damu erebe teile tucibuhekūngge, ainci terei niyalma be jetere be ubiyame ofi, tuttu dabuhakū aise.

土螻

土螻，如羊而四角。《山海經》謂出崑崙之邱。按：東方朔《十洲記》、王嘉《拾遺記》言崑崙事甚詳，獨不及此，豈惡其食人而逸之耶[90]？

土蝼

土蝼，如羊而四角。《山海经》谓出昆仑之邱。按：东方朔《十洲记》、王嘉《拾遗记》言昆仑事甚详，独不及此，岂恶其食人而逸之耶？

[90] 而逸之耶？滿文讀作“tuttu dabuhakū aise”，意即「故未包括在內耶？」

《獸譜》第四冊畫冊

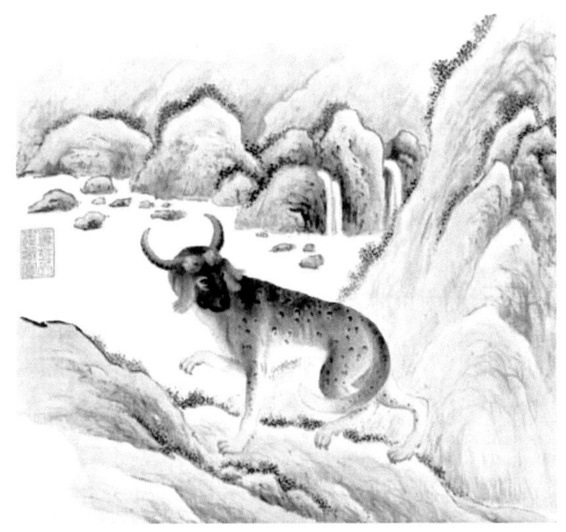

狡

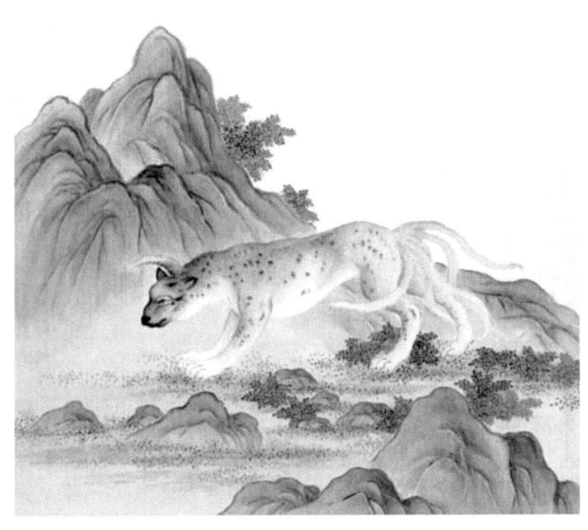

猙

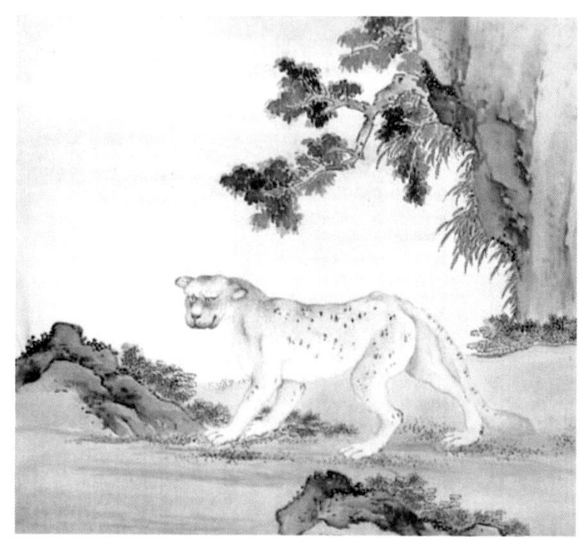

天狗

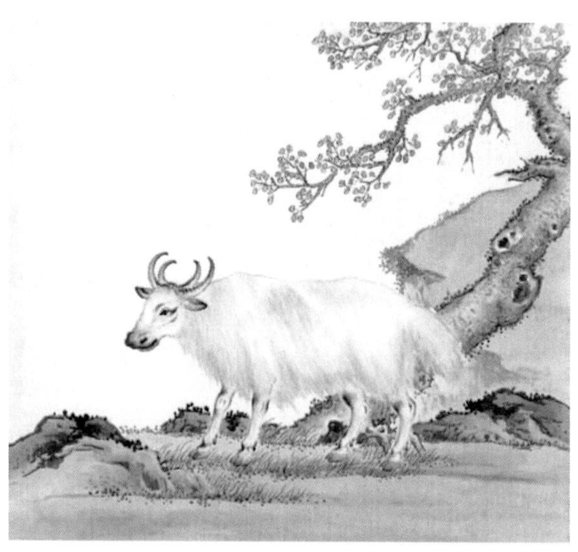

獓猢

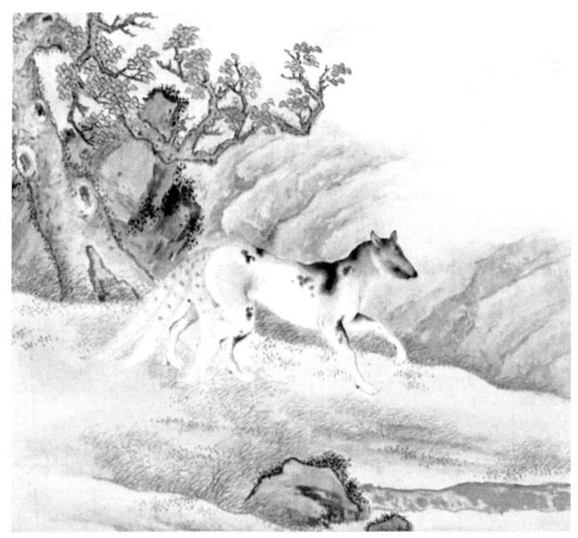

讙

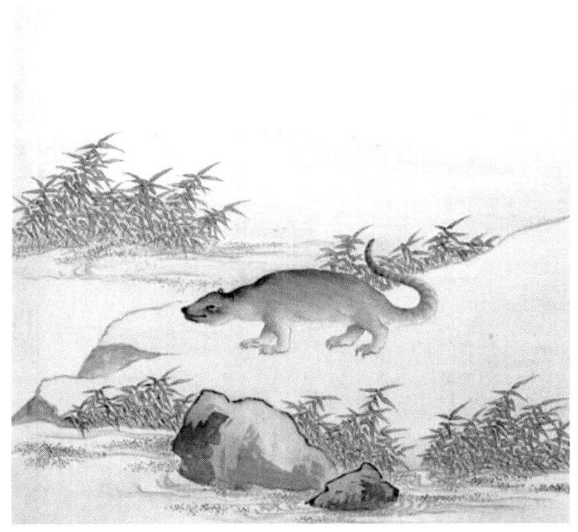

蠻蠻

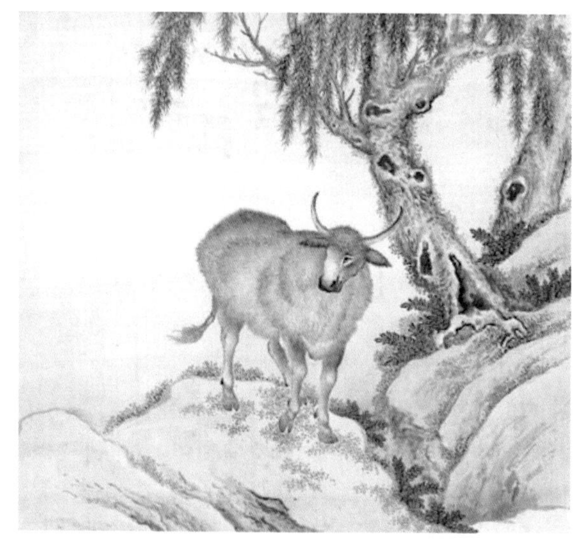

窮奇

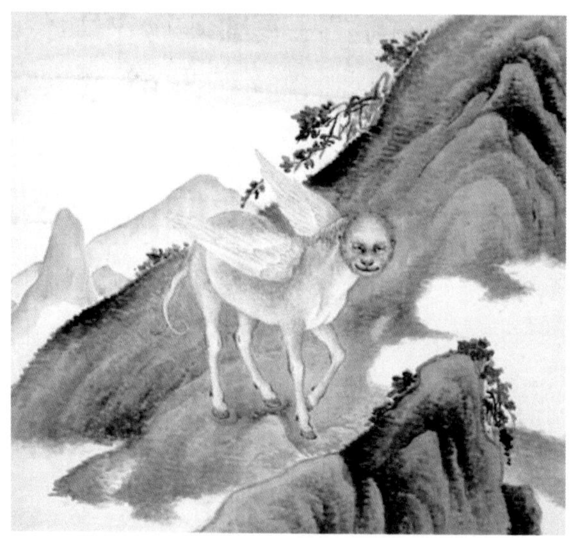

孰湖

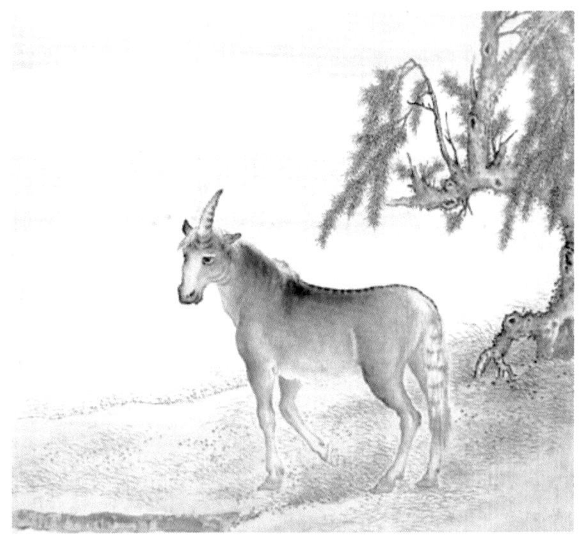

臛疏

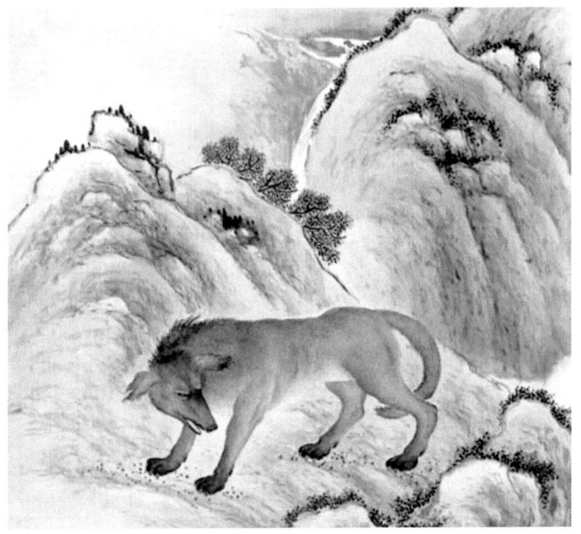

孟槐

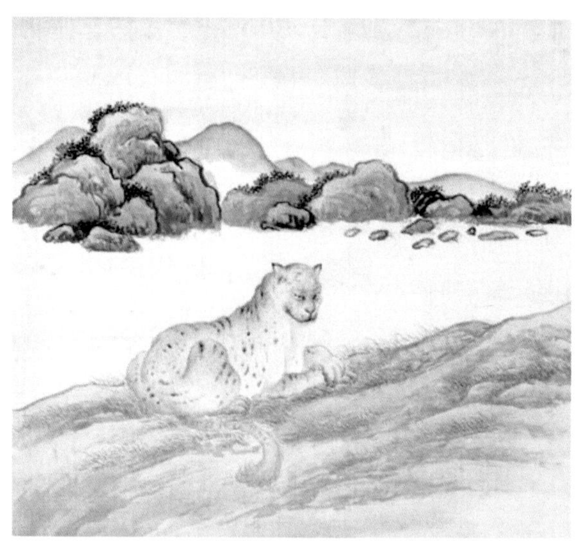

孟極

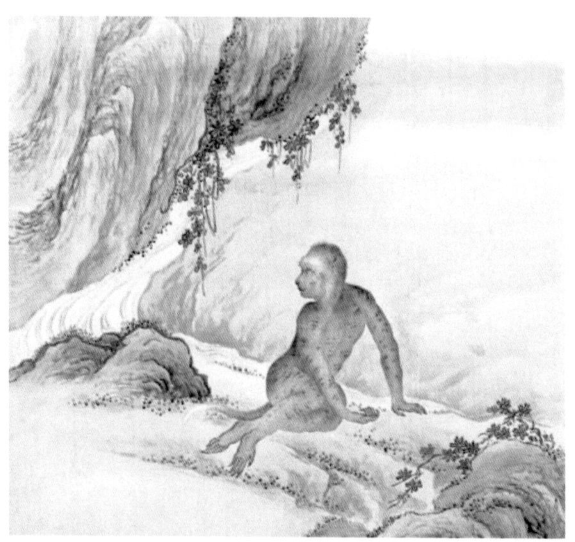

幽頞

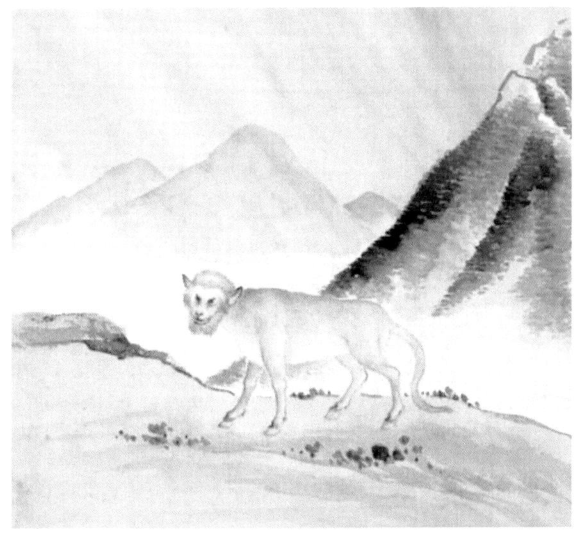

足訾

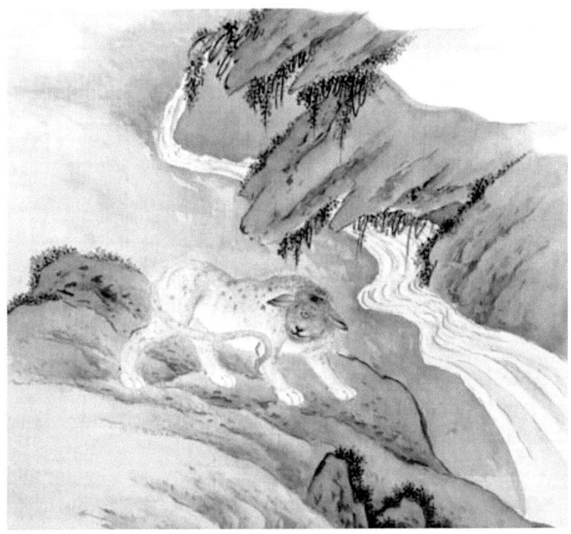

諸犍

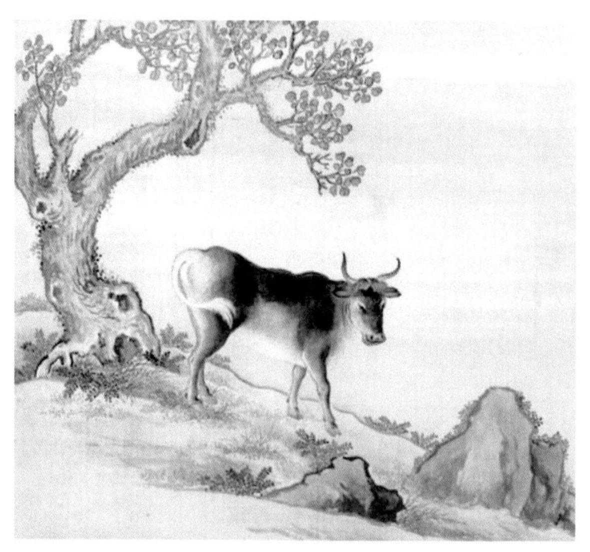

那父

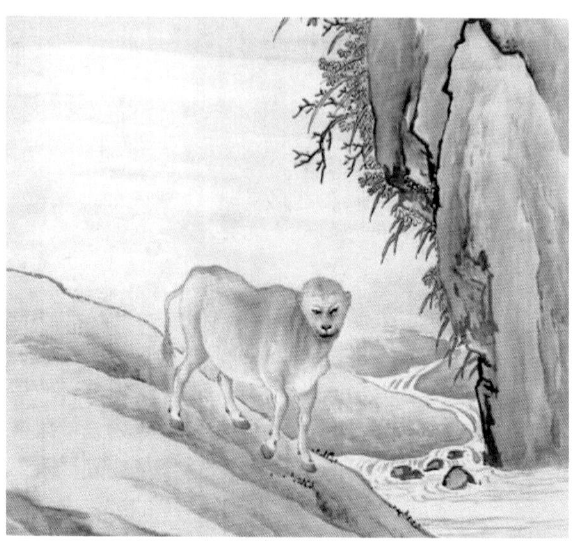

窫窳

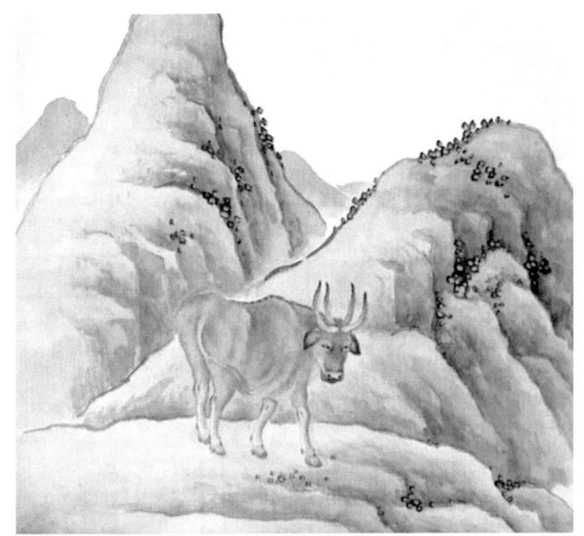

諸懷

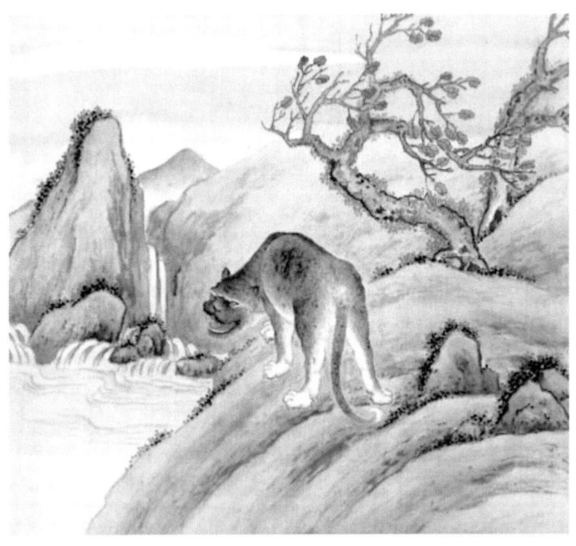

狕

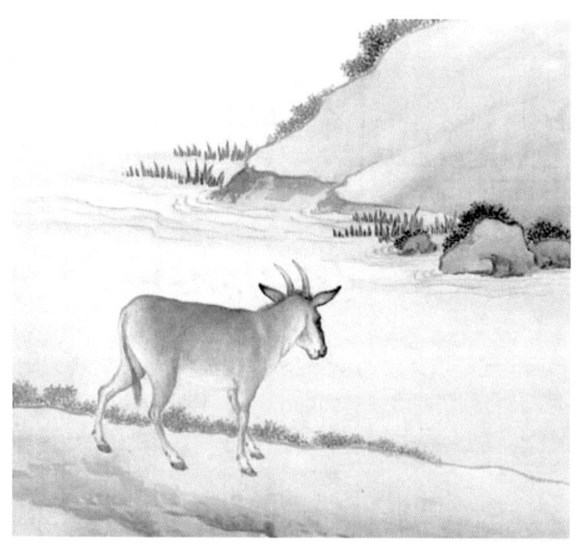

閭

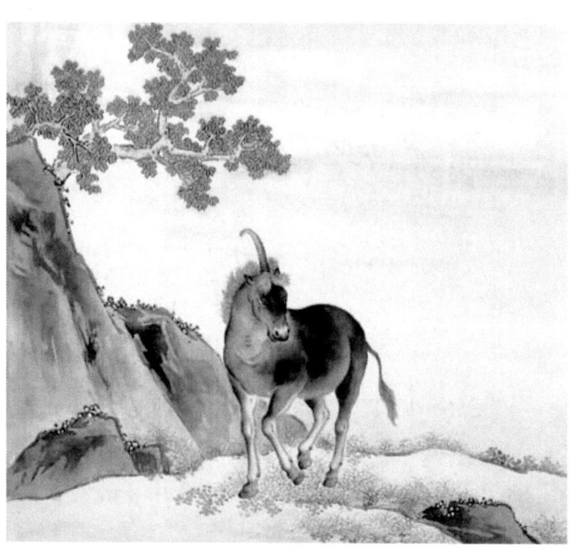

騂馬

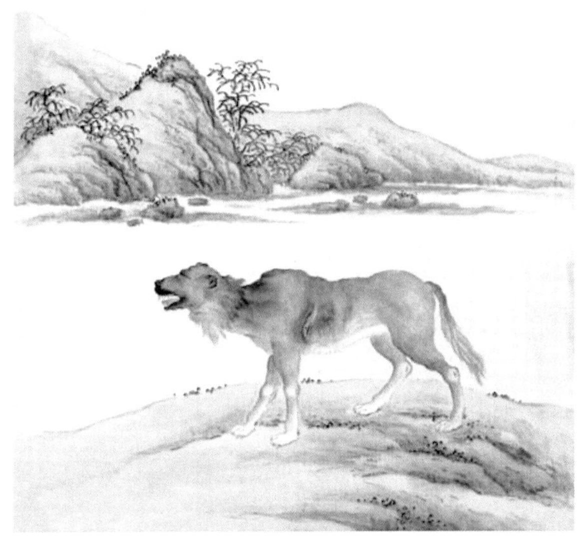

狍鴞

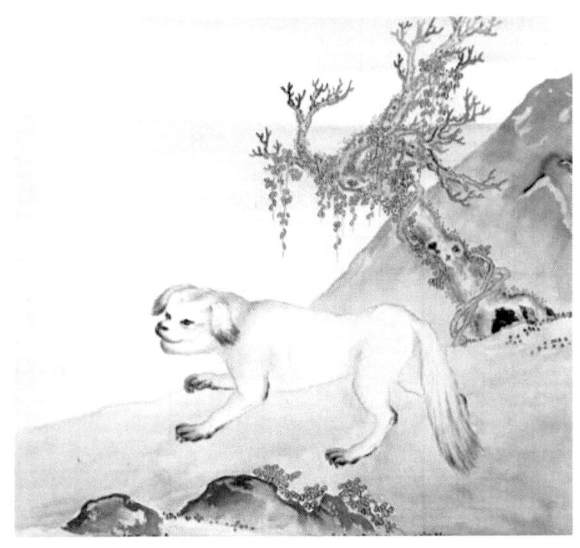

獨狢

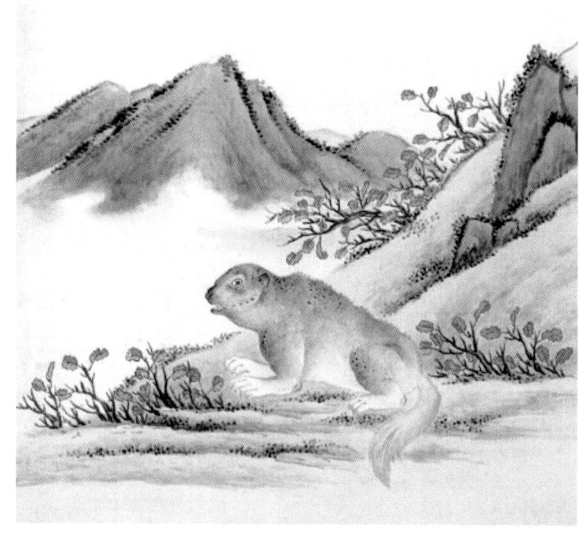

居暨

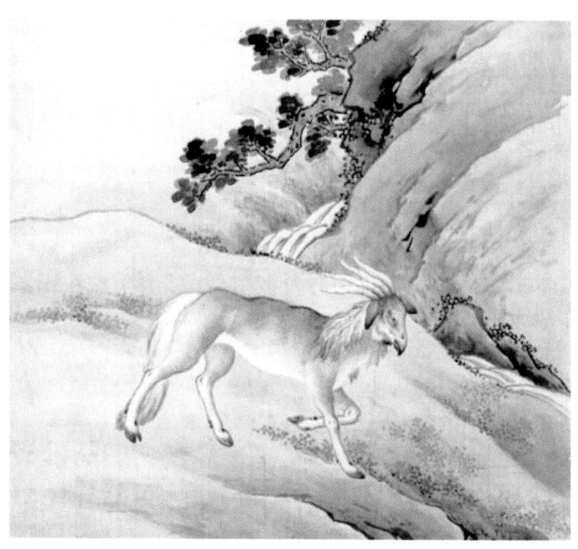

驒

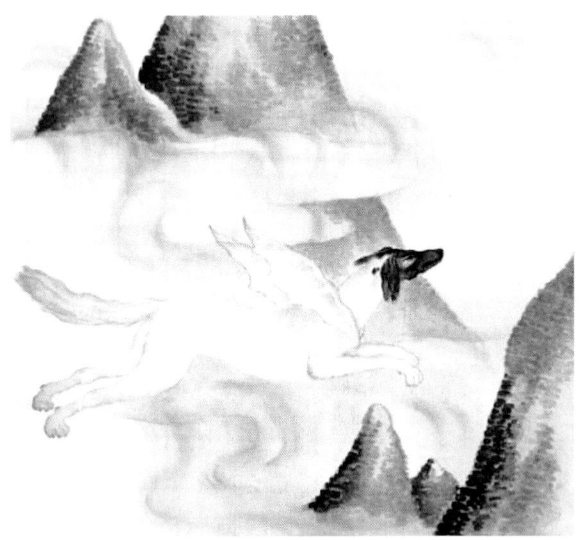

天馬

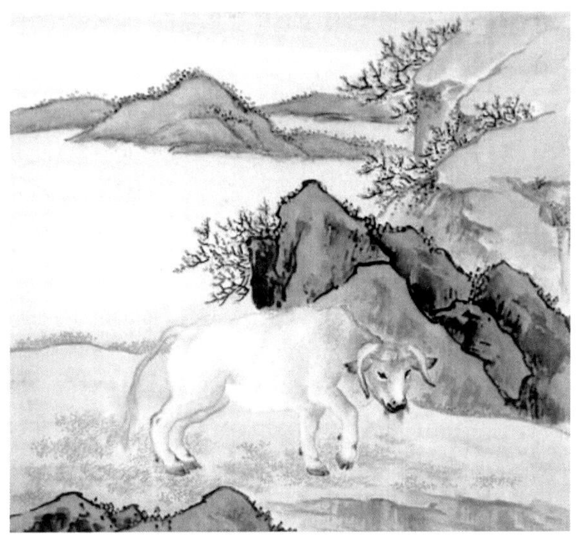

領胡

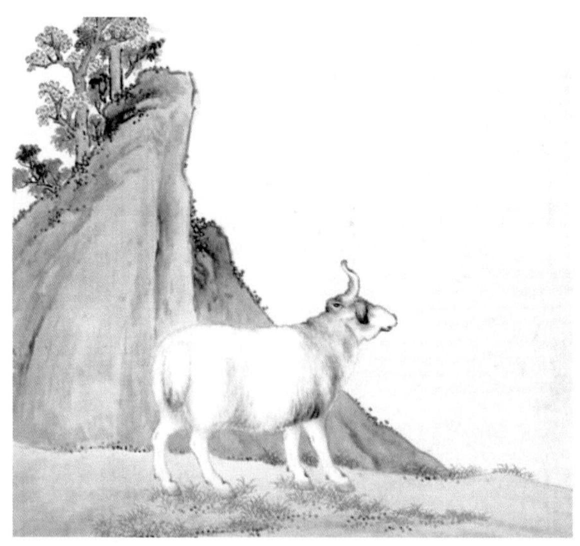

羦羦

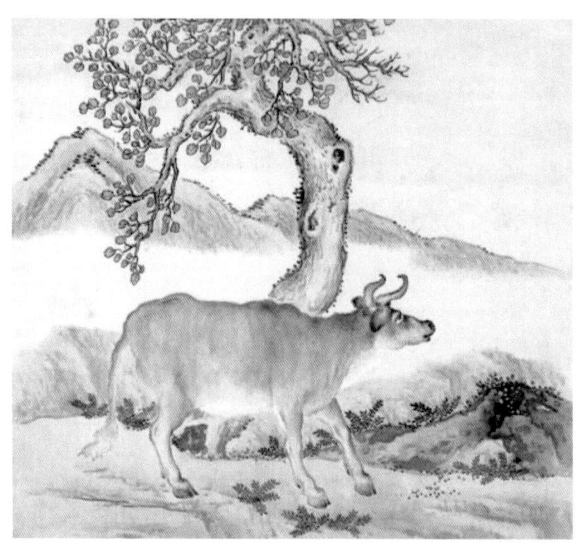

獂

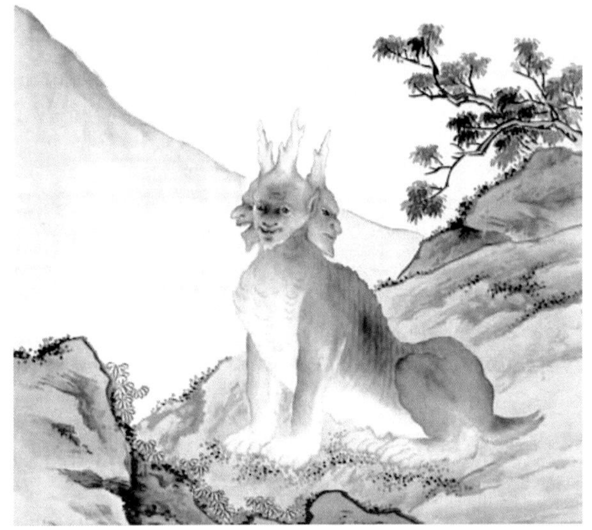

雙雙

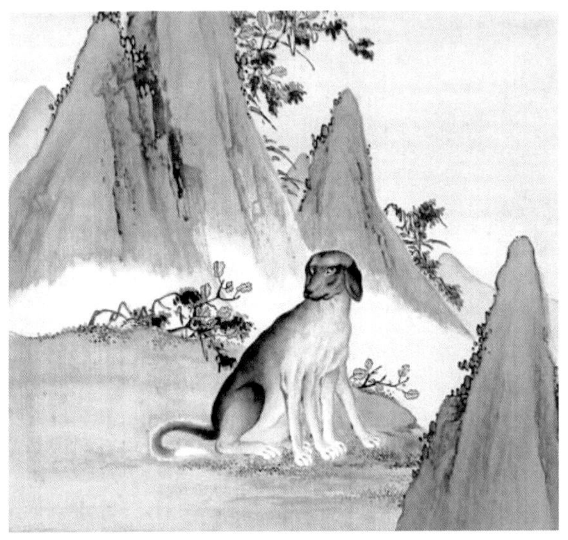

從從

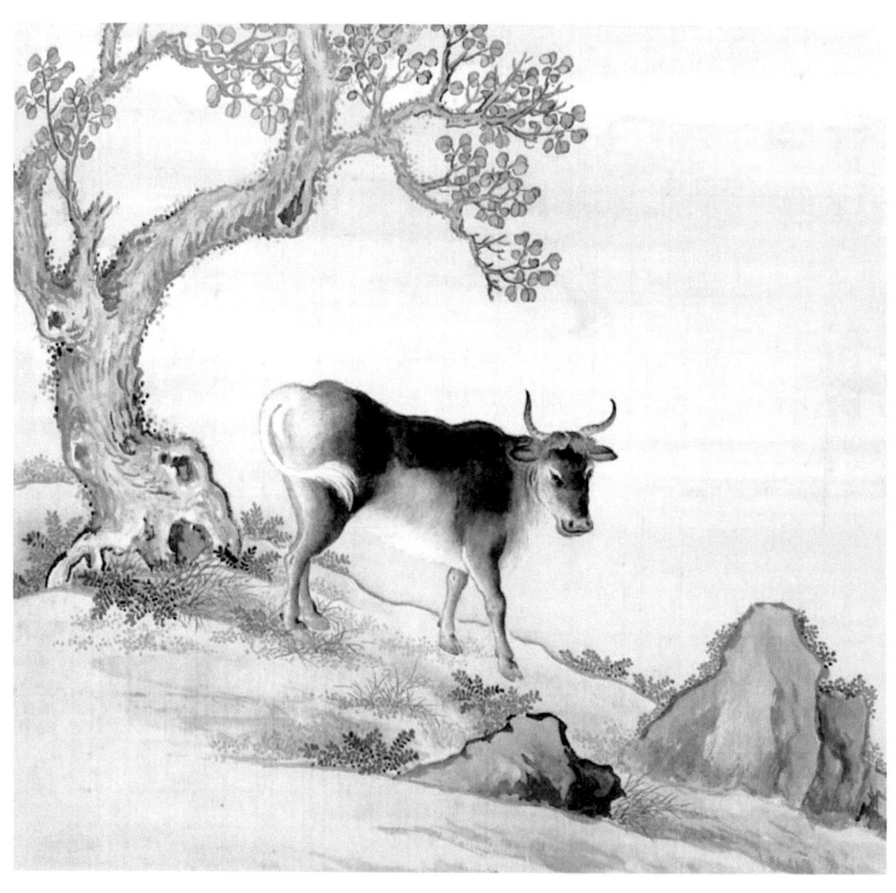

那父

《獸譜》第四冊滿文圖說
校　注

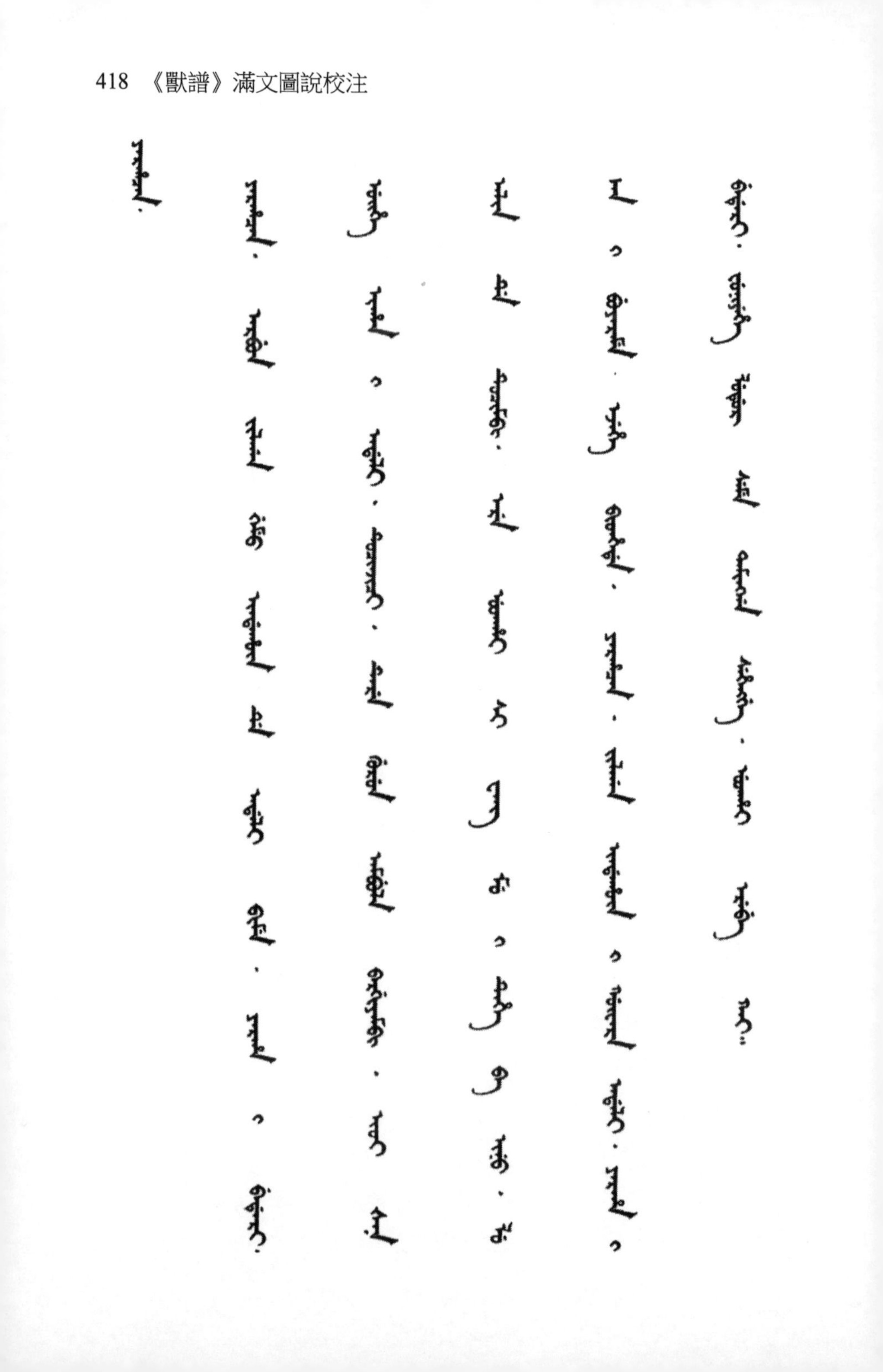

yarhacan

yarhacan, arbun jilgan gemu indahūn de adali bime, yarha i bederi, uihe ihan i adali. tucinjici, tere gurun ambula bargiyambi. ioi šan̠ alin de tucimbi. ere uthai si wang mu i tehe ba inu. lu žan i buyarame ejehe bithe de, yarhacan, jilgan indahūn i gūwara adali, yarha i bederi, funiyehe ludur seme tamingga sehngge, uthai erebe kai.

狡

狡[1]，形與聲皆如犬而豹文[2]，角如牛，見則其國大穰[3]。出玉山，即西王母所居也。盧柟《蠛蠓集》云[4]：狡音豝吠[5]，豹文純擾[6]，即此。

狡

狡，形与声皆如犬而豹文，角如牛，见则其国大穰。出玉山，即西王母所居也。卢柟《蠛蠓集》云：狡音豝吠，豹文纯扰，即此。

---

1 狡，滿文讀作"yarhacan"，"yarha"，意即「豹」，狡有豹斑。

2 豹文，滿文讀作"yarha i bederi"，意即「豹斑」。

3 大穰，滿文讀作"ambula bargiyambi"，意即「大收穫」。

4 盧柟《蠛蠓集》，滿文讀作"lu žan i buyarame ejehe bithe"，意即「盧柟的雜記」。滿漢文義不同。

5 狡音豝吠，滿文讀作"yarhacan jilgan indahūn i gūwara adali"，意即「狡音如狗吠」。

6 純擾，滿文讀作"funiyehe ludur seme tamingga"，意即「毛梢稠密」。

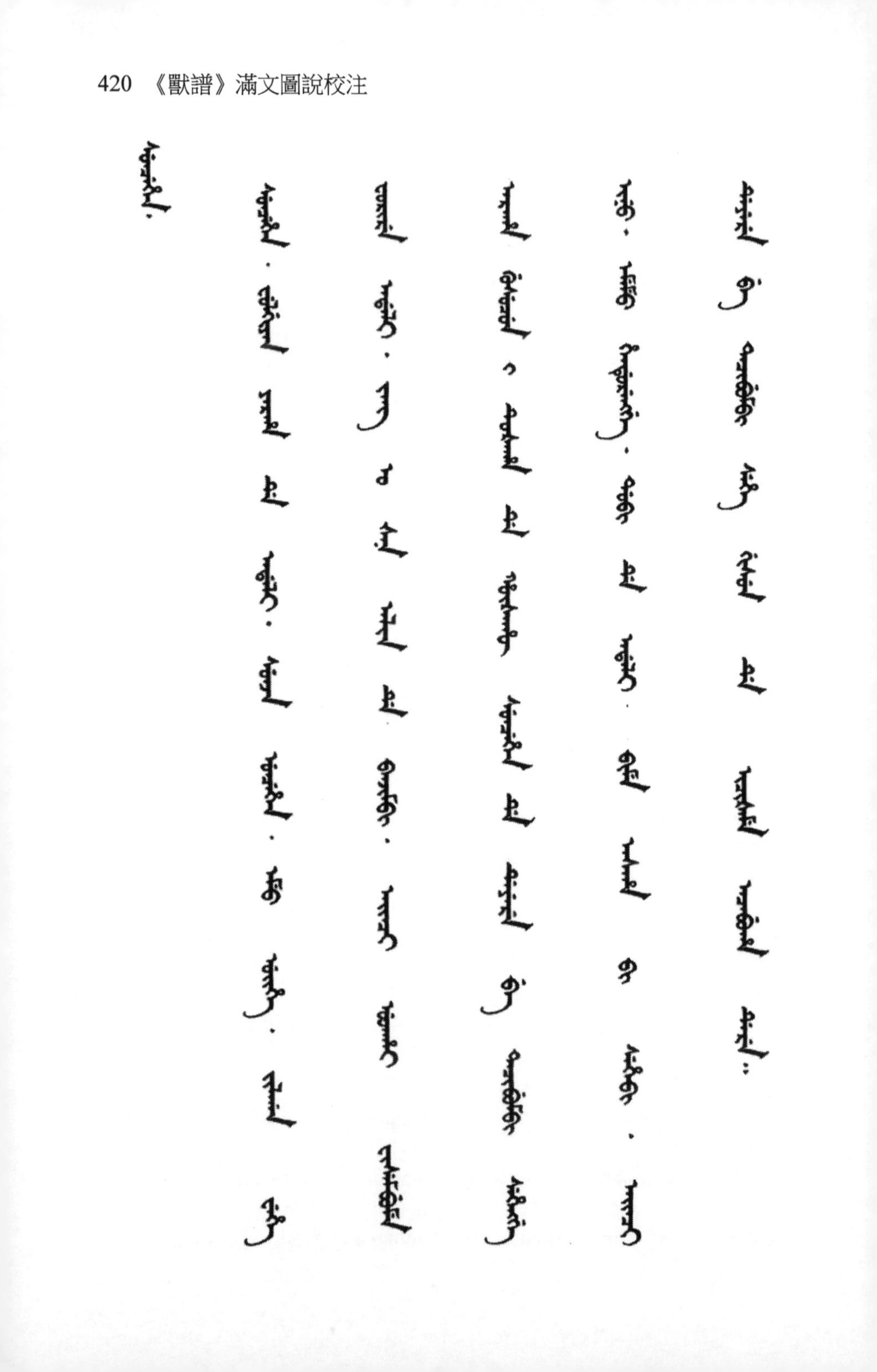

suncehen

suncehen, fulgiyan yarha de adali, sunja uncehen, emu uihe, jilgan wehe forire adali, jang o šan̲ alin de banjimbi. ainci uthai fisembume araha gusucun i tušaha de, hūšahū suncehen de deyere be tacibumbi sehengge inu. ememu hendurengge, dobi de adali bime asha bi sehebi. ainci deyere be tacibumbi sehe gisun de icišame acabuha dere.

猙

猙，似赤豹，五尾，一角，音如擊石。生章莪之山。蓋即《續騷經》所謂梟授翼於獰猙者[7]。或謂其似狐，有翼。豈因授翼之說而傅會耶？

狰

狰，似赤豹，五尾，一角，音如击石。生章莪之山。盖即《续骚经》所谓枭授翼于狞狰者。或谓其似狐，有翼。岂因授翼之说而傅会耶？

---

[7] 梟授翼於獰猙，滿文讀作“hūšahū suncehen de deyere be tacibumbi“”，意即「梟教猙飛翔」。

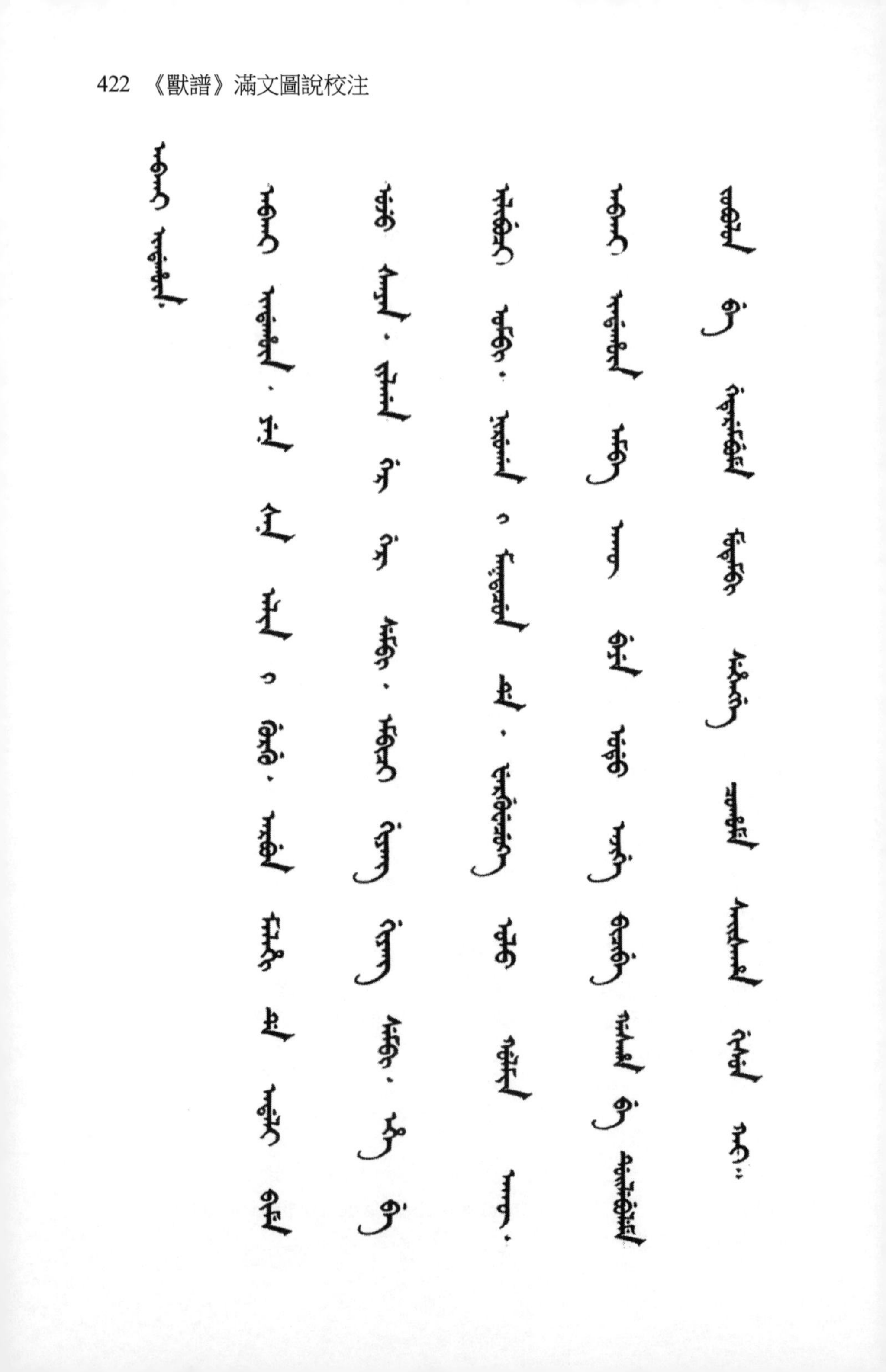

abkai indahūn

abkai indahūn, yen̠ šan̠ alin i gurgu. arbun malahi de adali bime uju šanyan, jilgan ger ger sembi. embici giyang giyang sembi. ehe be ilibuci ombi. nirugan i maktacun de, ferguwecuke olo golmin akū, abkai indahūn amba akū, beye udu ajige bicibe gashan be duilebuleme jobolon be geterembume mutembi sehengge, cohome saišaha gisun kai.

天狗

天狗，陰山之獸。狀如狸而白首，音如榴榴，或作貓貓，可以禦凶。《圖贊》曰：乾麻不長，天狗不大，厥質雖小[8]，禳災除害[9]，蓋嘉之也。

天狗

天狗，阴山之兽。状如狸而白首，音如榴榴，或作猫猫，可以御凶。《图赞》曰：干麻不长，天狗不大，厥质虽小，禳灾除害，盖嘉之也。

---

[8] 厥質雖小，滿文讀作"beye udu ajige bicibe"，意即「身軀雖小」。

[9] 禳災除害，滿文讀作"gashan be duilebuleme jobolon be geterembume mutembi""，意即「能禳災除害」。

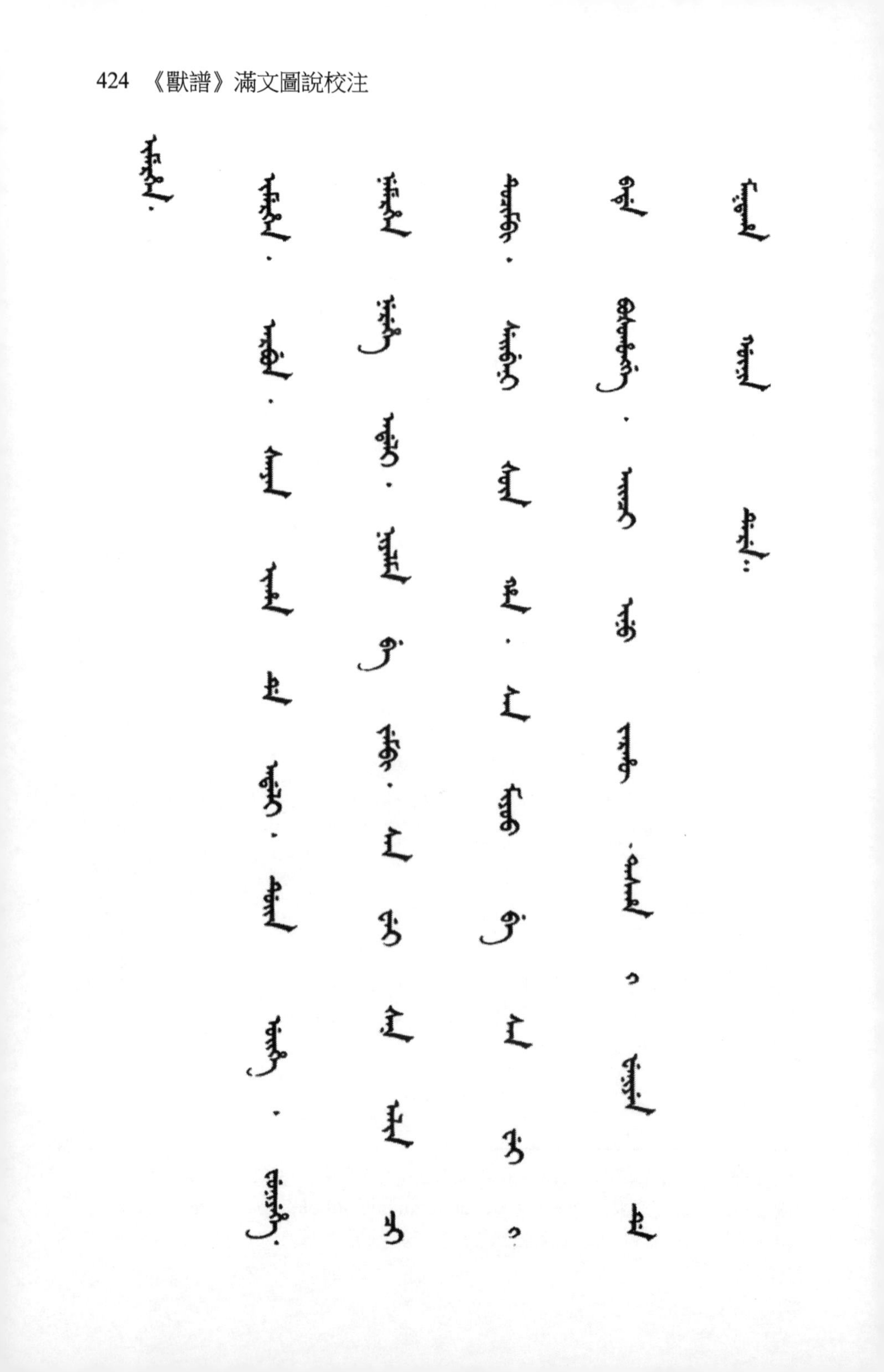

imerhen

imerhen, arbun šanyan ihan de adali, duin uihe, funiyehe nemerhen nerehe adali, niyalma be jembi. san wei šan alin ci tucimbi. seibeni šūn han, san miyoo be san wei i bade bošohongge, ainci inu jarhū, tasha i feniyen de maktaha gūnin dere.

獓狠

獓狠，狀如白牛，四角，其毫如披蓑，是食人[10]，出三危山。昔帝舜竄三苗於三危[11]，或亦投畀豺虎之意歟？

獓狠

獓狠，状如白牛，四角，其毫如披蓑，是食人，出三危山。昔帝舜窜三苗于三危，或亦投畀豺虎之意欤？

---

[10] 是食人，滿文讀作“niyalma be jembi”，意即「食人」。

[11] 帝舜竄三苗於三危，滿文讀作“šūn han, san miyoo be san wei i bade bošohongge”，意即「帝舜驅逐三苗於三危」。

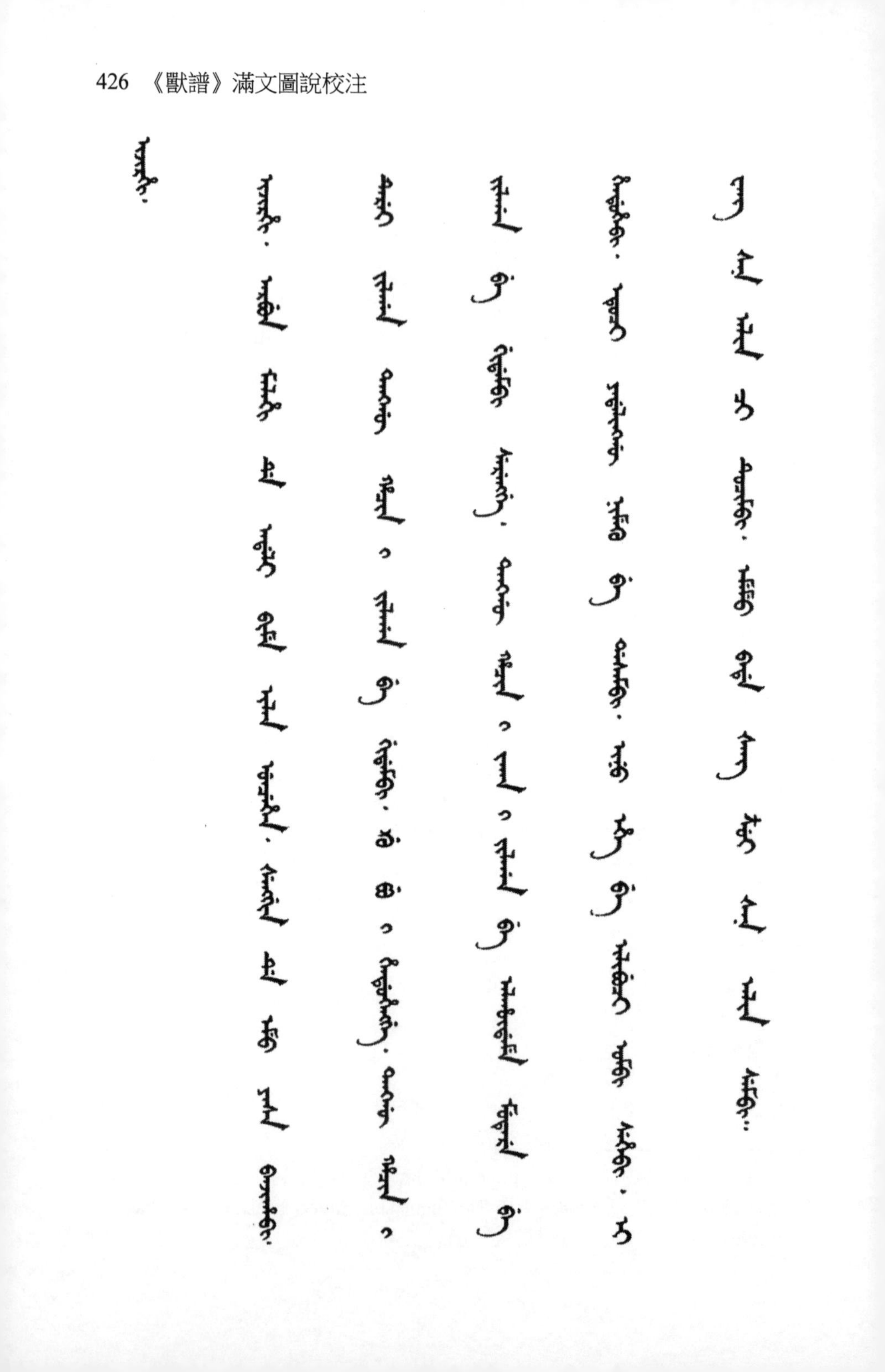

[illegible]

ijirhi

ijirhi, arbun malahi de adali bime ilan uncehen, šenggin de emu yasa banjihabi. terei jilgan tanggū hacin i jilgan be gidambi. g'o pu i henduhengge, tanggū hacin i jilgan be gidambi serengge, tanggū hacin i jaka i jilgan be alhūdame mutere be henduhebi. etuci yadalinggū nimeku be dasambi. inu ehe be ilibuci ombi sehebi. i wang šan̠ alin ci tucimbi, ememu bade šang ts'ui šan̠ alin sembi.

讙

讙，或作原，或作讙讙[12]。狀如狸而三尾，一目在額，其音如奪百聲[13]。郭璞曰：奪百，言其能作百種物聲也。服之已癉[14]，亦可禦凶。出翼望山，或作上翠山。

讙

讙，或作原，或作讙讙。状如狸而三尾，一目在额，其音如夺百声。郭璞曰：夺百，言其能作百种物声也。服之已瘅，亦可御凶。出翼望山，或作上翠山。

---

[12] 或作原，或作讙讙，原書未譯出滿文。

[13] 其音如奪百聲，滿文讀作"terei jilgan tanggū hacin i jilgan be gidambi"，意即「其音壓過百聲」。

[14] 服之已癉，滿文讀作"etuci yadalinggū nimeku be dasambi"，意即「服之治虛弱之病」。

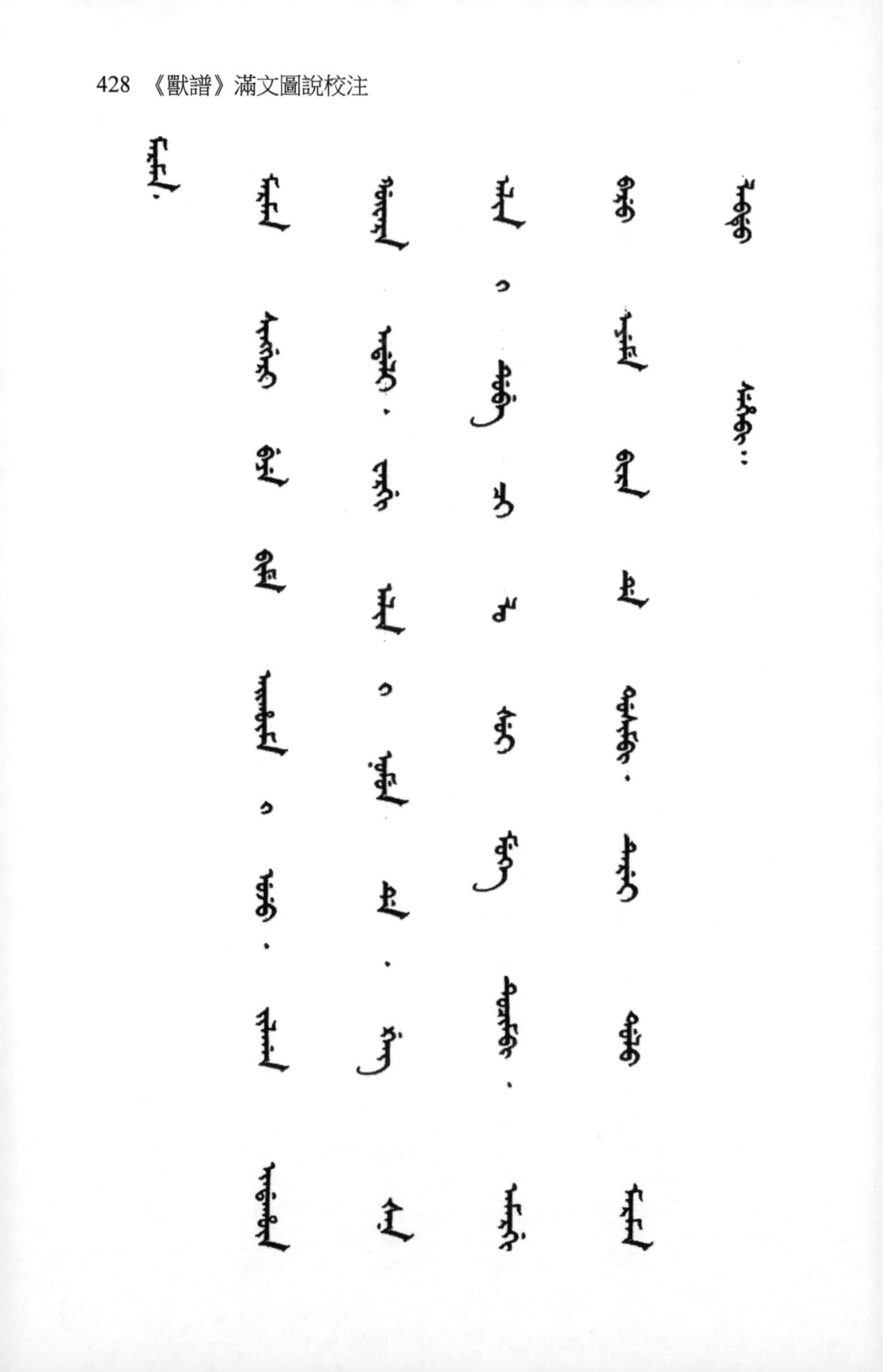

marman

marman, singgeri beye bime aihūma i uju. jilgan indahūn gūwara adali. wargi alin i nomun de, g'ang šan̲ alin i dube ci lo šui muke tucimbi, amargi baru eyeme bira de dosimbi. terei dolo marman labdu sehebi.

蠻蠻

蠻蠻，鼠身而鼈首，音如吠犬[15]。《西山經》云：剛山之尾，洛水出焉，而北流注於河，其中多蠻蠻。

蛮蛮

蛮蛮，鼠身而鳖首，音如吠犬。《西山经》云：刚山之尾，洛水出焉，而北流注于河，其中多蛮蛮。

[15] 音如吠犬，滿文讀作"jilgan indahūn gūwara adali"，意即「音如犬吠」。

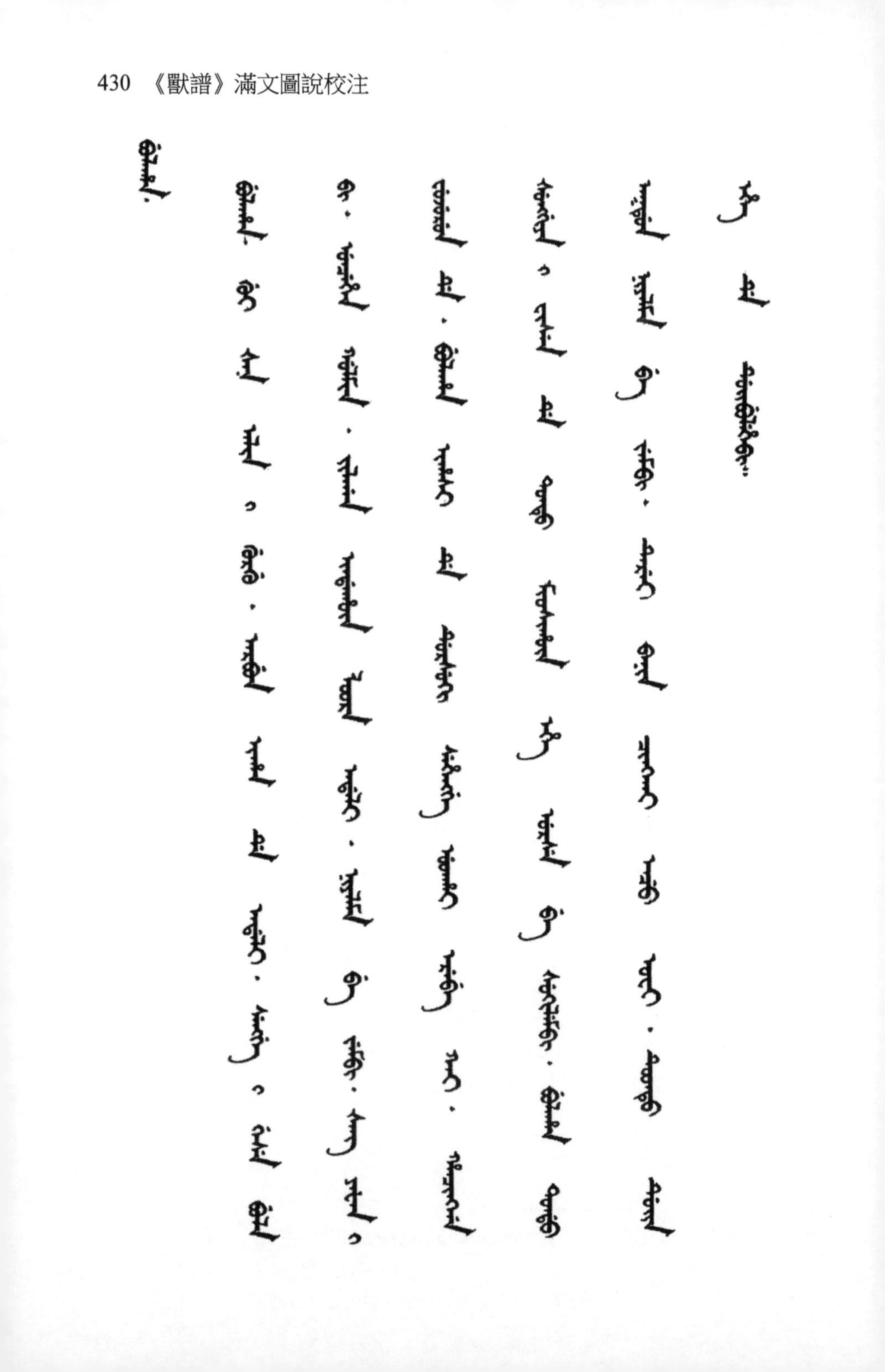

bulahan

bulahan, gui šan̠ alin i gurgu. arbun ihan de adali, sengge i gese bula bi, uncehen golmin, jilgan indahūn loora adali, niyalma be jembi. šang yafan i fujurun de, bulahan ihasi de dursuki sehengge uthai erebe kai. hancingga šunggiya i fisen de, tontu miosihūn ehe urse be šukilembi, bulahan tondo akdun niyalma be jembi, terei banin cingkai encu ofi, tuttu duin ehe de duibulehebi.

窮奇

窮奇，邽山獸也。狀如牛，蝟毛，長尾，音如獆狗[16]，能食人。《上林賦》所謂窮奇象犀[17]，即此。《爾雅翼》云：獬豸觸邪撓之人[18]，窮奇食忠信之士，其性相反，故以比之四凶。

穷奇

穷奇，邽山兽也。状如牛，猬毛，长尾，音如獆狗，能食人。《上林赋》所谓穷奇象犀，即此。《尔雅翼》云：獬豸触邪挠之人，穷奇食忠信之士，其性相反，故以比之四凶。

---

[16] 音如獆狗，滿文讀作"jilgan indahūn loora adali"，意即「音如狗嗥」。

[17] 窮奇象犀，滿文讀作"bulahan ihasi"，意即「窮奇、犀」，象字滿文漏譯。

[18] 觸邪撓之人，句中「觸」滿文讀作"šukilambi"，此作"šukilembi"，異。

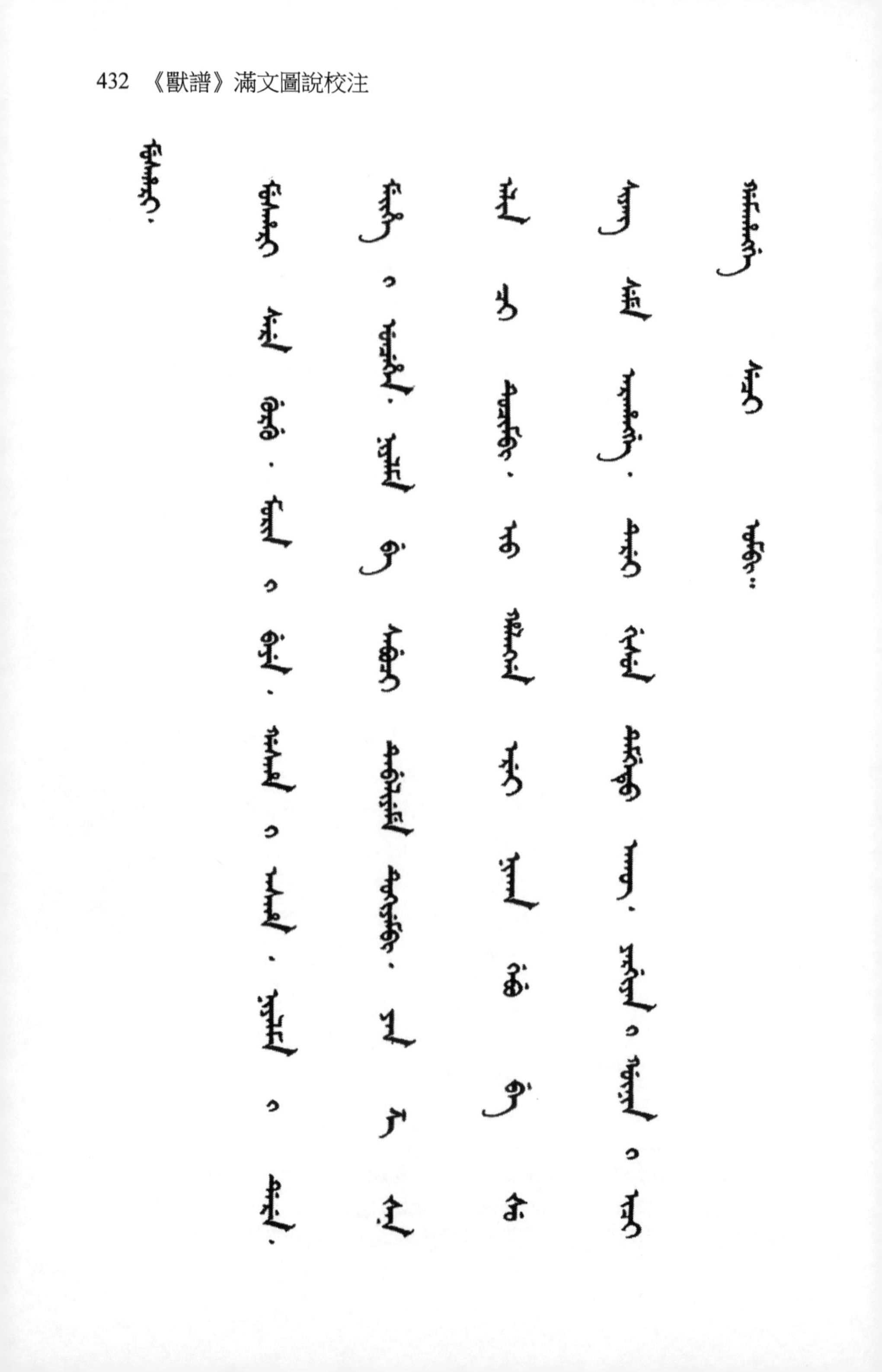

mushari

mushari sere gurgu, morin i beye, gasha i asha. niyalma i dere, meihe i uncehen, niyalma be sabuci tebeliyeme tukiyembi, yan dz šan̠ alin ci tucimbi. io halangga erei nikan gebu be šu siyang seme arahangge, terei gisun temgetu akū, yargiyan i gūnin i ici gamahangge seci ombi.

孰湖

孰湖之獸，馬身，鳥翼，人面，蛇尾，見人則抱而舉之。出崦嵫山，游氏作孰湘[19]。其說無據，真所謂臆見耳。

孰湖

孰湖之兽，马身，鸟翼，人面，蛇尾，见人则抱而举之。出崦嵫山，游氏作孰湘。其说无据，真所谓臆见耳。

---

[19] 游氏作孰湘，滿文讀作"io halangga erei nikan gebu be šu siyang seme arahangge"，意即「游氏將漢名寫作孰湘」。.

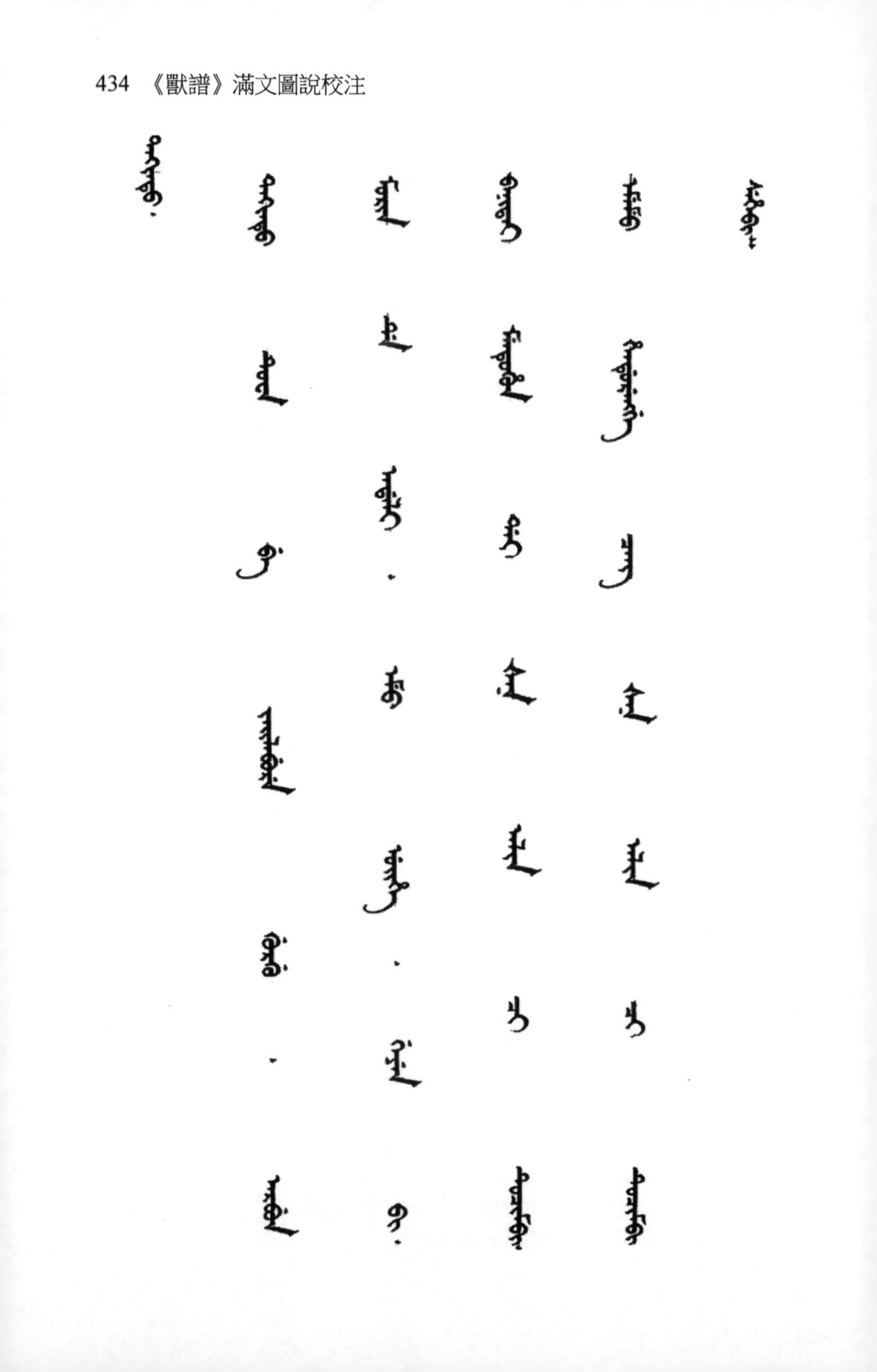

takintu

takintu, tuwa be jailabure gurgu, arbun morin de adali, emu uihe, geyen bi, banitai mentuhun, dai šan̲ alin ci tucimbi. ememu hendurengge, cang šan̲ alin ci tucimbi sehebi.

臛疏

臛疏，辟火獸也[20]。狀如馬，一角，有錯[21]，其性墨[22]，出帶山，或云出常山。《異物彙苑》作曤疏[23]。

臛疏

臛疏，辟火兽也。状如马，一角，有错，其性墨，出带山，或云出常山。《异物汇苑》作曤疏。

---

20 辟火獸也，滿文讀作"tuwa be jailabure gurgu"，意即「避火之獸」。
21 有錯，滿文讀作"geyen bi"，意即「有刻痕」。
22 其性墨，滿文讀作"banitai mentuhun"，意即「性愚」。
23 《異物彙苑》作曤疏，原書未譯出滿文。

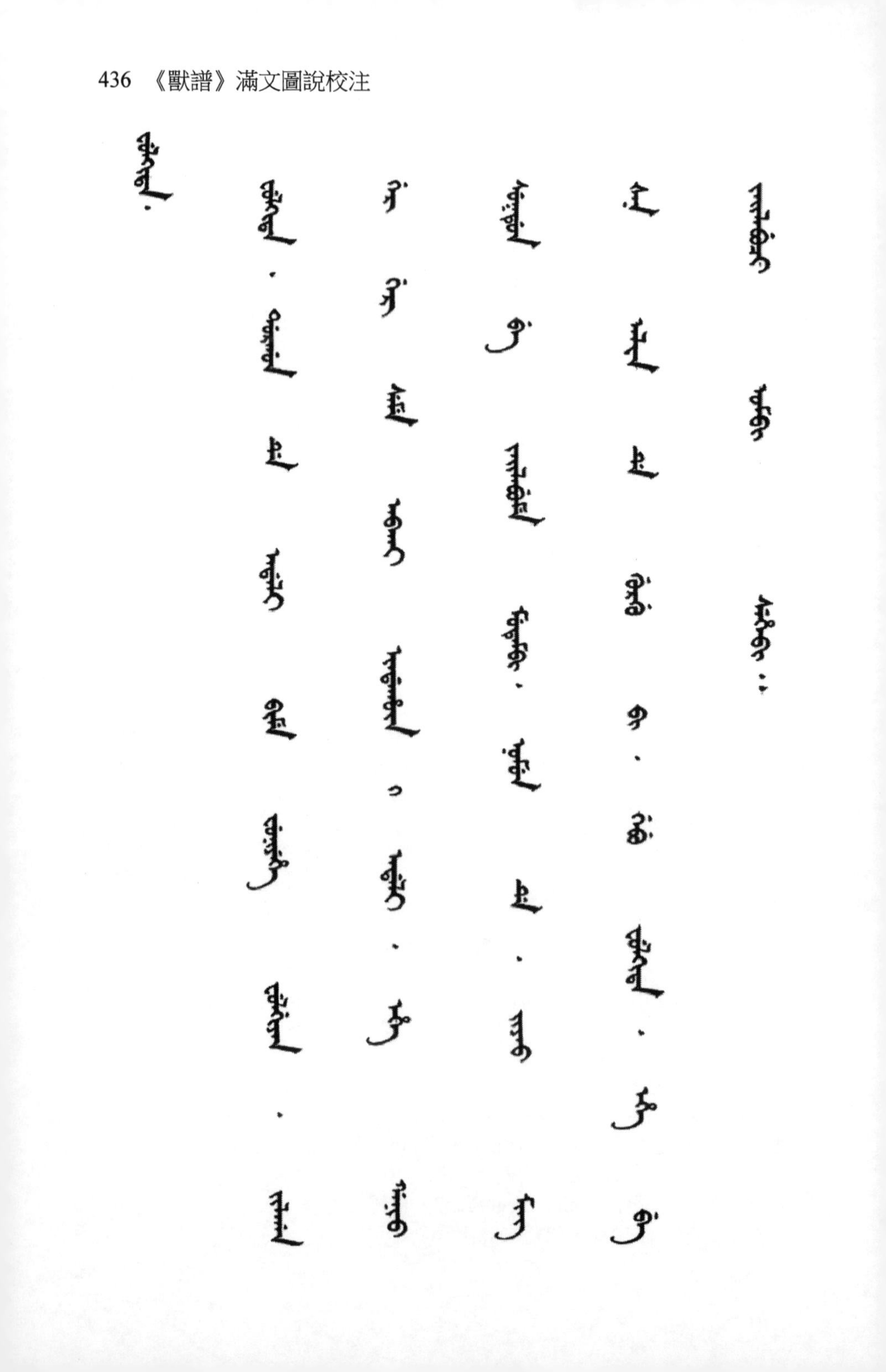

fulkita

fulkita, dorgon de adali bime funiyehe fulgiyan, jilgan ger ger seme abkai indahūn i adali, ehe ganio sukdun be jailabume mutembi. nomun de, jiyao ming šan alin de gurgu bi, gebu fulkita, ehe be jailabuci ombi sehebi.

孟槐

孟槐，如貆而赤毫[24]，其音榴榴，與天狗同。能辟凶邪之氣。《經》云：譙明之山，有獸曰孟槐，可以禦凶[25]，槐或作魂[26]。

孟槐

孟槐，如貆而赤毫，其音榴榴，与天狗同。能辟凶邪之气。《经》云：谯明之山，有兽曰孟槐，可以御凶，槐或作魂。

---

24 如貆而赤毫，滿文讀作“dorgon de adali bime funiyehe fulgiyan”，意即「如貛而紅毛」。

25 可以禦凶，滿文讀作“ehe be jailabuci ombi”，意即「可以避凶」。

26 槐或作魂，原書未譯出滿文。

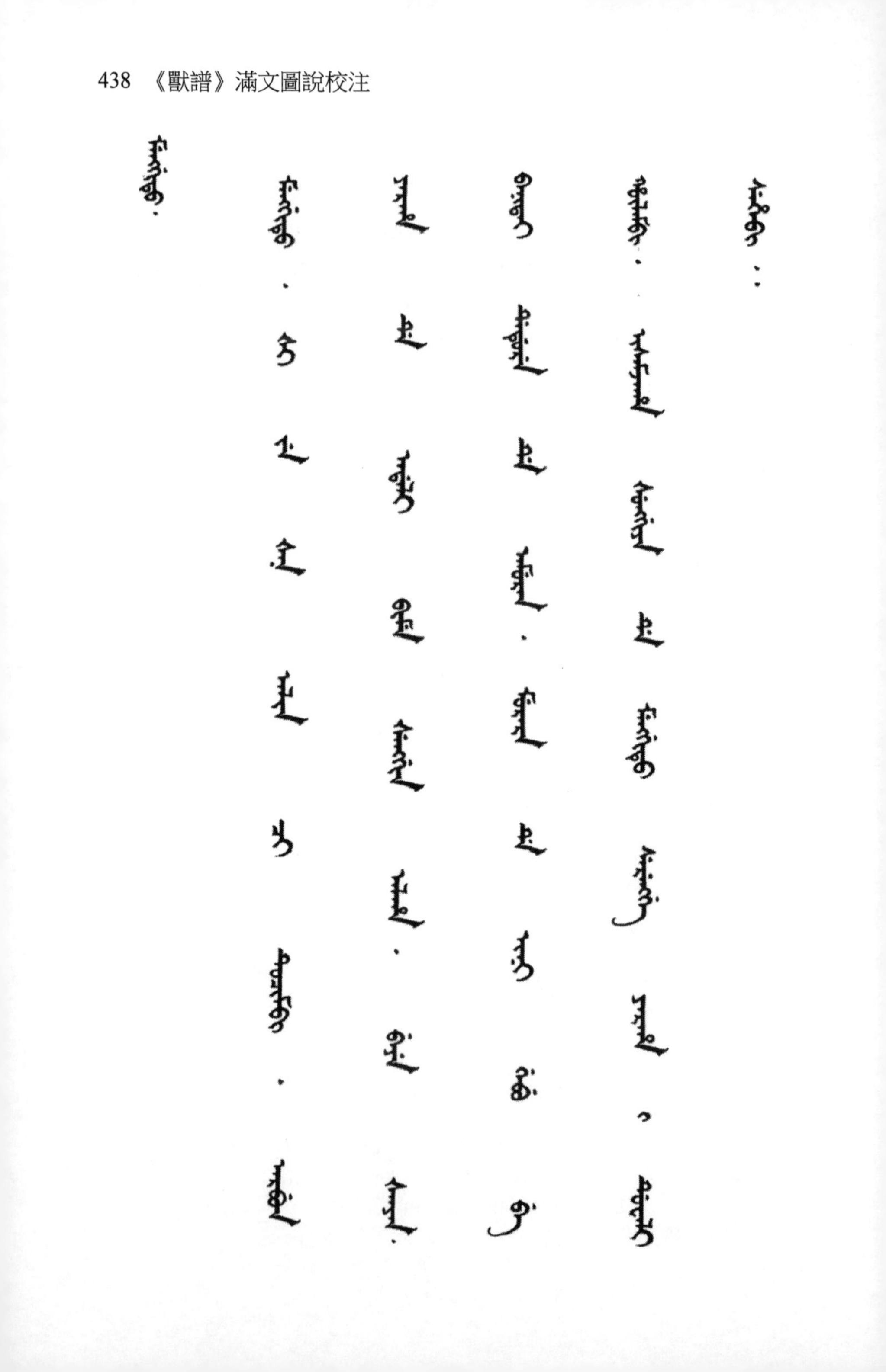

menggitu

menggitu, ši je šan alin ci tucimbi. arbun yarha de adali bime šenggin alha, beye šanyan, banitai dedure de amuran, murara de ini gebu be hūlambi. isamjaha šunggiya de menggitu serengge yarha i duwali sehebi.

孟極

孟極，出石者之山。狀如豹而文題[27]，白身，性善伏[28]，其鳴自呼。《駢雅》云：孟極，豹屬也。

孟极

孟极，出石者之山。状如豹而文题，白身，性善伏，其鸣自呼。《骈雅》云：孟极，豹属也。

27 文題，滿文讀作"šenggin alha"，意即「花額」。
28 性善伏，滿文讀作"banitai dedure de amuran"，意即「性善於倒伏」。

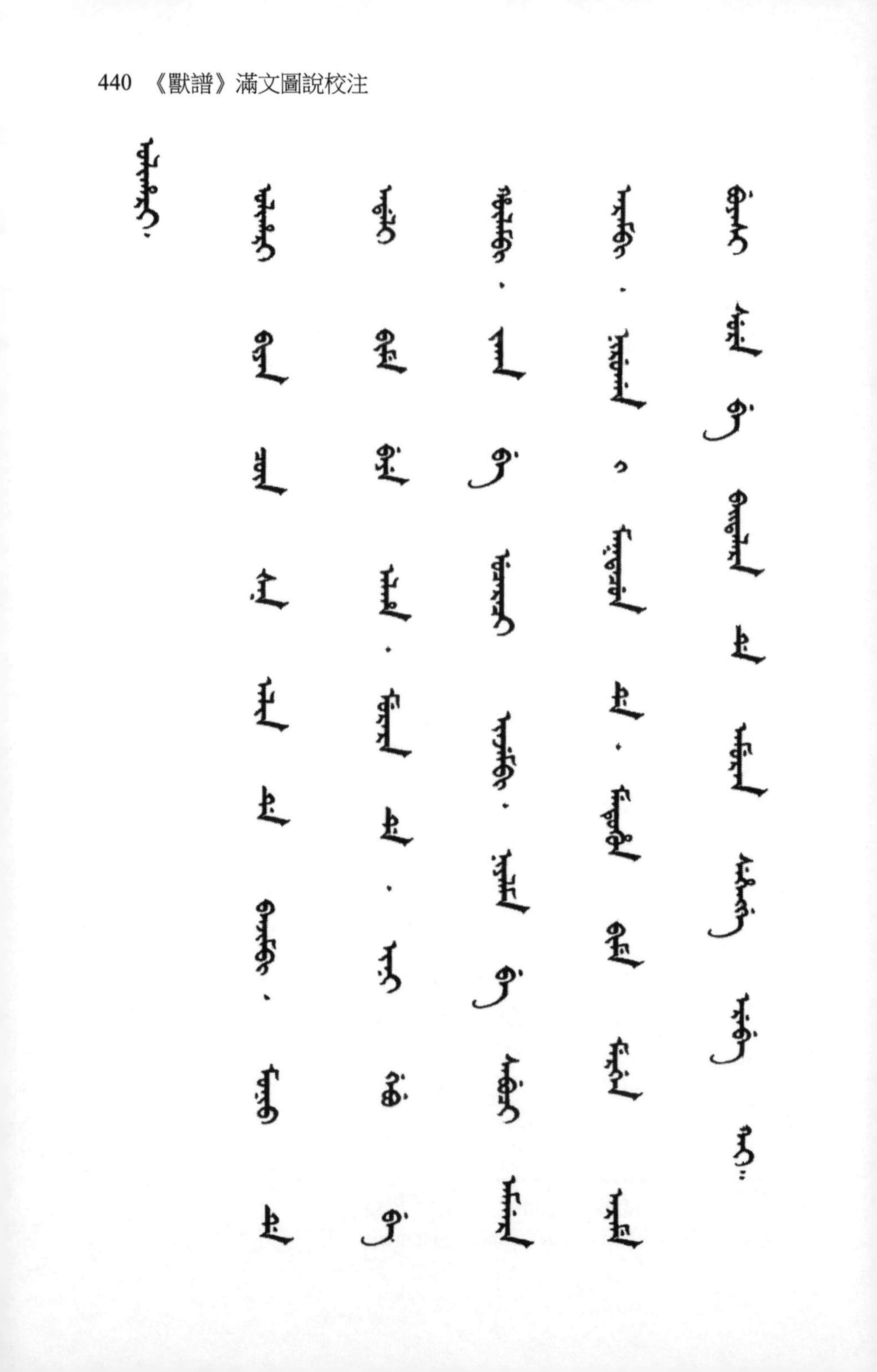

olihari

olihari, biyan cūn šan alin de banjimbi, monio de adali bime beye alha, murara de, ini gebu be hūlambi. jaka be ucaraci injembi, niyalma be sabuci amgara arambi. nirugan i maktacun de, mentuhun bime mergen arame buyasi sure be baitalara de amuran sehengge erebe kai.

幽頞

幽頞，生邊春山中。似禺而文身[29]，其鳴自呼，觸物則笑，見人則佯睡[30]。《圖贊》所云：俾愚作智，好行小慧者也。幽頞或作嬻嬒，頞或作鴳。《太平御覽》作頗，誤[31]。

幽頞

幽頞，生边春山中。似禺而文身，其鸣自呼，触物则笑，见人则佯睡。《图赞》所云：俾愚作智，好行小慧者也。幽頞或作嬻嬒，頞或作鴳。《太平御览》作颇，误。

---

29 似禺而文身，滿文讀作“monio de adali bime beye alha”，意即「似猴而花身」。

30 見人則佯睡，滿文讀作“niyalma be sabuci amgara arambi”，意即「見人則眠」，滿漢文義略有出入。

31 幽頞或作嬻嬒，頞或作鴳。《太平御覽》作頗，誤。原書未譯出滿文。

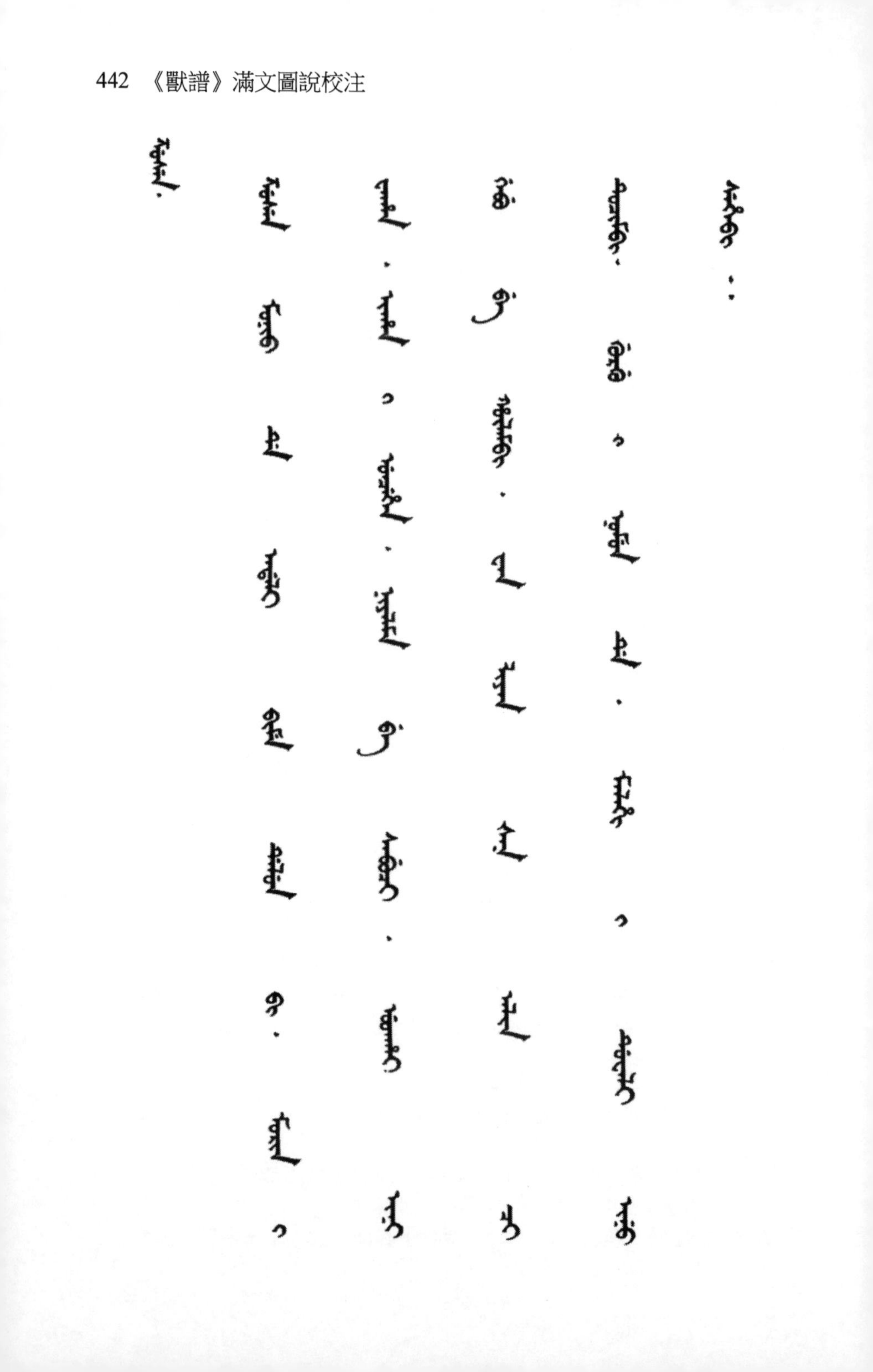

[illegible]

dzusen

dzusen, monio de adali bime delun bi. morin i wahan, ihan i uncehen, niyalma be sabuci, uthai ini gebu be hūlambi. wan liyan ša<u>n</u> alin ci tucimbi, gurgu i nomun de, malahi i duwali inu sehebi.

足訾

足訾，如禺而有鬣[32]，馬蹄，牛尾，見人則自呼其名。出蔓聯山[33]。《獸經》云：風貍也[34]。

足訾

足訾，如禺而有鬣，马蹄，牛尾，见人则自呼其名。出蔓联山。《兽经》云：风狸也。

[32] 如禺而有鬣，滿文讀作“monio de adali bime delun bi”，意即「如猴而有鬃毛」。

[33] 蔓聯山，滿文讀作“wan liyan ša<u>n</u> alin”，句中「蔓」，音「萬」。

[34] 風貍，滿文讀作“malahi”，意即「貍貓」。

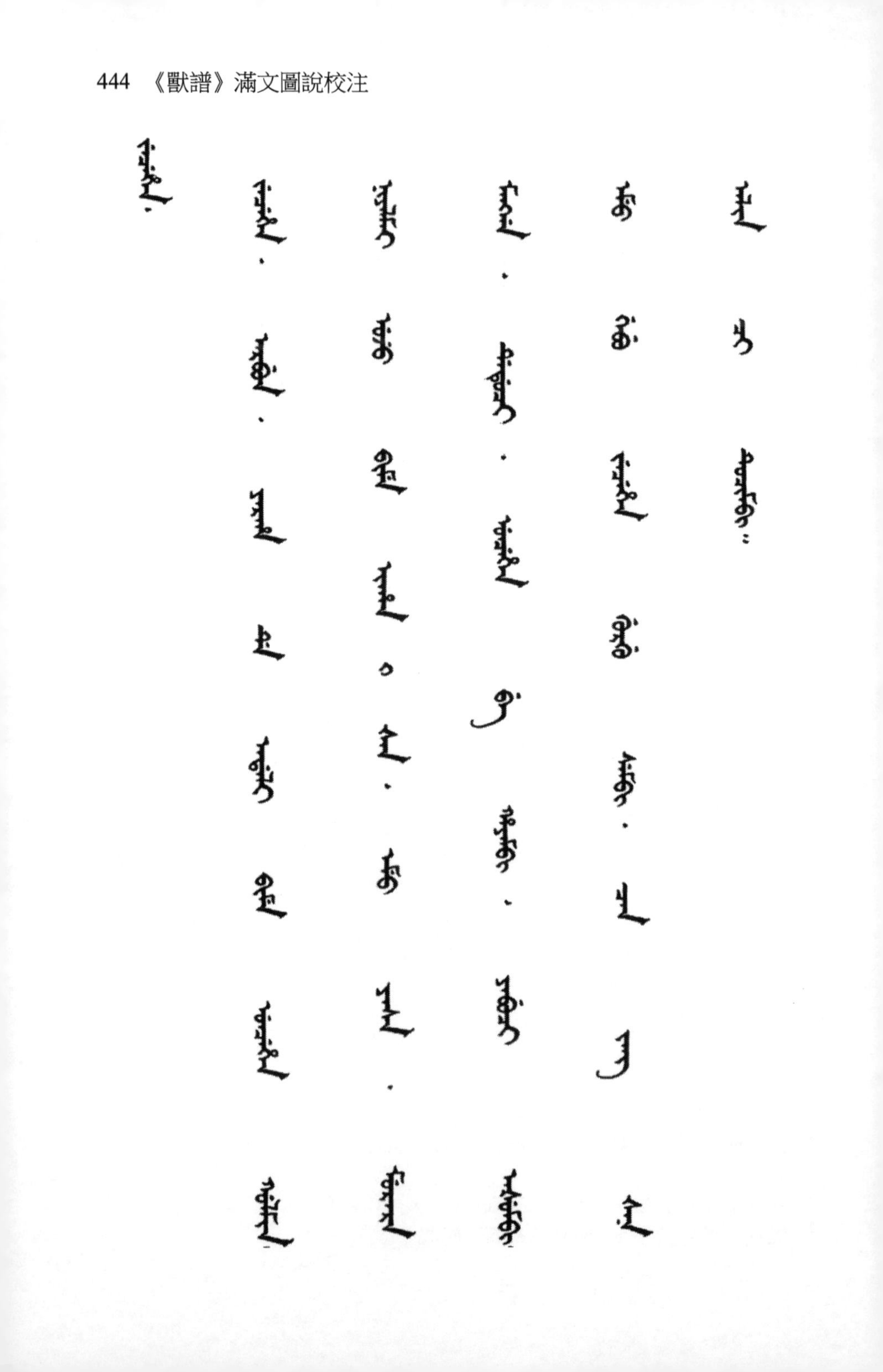

jecehen

jecehen, arbun yarha de adali bime uncehen golmin, niyalmai uju bime ihan i šan, emu yasa, murara mangga, deduci, uncehen be hayambi. yabuci ašumbi. emu gebu jecehen gurgu sembi. can jang ša<u>n</u> alin ci tucimbi.

諸犍

諸犍，狀似豹而長尾，人首而牛耳，一目，善吒[35]。居則蟠其尾[36]，行則銜之。一名犍獸，出單張之山[37]。

诸犍

诸犍，状似豹而长尾，人首而牛耳，一目，善咤。居则蟠其尾，行则衔之。一名犍兽，出单张之山。

---

[35] 善吒，滿文讀作"murara mangga"，意即「善於吼叫」。

[36] 居則蟠其尾，滿文讀作"deduci, uncehen be hayambi"，意即「躺臥時則盤繞其尾」。

[37] 單張，滿文讀作"can jang"，句中「單」，音「禪」。

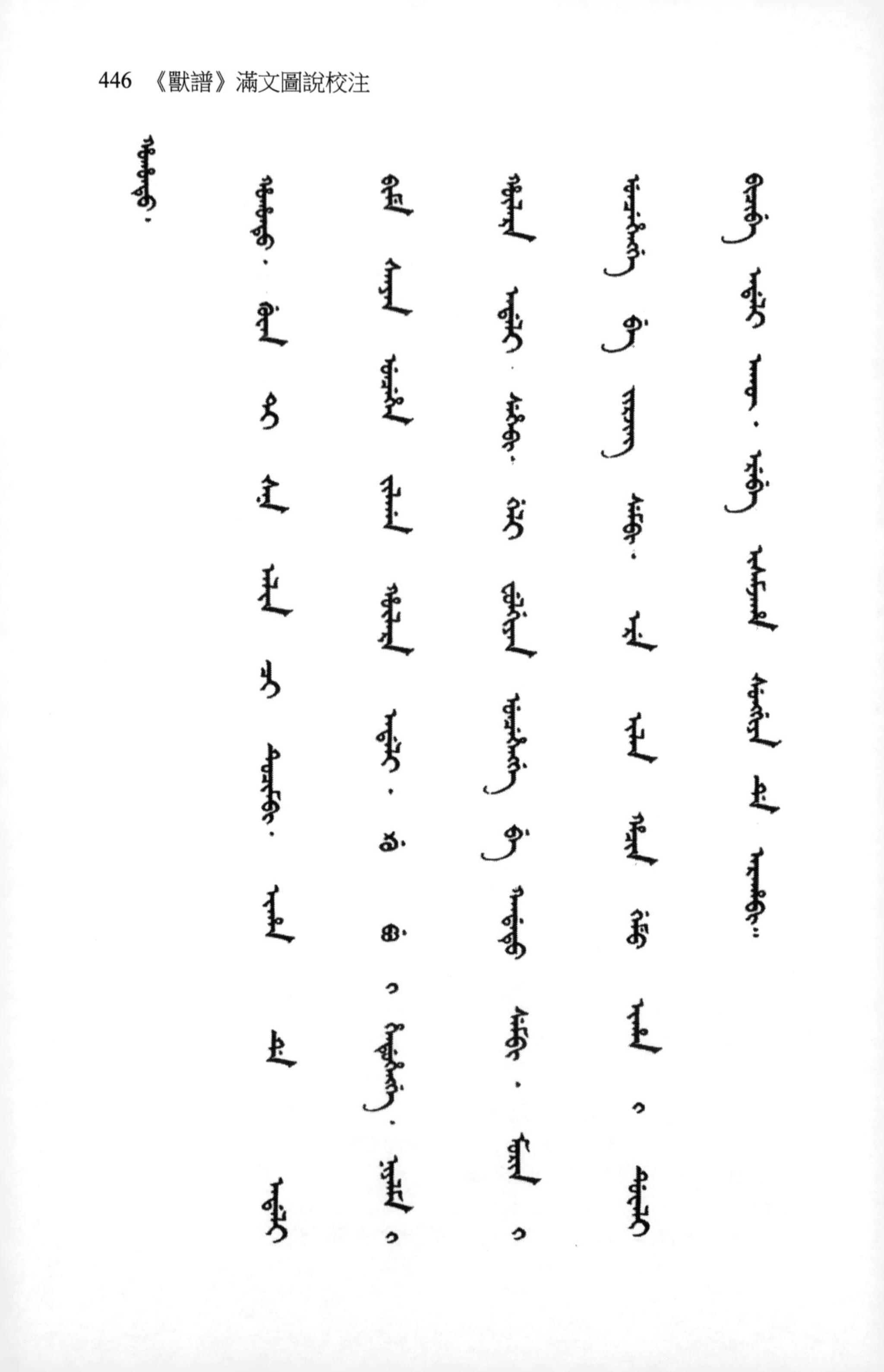

[illegible] [illegible] ᠠᡴᡡ᠈ [illegible] [illegible] [illegible] [illegible] [illegible]᠉

[illegible] [illegible] [illegible] [illegible]᠈ [illegible] [illegible] [illegible] [illegible] [illegible] [illegible]

[illegible] [illegible]᠈ [illegible]᠈ [illegible] [illegible] [illegible] [illegible] [illegible] [illegible]᠈ [illegible] [illegible]

[illegible] [illegible] [illegible] [illegible] [illegible] [illegible]᠈ [illegible] [illegible] [illegible] [illegible]᠈ [illegible] [illegible]

[illegible]᠈ [illegible] [illegible] [illegible] [illegible] [illegible] [illegible]᠈ [illegible] [illegible] [illegible]

[illegible]᠈

hohontu

hohontu, guwan ti šan alin ci tucimbi. ihan de adali bime šanyan uncehen jilgan hūlara adali, g'o pu i henduhengge, niyalma i hūlara adali sehebi. geli fulgiyan uncehengge be kandatu sembi. morin i uncehengge be jirjing sembi. ere ilan hacin gemu ihan i duwali bicibe adali akū, erebe isamjaha šunggiya de arahabi.

那父

那父，出灌題山。如牛而白尾，其音如訆[38]。郭璞曰：如人喚呼也。又赤尾曰領胡，馬尾曰精精，與此皆牛屬而不類[39]，說見《駢雅》。

那父

那父，出灌题山。如牛而白尾，其音如訆。郭璞曰：如人唤呼也。又赤尾曰领胡，马尾曰精精，与此皆牛属而不类，说见《骈雅》。

---

38 其音如訆，滿文讀作“jilgan hūlara adali”，意即「其音如呼叫」。

39 與此皆牛屬而不類，滿文讀作“ere ilan hacin gemu ihan i duwali bicibe adali akū”，意即「此三種雖皆牛屬而不類」。

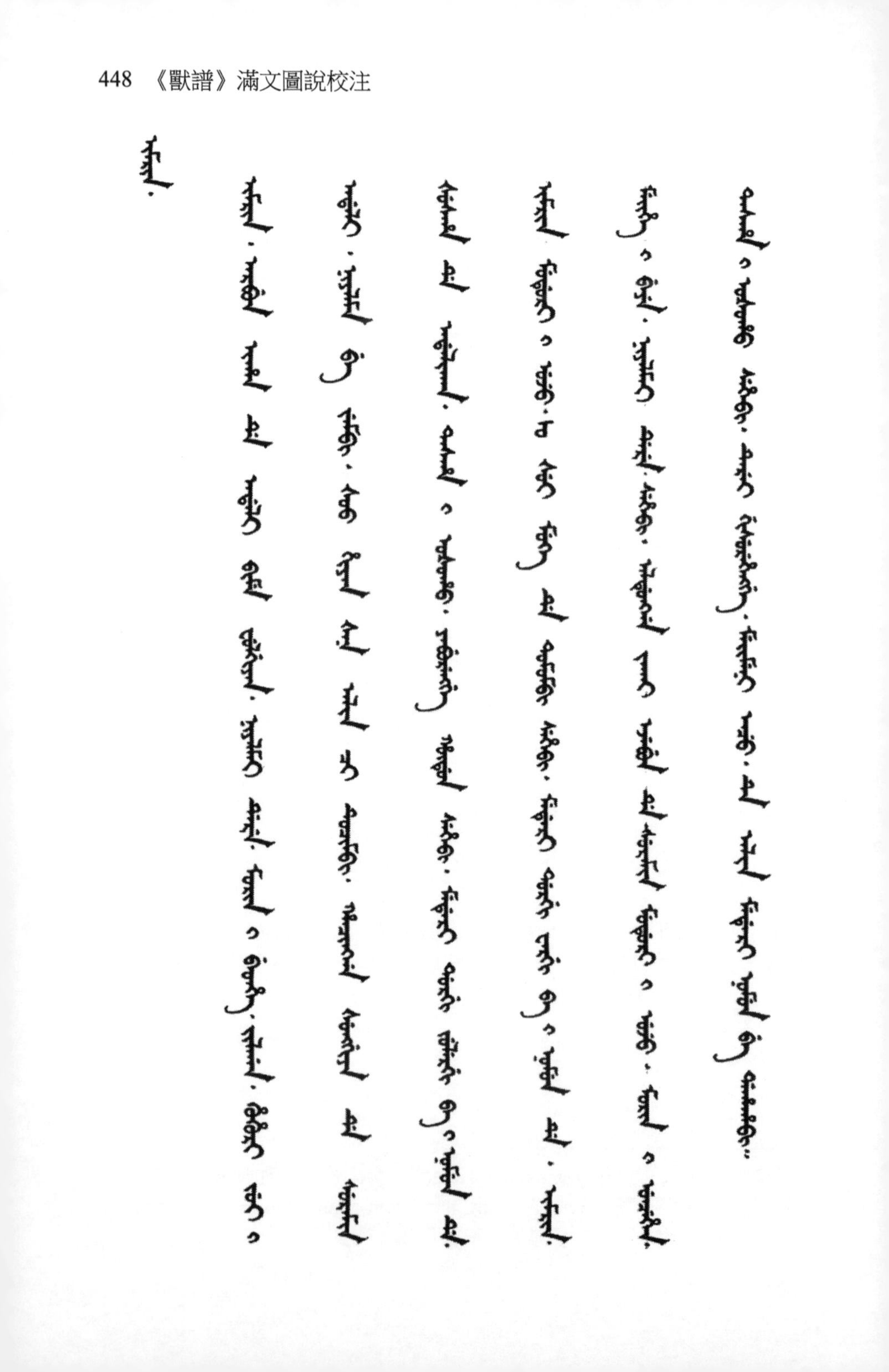

[illegible]

[illegible]

[illegible]

[illegible]

[illegible]

[illegible]

[illegible]

imrin

imrin, arbun ihan de adali bime fulgiyan, niyalmai dere. morin i bethe, jilgan, huhuri jui i adali, niyalma be jembi. šoo hiyan ša<u>n</u> alin ci tucimbi. hancingga šunggiya de, šuramin šusha de adalikan. tasha i ošoho, yaburengge hūdun sehebi. mederi dorgi julergi ba i nomun de, imrin muduri i uju, žo šui muke de tomombi sehebi. mederi dorgi wargi ba i nomun de, imrin meihe i beye, niyalmai dere sehebi. aldungga jakai ejebun de šuramin muduri i uju, morin i uncehen, tasha i ošoho sehebi. terei gisurehengge, meimeni encu, te alin mederi nomun be dahahabi.

窫窳

窫窳，狀如牛而赤，人面，馬足，其音如嬰兒，食人，出少咸山。《爾雅》云：貗貐類貙，虎爪，迅走。《海內南經》云：窫窳，龍首，居弱水中。《海內西經》云：窫窳，蛇身，人面。《述異記》云：貗貐，龍頭，馬尾，虎爪。說各不同，今從《山海經》。

窫窳

窫窳，状如牛而赤，人面，马足，其音如婴儿，食人，出少咸山。《尔雅》云：貗貐类貙，虎爪，迅走。《海内南经》云：窫窳，龙首，居弱水中。《海内西经》云：窫窳，蛇身，人面。《述异记》云：貗貐，龙头，马尾，虎爪。说各不同，今从《山海经》。

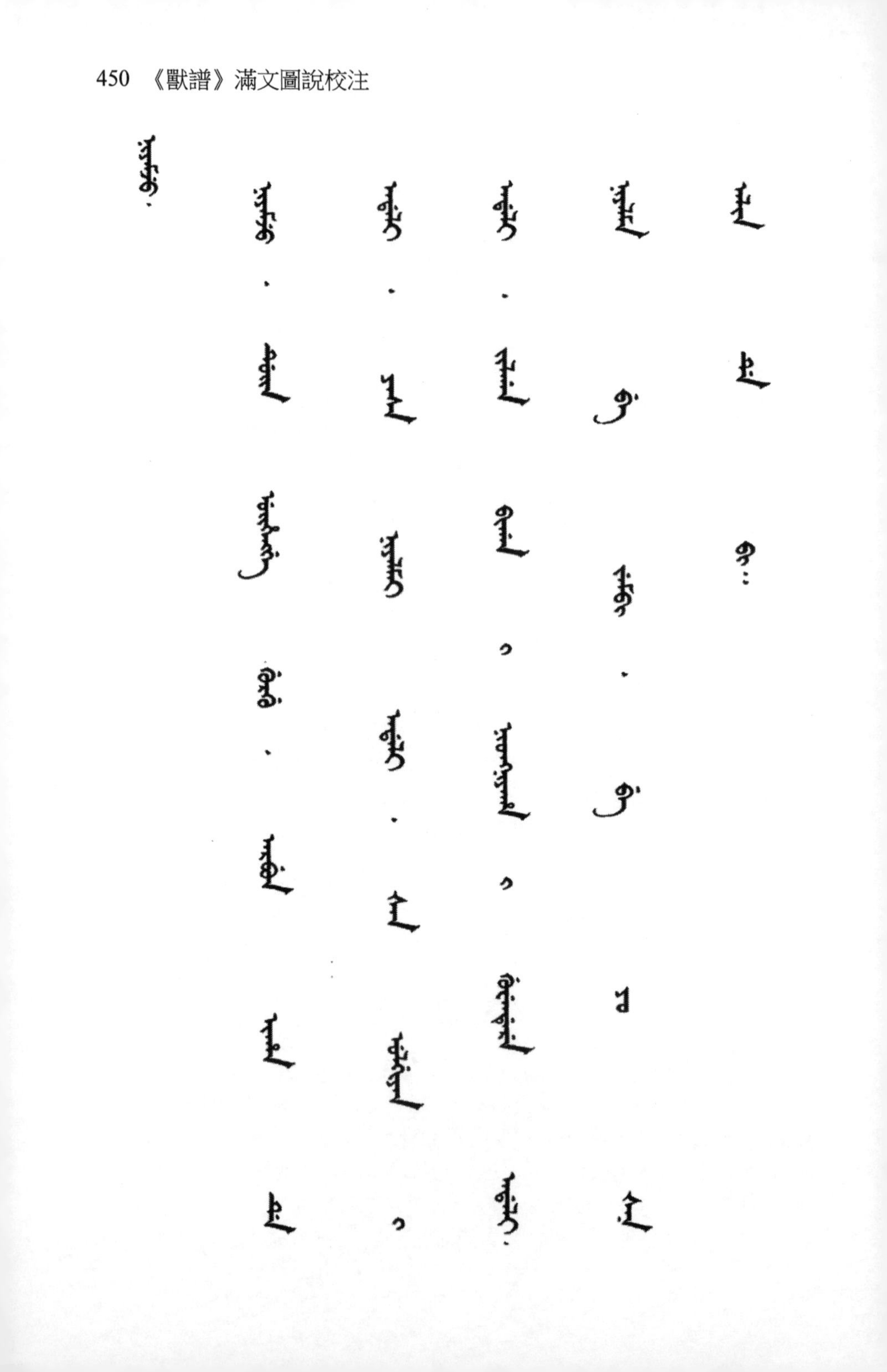

niyamju

niyamju, duin uihengge gurgu, arbun ihan de adali, yasa niyalmai adali, šan ulgiyan i adali, jilgan bigan i niongniyaha i guwendere adali, niyalma be jembi. be yo šan alin de bi.

諸懷

諸懷，四角之獸也。狀如牛，目如人，耳如彘[40]，音如鳴雁，是食人[41]。北嶽之山有之。懷，或作 褱，通作褢[42]。

诸怀

诸怀，四角之兽也。状如牛，目如人，耳如彘，音如鸣雁，是食人。北岳之山有之。怀，或作褱，通作褢。

[40] 耳如彘，滿文讀作"šan ulgiyan i adali"，意即「耳如豬」。

[41] 是食人，滿文讀作"niyalma be jembi"，意即「食人」。

[42] 懷，或作褱，通作褢，原書未譯出滿文。

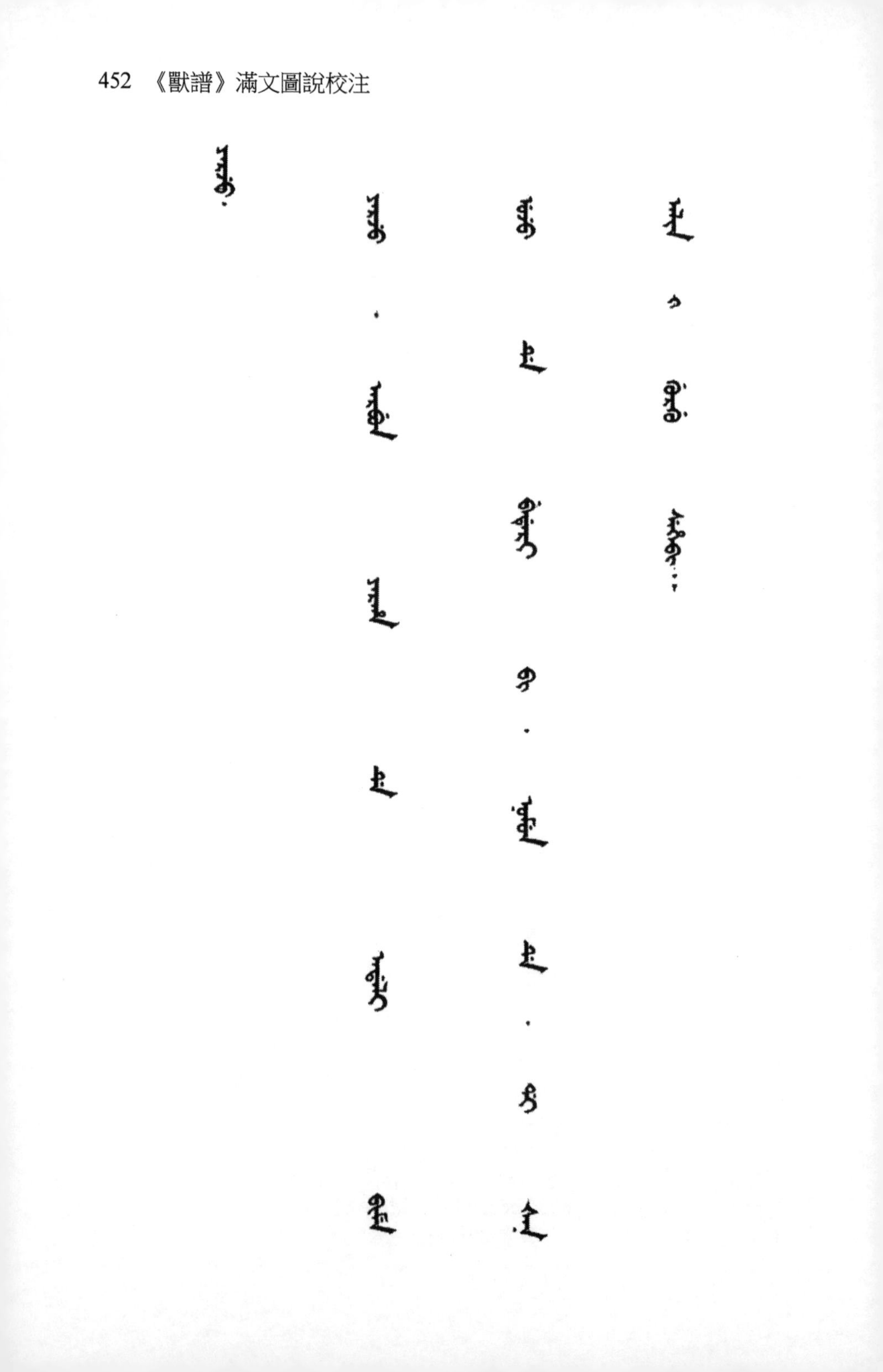

yarju

yarju, arbun yarha de adali bime, uju de bederi bi[43], nomun de, di šan alin i gurgu sehebi.

猲

猲[44]，狀如豹而文首。《經》云：隄山獸也。郭璞注曰：隄，或作院，古字通[45]。

猲

猲，状如豹而文首。《经》云：堤山兽也。郭璞注曰：堤，或作院，古字通。

[43] 猲，滿文讀作"yarju"。猲，狀如豹。豹滿文讀作"yarha"。猲、豹的滿文詞源相近。

[44] 文首，滿文讀作"uju de bederi bi"，意即「頭上有斑紋」。

[45] 郭璞注曰：隄，或作院，古字通。原書未譯出滿文。

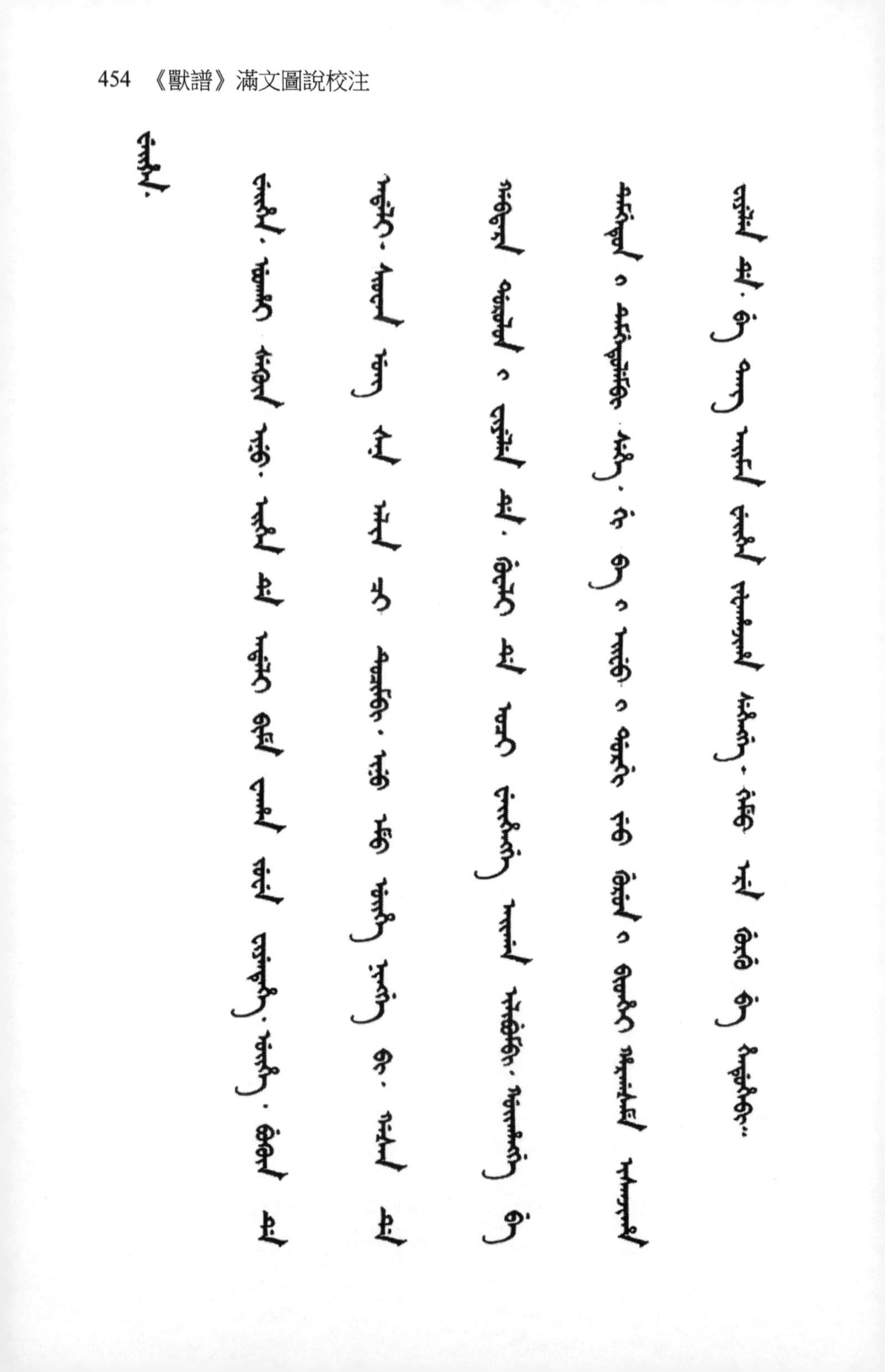

weihen

weihen, uthai šekūn inu, eihen de adali bime wahan juwe fiyentehe, uihe, bukūn de adali. siowan ung šan alin ci tucimbi. inu emu uihe ningge bi. gašan de gabtara dorolon i fiyelen de, guwali de oci weihengge aigan ilibumbi. goihangge be temgetun i temgetulembi sehe. gi ba i eifu i dorgi jeo gurun i bithei hargašame isanjiha fiyelen de, be tang aiman weihen jafahanjiha sehengge, gemu ere gurgu be henduhebi.

閭

閭，即羭也。似驢而岐蹄，角如羚羊。出懸甕之山，亦有一角者。《鄉射禮》[46]云：于郊，則閭中，以旌獲。《汲冢周書・王會篇》云：北唐以閭[47]，皆謂此獸也。

閭

闾，即羭也。似驴而岐蹄，角如羚羊。出悬瓮之山，亦有一角者。《乡射礼》云：于郊，则闾中，以旌获。《汲冢周书・王会篇》云：北唐以闾，皆谓此兽也。

---

[46]《鄉射禮》，滿文讀作"gašan de gabtara dorolon i fiyelen"，《儀禮》篇名。

[47] 北唐以閭，滿文讀作"be tang aiman weihen jafahanjiha"意即「北唐部族曾來獻閭」。

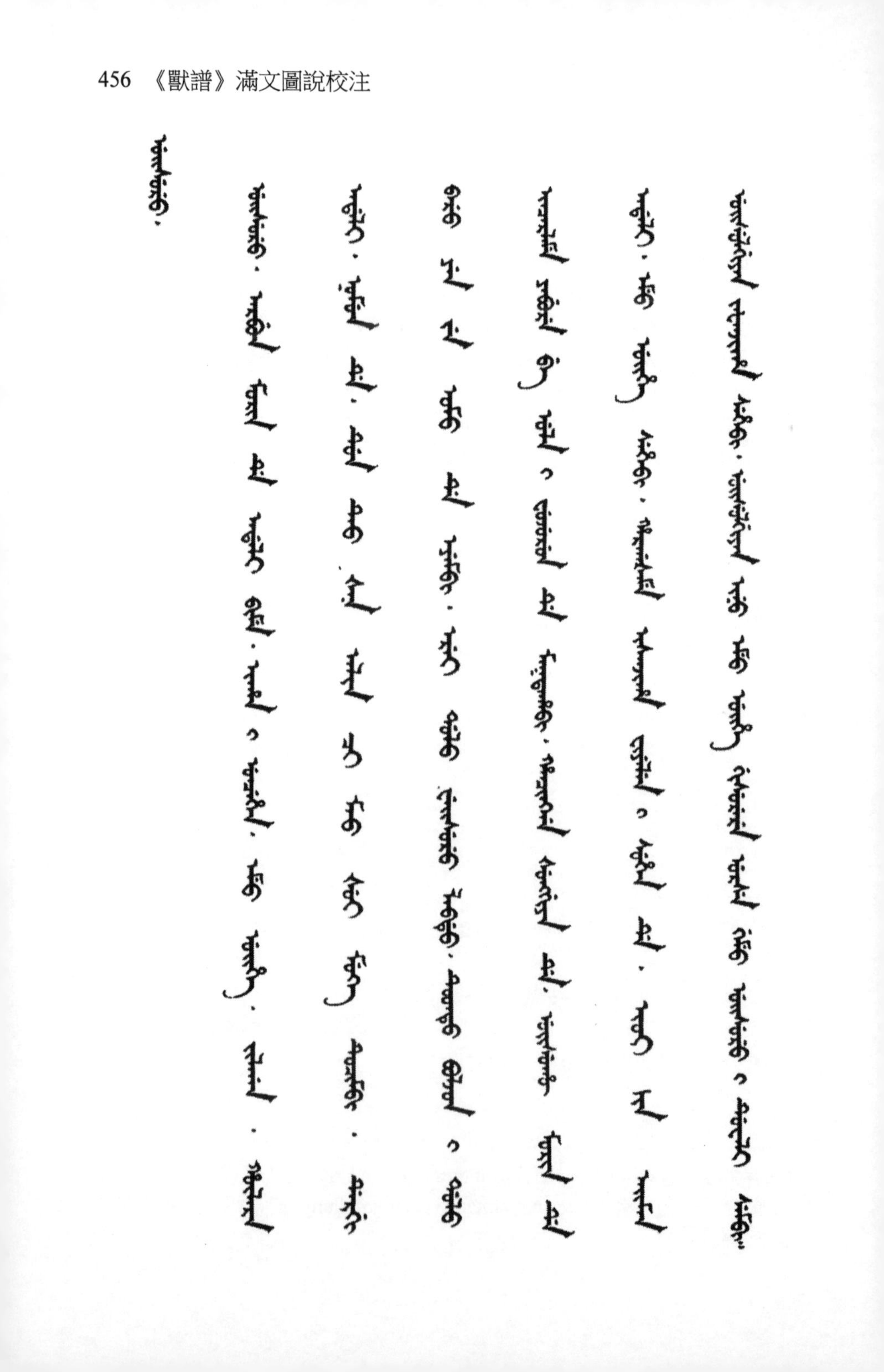

[illegible]

uisuru

uisuru, arbun morin de adali bime, ihan i uncehen, emu uihe, jilgan hūlara adali, nomun de, dun teo šan̲ alin ci mao šui muke tucimbi. dergi baru yen je omo de eyembi. erei dolo weisuru labdu, tuttu boljon i dolo incarlame yabure be ula i fujurun de maktahabi. hancingga šunggiya de, uisuhū morin de adali, emu uihe sehebi. hargašame isanjiha fiyelen i suhen de, ioi žin aiman uisulgiyan jafanjiha sehebi, uisulgiyan inu emu uihe, gisurere urse gemu uisuru i duwali sembi.

騂馬

騂馬，狀如馬而牛尾，一角，其音如呼。《經》云：敦頭之山，旄水出焉。東流注於印澤。中多騂馬，故騰波噓蹀，《江賦》稱之。《爾雅》云：驨如馬，一角。《王會解》：俞人雖馬[48]。雖馬亦一角，說者謂皆騂馬之類耳。

騂马

騂马，状如马而牛尾，一角，其音如呼。《经》云：敦头之山，旄水出焉。东流注于印泽。中多騂马，故腾波嘘蹀，《江赋》称之。《尔雅》云：驨如马，一角。《王会解》：俞人虽马。虽马亦一角，说者谓皆騂马之类耳。

---

[48] 俞人雖馬，滿文讀作"ioi žin aiman uisulgiyan jafanjiha"，意即「俞人部族來獻雖馬」。

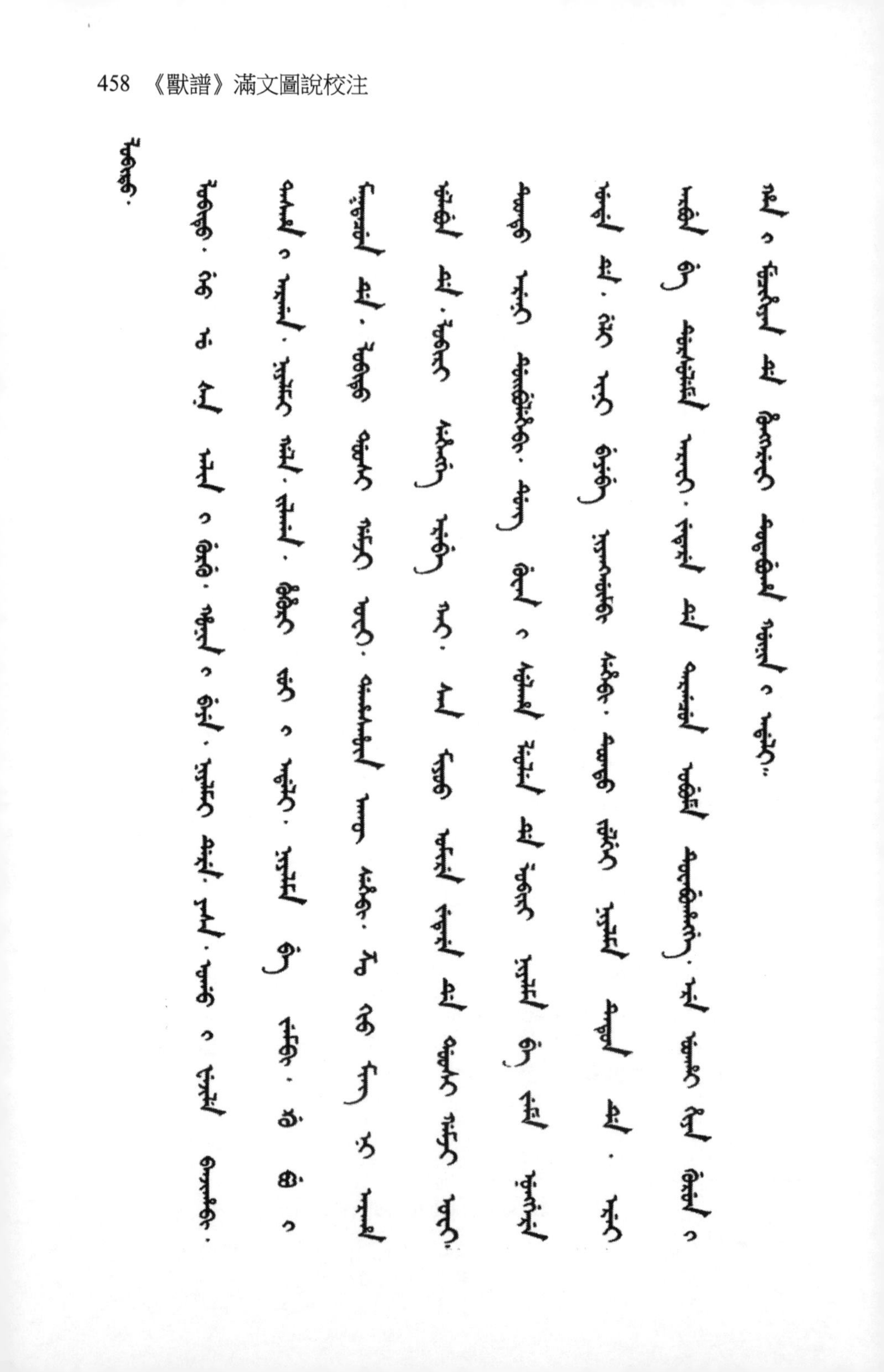

lobitu

lobitu, geo u šan alin i gurgu, honin i beye, niyalmai dere, yasa ogo i fejile banjihabi. tasha i argan, niyalmai gala, jilgan huhuri jui i adali, niyalme be jembi. g'o pu i maktacun de, lobitu doosi gamji ofi, dahashūn akū sehebi. dzo kio ming ni araha ulabun de, lobiri sehengge erebe kai. san miyoo omire jetere de doosi gamji ofi, tuttu ereni duibulehebi. dung guwan i sulaha leolen de, lobiri niyalma be jeme nunggere unde de, geli ini beyebe niyanggūmbi sehebi, tuttu julgei niyalma tetun de, erei arbun be dursuleme arafi, jetere de targacun obume tuwabuhangge, ere uthai hiya gurun i han i mucihiyan de hungkerefi tutabuha gūnin i adali.

狍鴞

狍鴞，鉤吾山獸。羊身，人面，目在腋下，虎齒人爪，音如嬰兒，是食人。郭璞《贊》曰：狍鴞貪惏，是謂不若。《左傳》所謂饕餮是也。三苗飲食貪冒，因以是比之。《東觀餘論》云：饕餮食人未咽，還齧其軀。故古人多象形為飾，以示食戒，猶夏后鑄鼎遺意。

狍鸮

狍鸮，钩吾山兽。羊身，人面，目在腋下，虎齿人爪，音如婴儿，是食人。郭璞《赞》曰：狍鸮贪惏，是谓不若。《左传》所谓饕餮是也。三苗饮食贪冒，因以是比之。《东观余论》云：饕餮食人未咽，还啮其躯。故古人多象形为饰，以示食戒，犹夏后铸鼎遗意。

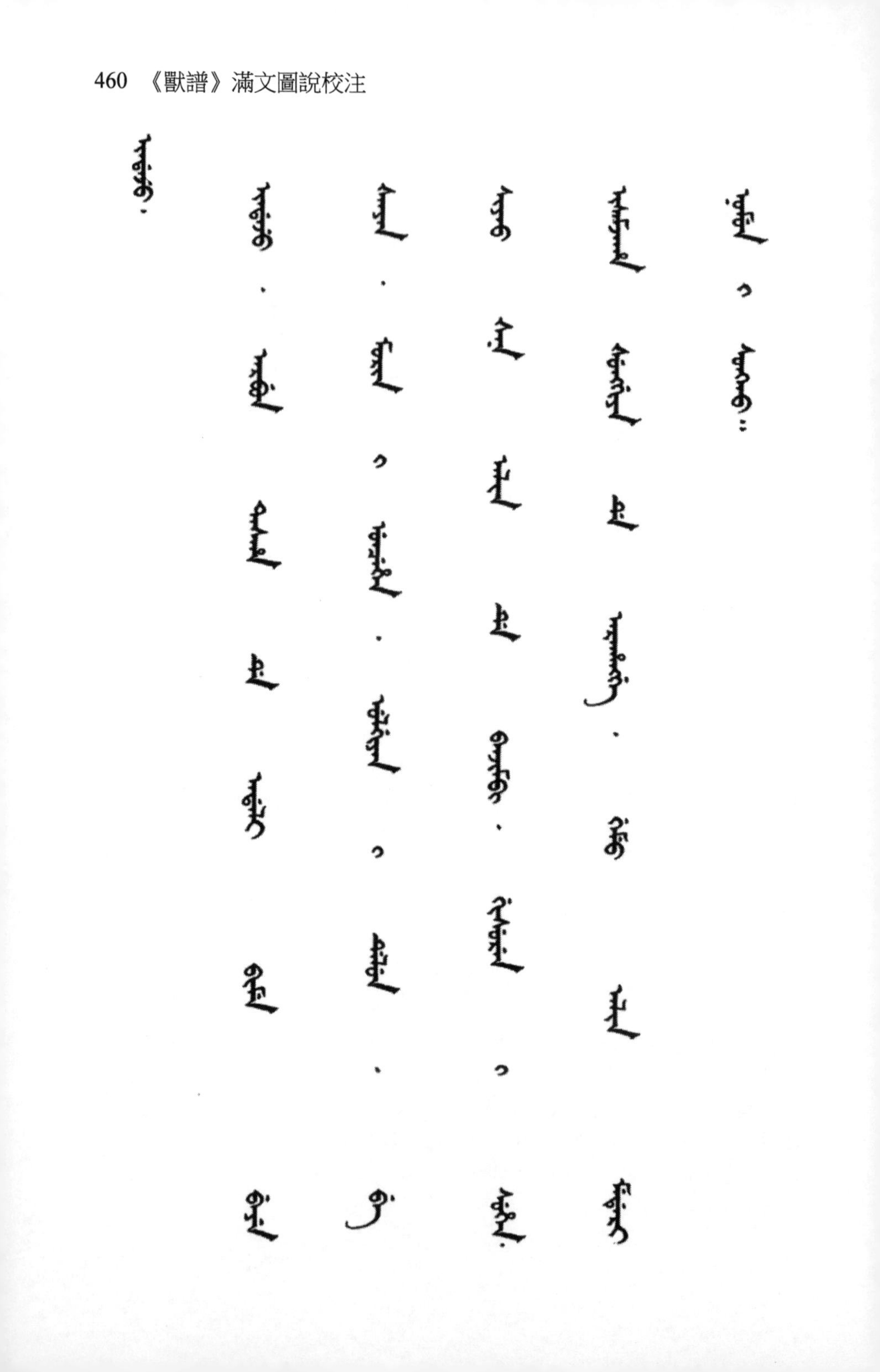

[illegible].

[illegible]. [illegible] [illegible] ᡩᡝ [illegible] [illegible]

[illegible]. [illegible] ᡳ [illegible]. [illegible] ᡳ [illegible]. [illegible]

[illegible] [illegible] [illegible] ᡩᡝ [illegible]. [illegible] ᡳ [illegible]

[illegible] [illegible] ᡩᡝ [illegible]. [illegible] [illegible] [illegible]

[illegible] ᡳ ᠰᡝᠮᠪᡳ::

indaju

indaju, arbun tasha de adali bime beye šanyan, morin i uncehen, ulgiyan i delun, be siyao ša<u>n</u> alin de banjimbi. gisuren i suhen, isamjaha šunggiya de arahangge, gemu alin mederi nomun i songko.

獨狢

獨狢，狀如虎而白身，馬尾，彘鬣[49]，生北囂山中。《說文》、《駢雅》所載，並與《山海經》同。

独狢

独狢，状如虎而白身，马尾，彘鬣，生北嚣山中。《说文》、《骈雅》所载，并与《山海经》同。

---

[49] 彘鬣，滿文讀作"ulgiyan i delun"，意即「豬的鬃毛」。

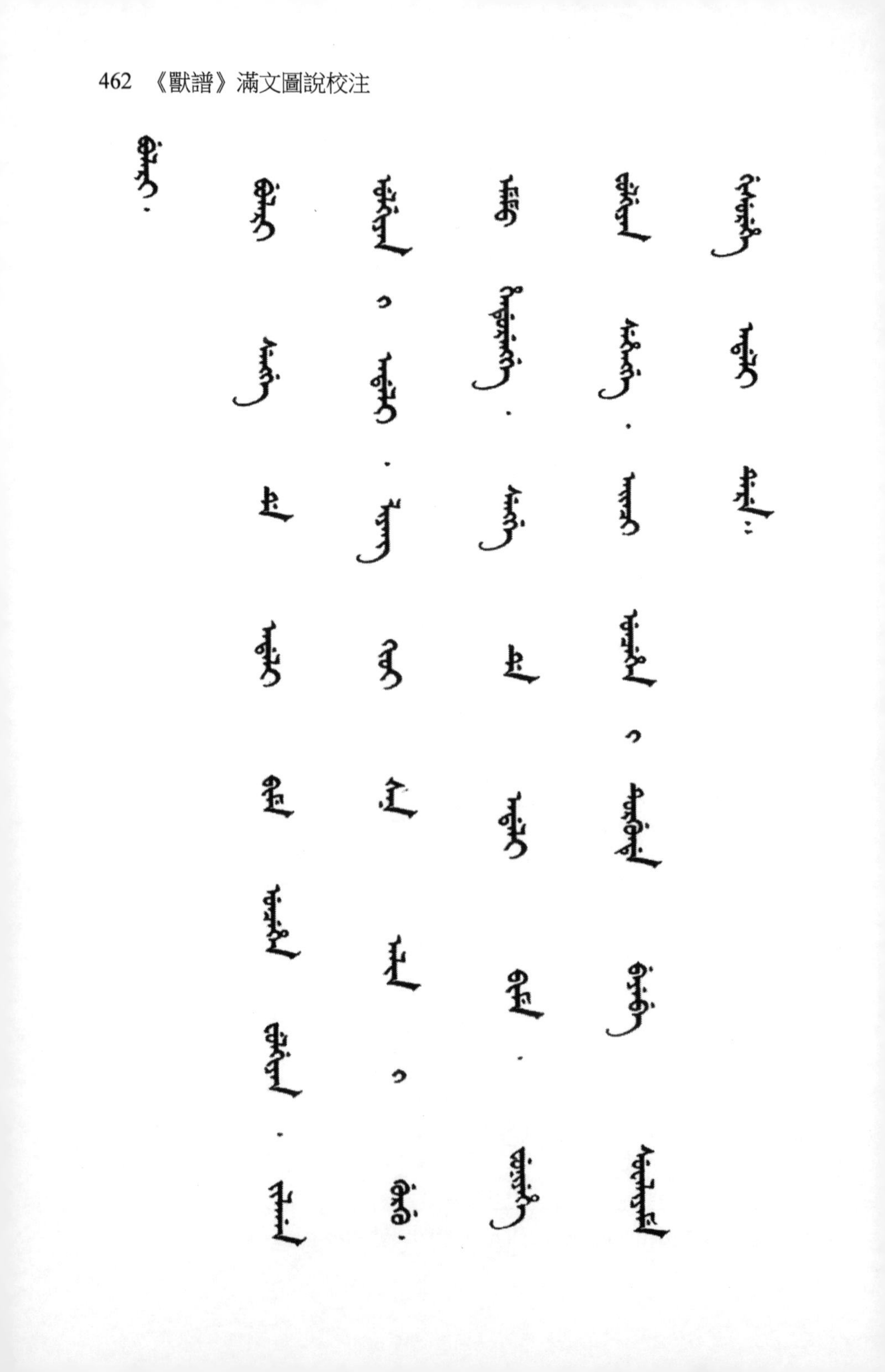

bulari

bulari sengge de adali bime uncehen fulgiyan, jilgan ulgiyan i adali, liyang kioi šan alin i gurgu. ememu hendurengge, sengge de adali bime funiyehe fulgiyan sehengge, ainci uncehen i turgunde beyebe suwaliyame gisurehe adali dere.

居暨

居暨，似蝟而赤尾，其音如豚[50]，梁渠山之獸也。或云如蝟而赤毛，蓋因尾而連類及之耳。暨，一作槩[51]。

居暨

居暨，似猬而赤尾，其音如豚，梁渠山之兽也。或云如猬而赤毛，盖因尾而连类及之耳。暨，一作 槩。

---

[50] 其音如豚，滿文讀作"jilgan ulgiyan i adali"，音即「其音如豬」。

[51] 暨，一作 槩，原書未譯出滿文。

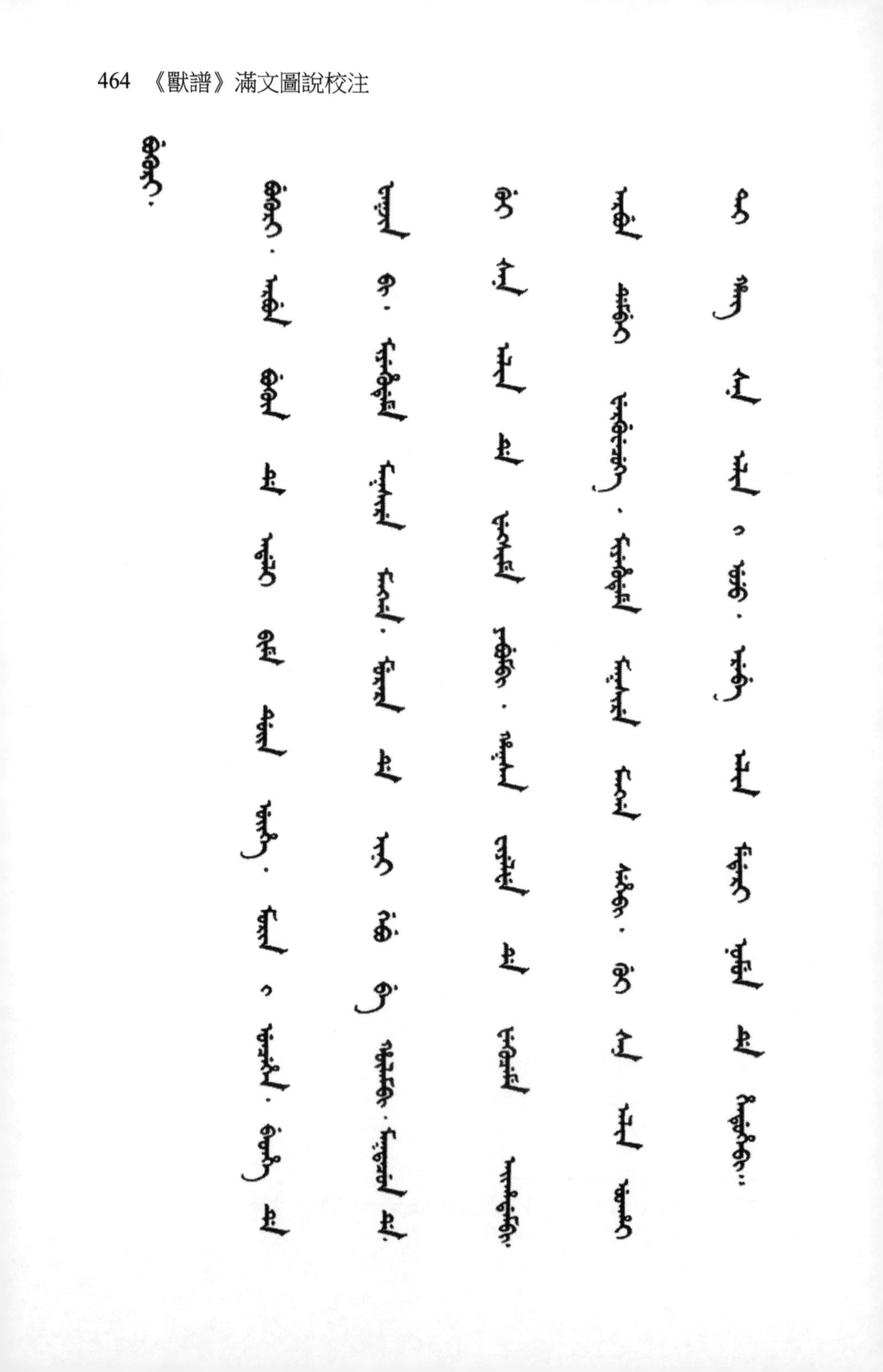

[illegible]

[illegible]

[illegible]

[illegible]

[illegible]

[illegible]

bukuri

bukuri, arbun bukūn de adali bime duin uihe. morin i uncehen, bethe de fakjin bi, miyehudeme maksire mangga. murara de ini gebu be hūlambi. maktacun de, gui šan alin de feksime yabumbi. haksan fiyelfe de fekuceme aihadambi. arbun dembei ferguwecuke, miyehudeme maksire mangga sehebi. gui šan alin uthai tai hang šan alin i uju, erebe alin mederi nomun de henduhebi.

䮝

䮝，狀如麢羊而四角[52]，馬尾，足有距，善旋舞[53]，其鳴自叫。《贊》云：涉歷歸山，騰越險阻。厥貌惟奇，如是旋舞。歸山即太行山之首，《山海經》云。

䮝

䮝，状如麢羊而四角，马尾，足有距，善旋舞，其鸣自叫。《赞》云：涉历归山，腾越险阻。厥貌惟奇，如是旋舞。归山即太行山之首，《山海经》云。

---

[52] 麢羊，滿文讀作"bukūn"，意即「羚羊」。

[53] 善旋舞，滿文讀作"miyehudeme maksire mangga"，意即「善撒歡舞」，係指動物善迴旋舞。

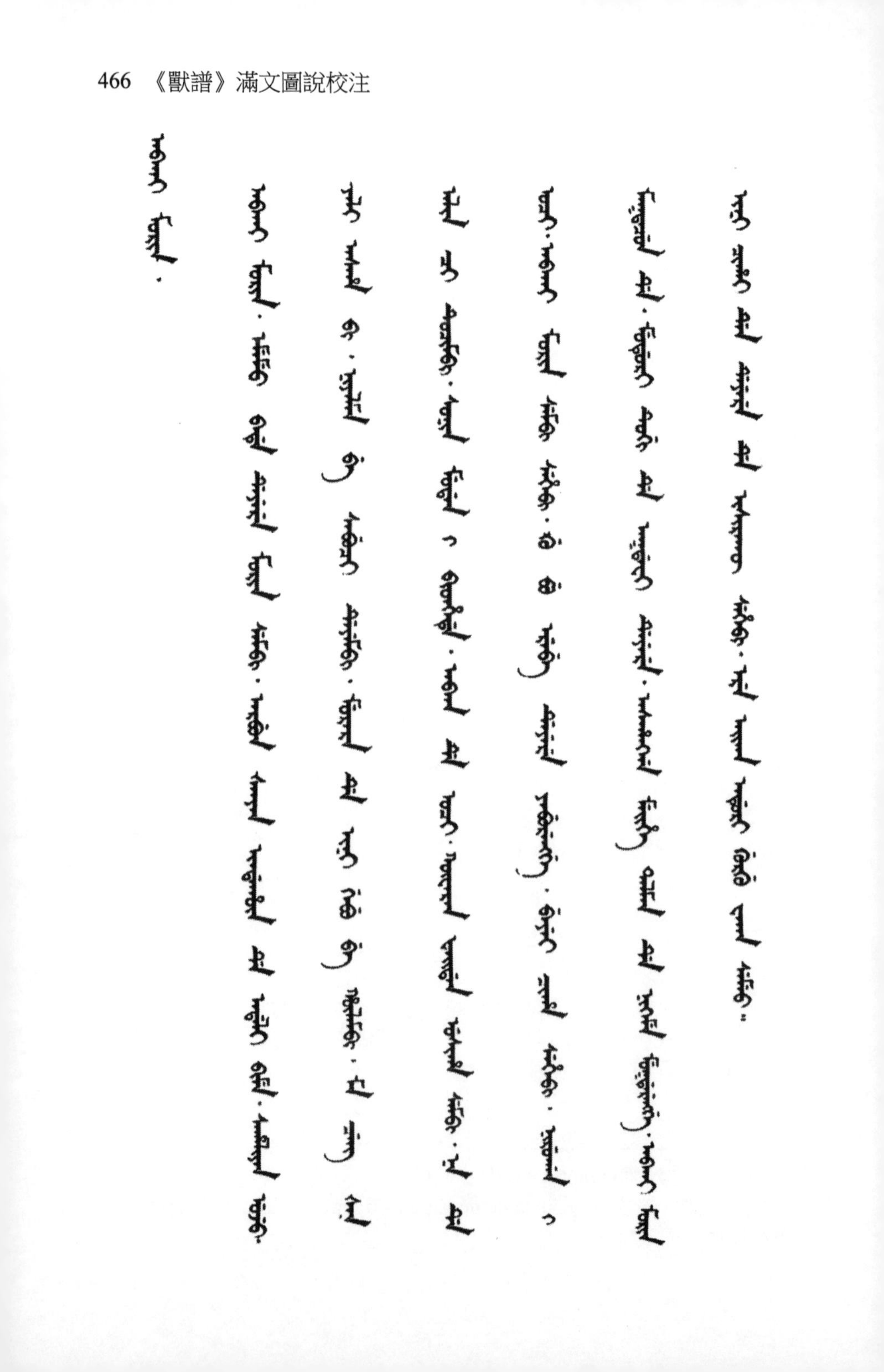

abkai morin

abkai morin, ememu bade deyere morin sembi. arbun šanyan indahūn de adali bime, sahaliyan uju. yali asha bi. niyalma be sabuci deyembi. murara de ini gebu be hūlambi. ma ceng ša<u>n</u> alin ci tucimbi. sonin mudan i bithede, abka de oci, kūwaran faidan usiha sembi. na de oci, abkai morin sembi sehebi. g'o pu erebe deyere yaburengge, beyei ciha sehebi. nirugan i maktacun de, muduri tugi de akdafi deyere, ashangga meihe talman de nikeme mukderengge, abkai morin ini cihai den deyere de isirakū sehebi. ere aika enduri gurgu waka semeo.

天馬

天馬，或作飛虡[54]。狀如白犬而黑頭，有肉翅，見人則飛，其鳴自訆，出馬成山中。《韻寶》云：在天為勾陳[55]，在地為天馬。郭璞謂其飛行自在。《圖贊》云：龍憑雲遊，騰蛇假霧，未若天馬自然凌翥。所謂神獸，非耶？

天马

天马，或作飞虡。状如白犬而黑头，有肉翅，见人则飞，其鸣自訆，出马成山中。《韵宝》云：在天为勾陈，在地为天马。郭璞谓其飞行自在。《图赞》云：龙凭云游，腾蛇假雾，未若天马自然凌翥。所谓神兽，非耶？

---

54 飛虡，滿文讀作"deyere morin"，意即「飛馬」。

55 在天為勾陳，滿文讀作"abka de oci, kūwaran faidan usiha sembi"，意即「在天為勾陳星」，即北極星。

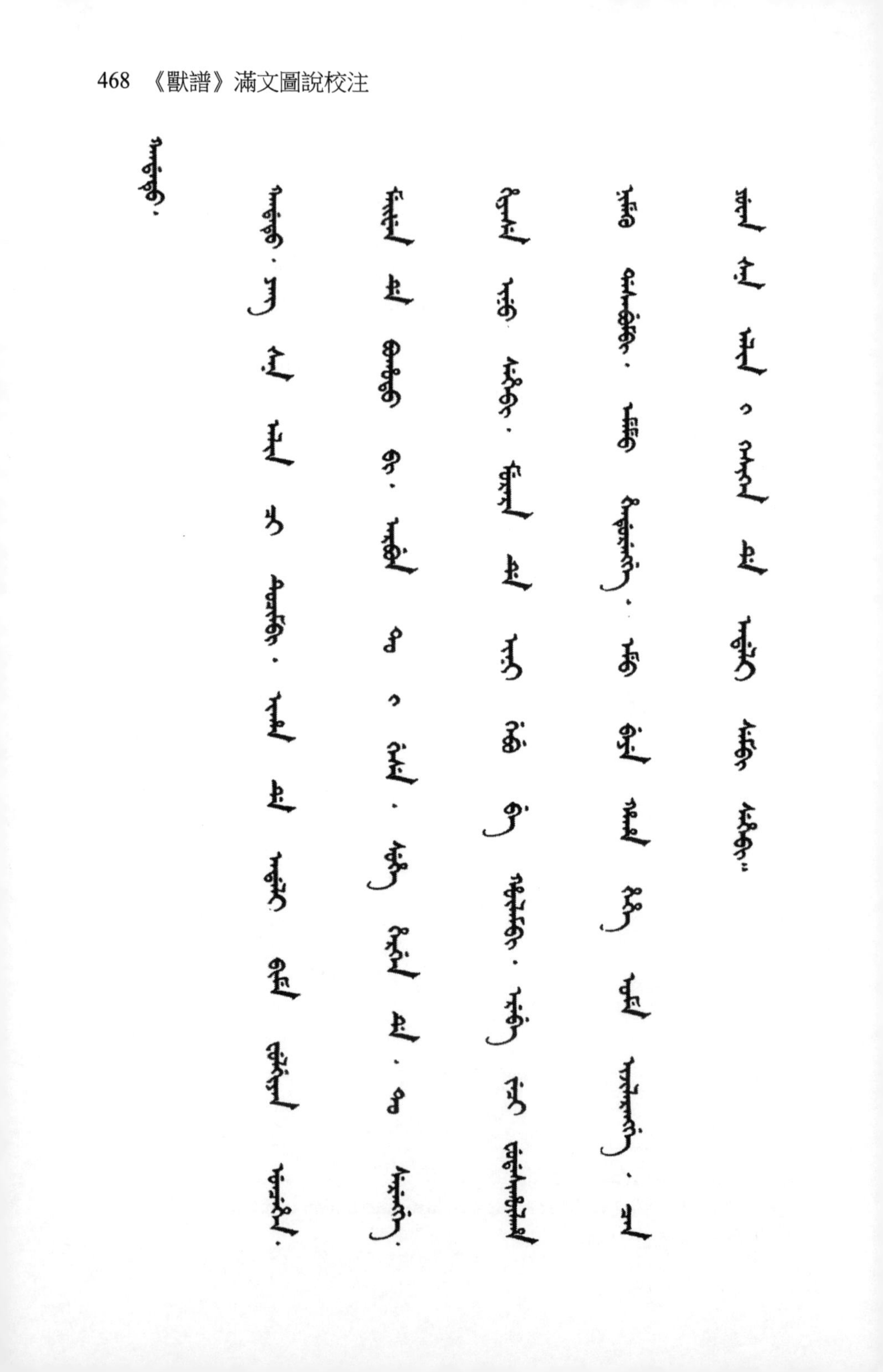

[illegible]

kandatu

kandatu, yang šan alin ci tucimbi. ihan de adali bime fulgiyan uncehen, meifen de bohoto bi, arbun to i gese. suhe hergen de, to serengge, hiyase inu sehebi. murara de ini gebu be hūlambi. erebe jeci fudasihūlaha nimeku dasabumbi. ememu hendurengge, emu beye haha hehe ome ijilarangge, can yuwan šan alin i kesiken de adali sembi sehebi.

領胡

領胡，出陽山。似牛而赤尾，其頸腎[56]，其狀如勾瞿[57]。注云：勾瞿，斗也。其鳴自詨，食之已狂[58]，或云自為牝牡，與亶爰之類相似。

領胡

领胡，出阳山。似牛而赤尾，其颈腎，其状如勾瞿。注云：勾瞿，斗也。其鸣自詨，食之已狂，或云自为牝牡，与亶爰之类相似。

---

[56] 其頸腎，滿文讀作“meifen de bohoto bi”，意即「頸上有駝峰」。

[57] 其狀如勾瞿，句中「句瞿」，滿文讀作“to”，意即「柳斗」，就是五升斗。

[58] 食之已狂，滿文讀作“jeci fudasihūlaha nimeku dasabumbi”，意即「食則治瘋病」。

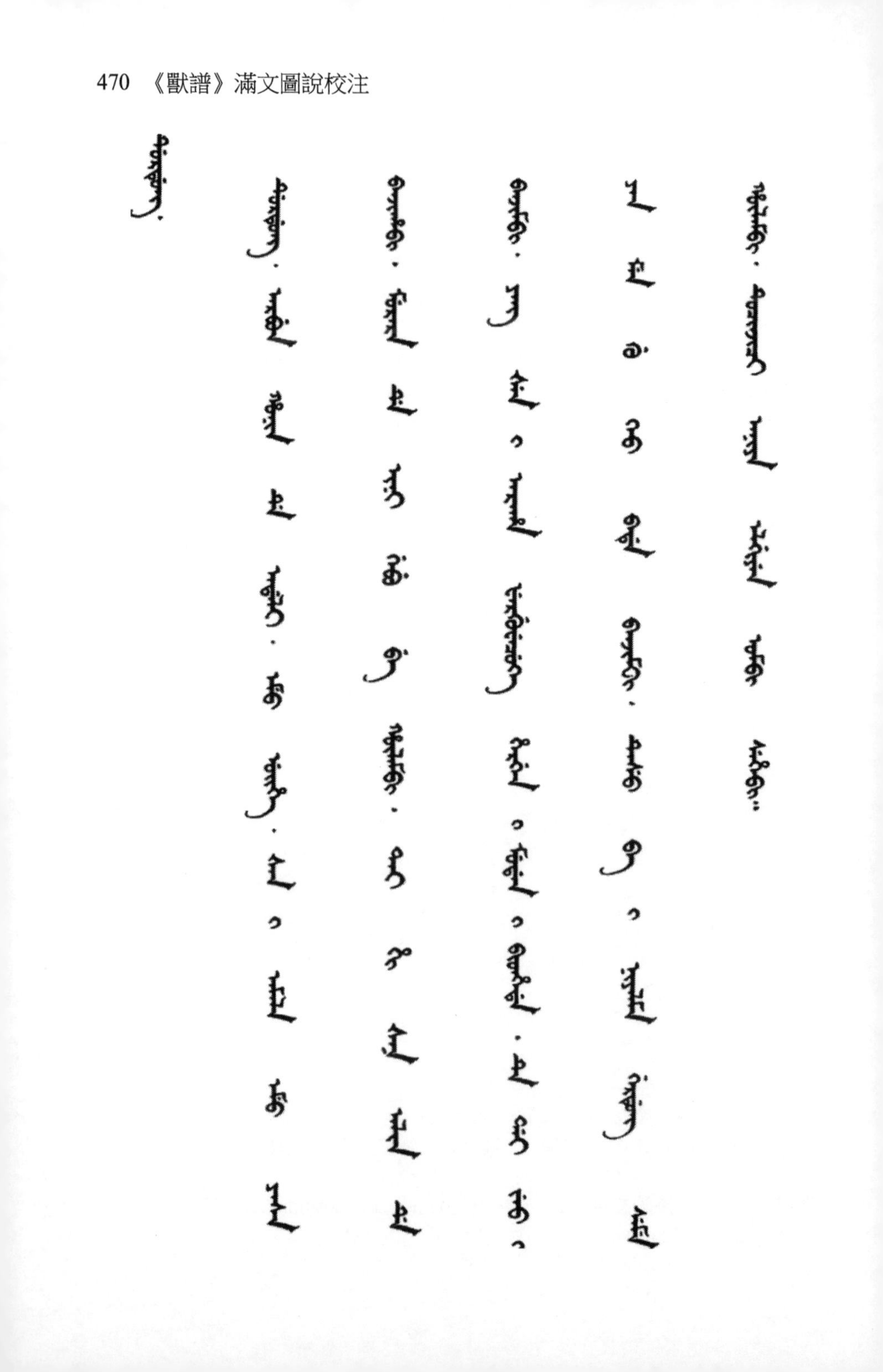

[illegible]

[illegible]

[illegible]

[illegible]

[illegible]

[illegible]

durdung

durdung, arbun honin de adali, emu uihe, šan i amala emu yasa banjihabi. murara de ini gebu be hūlambi. tai hi šan alin de banjimbi. yang sen i araha ferguwecuke hergen i mudan i bithede, te dai jeo i yan men, gu keo bade banjimbi. tesu ba i niyalma gerdung seme hūlambi, tucinjici aniya elgiyen ombi sehebi.

羬羬

羬羬，狀如羊，一角，一目在耳後，鳴則自訆。生泰戲山中。楊慎《奇字韻》云：今產代州雁門、谷口，俗呼為耩子[59]，見則歲豐。

羬羬

羬羬，状如羊，一角，一目在耳后，鸣则自訆。生泰戏山中。杨慎《奇字韵》云：今产代州雁门、谷口，俗呼为耩子，见则岁丰。

---

59 俗呼為耩子，滿文讀作"tesu ba i niyalma gerdung seme hūlambi"，意即「本地人呼為耩子」。

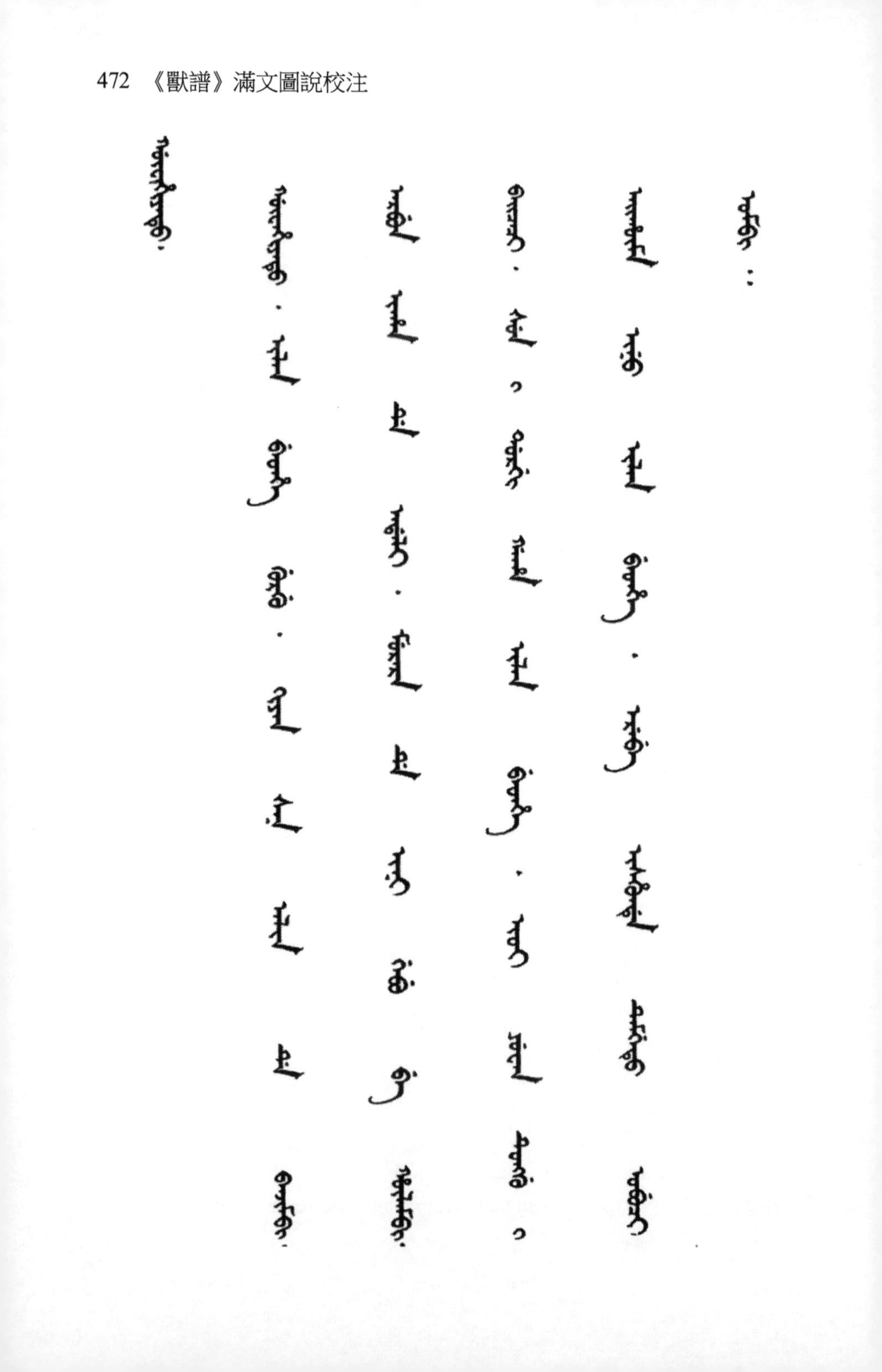

[illegible]

[illegible]

[illegible]

[illegible]

[illegible]

[illegible]

gūwahiyatu

gūwahiyatu, ilan bethe gurgu, kiyan šan alin de banjimbi. arbun ihan de adali, murara de ini gebu be hūlambi. baicaci, šun i dorgi gaha ilan bethe, ioi yuwan tunggu i aihūma inu ilan bethe, erebe ishunde temgetu obuci ombi.

獂

獂，三足獸也，產乾山，狀如牛，其鳴自詨[60]。案：陽烏三足[61]，羽淵之能亦三足[62]，此可參舉矣。

獂

獂，三足兽也，产乾山，状如牛，其鸣自詨。案：阳乌三足，羽渊之能亦三足，此可参举矣。

---

[60] 其鳴自詨，滿文讀作"murara de ini gebu be hūlambi"，意即「鳴叫時呼其名」。

[61] 陽烏三足，滿文讀作"šun i dorgi gaha ilan bethe"，意即「太陽內烏鴉三足」。

[62] 羽淵之能亦三足，滿文讀作"ioi yuwan tunggu i aihūma inu ilan bethe"，意即「羽淵之鱉亦三足」。

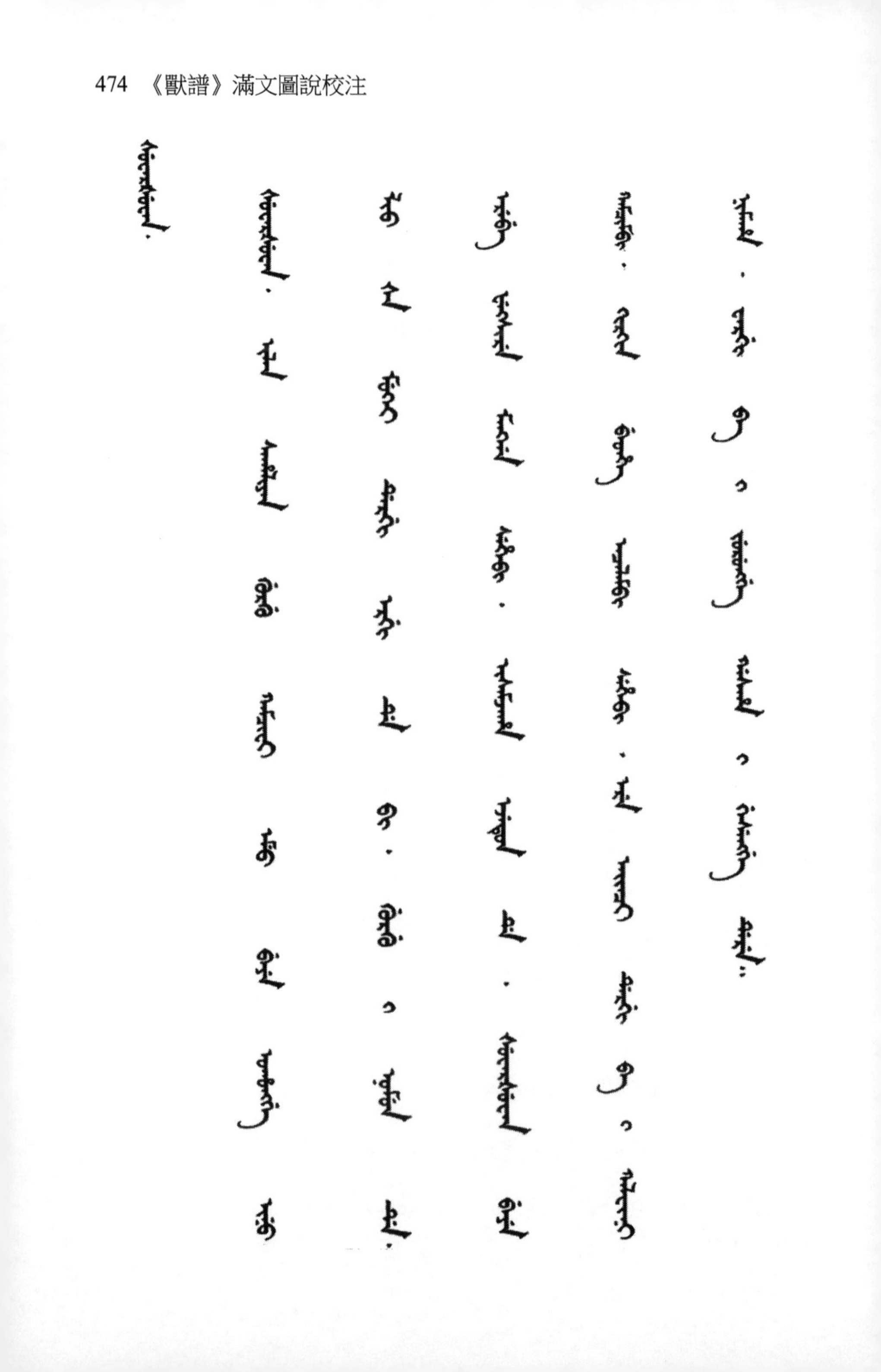

šuwaršuwan

šuwaršuwan, ilan sahaliyan gurgu kamcifi emu beye ohongge, inu lio ša mukei dergi ergi de bi. gurgu i nomun de, erebe feksire mangga sehebi. isamjaha ejetun de, šuwaršuwan beye kamcimbi. kirkin bethe acalambi sehebi. ere ainci dergi ba i kalfini nimaha, wargi ba i jurungge gasha i gesengge dere.

雙雙

雙雙，三青獸合為一體[63]，亦在流沙之東。《獸經》謂其善行。《駢志》云：雙雙合體，蛩蛩假足，可與東鰈西鶼類稱矣[64]。

双双

双双，三青兽合为一体，亦在流沙之东。《兽经》谓其善行。《骈志》云：双双合体，蛩蛩假足。可与东鲽西鹣类称矣。

---

63 三青獸合為一體，滿文讀作"ilan sahaliyan gurgu kamcifi emu beye ohongge"，意即「三黑獸合為一體」。

64 東鰈西鶼，句中「鰈」，滿文讀作"kalfini nimaha"，意即「比目魚」；「鶼」，滿文讀作"jurungge gasha"，意即「匹鳥」。

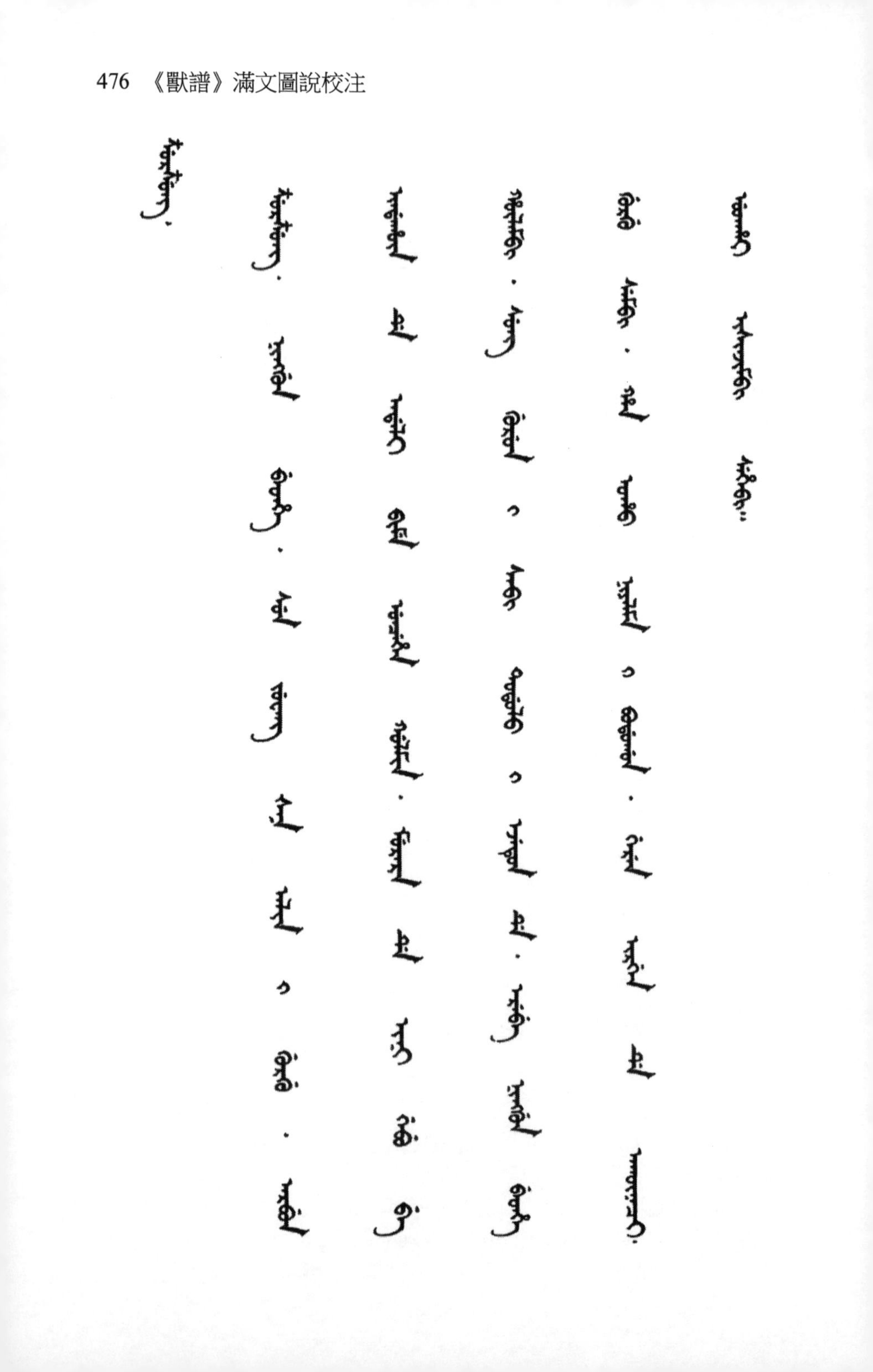

ts'urts'ung

ts'urts'ung, ninggun bethe, sun juwang šan alin i gurgu. arbun indahūn de adali bime uncehen golmin, murara de ini gebu hūlambi. sung gurun i sabi todolo i ejetun de, erebe ninggun bethe gurgu sembi. han oho niyalma i bodogon, geren irgen de akūnaci, uthai isinjimbi sehebi.

從從

從從，六足，栒狀山之獸。形如犬而長尾，其鳴自詨[65]。《宋書・符瑞志》謂之六足獸，王者謀及眾庶，則至。

从从

从从，六足，栒状山之兽。形如犬而长尾，其鸣自詨。《宋书. 符瑞志》谓之六足兽，王者谋及众庶，则至。

[65] 其鳴自詨，滿文讀作"murara de ini gebu be hūlambi"，意即「鳴叫時呼其名」。

《獸譜》第五冊畫冊

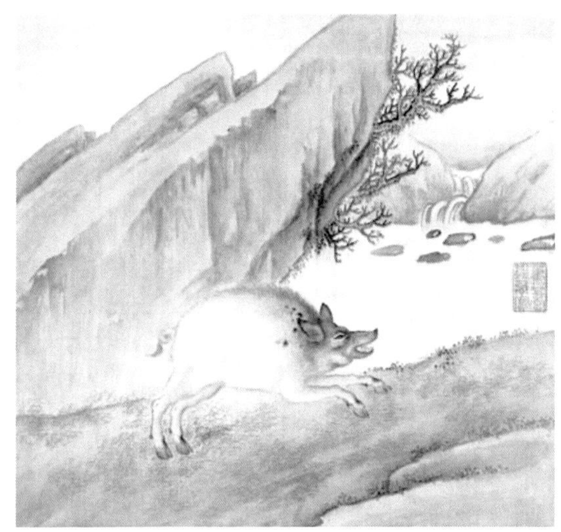

狪狪

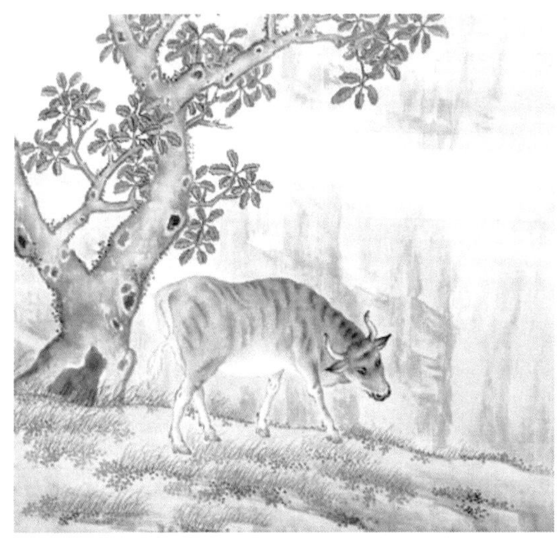

軨軨

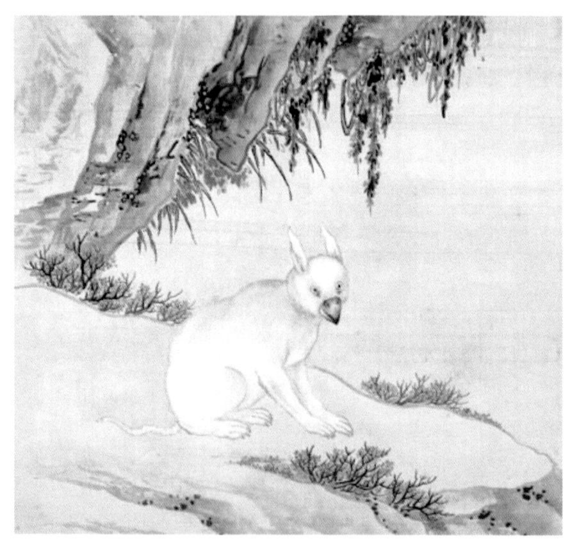

犰狳

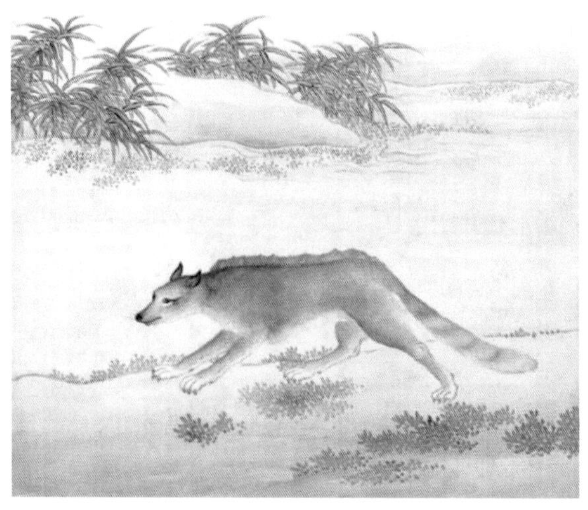

朱獳

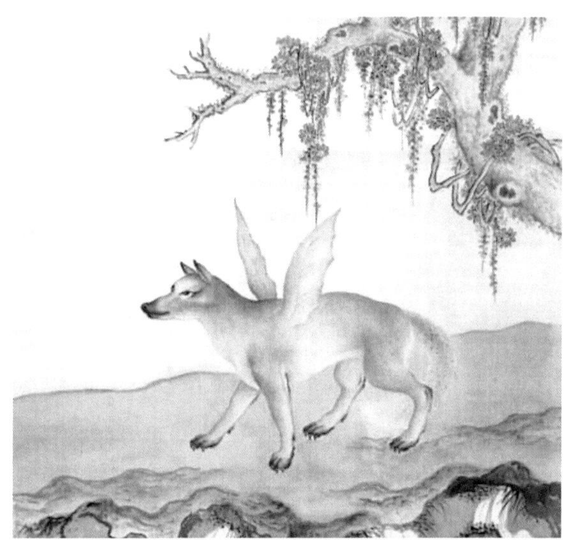

獙獙

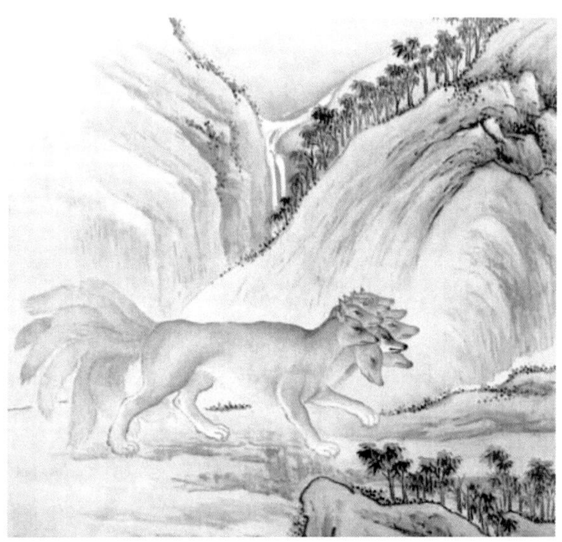

蠪姪

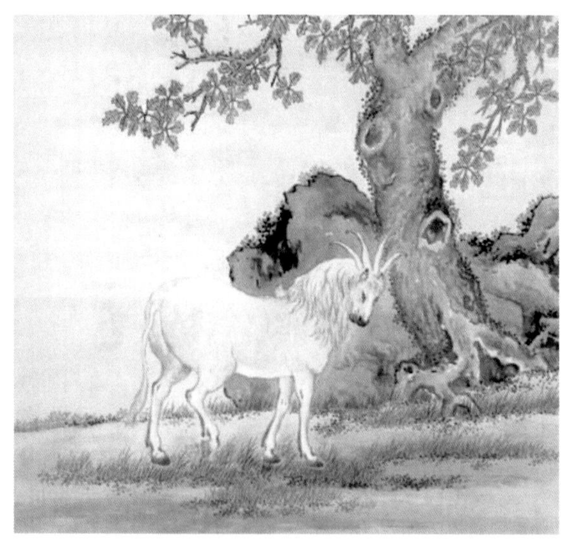

峳峳

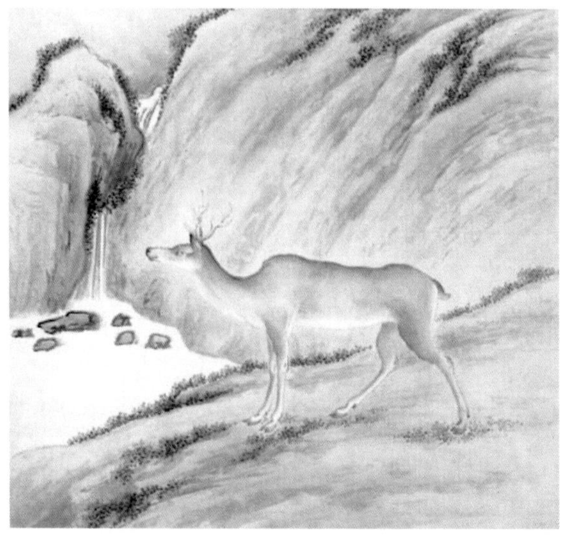

䍐胡

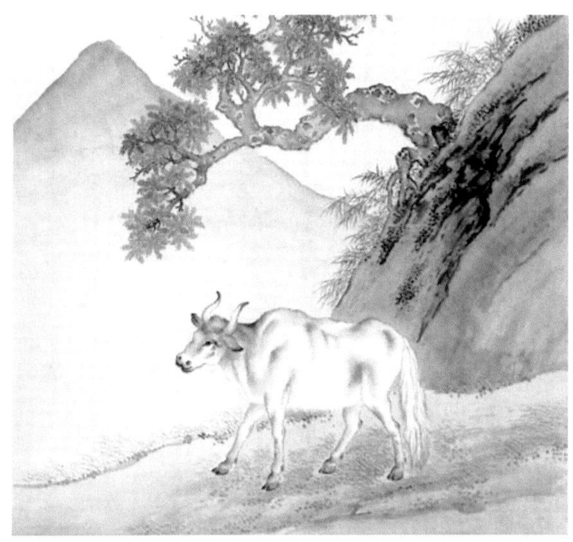

精精

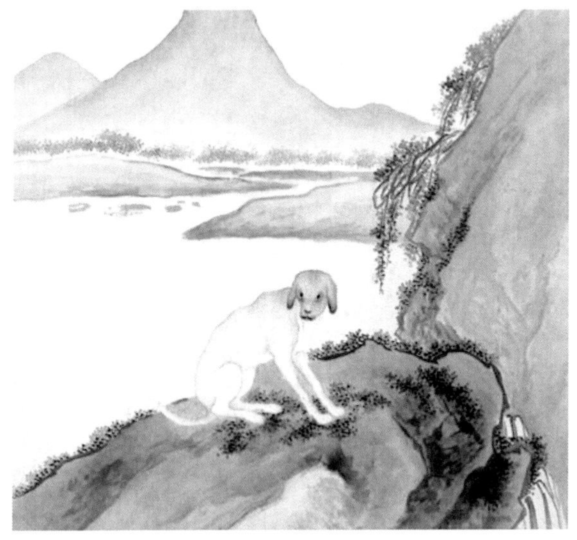

猲狙

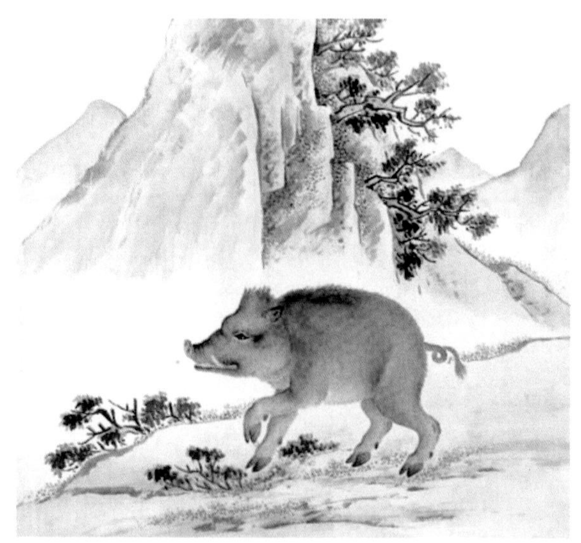

當康

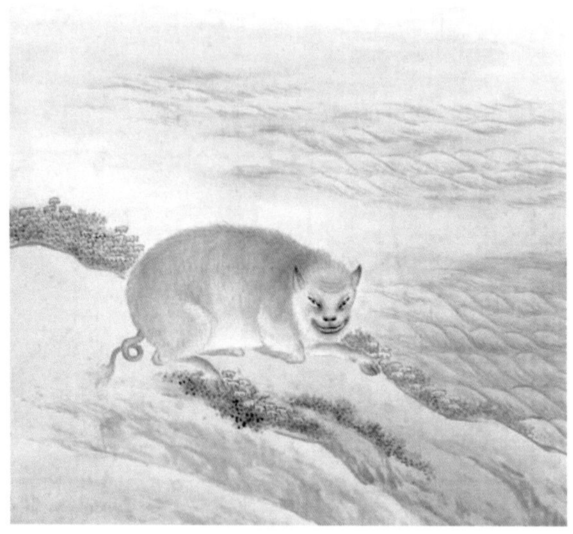

合窳

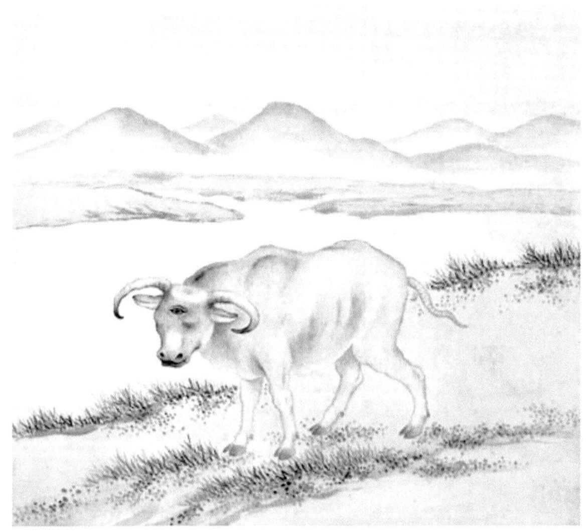

蜚

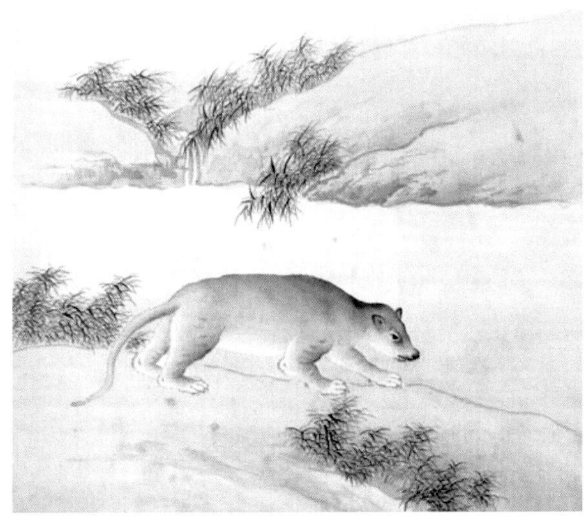

䶂

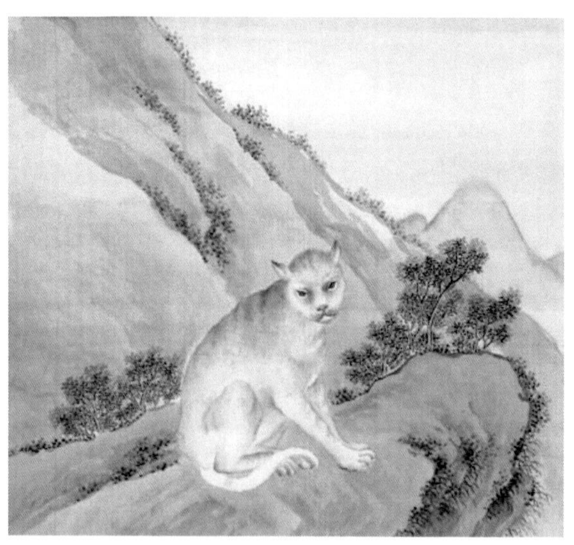

朏朏

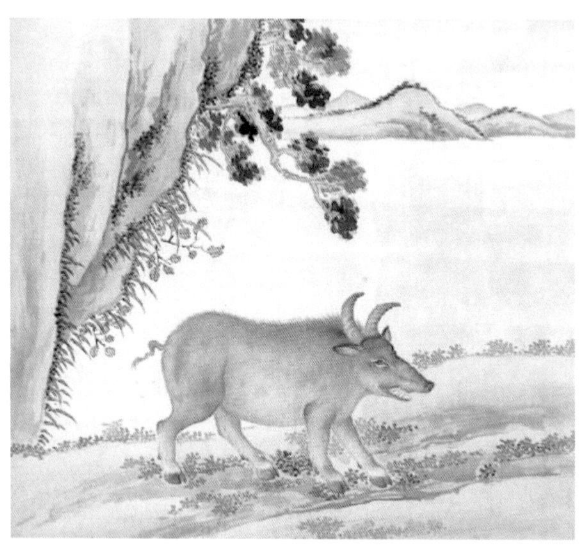

蠪蚳

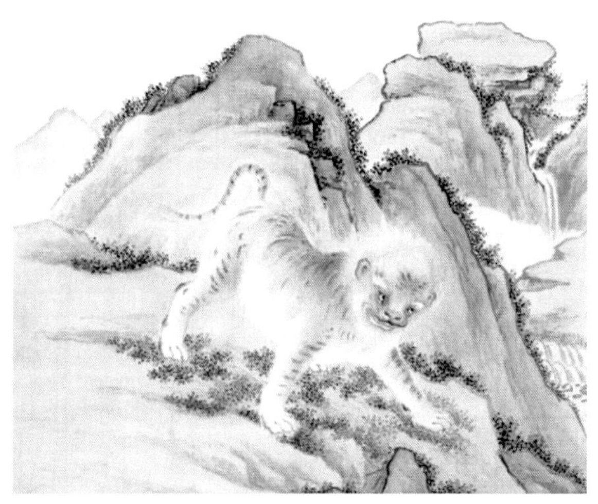

馬腹

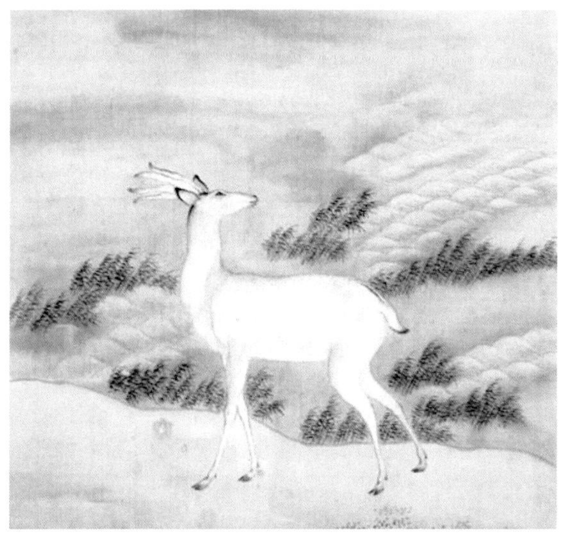

夫諸

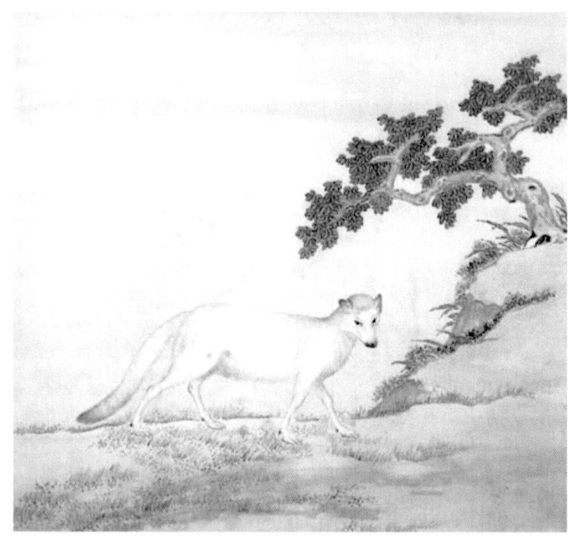

麢

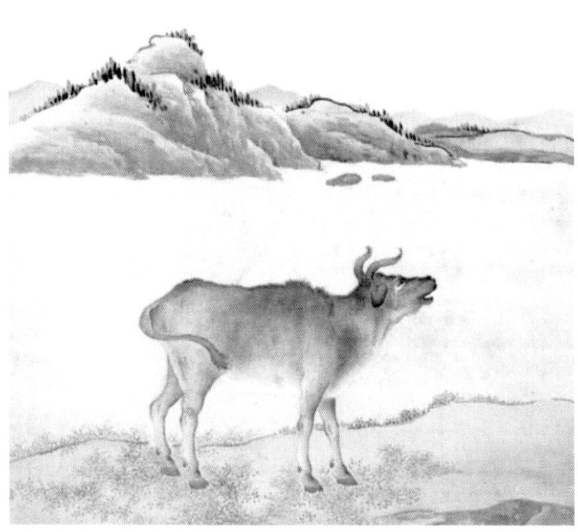

犀渠

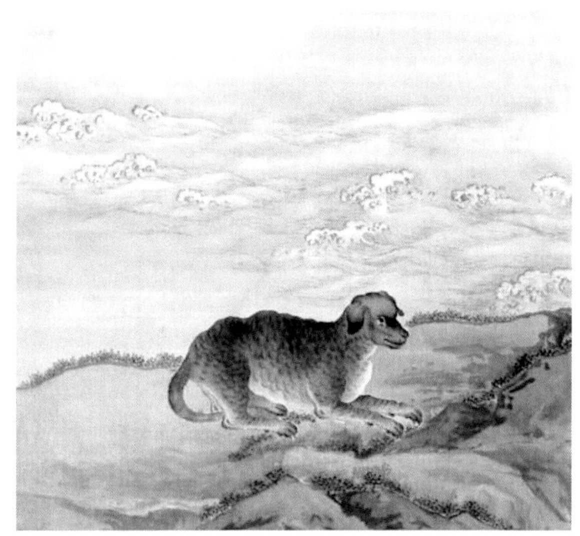

猶

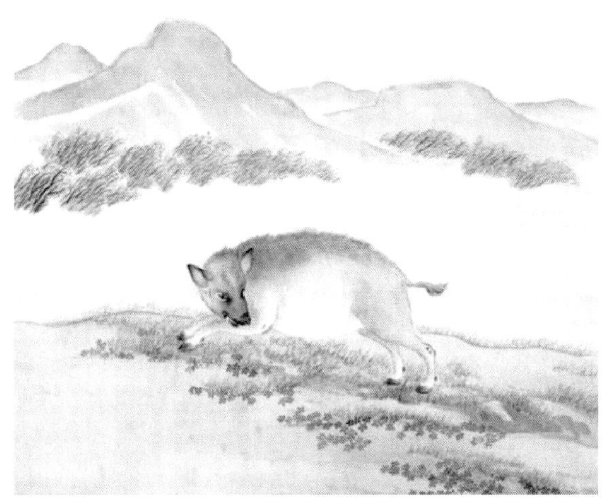

山膏

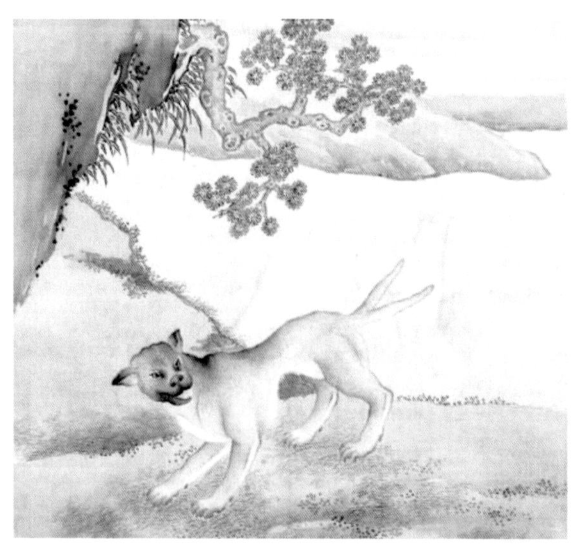

文文

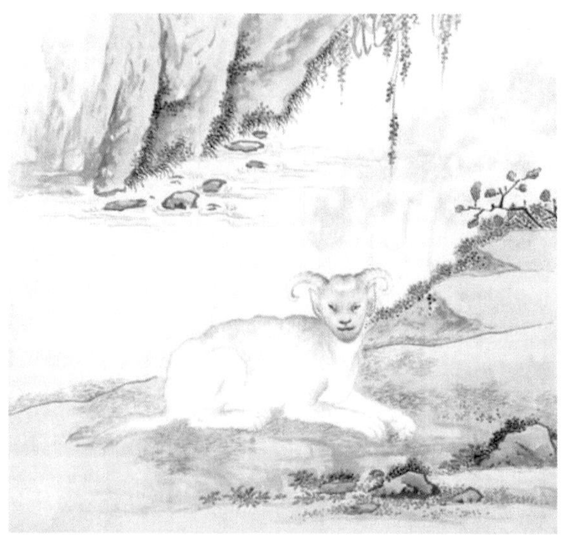

蠱雕

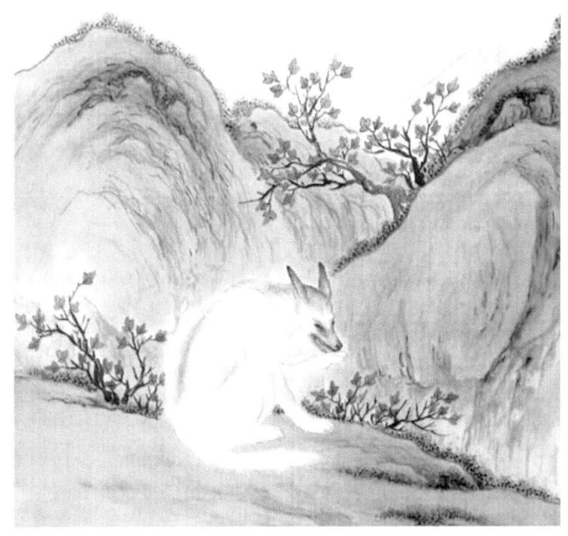

狏狼

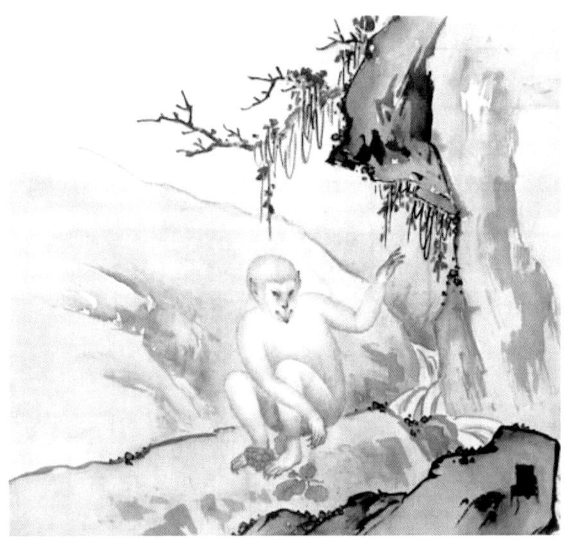

雍和

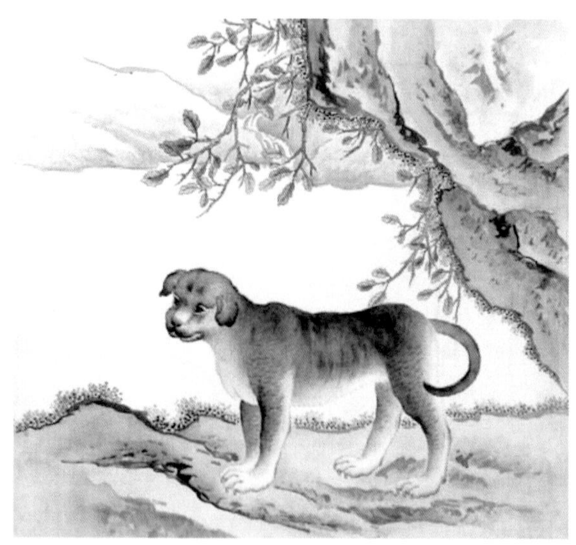

獜

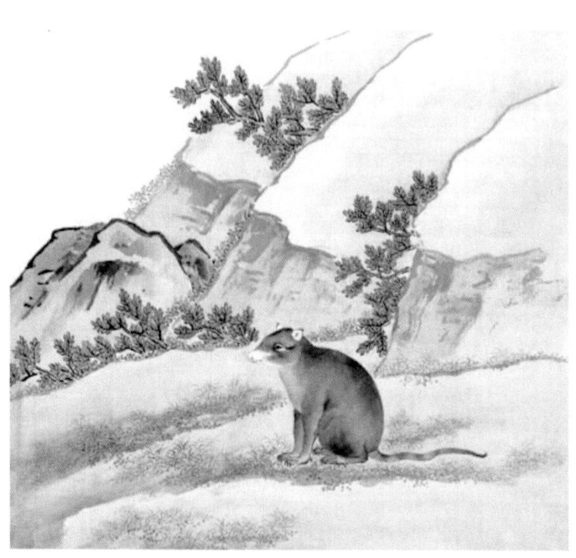

狙如

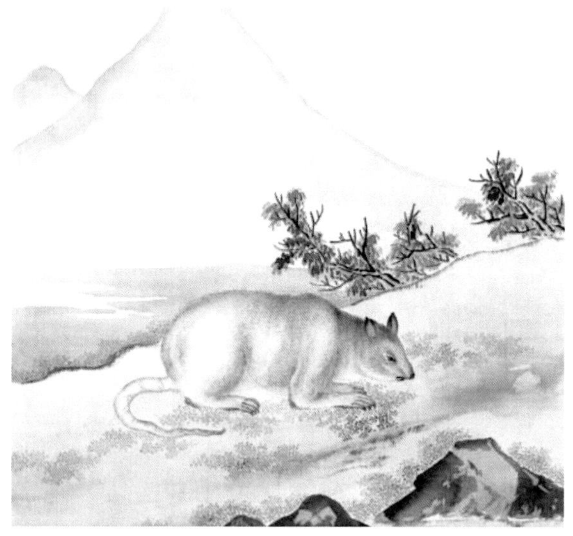

猴

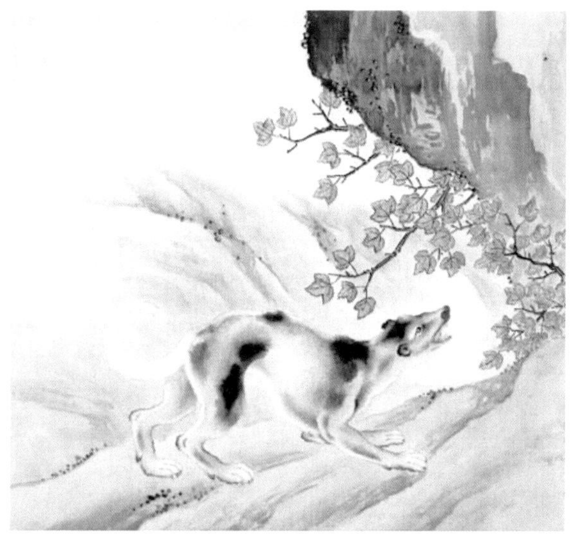

狍即

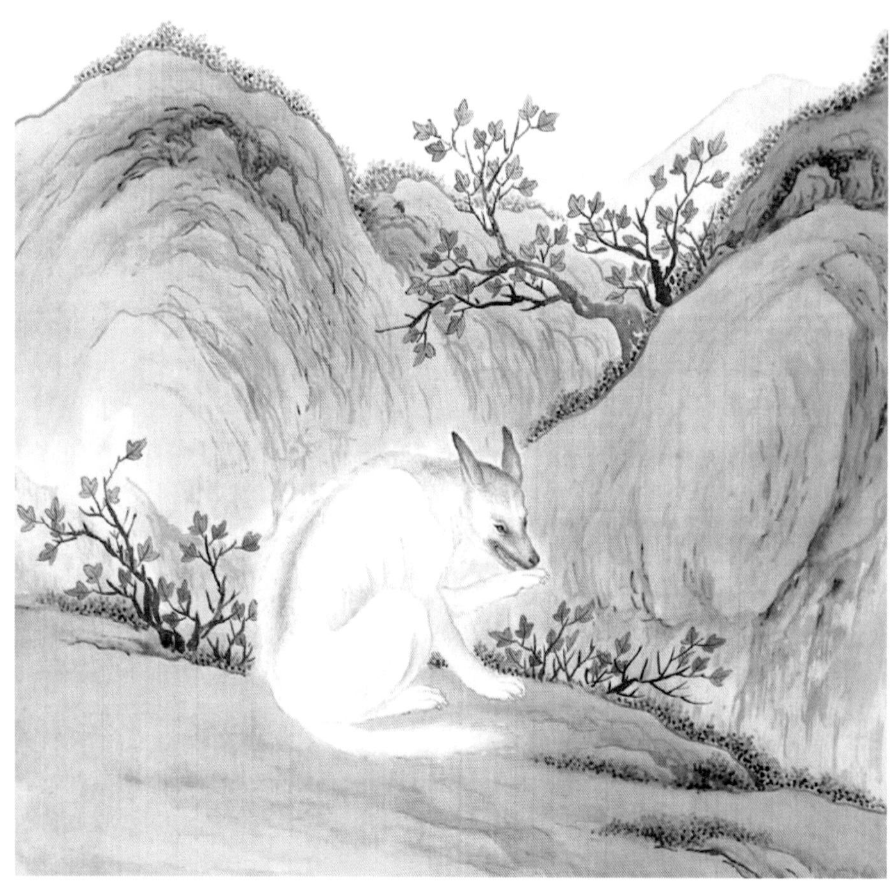

狏狼

《獸譜》第五冊滿文圖說校注

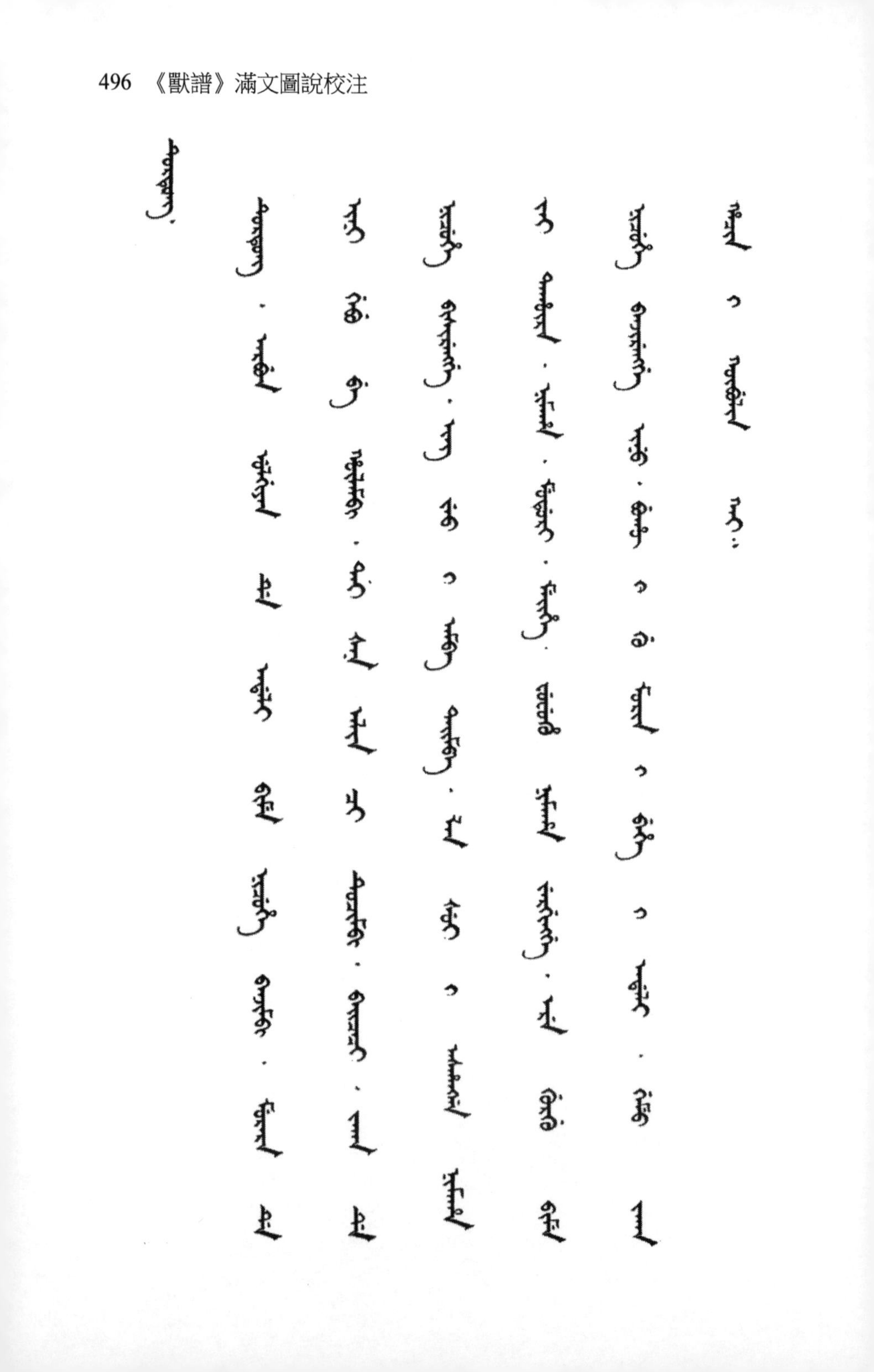

turtung

turtung, arbun ulgiyan de adali bime nicuhe banjimbi. murara de ini gebu be hūlambi. tai šan̲ alin ci tucimbi. baicaci, jaka de nicuhe bisirengge, ing jeo i amba taimpa, lan šui i ashangga nimaha jai tahūra, nimaha, muduri, meihe, fufuhu nimaha jergingge, ere gurgu bime nicuhe banjirengge inu, buhū i gu morin i behe i adali, gemu jaka hacin i kūbulin kai.

狪狪

狪狪，狀似豚而孕珠，其鳴自訆，出泰山。案：物有珠者，瀛洲之紺翼[1]，濫水之鴽魚[2]，與夫珠母、文魮、龍、蛇、珠蟞之屬。此以獸而孕珠，亦猶鹿瓊馬墨，皆物類之變者。

狪狪

狪狪，状似豚而孕珠，其鸣自訆，出泰山。案：物有珠者，瀛洲之绀翼，滥水之鴽鱼，与夫珠母、文魮、龙、蛇、珠蟞之属。此以兽而孕珠，亦犹鹿琼马墨，皆物类之变者。

---

[1] 紺翼，滿文讀作“amba taimpa”，意即「大蛤」。

[2] 鴽魚，滿文讀作“ashangga nimaha”，意即「飛魚」。

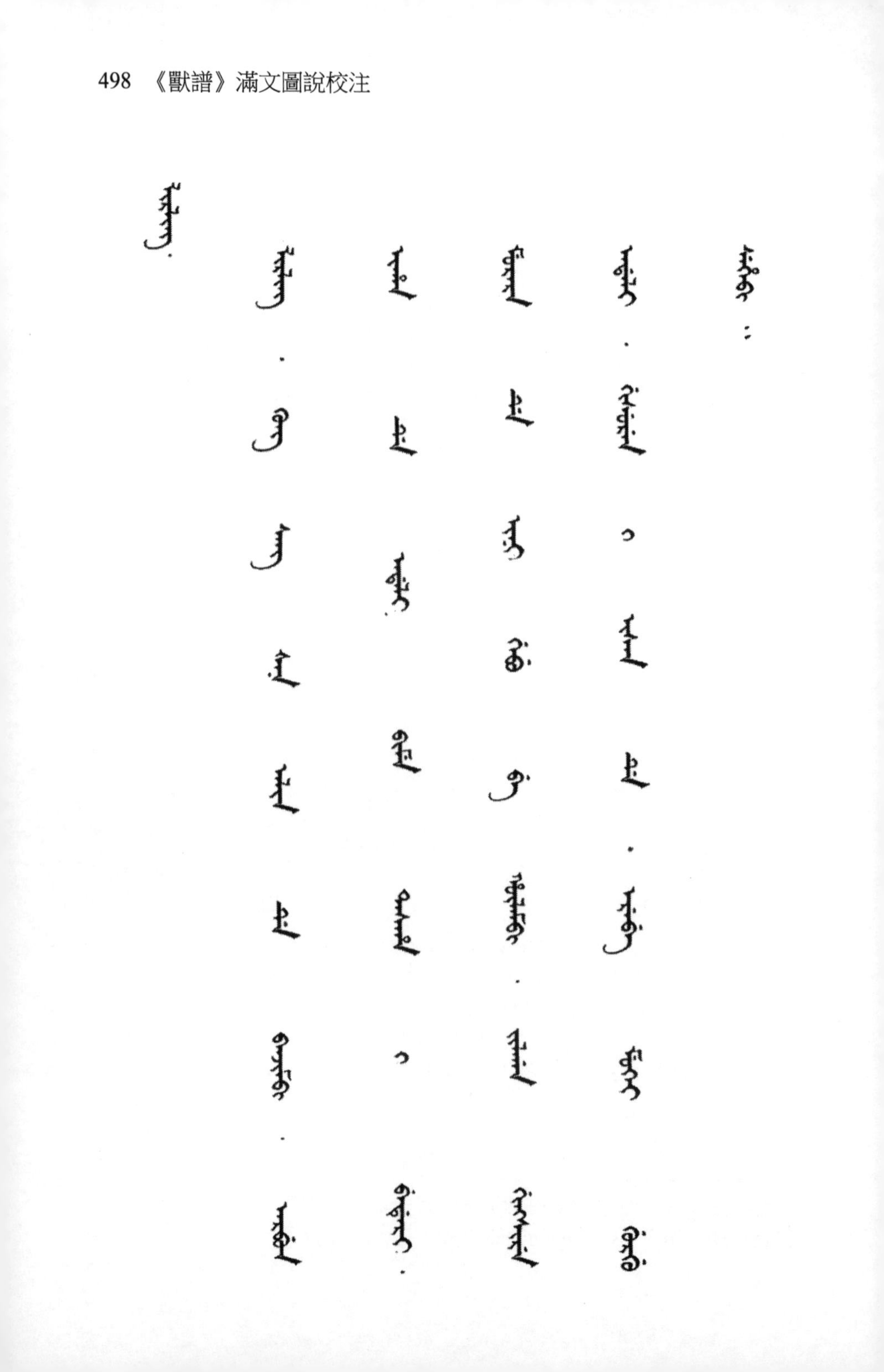

lirling

lirling, kung sang šan alin de banjimbi. arbun ihan de adali bime tasha i bederi, murara de ini gebu be hūlambi. jilgan gingsire adali, gisuren i isan de, erebe mukei gurgu sehebi.

軨軨

軨軨，生空桑山。狀如牛而虎文。其鳴自叫，其音如欽[3]。注云：欽或作吟[4]。《談薈》謂之水獸。

軨軨

軨軨，生空桑山。状如牛而虎文。其鸣自叫，其音如钦。注云：钦或作吟。《谈荟》谓之水兽。

---

[3] 其音如欽，滿文讀作"jilgan gingsire adali"，意即「其音如吟唱」。

[4] 注云：欽或作吟，原書未譯出滿文。

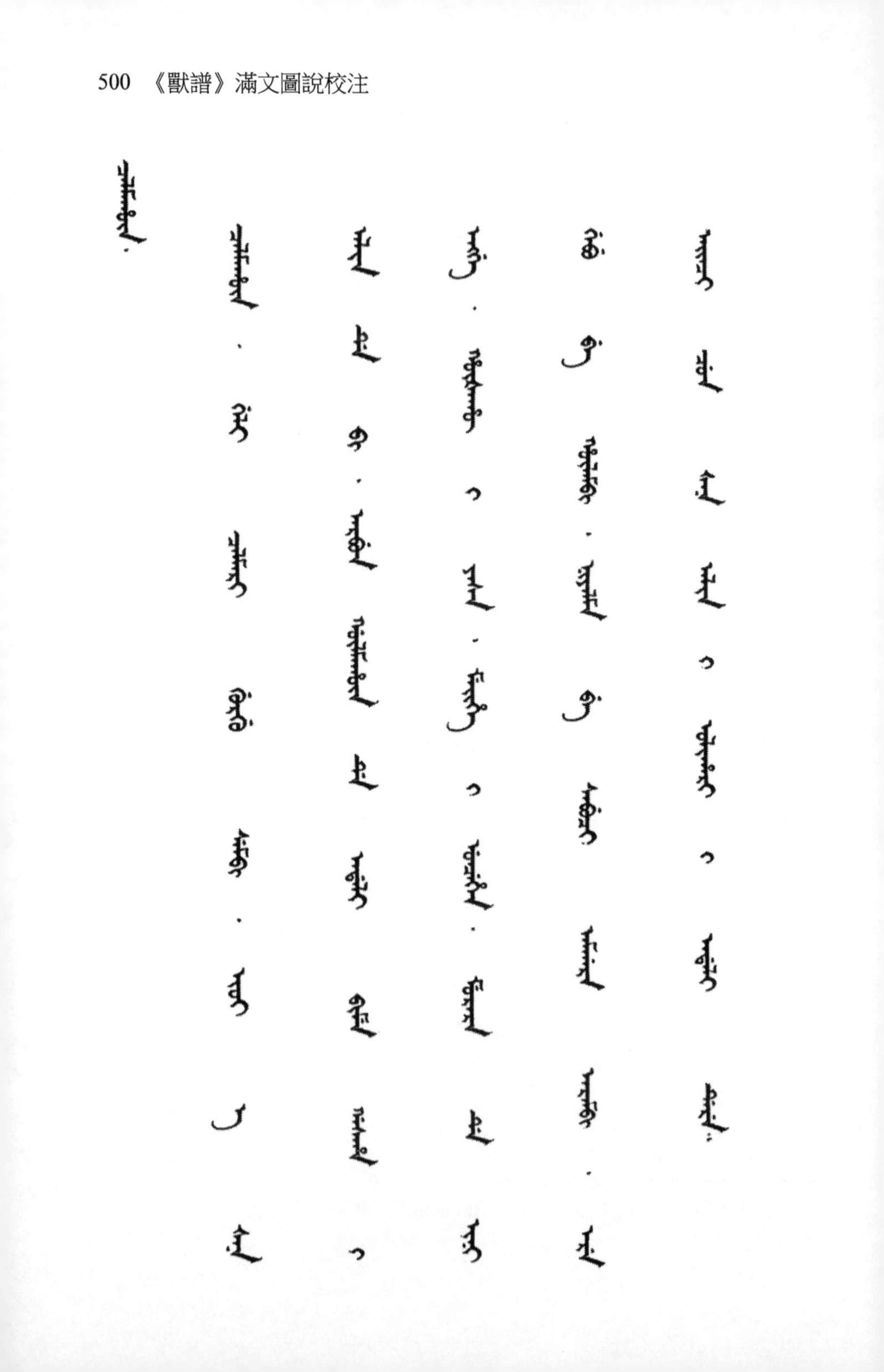

calmahūn

calmahūn, geli calmari gurgu sembi. ioi e šan alin de bi. arbun gūlmahūn de adali bime gasha i engge, hūšahū i yasa, meihe i uncehen, murara de ini gebu be hūlambi. niyalma be sabuci amgara arambi. ere ainci cun šan alin i olihari i adali dere.

犰狳

犰狳，讀如仇餘二音，或作犰㺄[5]，亦稱狳獸。餘莪之山有之，狀如菟而鳥喙[6]，鴟目，蛇尾，其鳴自訆，見人則眠。是與春山幽頞相類矣。

犰狳

犰狳，读如仇余二音，或作犰㺄，亦称狳兽。余莪之山有之，状如菟而鸟喙，鸱目，蛇尾，其鸣自訆，见人则眠。是与春山幽頞相类矣。

---

5 讀如仇餘二音，或作犰㺄，原書未譯出滿文。

6 狀如菟而鳥喙，句中「菟」，滿文讀作"gūlmahūn"，意即「兔」。

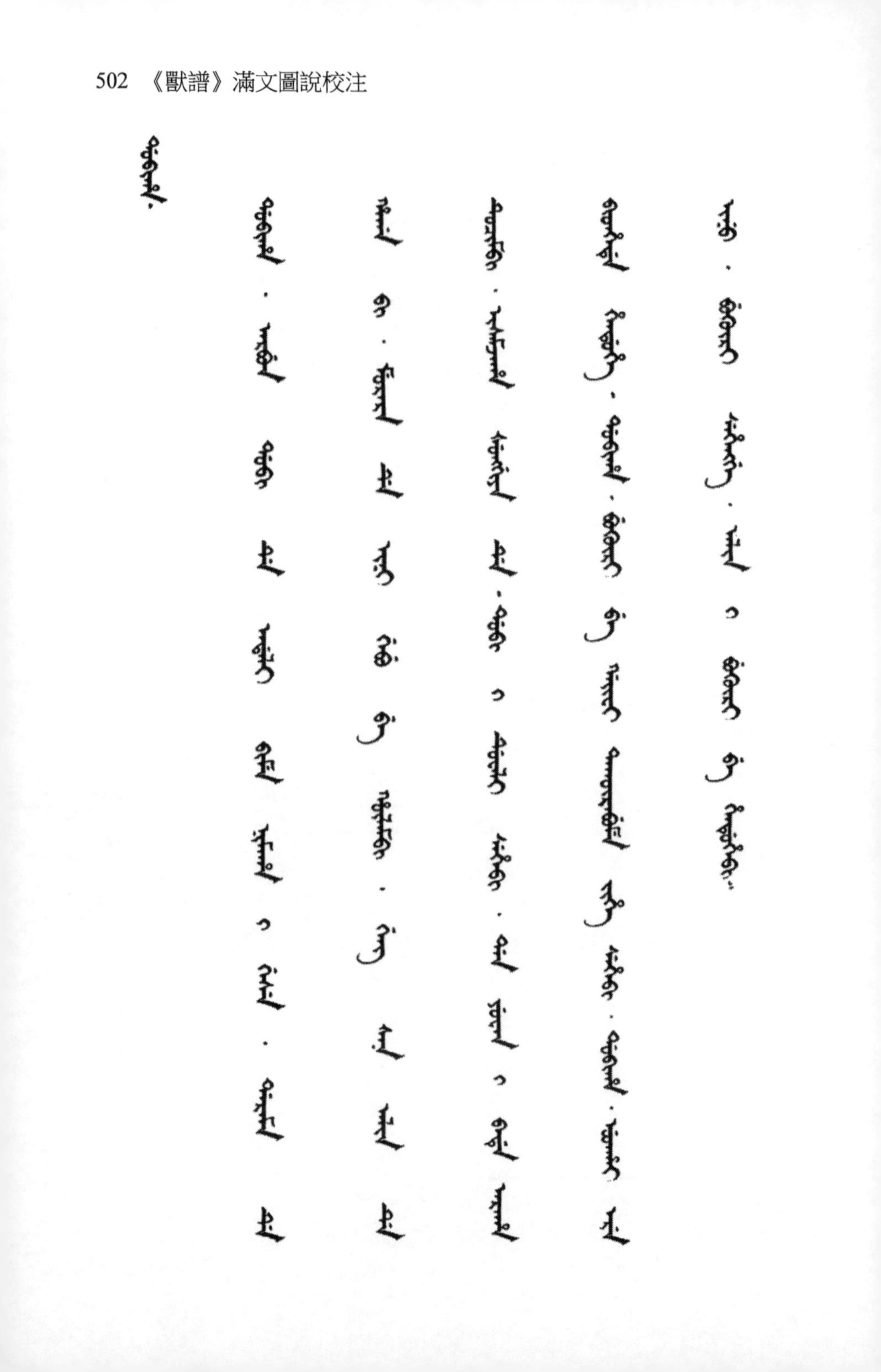

ᠪᡠᠮᠪᡳ᠈

[illegible]

[illegible]

[illegible]

[illegible]

[illegible]

dobiha

dobiha, arbun dobi de adali bime nimaha i gese, darama de haga bi. murara de ini gebu be hūlambi. geng šan alin de tucimbi. isamjaha šunggiya de, dobi i duwali sehebi. dan yuwan i bade araha bithede henduhe, dobiha, bukūri be gaifi takūrabume jihe sehebi. dobiha, uthai ere inu, bukūri sehengge, alin i bukūri be henduhebi.

朱獳

朱獳，狀如狐而魚鬣[7]，其鳴自叫。出耿山。《駢雅》謂為狐屬。《亶爰集》所云：率獳獋而來御。獳即此，獋謂山獋也。

朱獳

朱獳，状如狐而鱼鬣，其鸣自叫。出耿山。《骈雅》谓为狐属。《亶爰集》所云：率獳獋而来御。獳即此，獋谓山獋也。

---

[7] 狀如狐而魚鬣，滿文讀作"arbun dobi de adali bime nimaha i gese, darama de haga bi"，意即「狀如狐而似魚，背上有刺」。

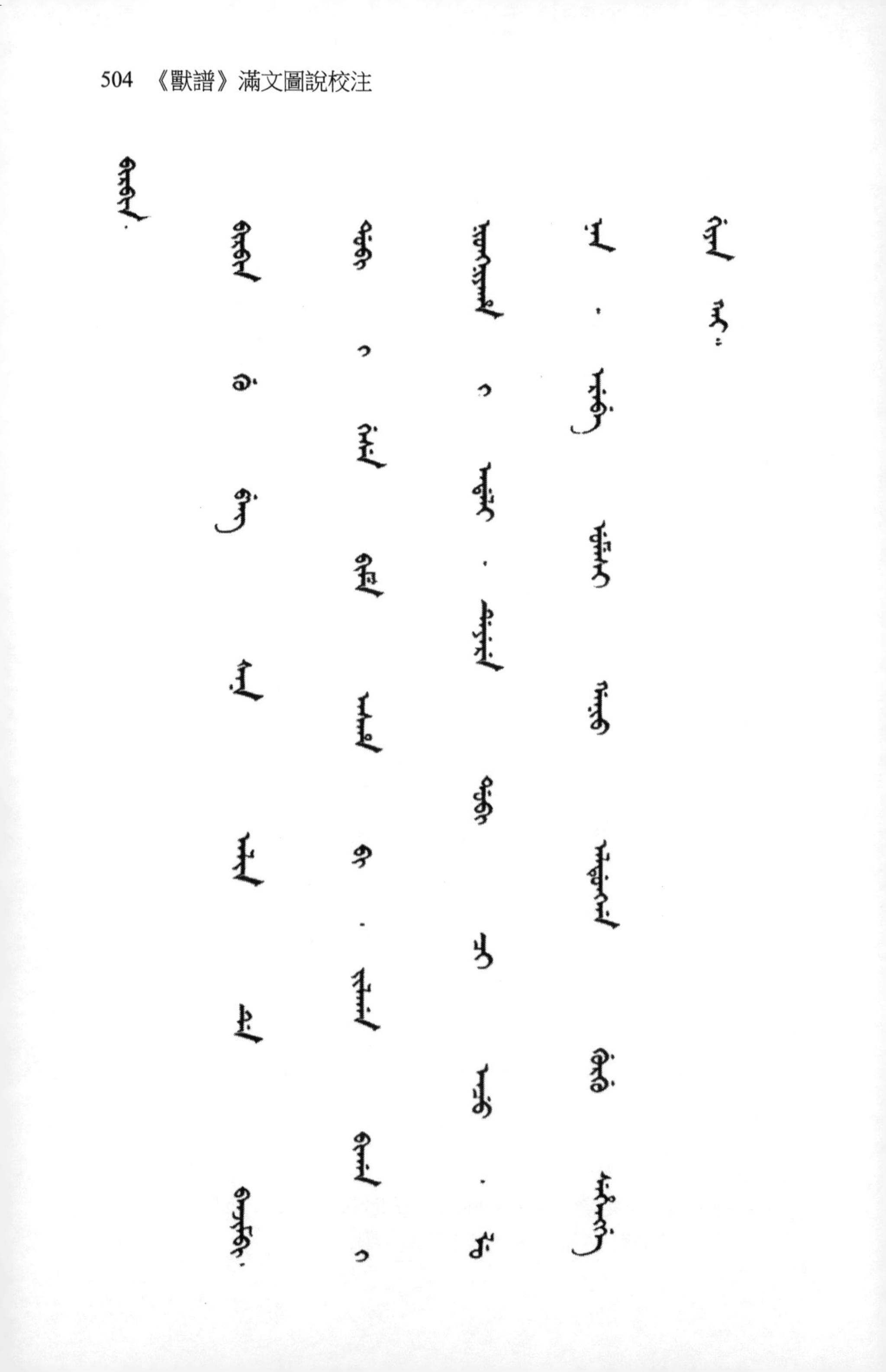

birbin

birbin, gu pung šan̠ alin de banjimbi. dobi i gese bime asha bi. jilgan bigan i niongniyaha i adali, deyere dobi ci encu, lu nan, erebe umesi ganio aldungga gurgu sehengge giyan kai.

獙獙

獙獙，生姑逢之山。狐而有翼者[8]，其音如鴻雁，與飛狐不類，宜盧柟謂之窮恠異獸歟。

獙獙

獙獙，生姑逢之山。狐而有翼者，其音如鸿雁，与飞狐不类，宜卢柟谓之穷恠异兽欤。

---

[8] 狐而有翼者，滿文讀作"dobi i gese bime asha bi"，意即「似狐而有翼」。

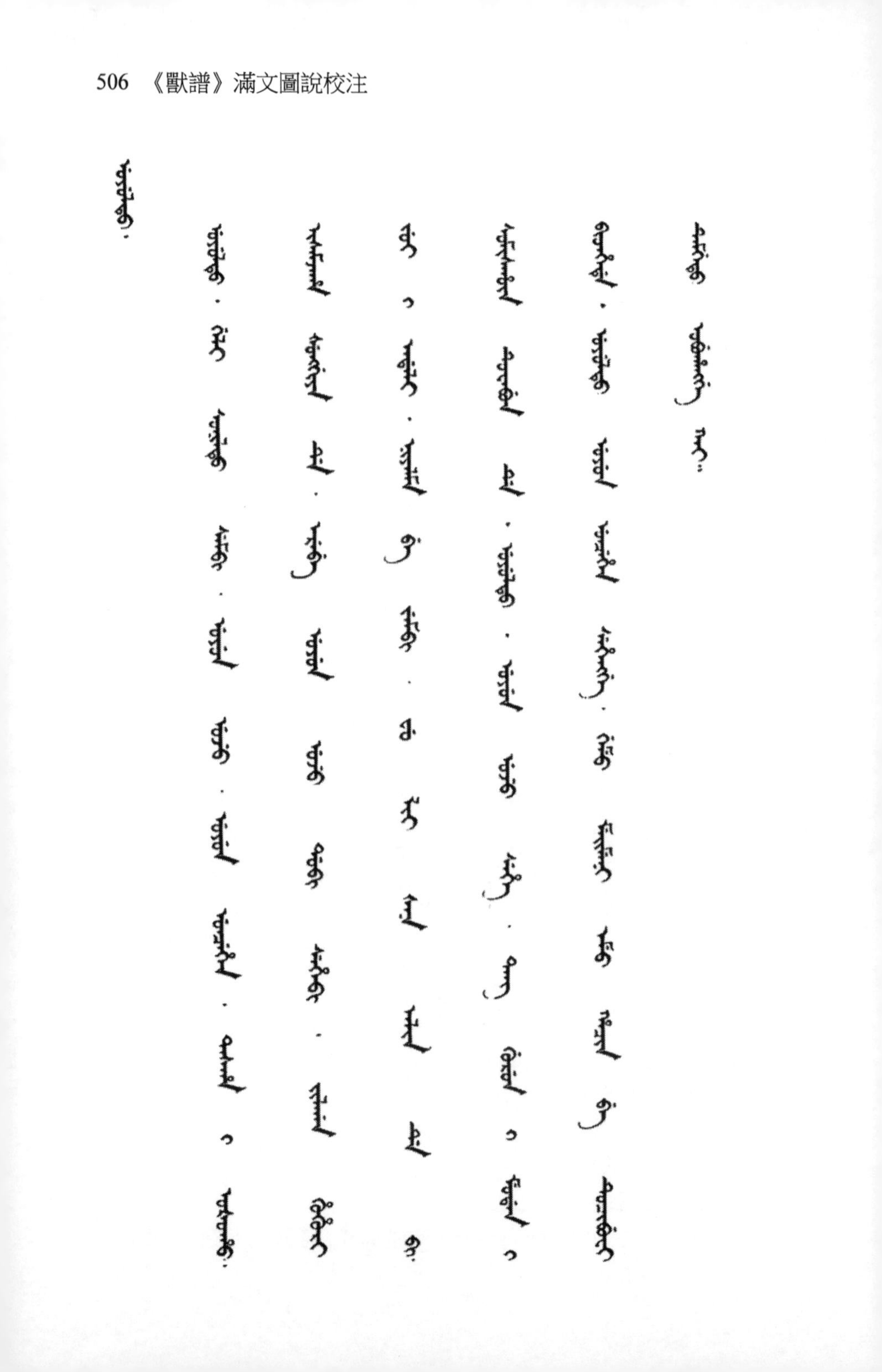

uyultu

uyultu. geli soniltu sembi. uyun uju, uyun uncehen, tasha i ošoho. isamjaha šunggiya de, erebe uyun uju dobi sehebi. jilgan huhuri jui i adali. niyalma be jembi. fu lii ša<u>n</u> alin de bi. somishūn tuwabun de, uyultu, uyun uju sehe. tang gurun i mudan i bithede, uyultu uyun uncehen sehengge, gemu meimeni emu hacin be tucibufi temgetu obuhangge kai.

蠪姪

蠪姪，或作蠪蛭[9]，一名螭蛭。九首九尾，虎爪。《駢雅》謂之九首狐。其音如嬰兒，是食人，凫麗之山有焉[10]。《元覽》云蠪姪九首，《唐韻》云蠪蛭九尾，各舉一以為例耳。

蠪侄

蠪侄，或作蠪蛭，一名螭蛭。九首九尾，虎爪。《骈雅》谓之九首狐。其音如婴儿，是食人，凫丽之山有焉。《元览》云蠪侄九首，《唐韵》云蠪蛭九尾，各举一以为例耳。

---

[9] 或作蠪蛭，原書未譯出滿文。

[10] 凫麗之山有焉，滿文讀作"fu lii ša<u>n</u> alin de bi"，意即「在凫麗山」。

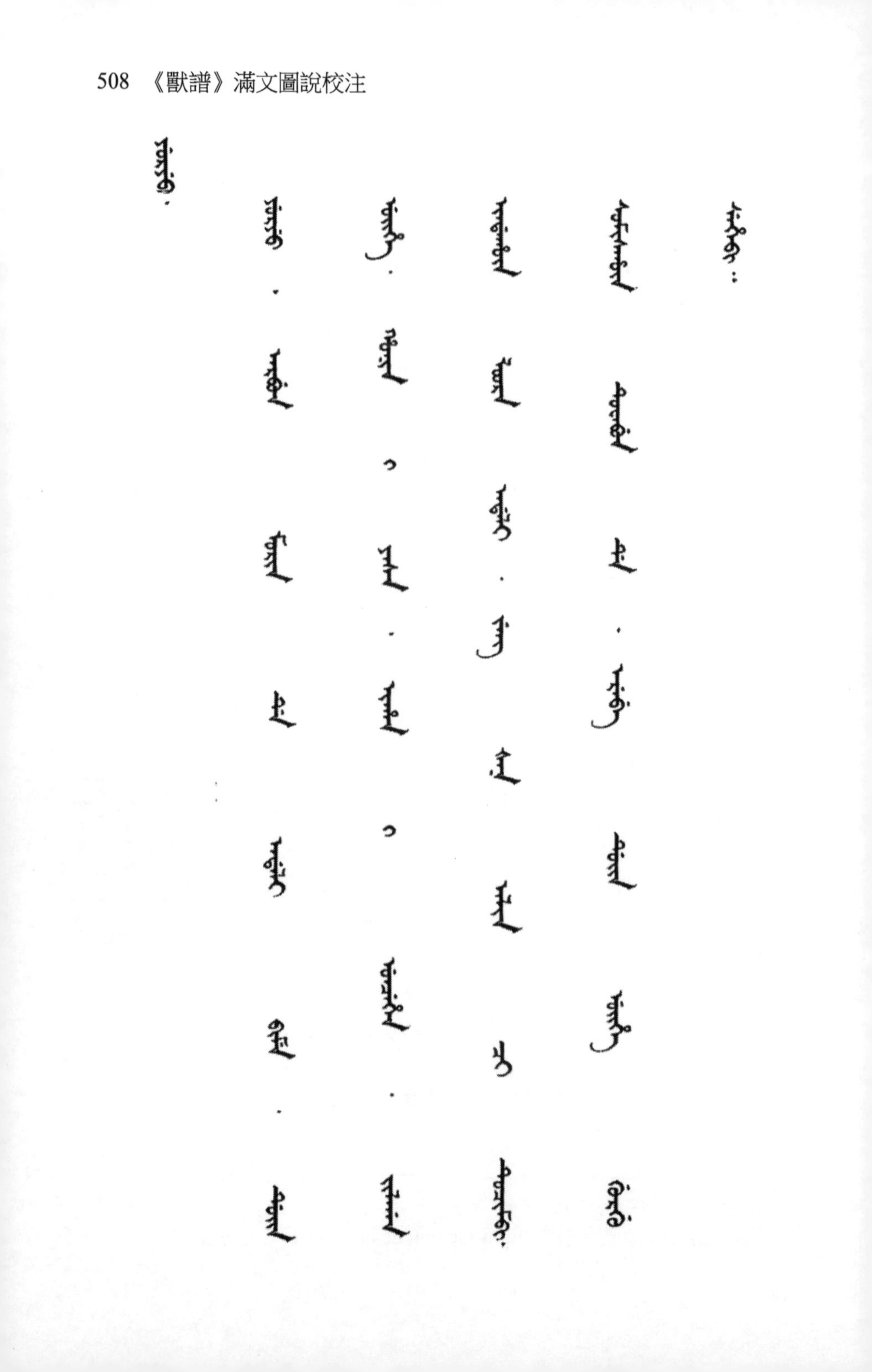

[illegible]

yuryu

yuryu, arbun morin de adali bime duin uihe. honin i yasa, ihan i uncehen, jilgan indahūn loora adali. jeng šan alin ci tucimbi. somishūn tuwabun de, erebe duin uihe gurgu sehebi.

狕狕

狕狕，狀如馬而四角，羊目，牛尾，音如獋狗，出硜山。《元覽》謂之四角獸。狕狕，亦作䮰䮰[11]。

狕狕

狕狕，状如马而四角，羊目，牛尾，音如獋狗，出硜山。《元览》谓之四角兽。狕狕，亦作䮰䮰。

---

[11] 狕狕，亦作䮰䮰，原書未譯出滿文。

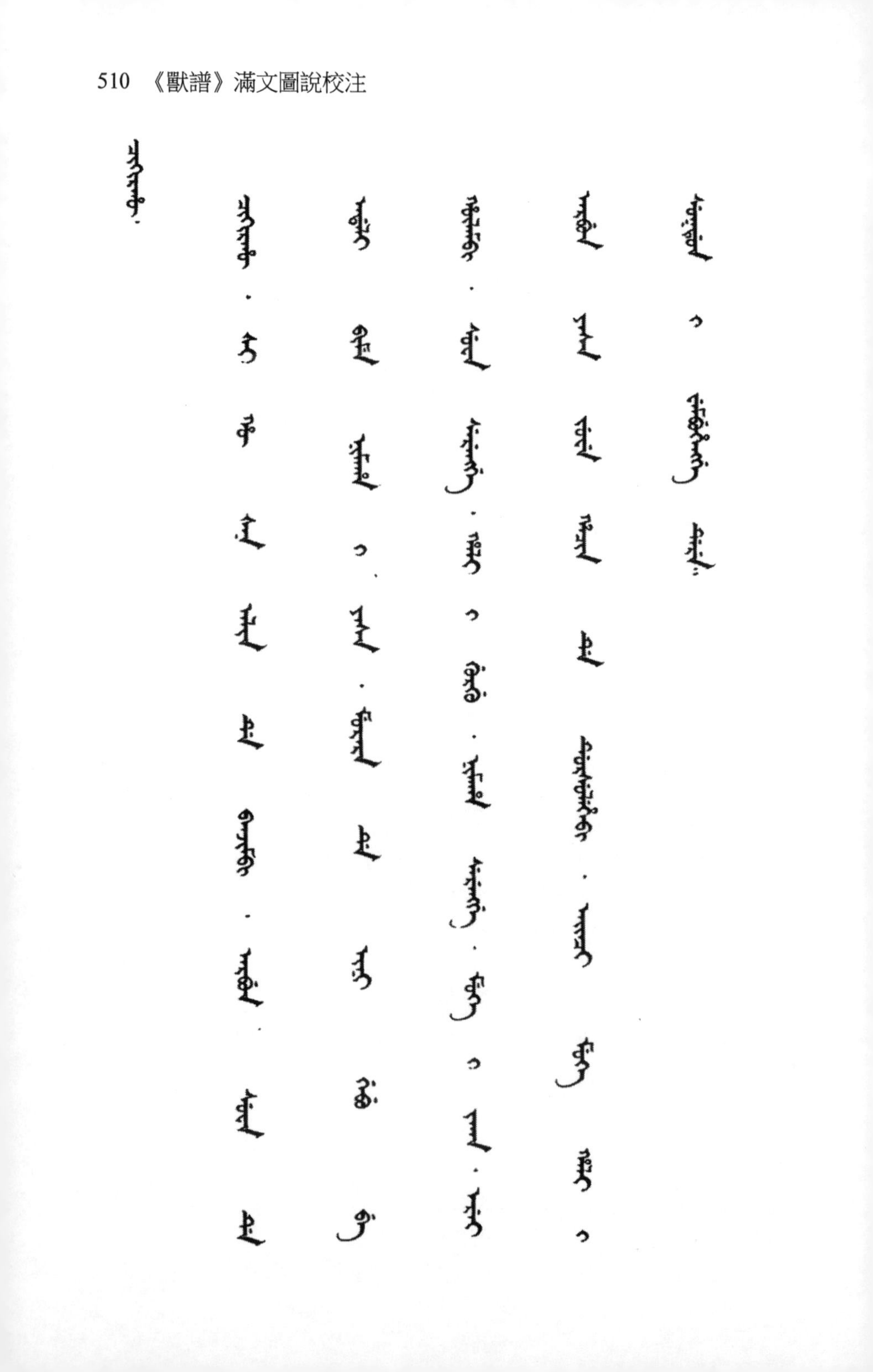

[illegible]

[illegible]

[illegible]

[illegible]

[illegible]

[illegible]

cikirhū

cikirhū, ši hū ša<u>n</u> alin de banjimbi, arbun suwa de adali bime nimaha i yasa, murara de ini gebu be hūlambi. suwa serengge, hali i gurgu, nimaha serengge, muke i jaka, erei arbun yasa juwe hacin de dursulehebi. ainci muke hali i sukdun i wembuhengge dere.

䍺胡

䍺胡，產尸胡之山。狀如麋而魚目[12]，其鳴自訆[13]。麋為澤獸，而魚水族，此形與目兼肖之，豈水澤之氣所育耶？

䍺胡

䍺胡，产尸胡之山。状如麋而鱼目，其鸣自訆。麋为泽兽，而鱼水族，此形与目兼肖之，岂水泽之气所育耶？

---

[12] 麋，滿文讀作"suwa"，意即「略黃的」，"suwa buhū"，意即「梅花鹿」。麋鹿，滿文讀作"mafuta buhū"，此作"suwa"，異。

[13] 其鳴自訆，滿文讀作"murara de ini gebu be hūlambi"，意即「鳴叫時呼其名」。

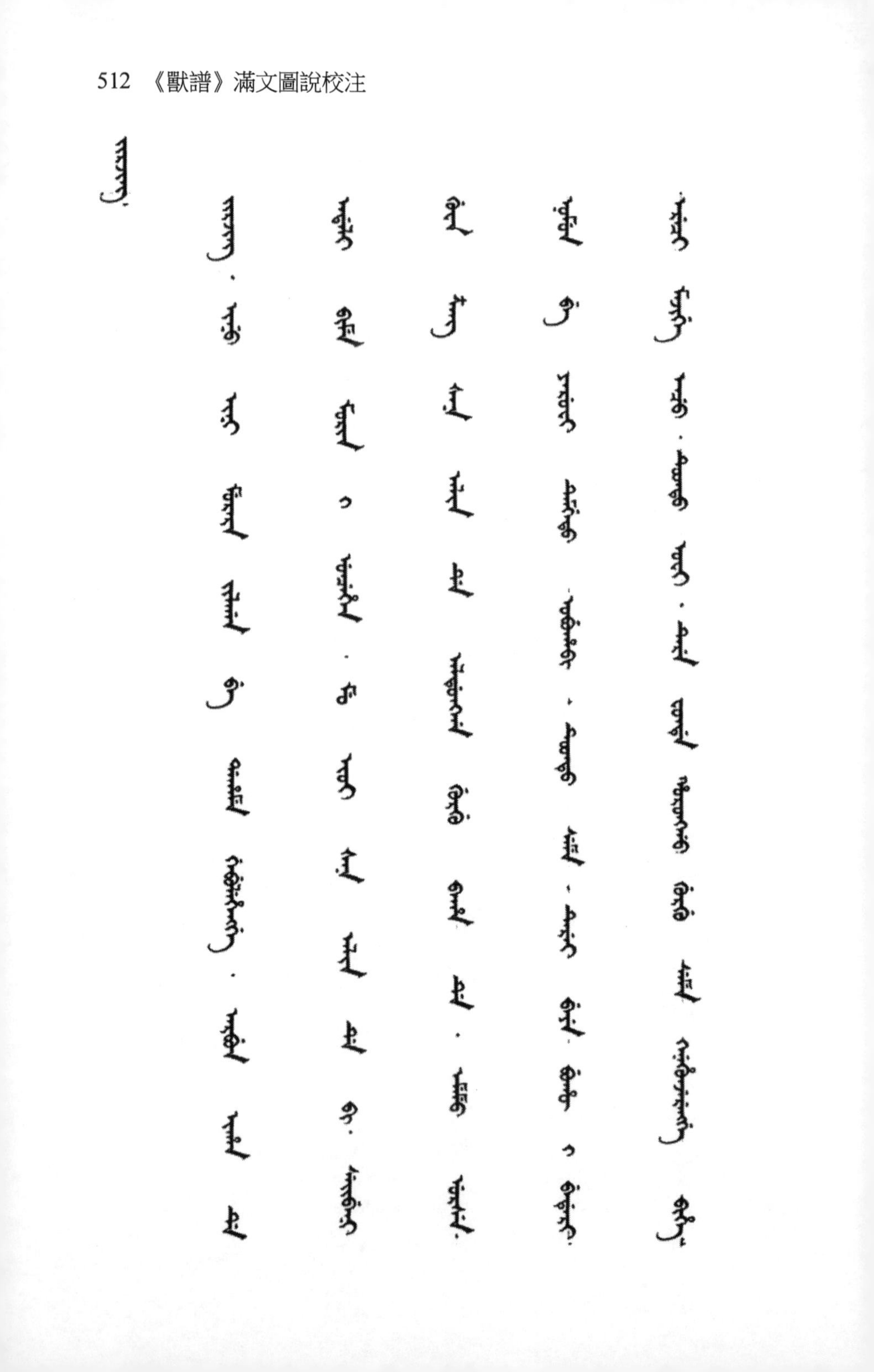

jirjing

jirjing, inu ini murara jilgan be dahame gebulehengge, arbun ihan de adali bime morin i uncehen, mu ioi šan alin de bi. seibeni guwa ts'ang šan alin de aldungga gurgu baha de, ememu urse, nomun be yarufi temgetu obuhabi. tuttu seme terei beye buhū i bederi, ereci majige encu, tuttu ofi, tere fonde horonggo gurgu seme kenehunjerengge bihe.

精精

精精，亦以其鳴名之者也。狀如牛而馬尾，踇隅之山有之[14]。昔括蒼山中有異獸，或引《經》為證。然彼身作鹿文，與此微異，故當時有疑為辟邪者。

精精

精精，亦以其鸣名之者也。状如牛而马尾，踇隅之山有之。昔括苍山中有异兽，或引《经》为证。然彼身作鹿文，与此微异，故当时有疑为辟邪者。

---

[14] 踇隅之山有之，滿文讀作"mu ioi šan alin de bi"，意即「在踇隅山」。

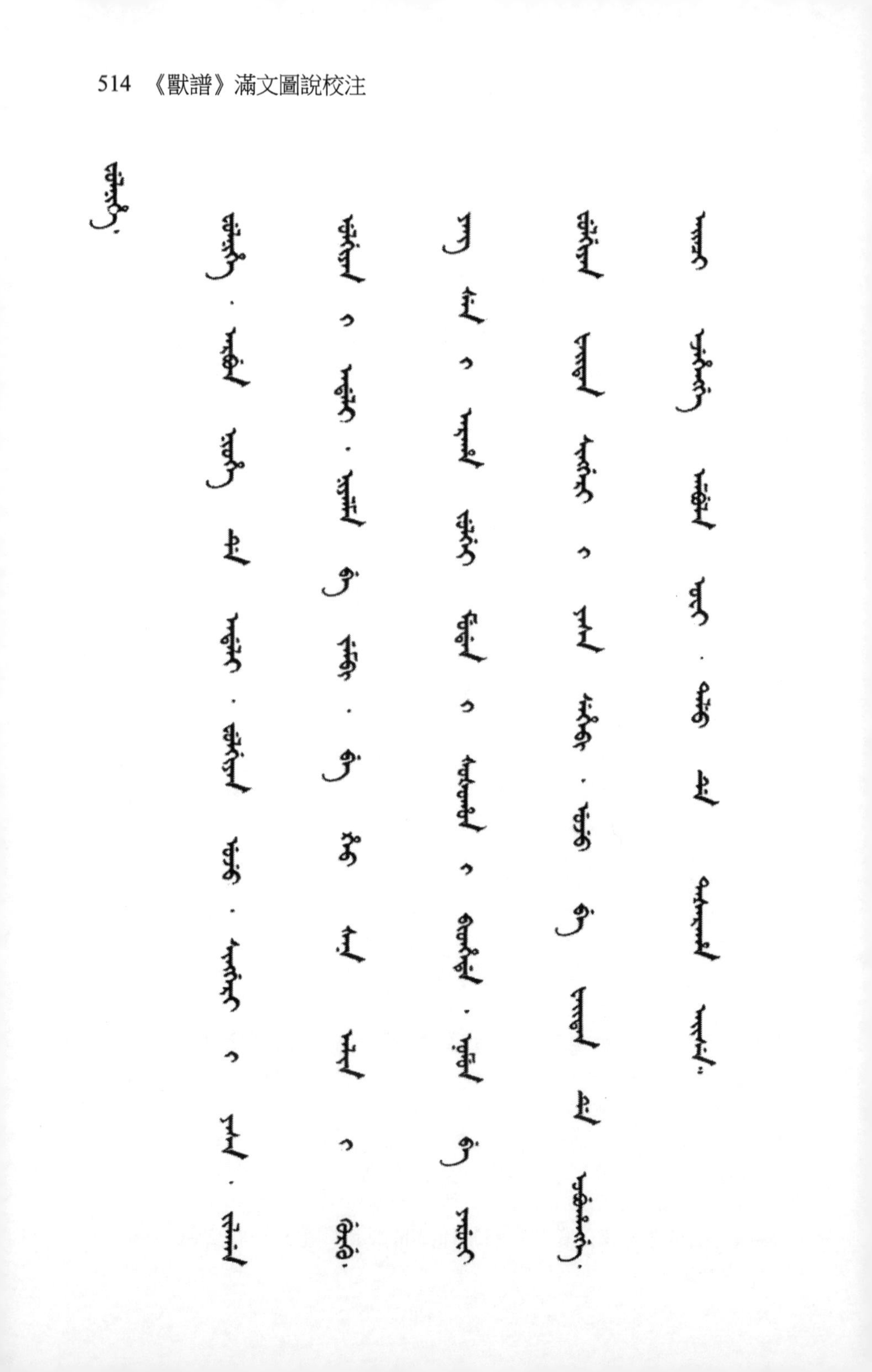

[illegible]

[illegible]

[illegible]

[illegible]

[illegible]

[illegible]

[illegible]

fulnihe

fulnihe, arbun niohe de adali, fulgiyan uju, singgeri i yasa, jilgan ulgiyan i adali, niyalma be jembi. be h'eo šan alin i gurgu, yang šen i araha julgei mudan i šošohon i bithede, nomun be yarufi fulgiyan faitan singgeri i yasa sehebi. uju be faitan de obuhangge, ainci ejehengge ambula ofi, talu de tašaraha aise.

猲狙

猲狙，狀如狼，赤首，鼠目，其音如豚，是食人。北號山之獸也。楊慎《古音略》引《經》云：赤眉鼠目。以首為眉，豈多識而偶誤耶[15]？

猲狙

猲狙，狀如狼，赤首，鼠目，其音如豚，是食人。北号山之兽也。杨慎《古音略》引《经》云：赤眉鼠目。以首为眉，岂多识而偶误耶？

---

[15] 豈多識而偶誤耶？滿文讀作"ainci ejehengge ambula ofi, talu de tašaraha aise"，意即「或因所記多而想必偶爾錯誤了吧！」

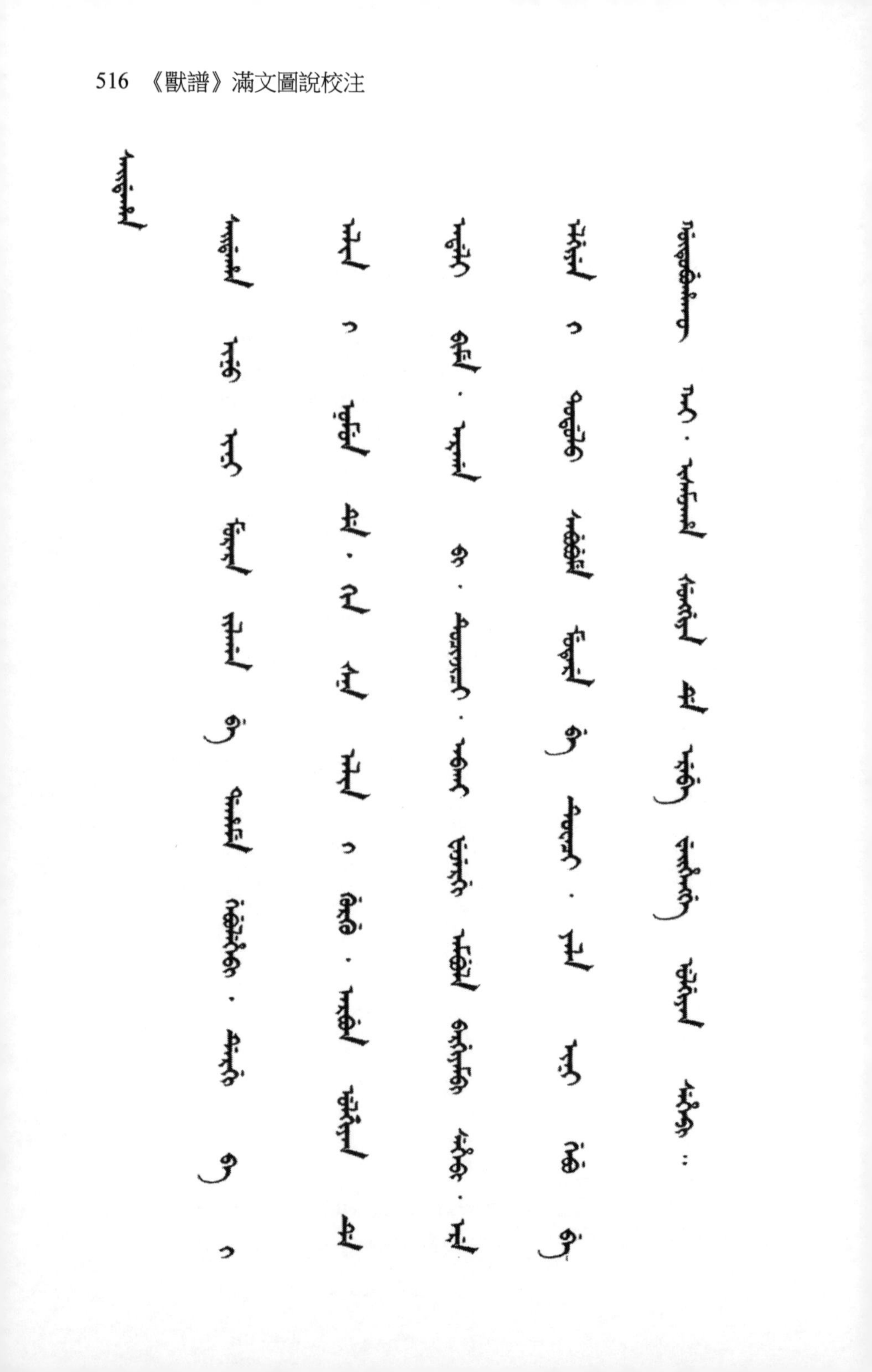

saidahan

saidahan, inu ini murara jilgan be dahame gebulehebi. dergi ba i alin i nomun de, kin šan̲ alin i gurgu, arbun ulgiyan de adali bime argan bi, tucinjici, abkai fejergi ambula bargiyambi sehebi. ere elgiyen i todolo sabubume mutere be tuwaci, yala ini gebu be gūtubuhakū kai. isamjaha šunggiya de, erebe weihengge ulgiyan sehebi.

當康

當康，亦其鳴聲也，遂以名之。或作當庚者，誤。[16]《東山經》云：欽山之獸，狀如豚而有牙[17]，見則天下大穰。是能兆豐，不愧其名矣。《駢雅》謂之牙豚。

当康

当康，亦其鸣声也，遂以名之。或作当庚者，误。《东山经》云：钦山之兽，状如豚而有牙，见则天下大穰。是能兆丰，不愧其名矣。《骈雅》谓之牙豚。

---

[16] 或作當庚者，誤。原書未譯出滿文。

[17] 狀如豚而有牙，滿文讀作 “arbun ulgiyan de adali bime argan bi”，意即「狀如豬而有獠牙」。

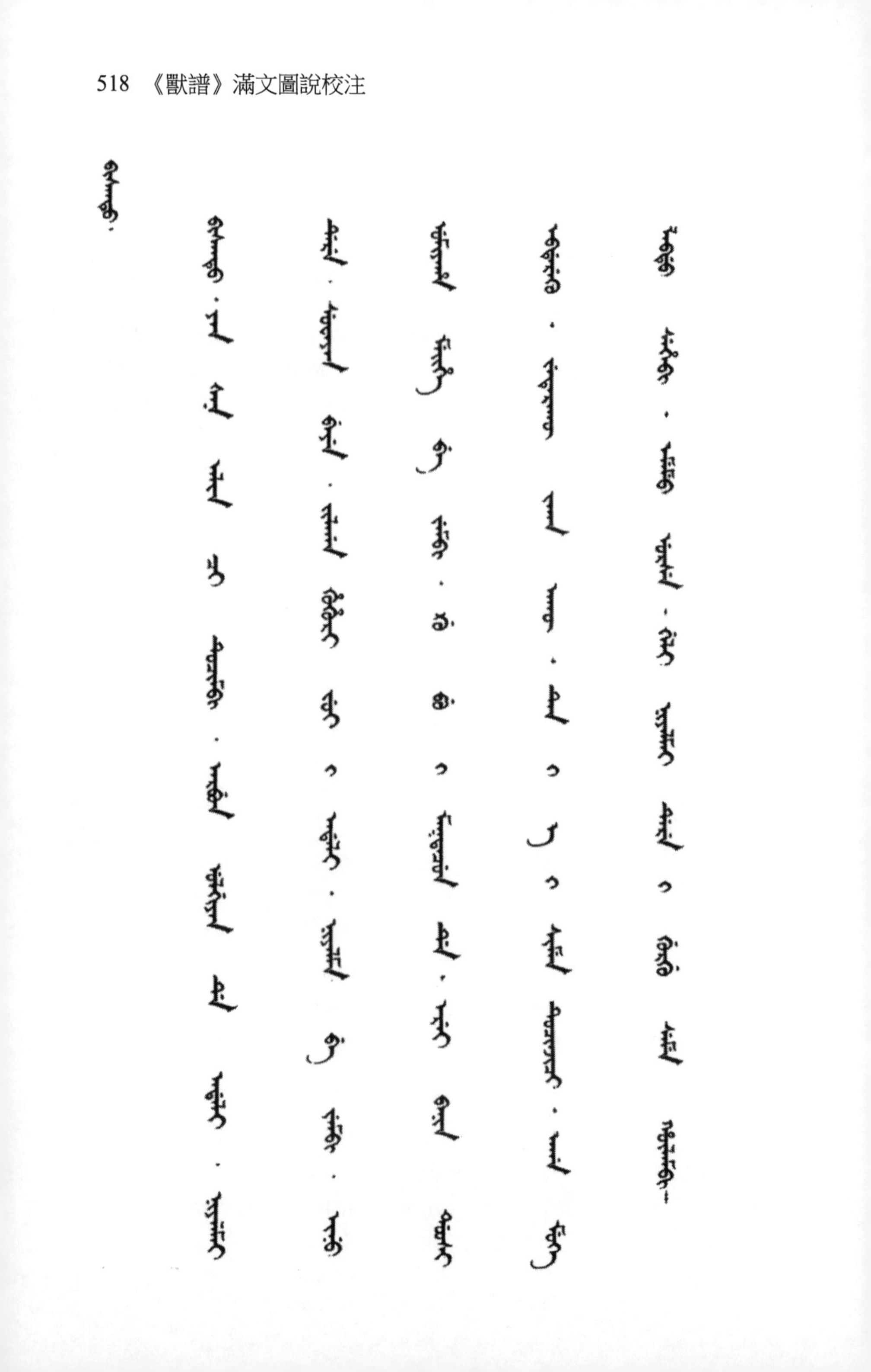

[illegible]

bisantu

bisantu, yan šan̲ alin ci tucimbi. arbun ulgiyan de adali, niyalmai dere, suwayan beye, jilgan huhuri jui i adali, niyalma be jembi. inu umiyaha meihe be jembi. g'o pu i maktacun de, erei banin doosi ebdereku, jeterakū jaka akū. ten i e i simen tucinjici, aga muke labdu sehebi. ememu urse, geli niyalmai dere i gurgu seme hūlambi.

合窳

合窳，出剡山。狀如彘[18]，人面黃身，音若嬰兒。食人，亦食蟲蛇。郭璞《贊》曰：厥性貪殘，物無不咀[19]。至陰之精，見則水雨[20]。或又呼為人面獸云。

合窳

合窳，出剡山。状如彘，人面黄身，音若婴儿。食人，亦食虫蛇。郭璞《赞》曰：厥性贪残，物无不咀。至阴之精，见则水雨。或又呼为人面兽云。

---

[18] 狀如彘，滿文讀作“arbun ulgiyan de adali”，意即「狀如猪」。

[19] 物無不咀，滿文讀作“jeterakū jaka akū”，意即「無物不吃」。

[20] 見則水雨，滿文讀作“tucinjici, aga muke labdu”，音即「見則雨水多」。

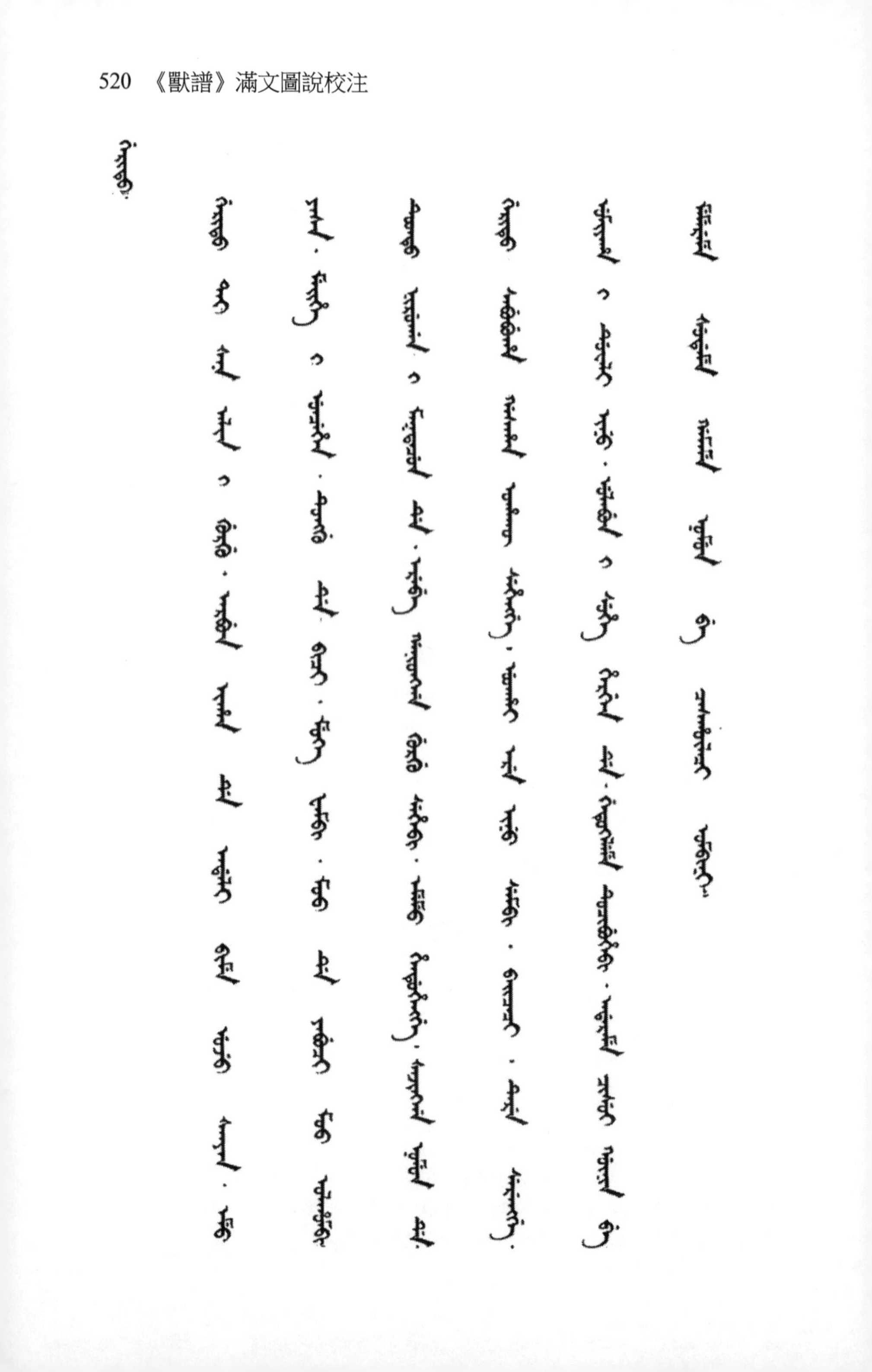

geritu

geritu, tai šan alin i gurgu, arbun ihan de adali bime uju šanyan, emu yasa, meihe i unceben, tunggu de bici, muke fambi, moo de yabuci moo olhombi. tuttu nirugan i maktacun de, erebe ganiongga gurgu sehebi. ememu henduhengge, šajingga nomun de, geritu sabubuha gashan ohakū sehengge. uthai ere inu sembi. baicaci, tere serengge umiyaha i duwali inu. ulabun i suhe hergen de getukeleme tucibuhebi. adarame cisui gūnin be memereme šudeme gamame nomun be cashūlaci ombini.

蜚

蜚，又作蟗[21]，泰山之獸。狀如牛而白首，一目，蛇尾。處淵則涸，行木則枯，故《圖贊》謂之災獸。或謂《春秋》有蜚不為災，即此。案：彼蜚為負蠜[22]，傳注自明，烏可逞其私智，穿鑿以誣《經》哉！

蜚

蜚，又作蟗，泰山之兽。状如牛而白首，一目，蛇尾。处渊则涸，行木则枯，故《图赞》谓之灾兽。或谓《春秋》有蜚不为灾，即此。案：彼蜚为负蠜，传注自明，乌可逞其私智，穿凿以诬《经》哉！

---

[21] 又作蟗，原書未譯出滿文。

[22] 彼蜚為負蠜，滿文讀作"tere serengge umiyaha i duwali inu"，意即「其為蟲類也」。

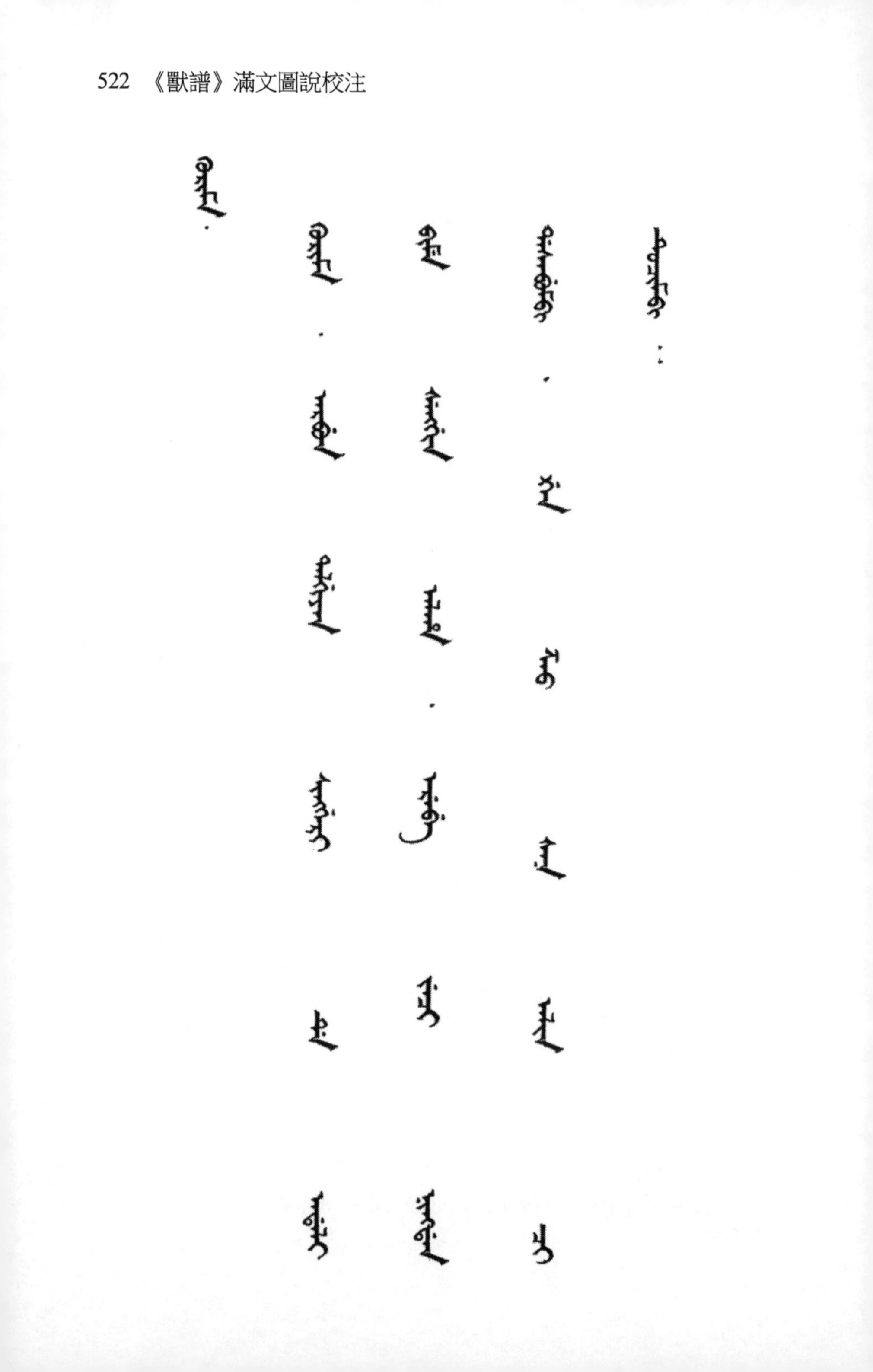

kurima

kurima, arbun talgiyan singgeri de adali bime šenggin alha, erebe jeci ningdan dasabumbi. g'an dzao sa<u>n</u> alin ci tucimbi.

䑏

䑏，狀似鼣鼠而文題[23]，食之已瘿[24]。出甘棗之山。鼣讀如朏字，亦或作朏。䑏讀如那，或作熊。《群書鈎元》謂古熊字作䑏，與䑏字相近，故又音熊[25]。

䑏

䑏，状似鼣鼠而文题，食之已瘿。出甘枣之山。鼣读如朏字，亦或作朏。䑏读如那，或作熊。《群书钩元》谓古熊字作䑏，与䑏字相近，故又音熊。

---

23 文題，滿文讀作"šenggin alha"，意即「花額」。

24 食之已瘿，滿文讀作"erebe jeci ningdan dasabumbi"，意即「食之則治甲狀腺腫」。

25 鼣讀如朏字，亦或作朏。䑏讀如那，或作熊。《群書鈎元》謂古熊字作䑏，與䑏字相近，故又音熊，原書未譯出滿文。

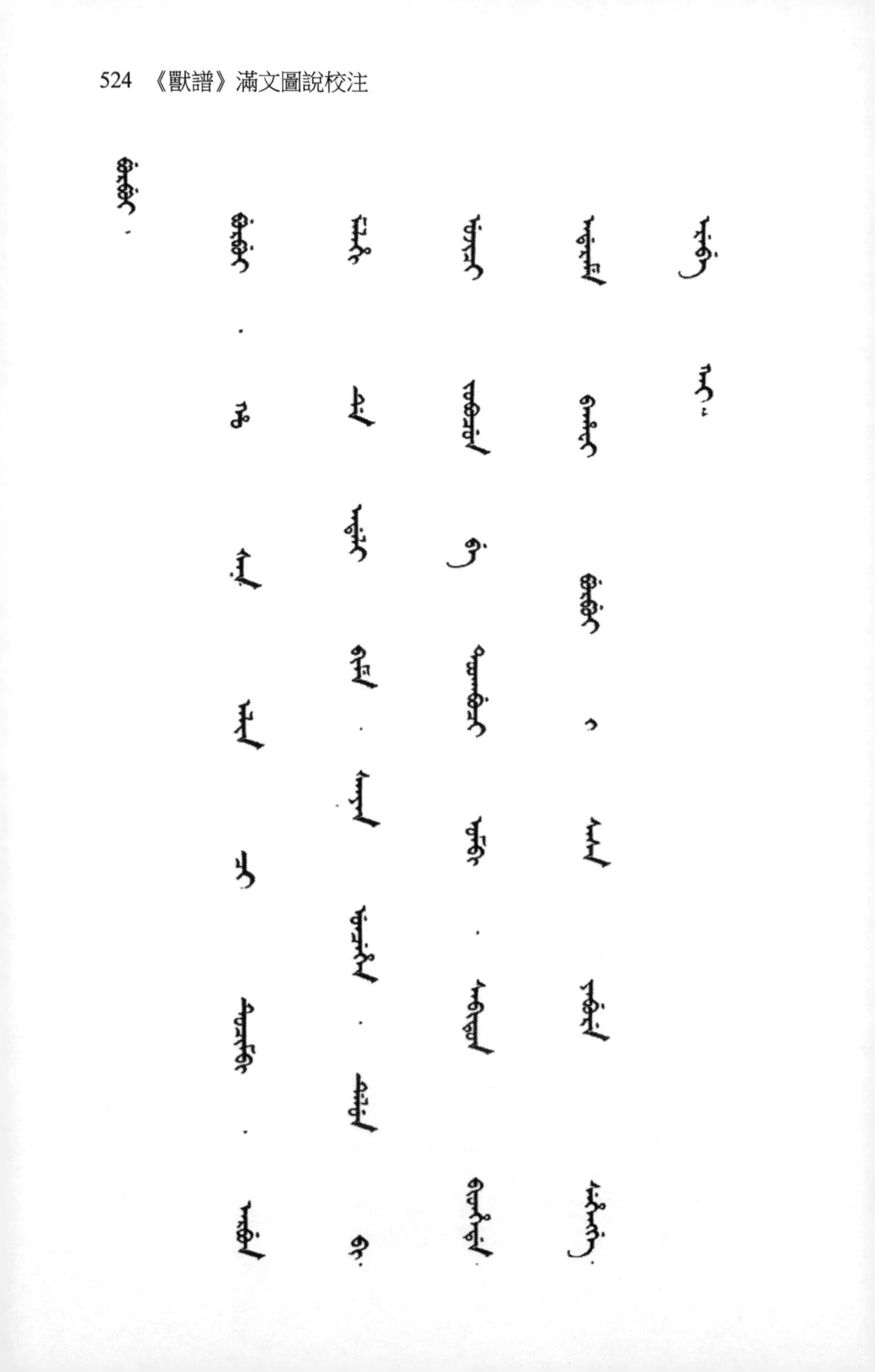

purpui

purpui, ho šan alin ci tucimbi. arbun malahi de adali bime šanyan uncehen, delun bi. ujici jobocun be tookabuci ombi. sabitun bithede, adarame bahafi purpui i sasa yabure sehengge, erebe kai.

朏朏

朏朏，出霍山。狀如貍而白尾[26]，有鬣。養之可以已憂[27]。《麟書》所云：安得朏朏與之遊者，是也。

朏朏

朏朏，出霍山。状如狸而白尾，有鬣。养之可以已忧。《麟书》所云：安得朏朏与之游者，是也。

---

[26] 狀如貍而白尾，句中「貍」滿文讀作"malahi"，意即「貍貓」，是一種山貓。

[27] 養之可以已憂，滿文讀作"ujici jobocun be tookabuci ombi"，意即「養之可以解憂」。

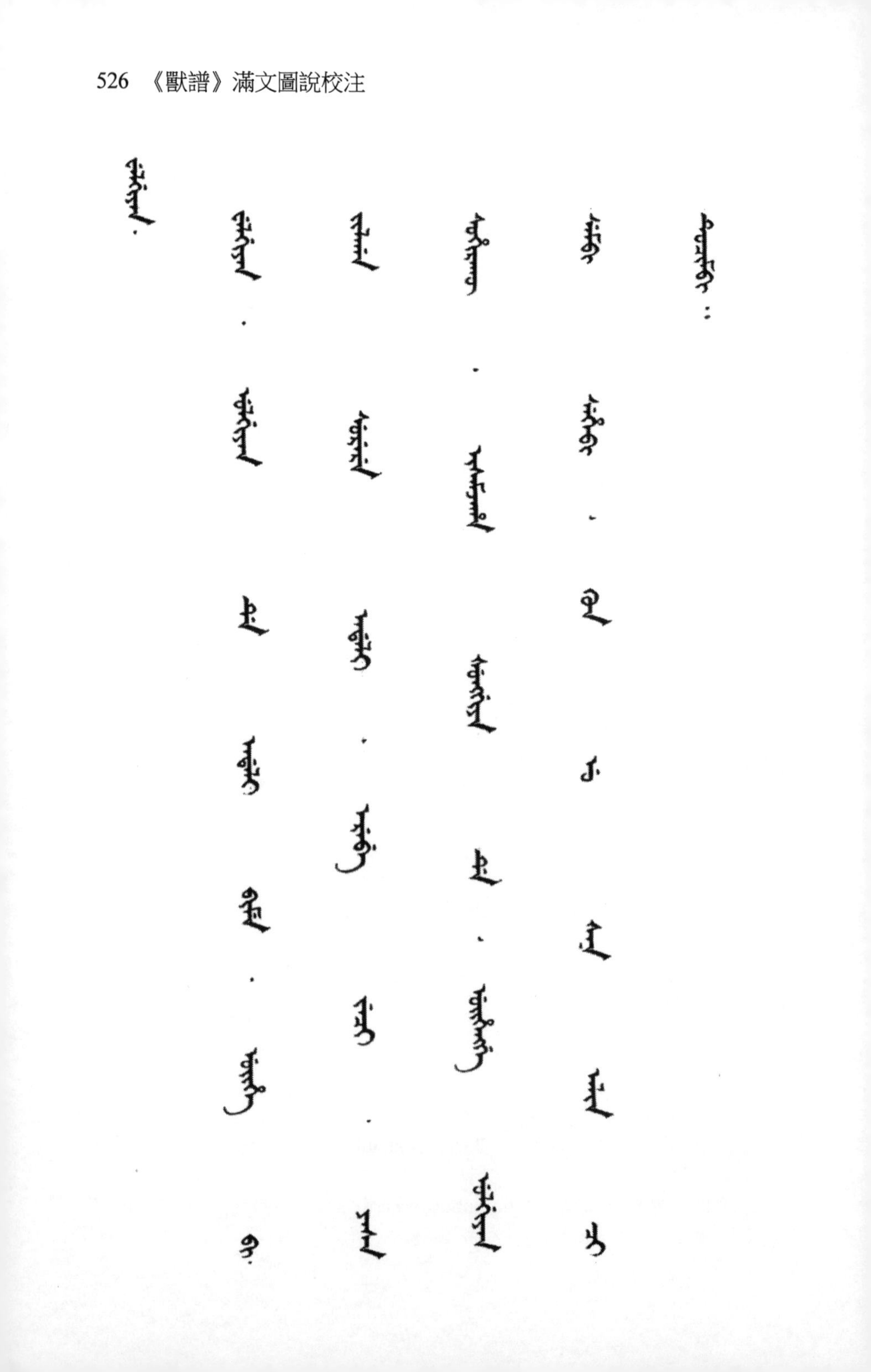

[illegible]

welgiyan

welgiyan, ulgiyan de adali bime uihe bi. jilgan surere adali. erebe jeci yasa sohirakū. isamjaha šunggiya de, uihengge ulgiyan sembi sehebi. kun u ša<u>n</u> alin ci tucimbi.

蠪蚳

蠪蚳，似彘而有角，其音如號，食之不眯[28]。《駢雅》謂之角彘[29]，出昆吾山。

蠪蚳

蠪蚳，似彘而有角，其音如号，食之不眯。《骈雅》谓之角彘，出昆吾山。

---

[28] 食之不眯，滿文讀作"erebe jeci yasa sohirakū"，意即「食之不眼眯」。
[29] 角彘，滿文讀作"uihengge ulgiyan"，意即「角猪」。

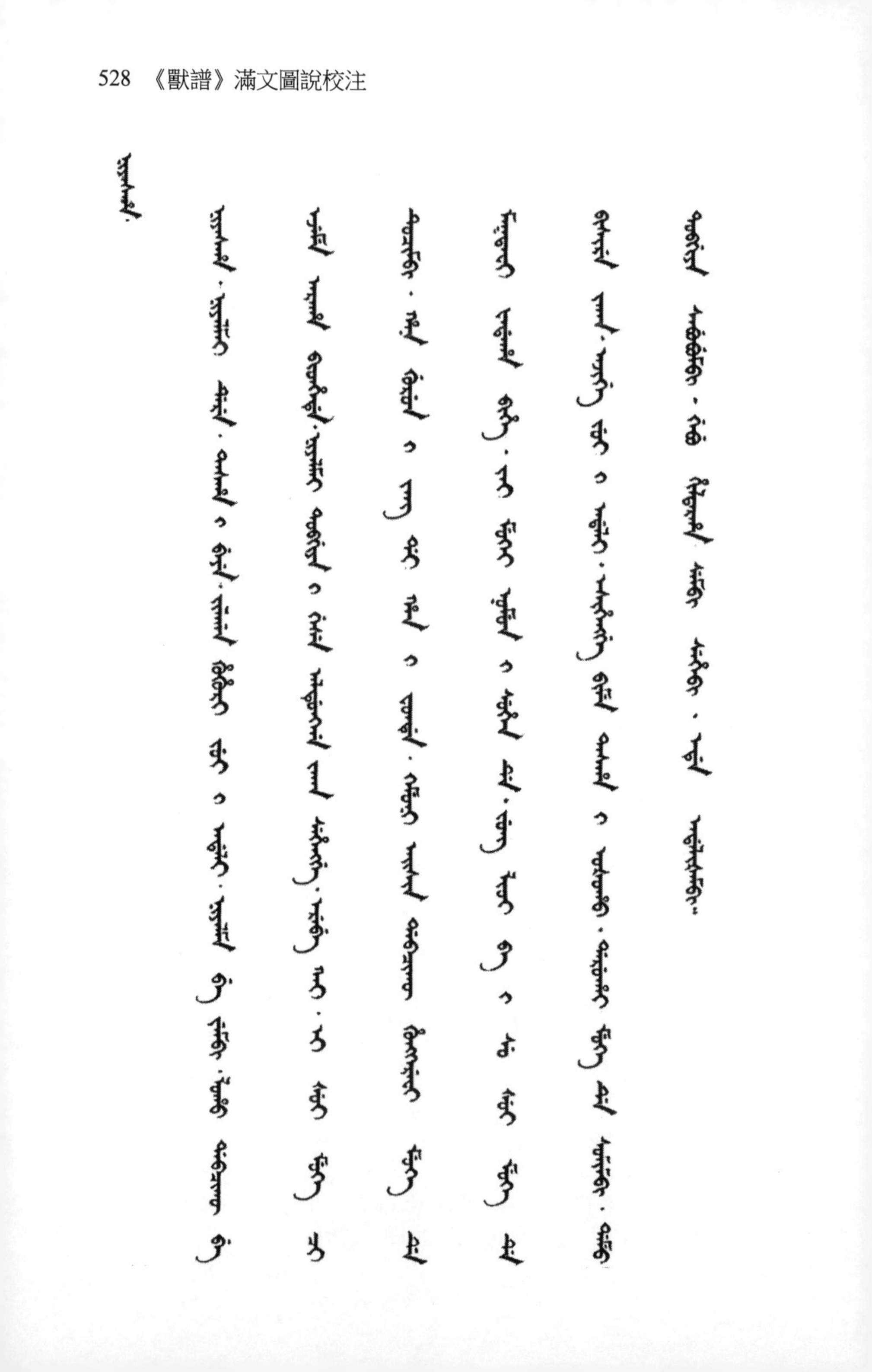

niyasha

niyasha, niyalmai dere, tasha i beye, jilgan huhuri jui i adali, niyalma be jembi. loho dabcikū be ejeme araha bithede, niyalmai tobgiya i gese aldungga jaka sehengge, erebe kai. i šui muke ci tucimbi. ha<u>n</u> gurun i jang di han i fonde, kemuni aisin dabcikū hungkerefi muke de maktafi fadaha bihe. jai mukei nomun i suhen de, jung lioi ba i su šui muke de bisire jaka, ajige jui i adali, esihengge bime tasha i ošoho, daruhai muke de somimbi. damu tobgiya sabubumbi. gebu hiltarha sembi sehebi. ede adališambi.

馬腹

馬腹，人面，虎身，音如嬰兒，是食人[30]。《刀劍錄》所謂人膝之怪也。出伊水中。漢章帝時，嘗鑄金劍投水以猒之。又《水經注》言：中廬涑水有物如小兒，鯪甲而虎掌[31]，常沒水中出膝[32]，名曰水唐，與此相類。

马腹

马腹，人面，虎身，音如婴儿，是食人。《刀剑录》所谓人膝之怪也。出伊水中。汉章帝时，尝铸金剑投水以猒之。又《水经注》言：中庐涑水有物如小儿，鲮甲而虎掌，常没水中出膝，名曰水唐，与此相类。

30 是食人，滿文讀作“niyalma be jembi”，意即「食人」。

31 虎掌，滿文讀作“tasha i ošoho”，意即「虎爪」。

32 常沒水中出膝，滿文讀作“daruhai muke de somimbi, damu tobgiya sabubumbi”，意即「常藏沒水中，只現出膝蓋」。

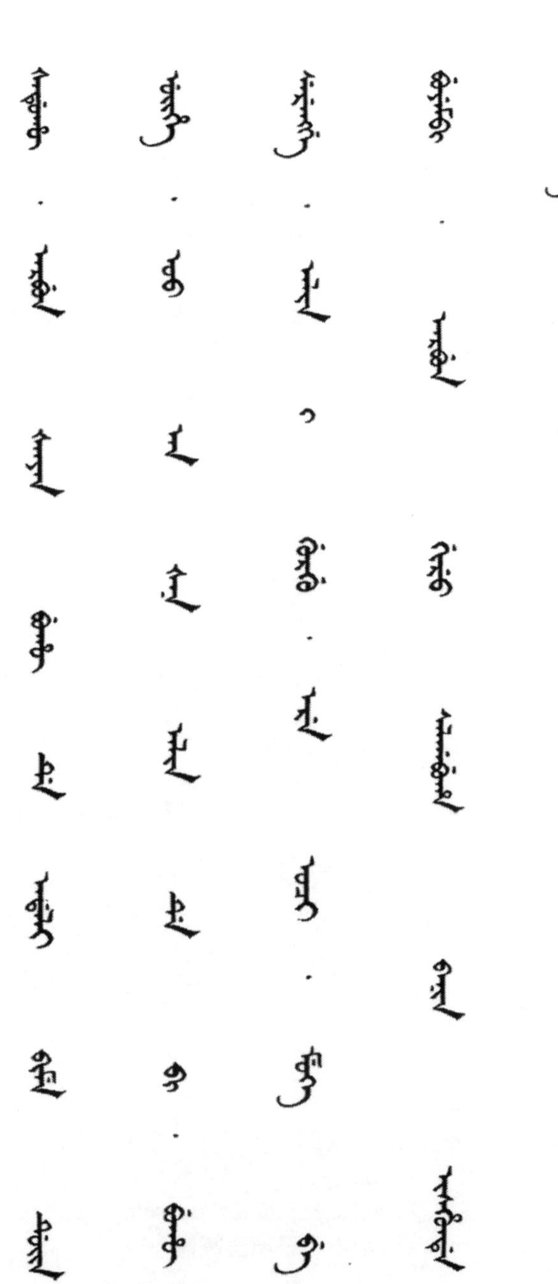

šaduhū

šaduhū, arbun šanyan buhū de adali bime duin uihe. oo an šaṉ alin de bi. buhū serengge, alin i gurgu, ere oci, muke be buyembi. arbun giru salgabuha banin ishunde jurcenjehengge ainu ni.

夫諸

夫諸，《元覽》作夫䴢[33]。形如白鹿而四角。敖�之山有之[34]。鹿，山畜[35]，而此喜水，何稟形賦性之不相肖耶？

夫诸

夫诸，《元览》作夫䴢。形如白鹿而四角。敖岸之山有之。鹿，山畜，而此喜水，何禀形赋性之不相肖耶？

---

[33] 《元覽》作夫䴢，原書未譯出滿文。

[34] 敖岸之山有之，滿文讀作“oo an šaṉ alin de bi”，意即「在敖岸之山」。

[35] 山畜，滿文讀作“alin i gurgu”，意即「山獸」。

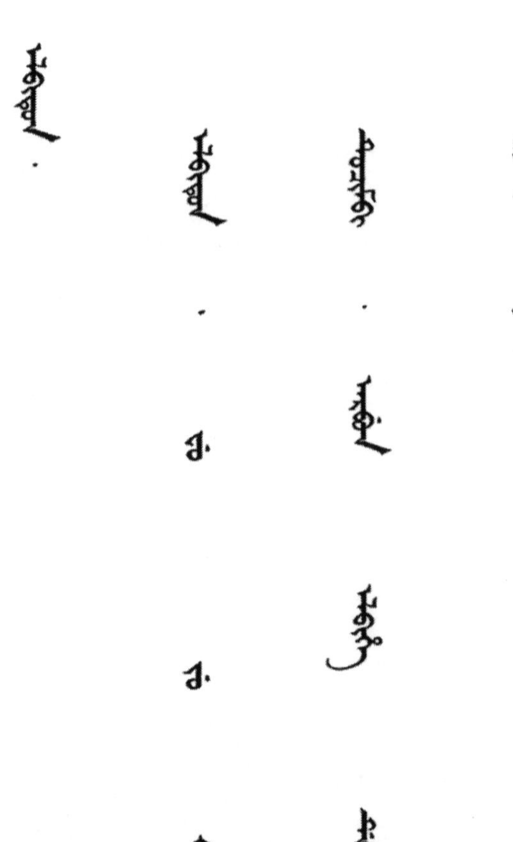

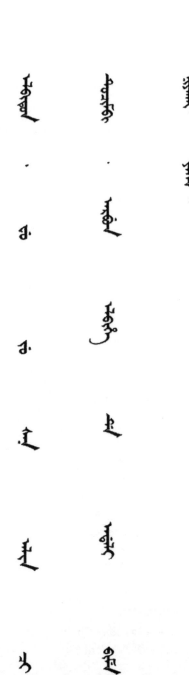

elbitun

elbitun, fu ju šan̲ alin ci tucimbi. arbun elbihe de adali bime niyalmai yasa.

䴞

䴞，出扶豬山中。狀似貉而人目。郭璞曰：貉或作貈，古字也。䴞音如銀，作麎者非是。

䴞

䴞，出扶猪山中。状似貉而人目。郭璞曰：貉或作貈，古字也。䴞音如银，作麎者非是[36]。

---

[36]郭璞曰：貉或作 貈 古字也。䴞音如銀，作麎者非是，原書未譯出滿文。

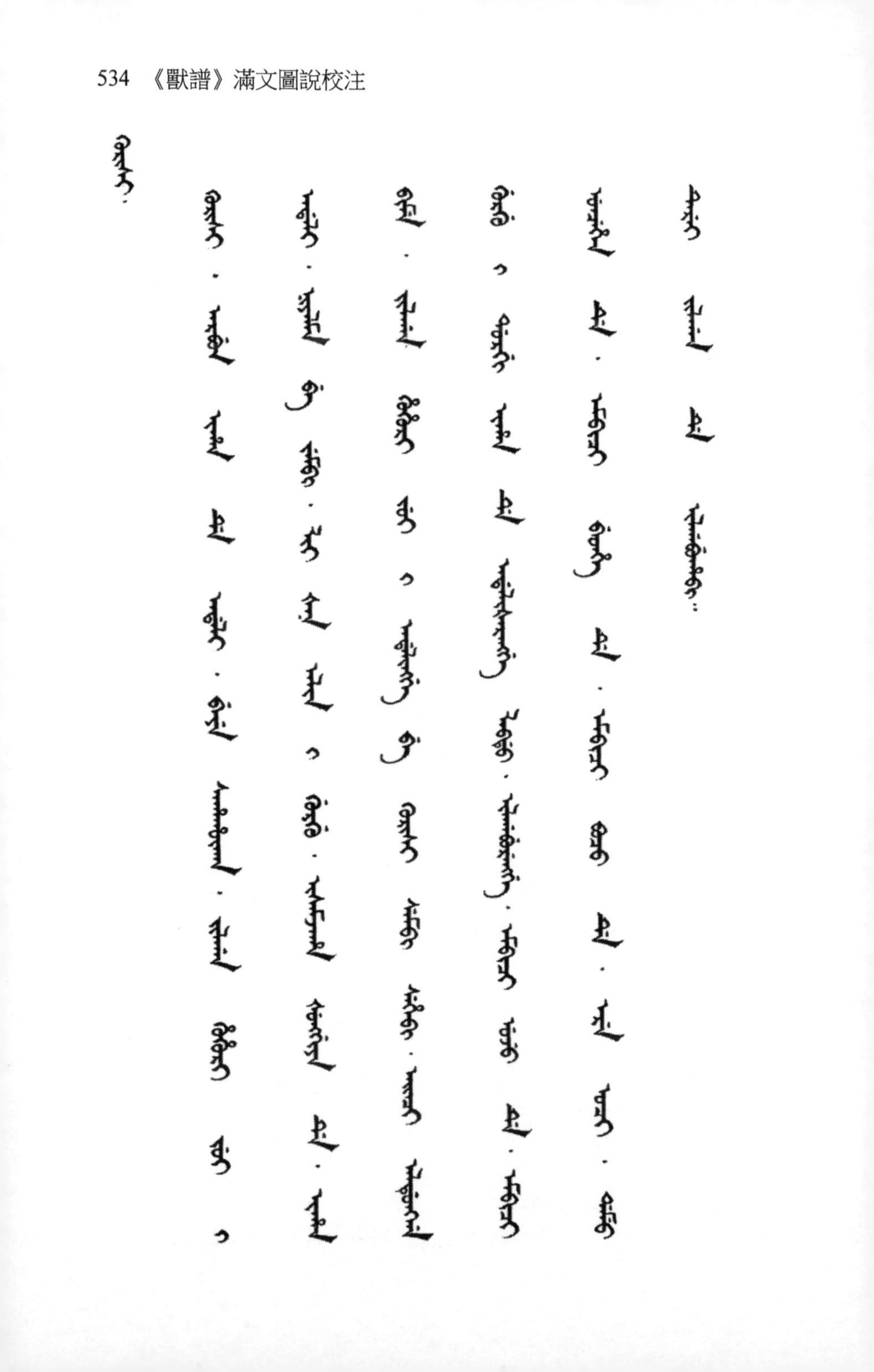

kurisi

kurisi, arbun ihan de adali, beye sahahūkan, jilgan huhuri jui i adali, niyalma be jembi. lii šan̲ alin i gurgu. isamjaha šunggiya de, ihan bime jilgan huhuri jui i adalingge be kurisi sembi sehebi. ainci aldungga gurgu i dorgi ihan de adališarangge labdu. ilgaburengge, embici uju de, embici uncehen de, embici bethe de, embici boco de, ere oci, damu terei jilgan de ilgabuhabi.

犀渠

犀渠，狀如牛，蒼身，其音如嬰兒，是食人。釐山之獸也。《駢雅》云：牛音如嬰兒，曰犀渠[37]。蓋異獸之似牛者多，辨之者或以首，或以尾，或以足，或以文，此則專以其音耳。

犀渠

犀渠，状如牛，苍身，其音如婴儿，是食人。厘山之兽也。《骈雅》云：牛音如婴儿，曰犀渠。盖异兽之似牛者多，辨之者或以首，或以尾，或以足，或以文，此则专以其音耳。

---

37 牛音如嬰兒曰犀渠，滿文讀作"ihan bime jilgan huhuri jui i adalingge be kurisi sembi"，意即「牛而音如嬰兒者稱為犀渠」。

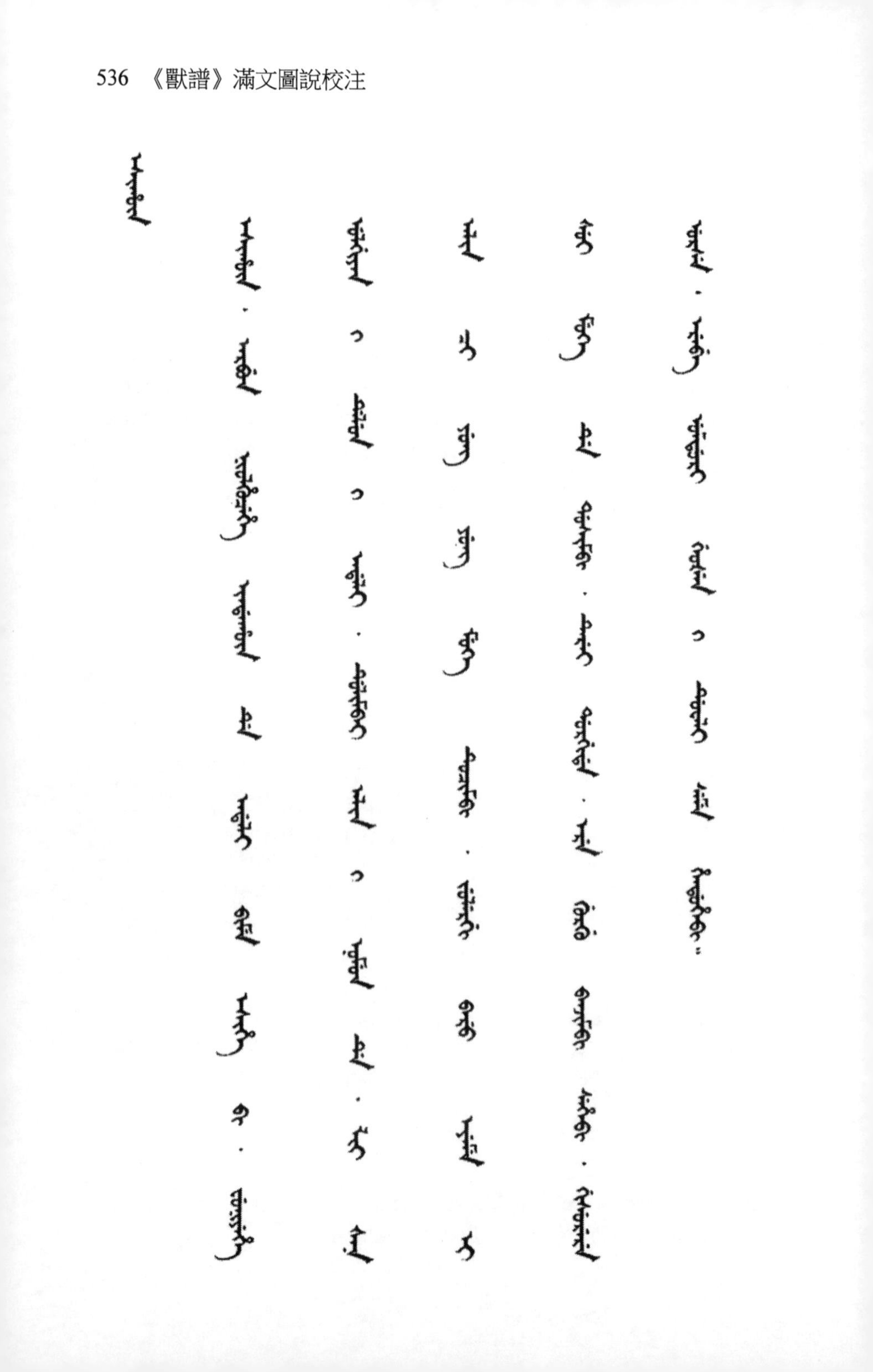

[illegible]

esihūn

esihūn, arbun niolhucehe indahūn de adali bime esihe bi. funiyehe ulgiyan i delun i adali, dulimbai alin i nomun de, lii šan alin ci yung yung muke tucimbi. julergi baru eyeme i šui muke de dosimbi. terei dorgide, ere gurgu banjimbi sehebi. gisurere urse, erebe umduri geošen i duwali seme henduhebi.

⿰犭頡

⿰犭頡，狀如獳犬而有鱗[38]，其毛如彘鬣。《中山經》云：釐山，滽滽之水出焉，南流注於伊水，實產是獸。說者謂即水烏龍、骨豽之類。

⿰犭頡

⿰犭頡，状如獳犬而有鳞，其毛如彘鬣。《中山经》云：厘山，滽滽之水出焉，南流注于伊水，实产是兽。说者谓即水乌龙、骨豽之类。

[38] 獳犬，滿文讀作"niolhucehe indahūn"，意即「怒犬」。

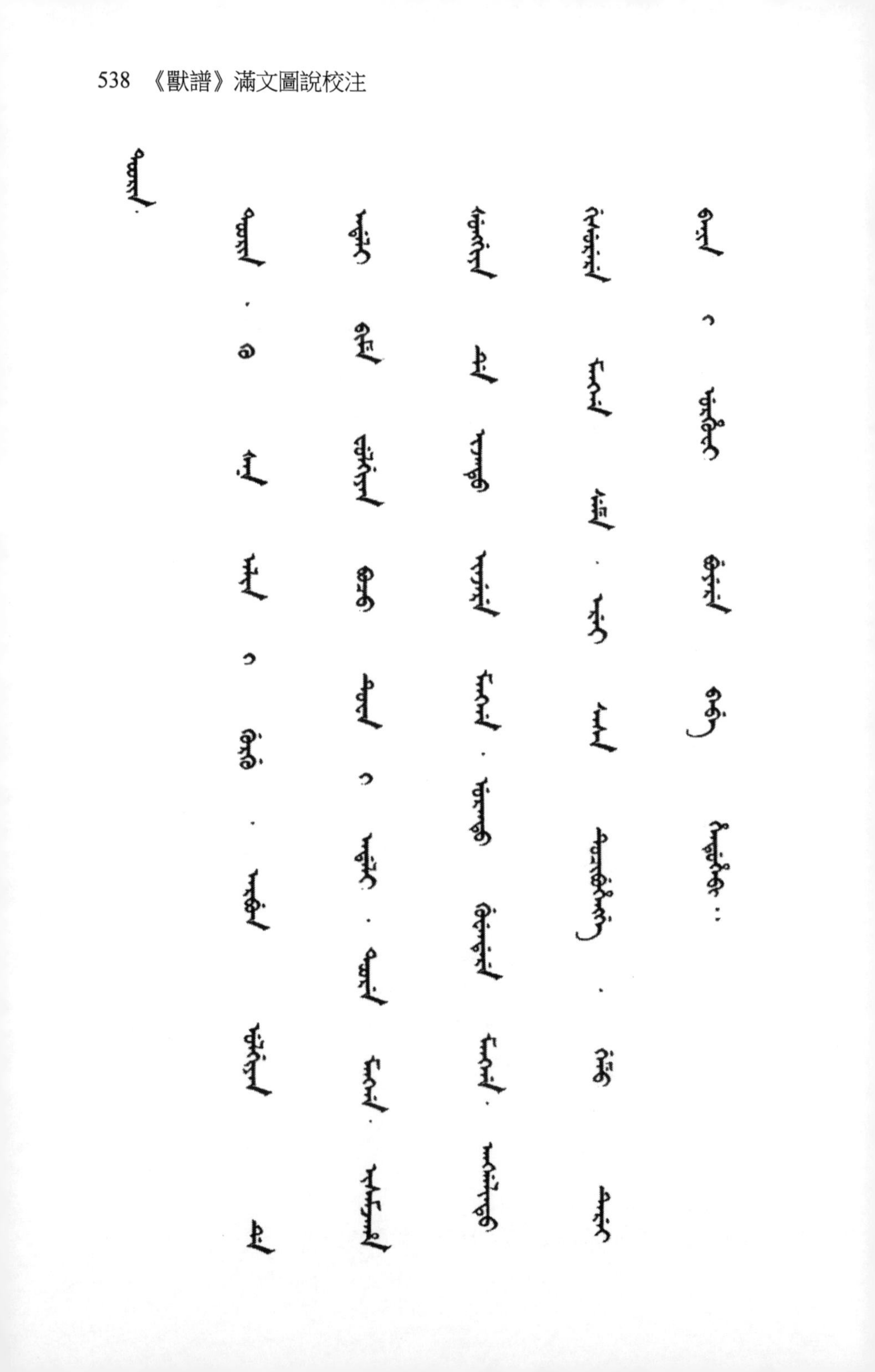

[illegible]

[illegible]

[illegible]

[illegible]

[illegible]

[illegible]

toorin

toorin, ku šan alin i gurgu. arbun ulgiyan de adali bime fulgiyan boco tuwa i adali, toore mangga. isamjaha šunggiya de, ijantu injere mangga, urantu guwendere mangga, anggalintu gisurere mangga seme, erei sasa tucibuhengge, gemu terei banin i urhufi buyere babe henduhebi.

山膏

山膏，苦山之獸也。狀如豚而赤色，若丹火[39]，善詈。《駢雅》與顭巨善笑、蒲牢善鳴、山繅善語同稱，皆以其性之偏嗜耳。

山膏

山膏，苦山之兽也。状如豚而赤色，若丹火，善詈。《骈雅》与顭巨善笑、蒲牢善鸣、山缫善语同称，皆以其性之偏嗜耳。

---

[39] 若丹火，滿文讀作"tuwa i adali"，意即「如火」。

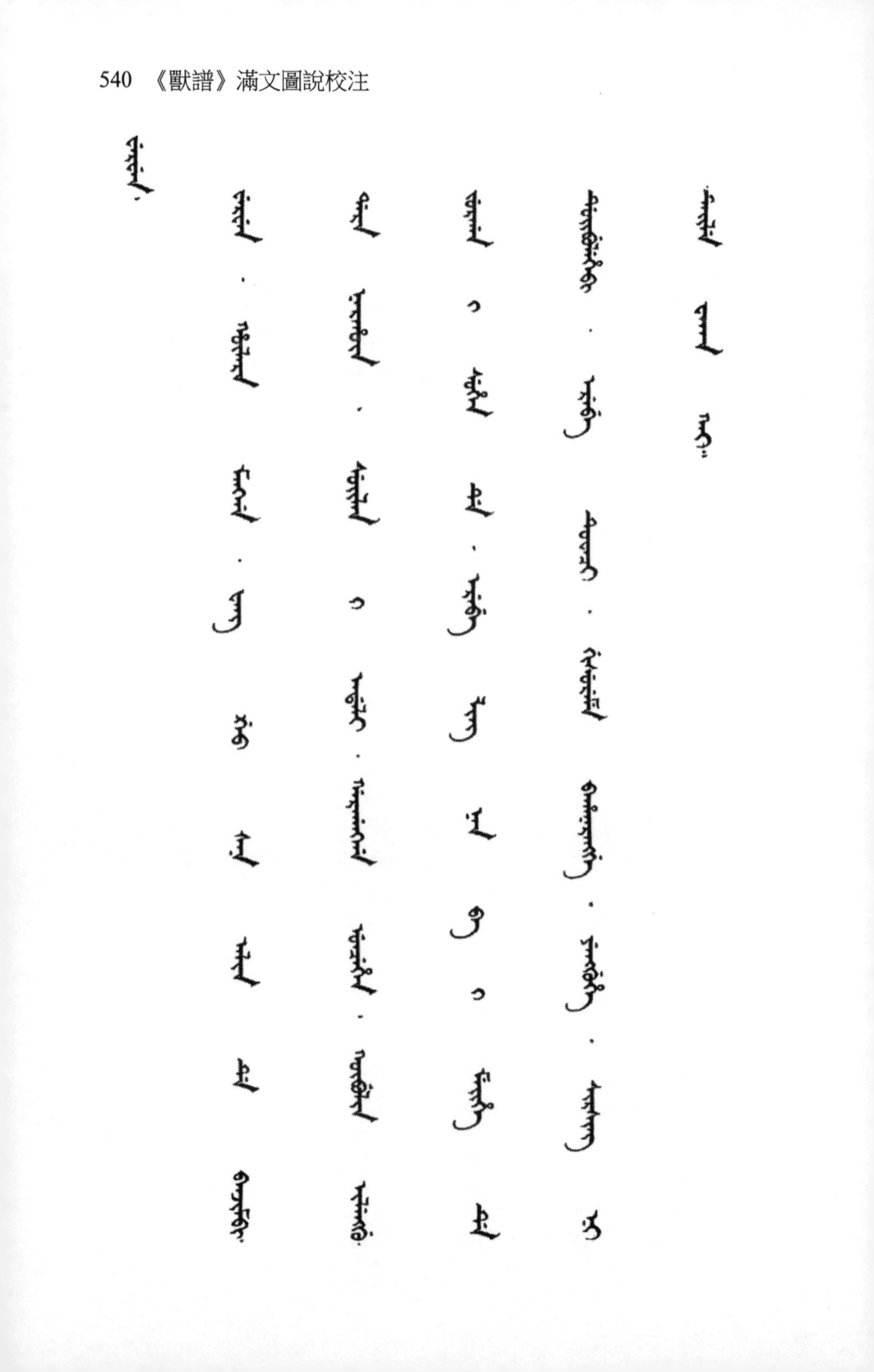

[illegible]

werwen

werwen, hūlara mangga. fang g'ao šan alin de banjimbi. dara narhūn, suilan i adali, gargangga uncehen, kūbulin ilenggu. jurgan i suhen de, erebe ling nan ba i meihe de duibulehebi. erebe tuwaci, gisureme bahanarangge, yengguhe, sirsing ni teile waka kai.

文文

文文，善呼。生放臯山中。細腰如蜂[40]，枝尾而反舌。《釋義》以比嶺南之蛇，是能言不獨鸚鵡、猩猩矣。

文文

文文，善呼。生放臯山中。细腰如蜂，枝尾而反舌。《释义》以比岭南之蛇，是能言不独鹦鹉、猩猩矣。

---

[40] 細腰如蜂，句中「蜂」，滿文讀作“suilan”，意即「大馬蜂」。

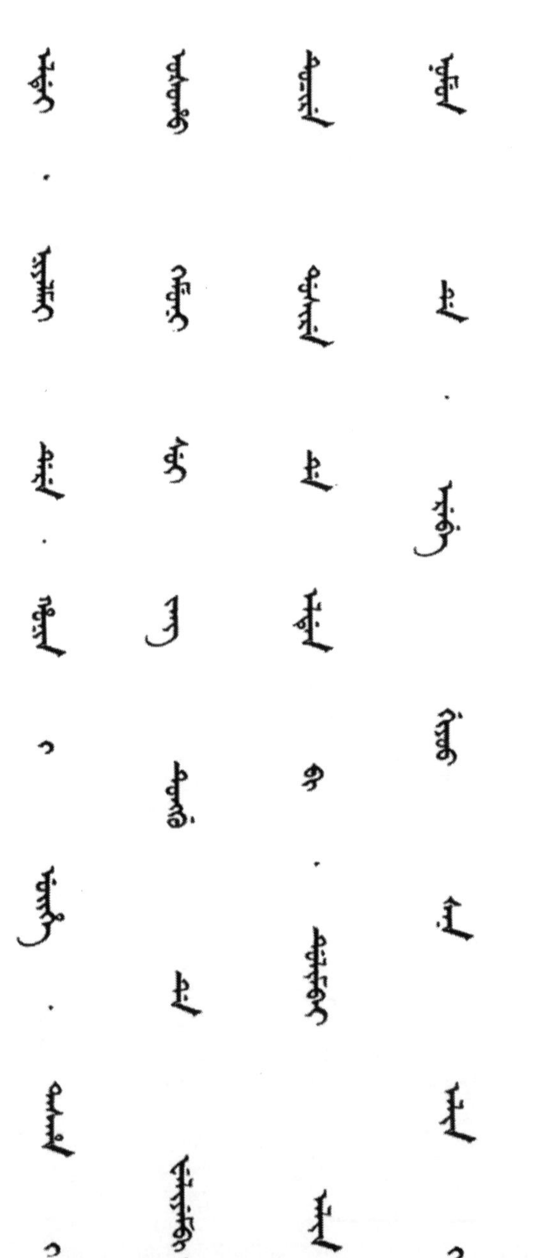

eldei

eldei, niyalmai dere, honin i uihe, tasha i ošoho, kemuni sui jang tunggu de feliyembi. tucire dosire de elden bi. dulimbai alin nomun de, erebe giyoo šan alin i enduri sehebi.

驫䎧

驫䎧，人面，羊角，虎爪。恒遊於睢漳之淵，出入有光。《中山經》云：驕山之神也。《注》云：驫，音鼉[41]。

驫围

驫围，人面，羊角，虎爪。恒游于睢漳之渊，出入有光。《中山经》云：骄山之神也。《注》云：驫，音鼉。

---

[41] 《注》云：驫，音鼉，原書未譯出滿文。

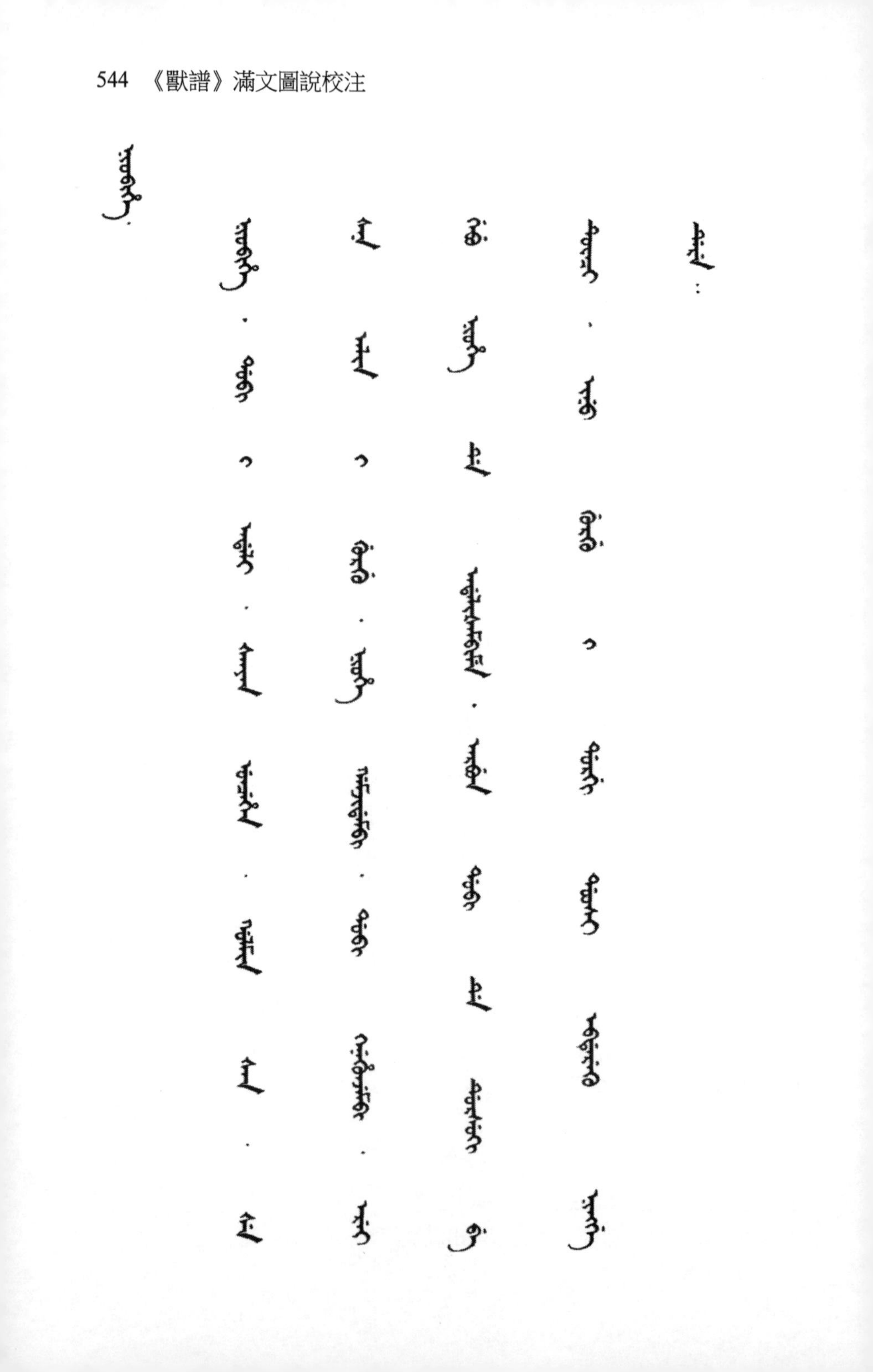

[illegible]

niobihe

niobihe, dobi i adali. šanyan uncehen, golmin šan. še šan alin i gurgu. niohe gamjidambi, dobi kenehujembi. erei gebu niohe de adališambime, arbun dobi de dursuki be tuwaci, inu gurgu i dorgi doosi ebdereku ningge dere.

狏狼

狏狼，狐屬，白尾，長耳。蛇山之獸也。狼戾而狐疑[42]，此乃名同形似[43]，殆亦獸之貪賊者歟？

狏狼

狏狼，狐属，白尾，长耳。蛇山之兽也。狼戾而狐疑，此乃名同形似，殆亦兽之贪贼者欤？

---

[42] 狼戾而狐疑，滿文讀作"niohe gamjidambi, dobi kenehunjembi"，意即「狼貪狐疑」。

[43] 此乃名同形似，滿文讀作"erei gebu niohe de adališambime, arbun dobi de dursuki be tuwaci"，意即「看起來其名與狼相同，而形狀與狐相似」。

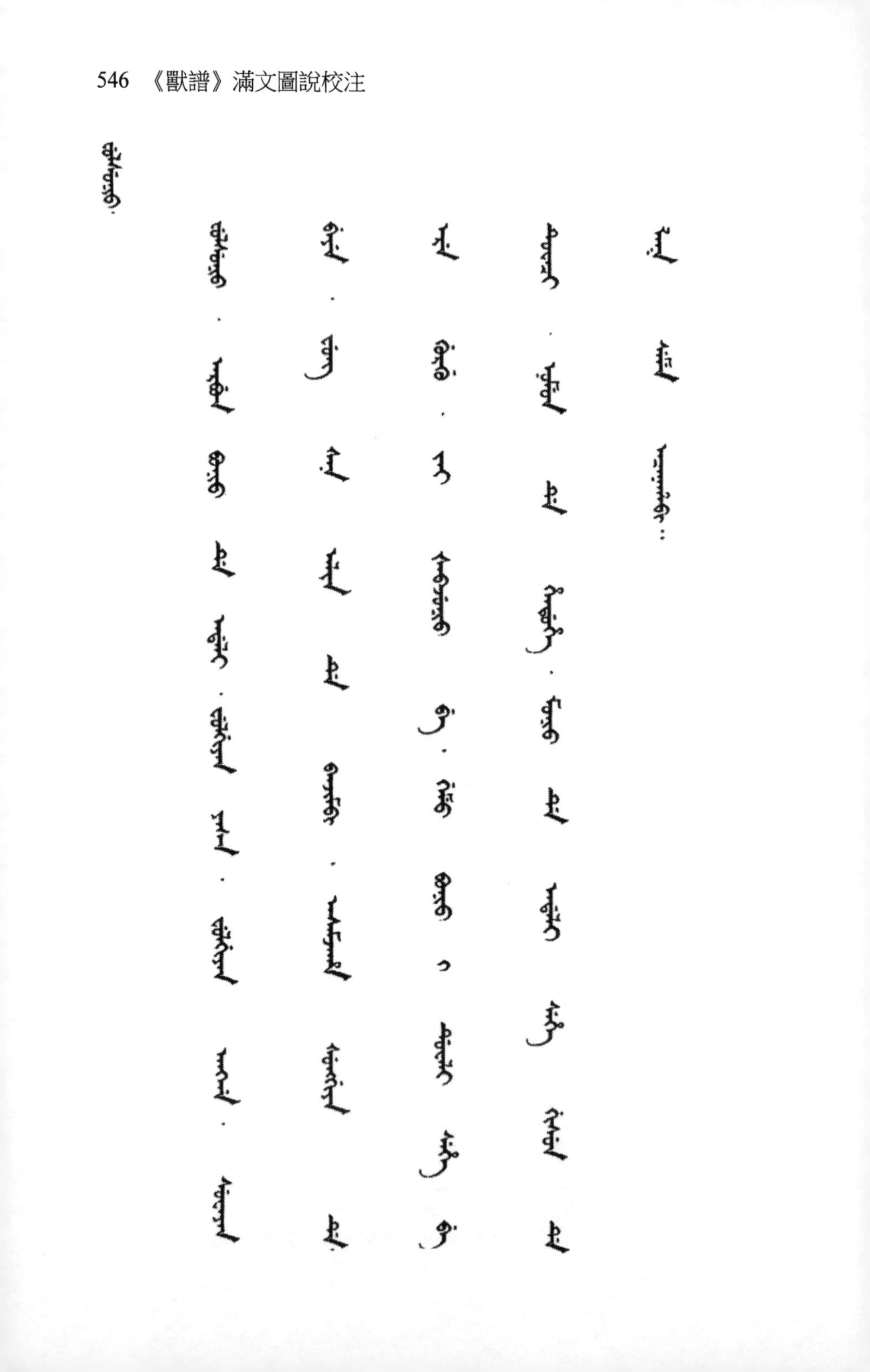

fulsunio

fulsunio, arbun bonio de adali, fulgiyan yasa, fulgiyan angga, suwayan beye. fung šan alin de banjimbi. isamjaha šunggiya de, ere gurgu, jai šabjunio be, gemu bonio i duwali sehe be tuwaci, nomun de henduhe, monio de adali sehe gisun de lak seme acanahabi.

雍和

雍和，狀如蝯[44]，赤目，赤喙，黃身，生豐山中。案《駢雅》以此獸與朱厭並稱猨屬，則《經》云如蝯[45]，即如猨爾。

雍和

雍和，状如蝯，赤目，赤喙，黄身，生丰山中。案《骈雅》以此兽与朱厌并称猨属，则《经》云如蝯，即如猨尔。

---

44 狀如蝯，滿文讀作"arbun bonio de adali"，意即「狀如猿」。
45 《經》云如蝯，句中「蝯」，滿文讀作"monio"，意即「猴」。

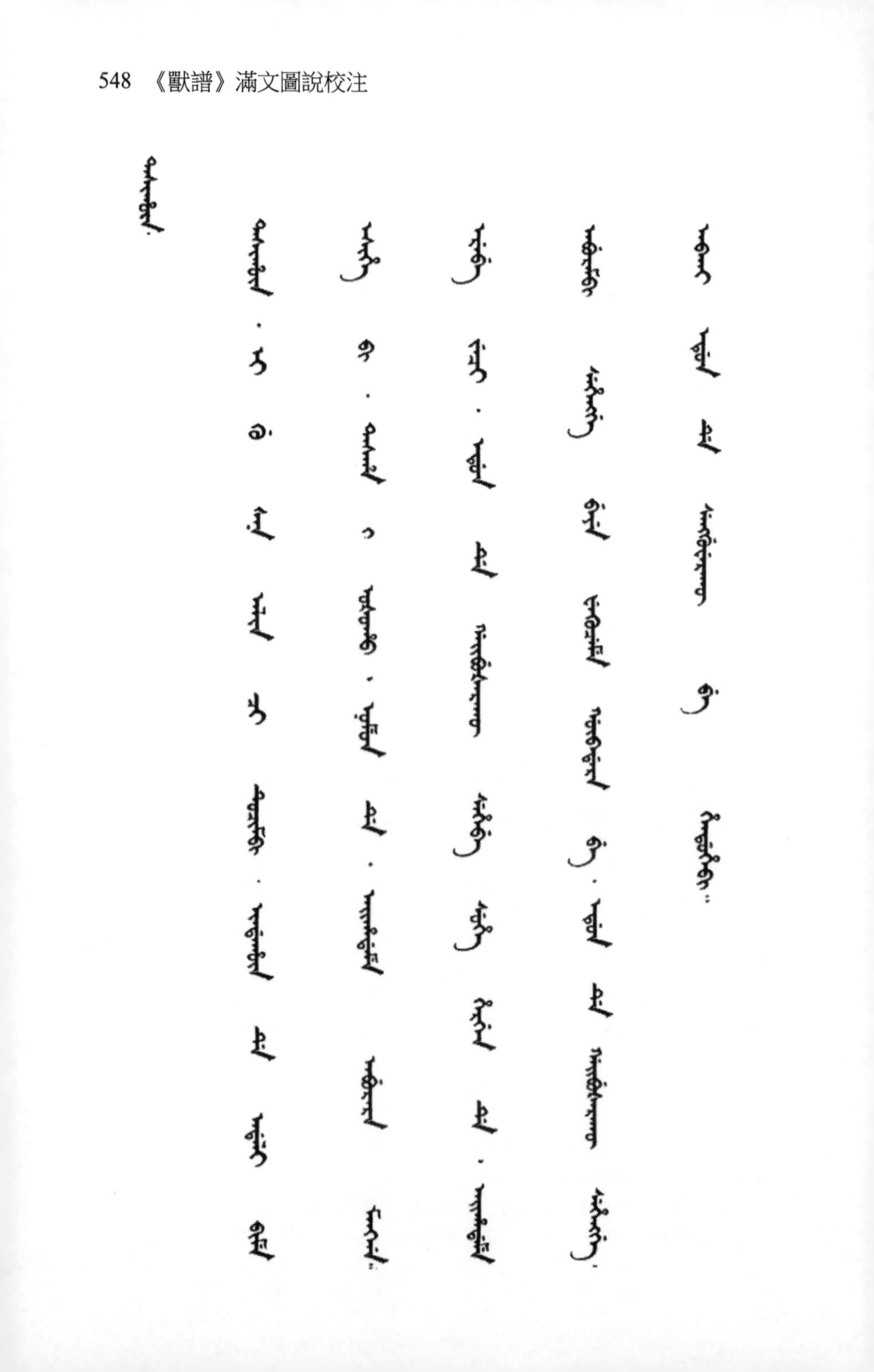

tasihūn

tasihūn, i gu šan̲ alin ci tucimbi. indahūn de adali bime esihe bi, tasha i ošoho. nomun de, aihadame aburara mangga, erebe jeci, edun de gaibušarakū sehebe suhe hergen de, aihadame aburambi sehengge beye fekuceme gūbadara be, edun de gaibušarakū sehengge, abkai edun de sengguwerakū be henduhebi.

猞

猞，出依軲山。如犬而有鱗，虎爪。《經》云:善駚犮，食者不風[46]。注：駚犮，讀如鞅奮[47]，跳躍自撲也。不風，不畏天風也。

猞

猞，出依轱山。如犬而有鳞，虎爪。《经》云:善駚犮，食者不风。注：駚犮，读如鞅奋，跳跃自扑也。不风，不畏天风也。

[46] 食者不風，滿文讀作“erebe jeci, edun de gaibušarakū”，意即「食此則不怯風」，就是不畏天風。

[47] 駚犮，讀如鞅奮，句中「駚犮」，滿文讀作“aihadame aburambi”，意即「跳躍亂撲」。「讀如鞅奮」，原書未譯出滿文。

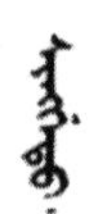

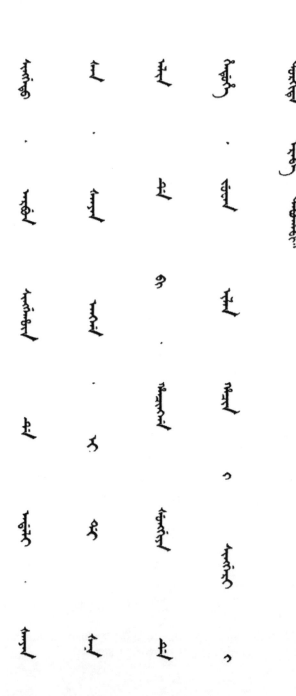

singgetu

singgetu, arbun singgehūn de adali, šanyan šan, šanyan angga, i di šan alin de bi. hancingga šunggiya de henduhe, juwan ilan hacin i singgeri i dorgide erebe dabuhabi.

狙如

狙如，狀如鼣鼠，白耳，白喙。倚帝之山有之。鼣，郭璞《注》音吠。[48]《爾雅》說鼠十三種中載焉。《博物志》作𪕶[49]。

狙如

狙如，状如鼣鼠，白耳，白喙。倚帝之山有之。鼣，郭璞《注》音吠。《尔雅》说鼠十三种中载焉。《博物志》作𪕶。

---

48 鼣，郭璞《注》音吠，原書未譯出滿文。

49 《博物志》作𪕶，原書未譯出滿文。

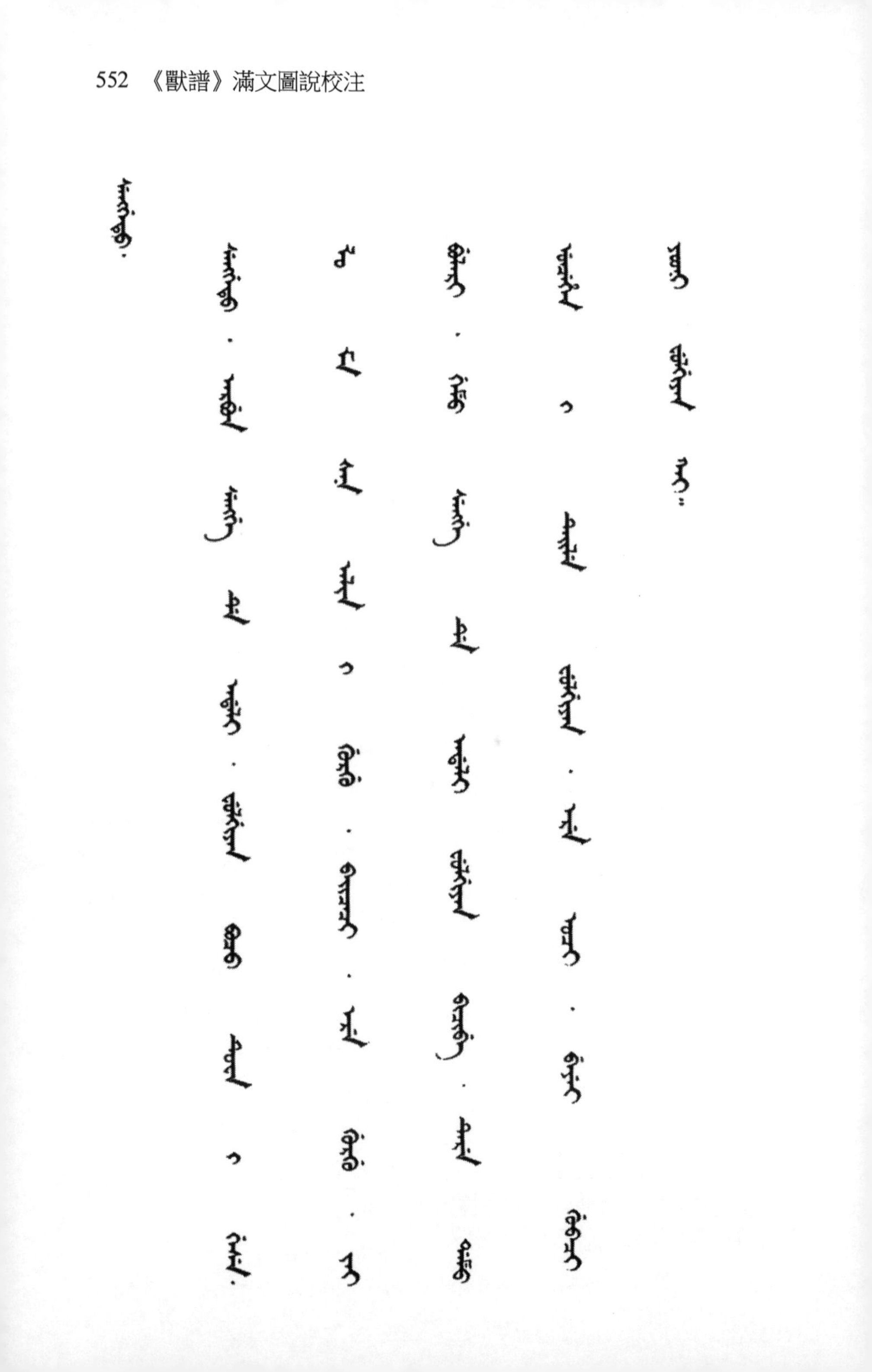

senggetu

senggetu, arbun sengge de adali, fulgiyan boco tuwa i gese. lo ma šan alin i gurgu. baicaci, ere gurgu, jai bulari, gemu sengge de adali fulgiyan bicibe, tere damu uncehen i teile fulgiyan, ere oci, beyei gubci yooni fulgiyan kai.

猨

猨，狀如蝟，赤若丹火。欒馬山之獸也。案：此與居暨[50]，皆似蝟而赤[51]，彼惟尾為然[52]，此則通體皆赤耳。

猨

猨，状如猬，赤若丹火。乐马山之兽也。案：此与居暨，皆似猬而赤，彼惟尾为然，此则通体皆赤耳。

---

50 此與居暨，滿文讀作“ere gurgu, jai bulari”，意即「此獸與居暨」。

51 皆似蝟而赤，滿文讀作“gemu sengge de adali fulgiyan bicibe”，意即「雖皆似蝟而赤」。

52 彼惟尾為然，滿文讀作“tere damu uncehen i teile fulgiyan”，意即「彼惟尾赤」。

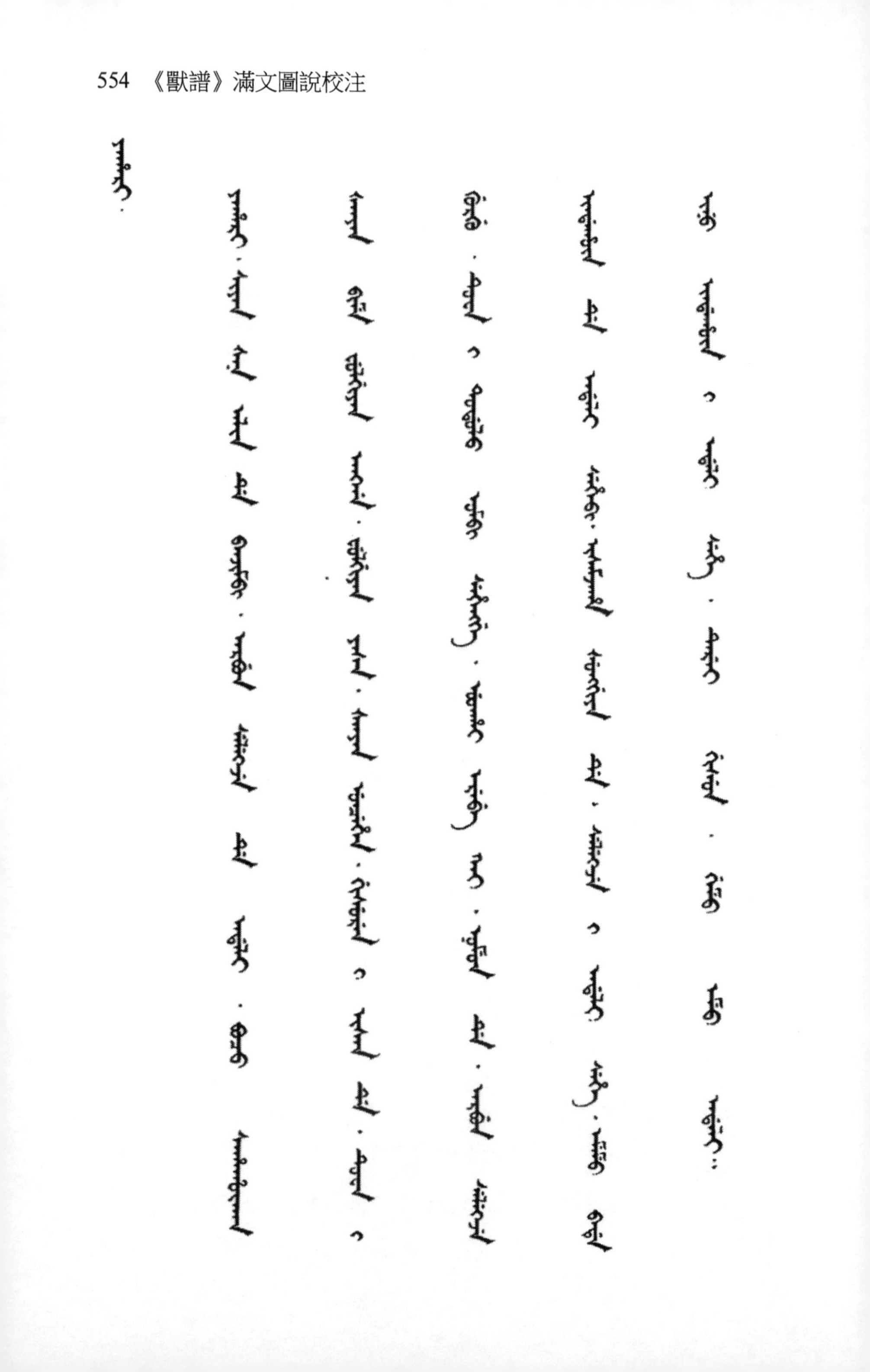

[illegible]

[illegible]

[illegible]

[illegible]

[illegible]

[illegible]

yahari

yahari, siyan šan alin de banjimbi. arbun selekje de adali, boco sahahūkan šanyan bime fulgiyan angga, fulgiyan yasa, šanyan uncehen. gisuren i isan de, tuwa i gurgu, tuwa i todolo ombi sehengge, uthai erebe kai. nomun de, arbun selekje indahūn de adali sehebi. isamjaha šunggiya de, selekje i adali sehe. ememu bade inu indahūn i adali sehe. terei gisun, gemu emu adali.

狍即

狍即，生鮮山。狀如貘，色蒼白而赤喙，赤目，白尾。《談薈》云：火獸兆火，即此。《經》云：狀如膜犬，膜即貘[53]。《駢雅》謂如膜，或亦謂如犬，其說並同。

狍即

狍即，生鲜山。状如貘，色苍白而赤喙，赤目，白尾。《谈荟》云：火兽兆火，即此。《经》云：状如膜犬，膜即貘。《骈雅》谓如膜，或亦谓如犬，其说并同。

---

[53] 膜即貘，原書未譯出滿文。

《獸譜》第六冊畫冊

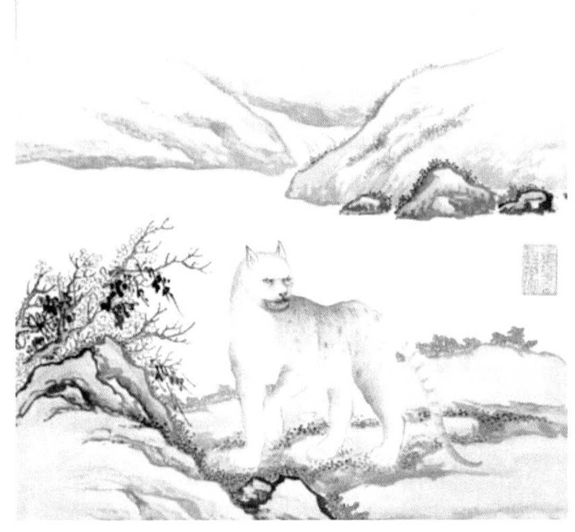

梁渠

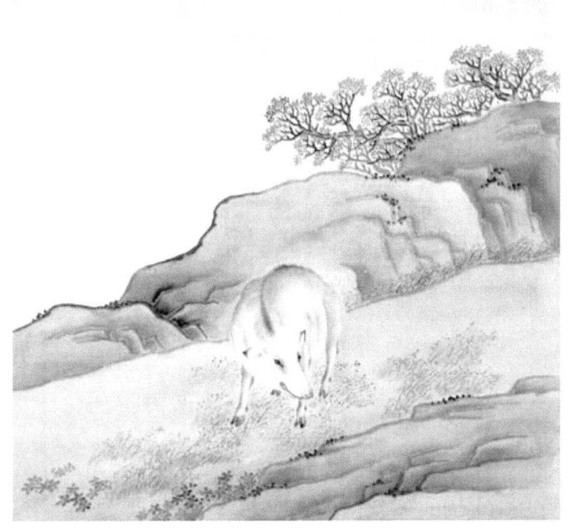

聞獜

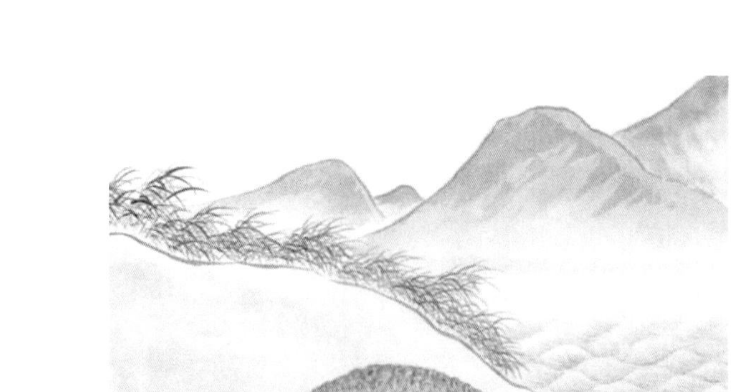

蛫

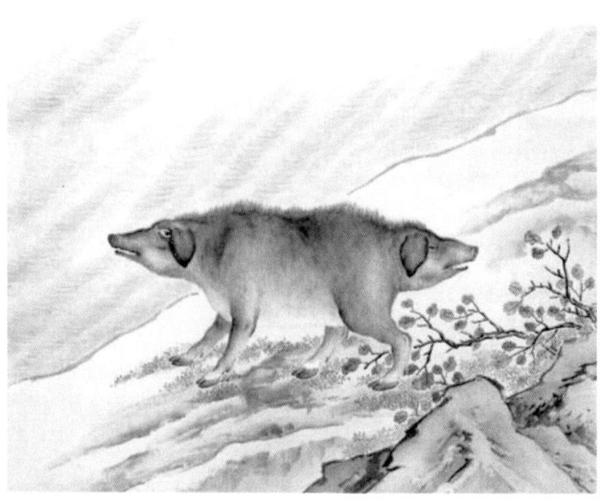

并封

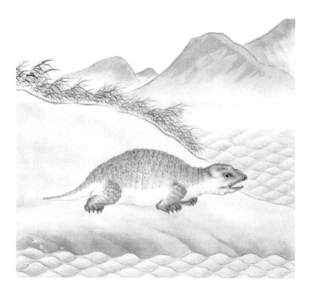

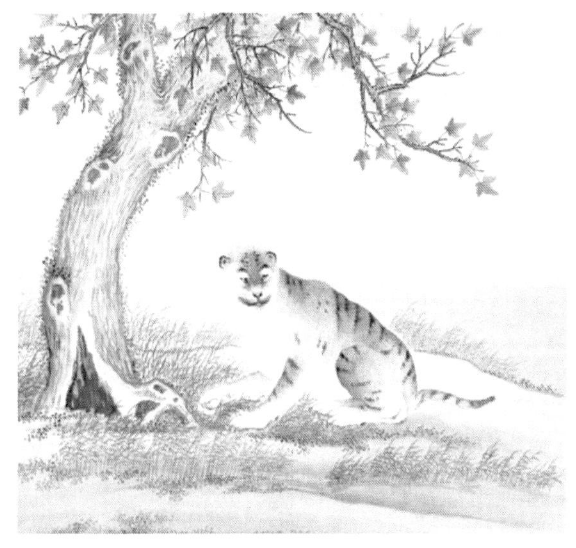

羅羅

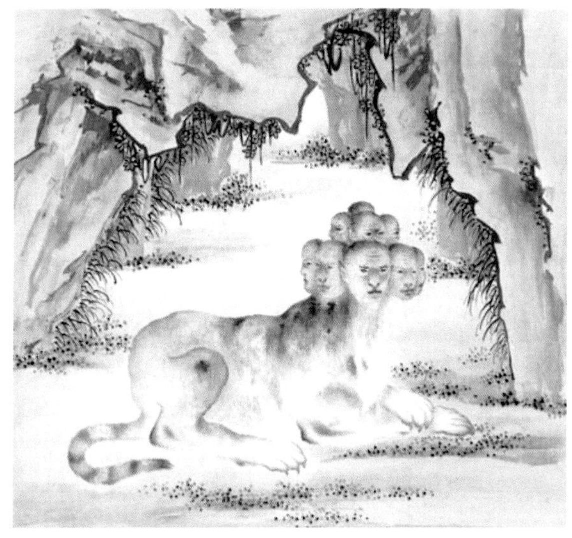

開明獸

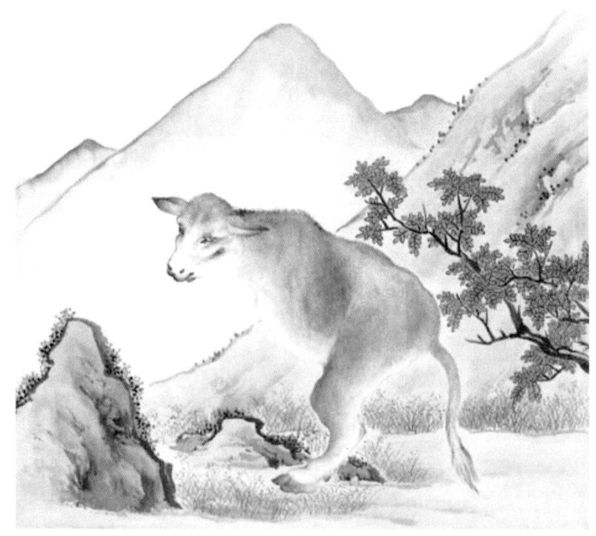

夔

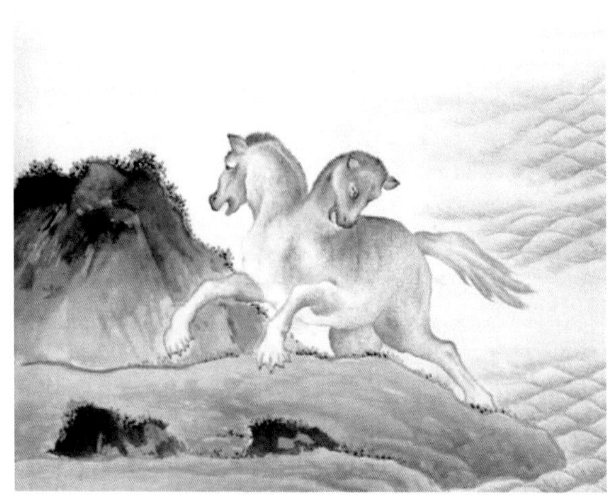

踀踼

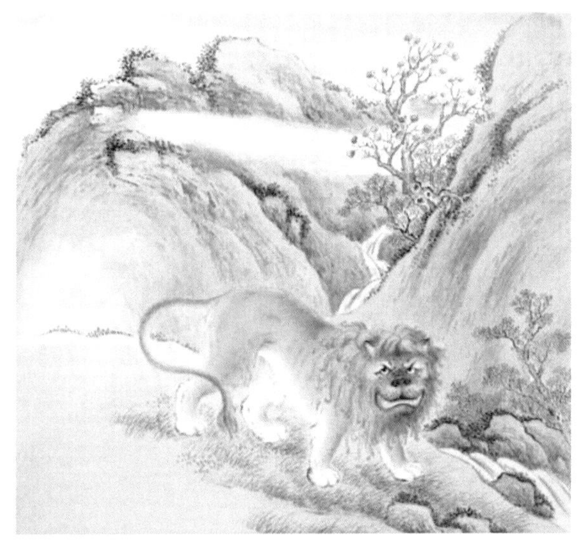

利未亞師子

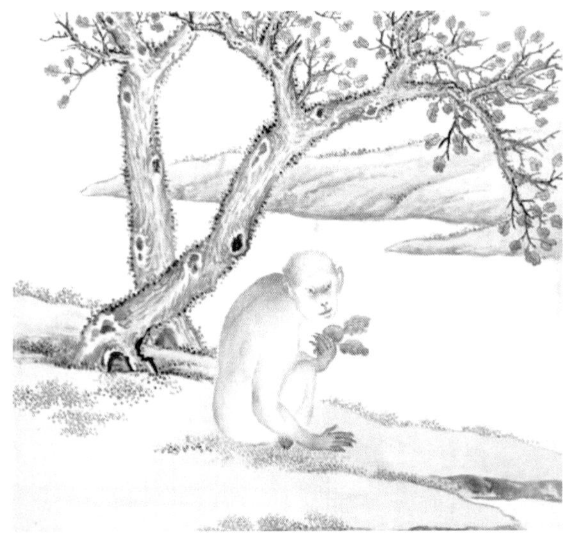

蠱

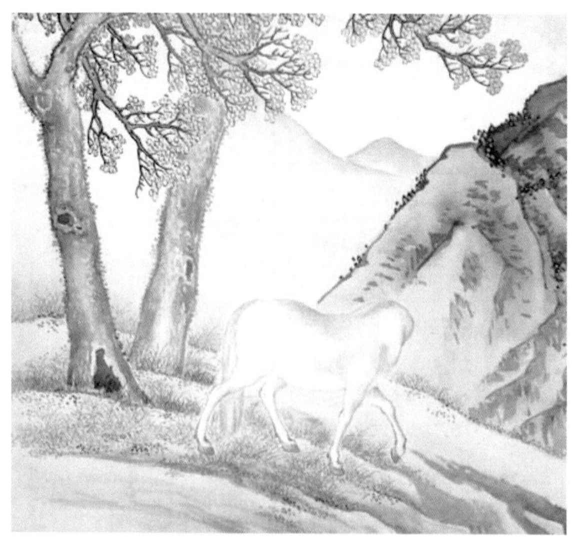

戎宣王尸

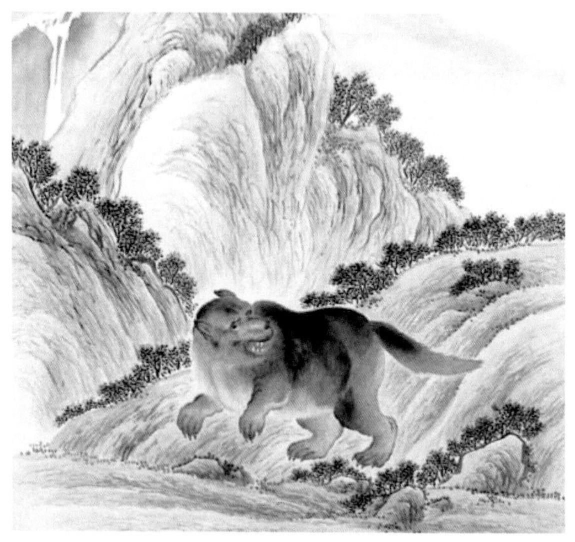

猎猎

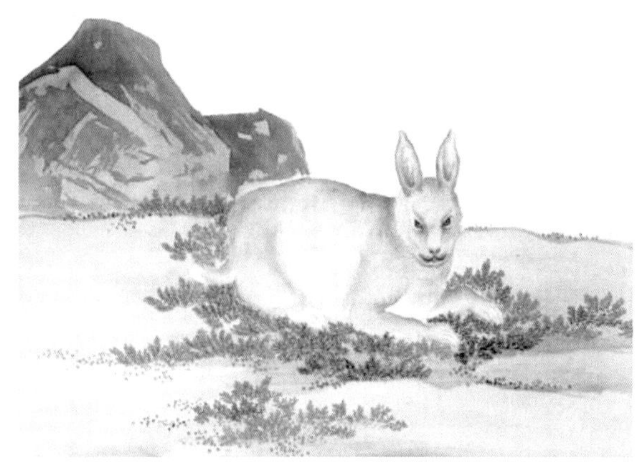

囷狗

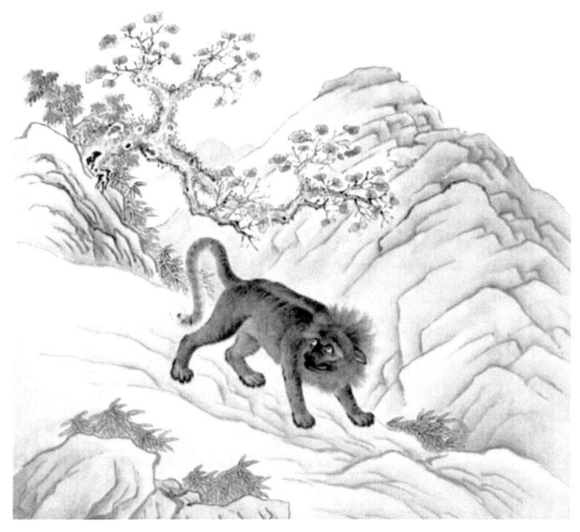

檮杌

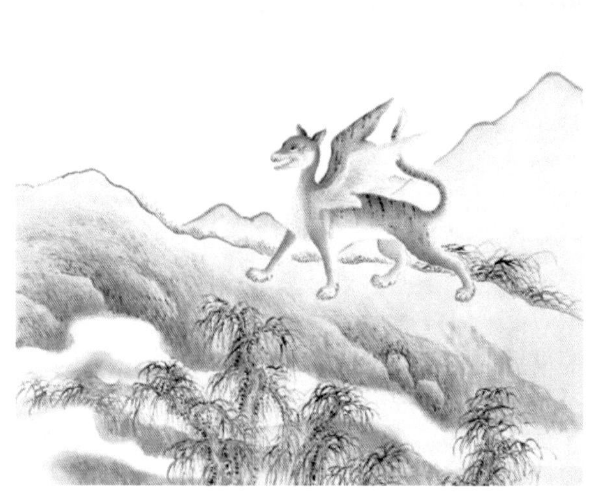

旱獸

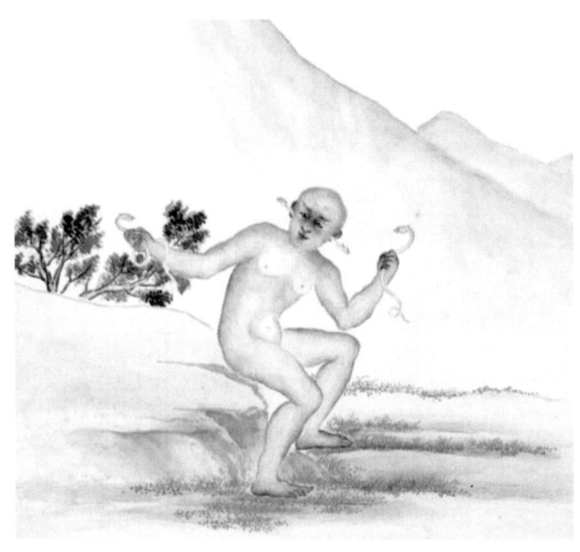

屏翳

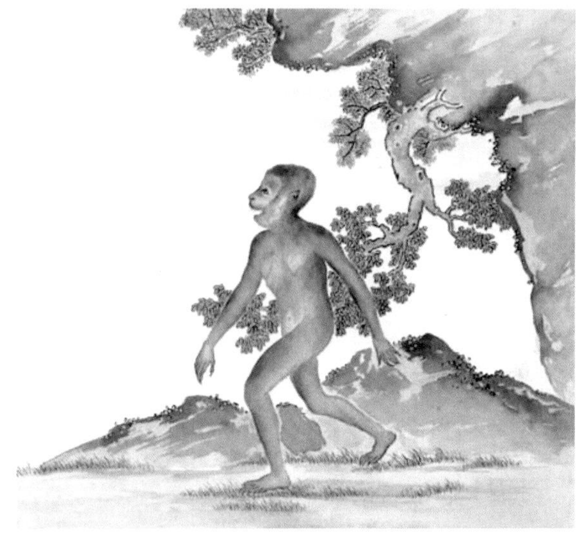

厭火獸

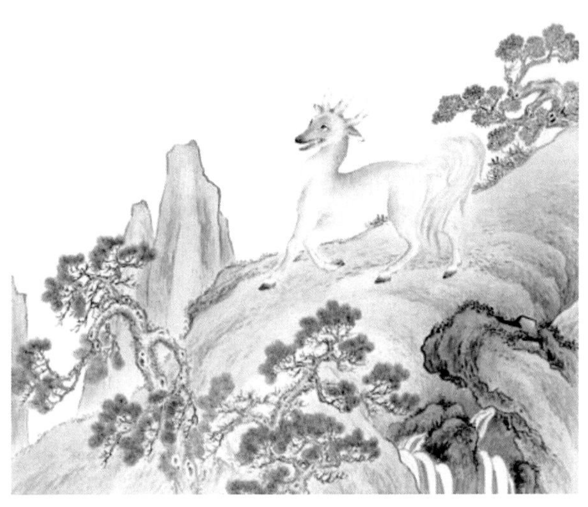

三角獸

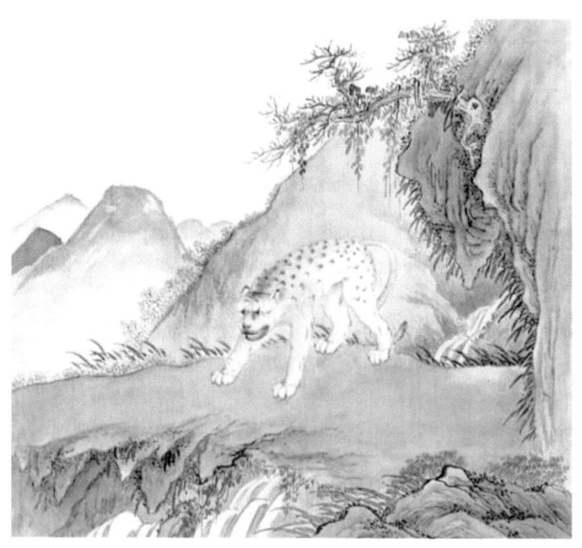

蟃

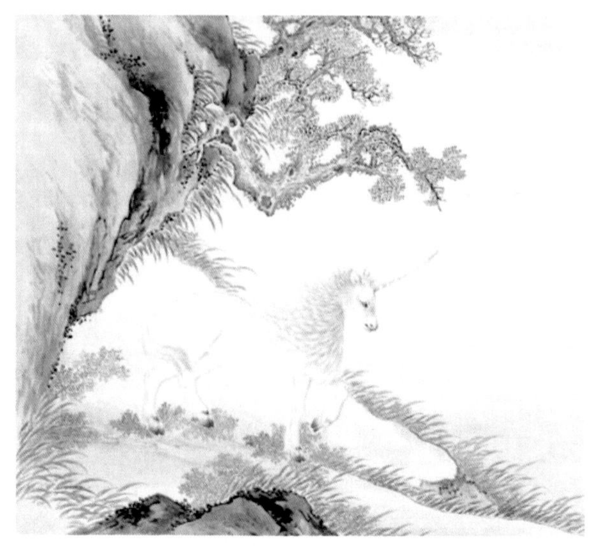

獨角獸

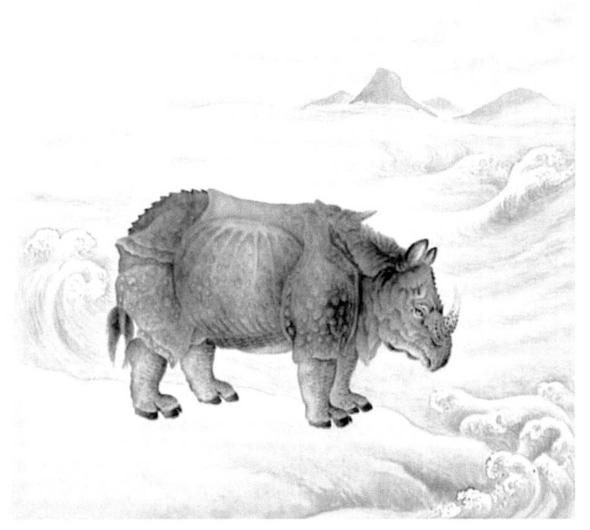

鼻角獸

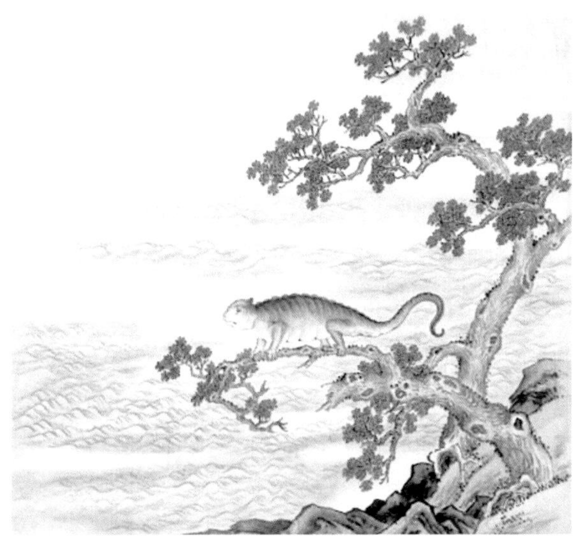

加默良

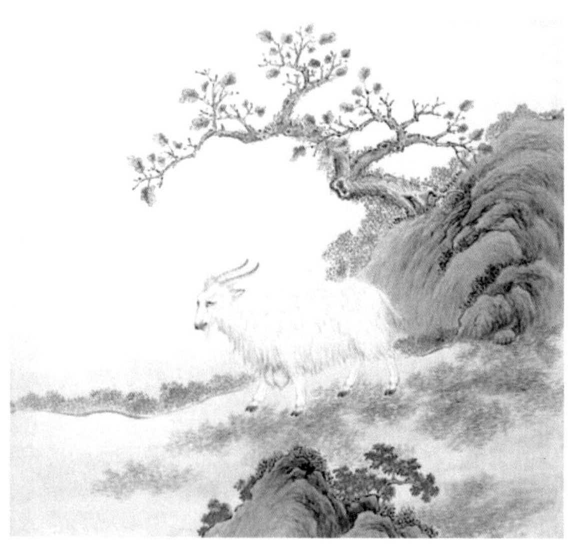

亞細亞州山羊

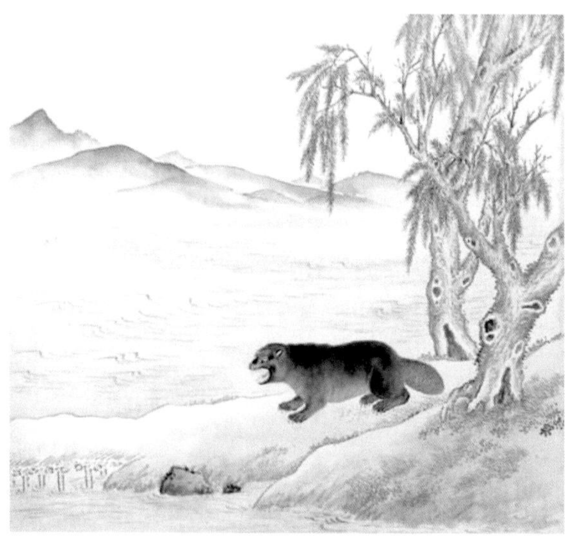

般第狗

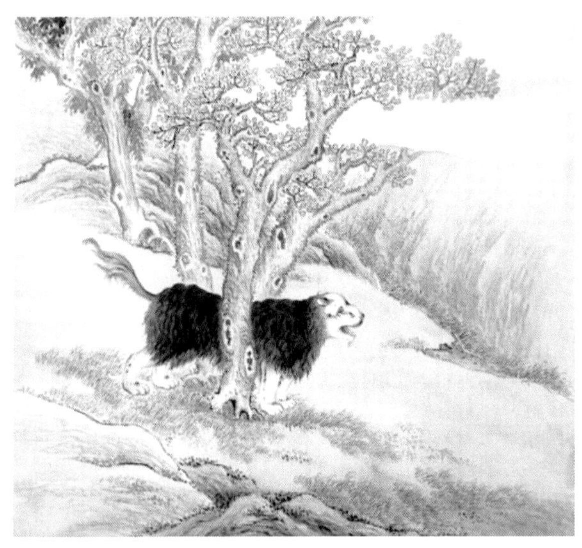

獲落

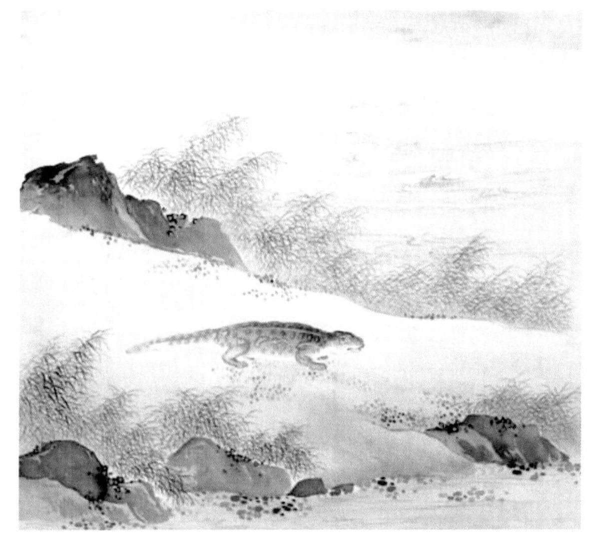

撒辞漫大辞

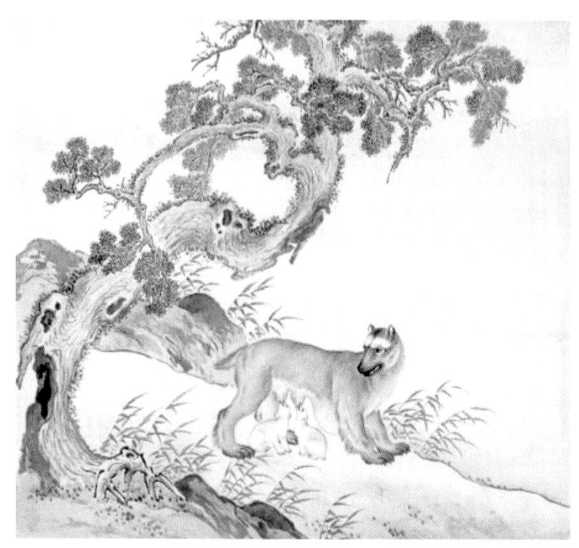

狸猴

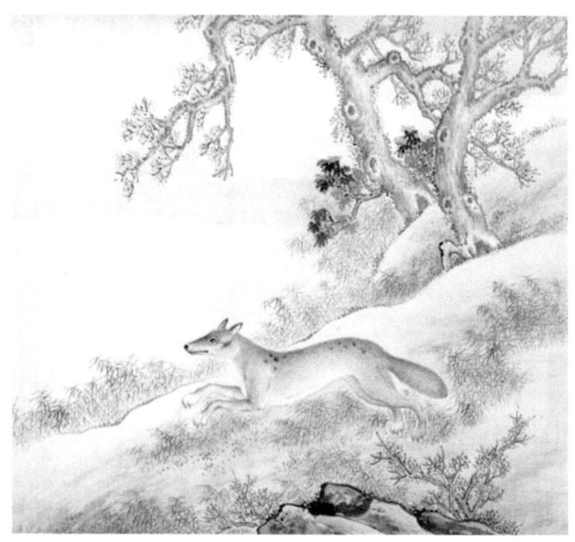

意夜納

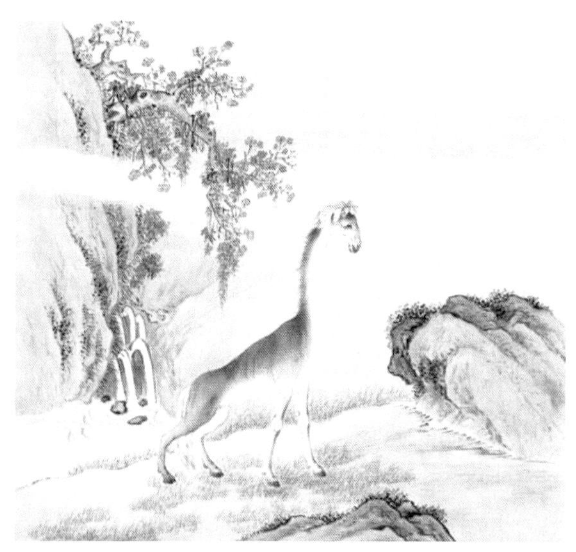

惡那西約

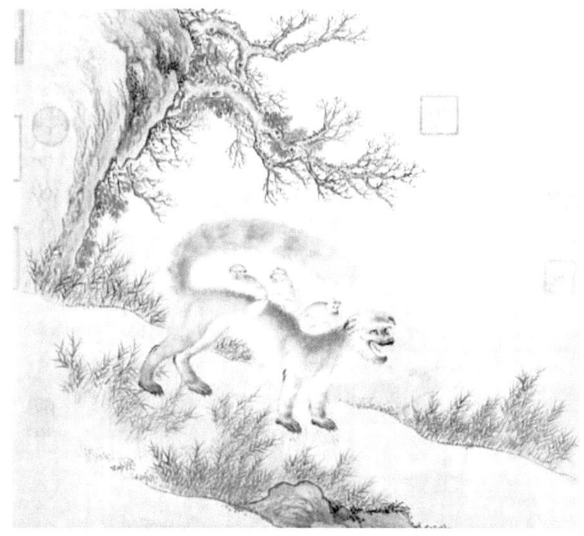

蘇獸

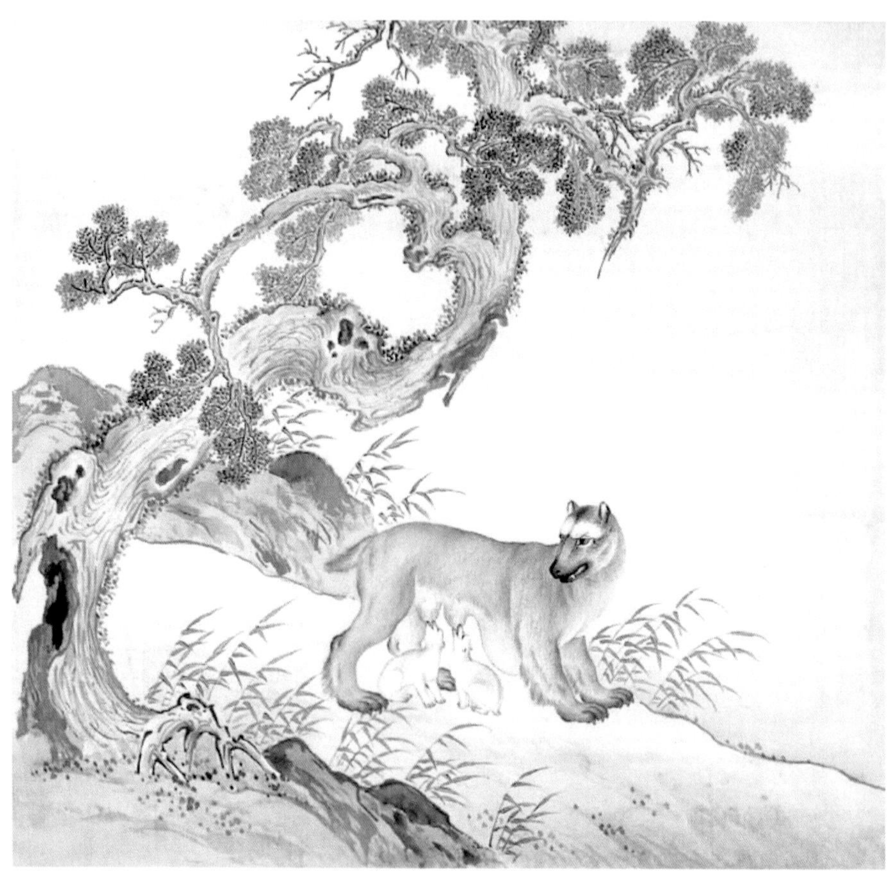

狸猴

《獸譜》第六冊滿文圖說校注

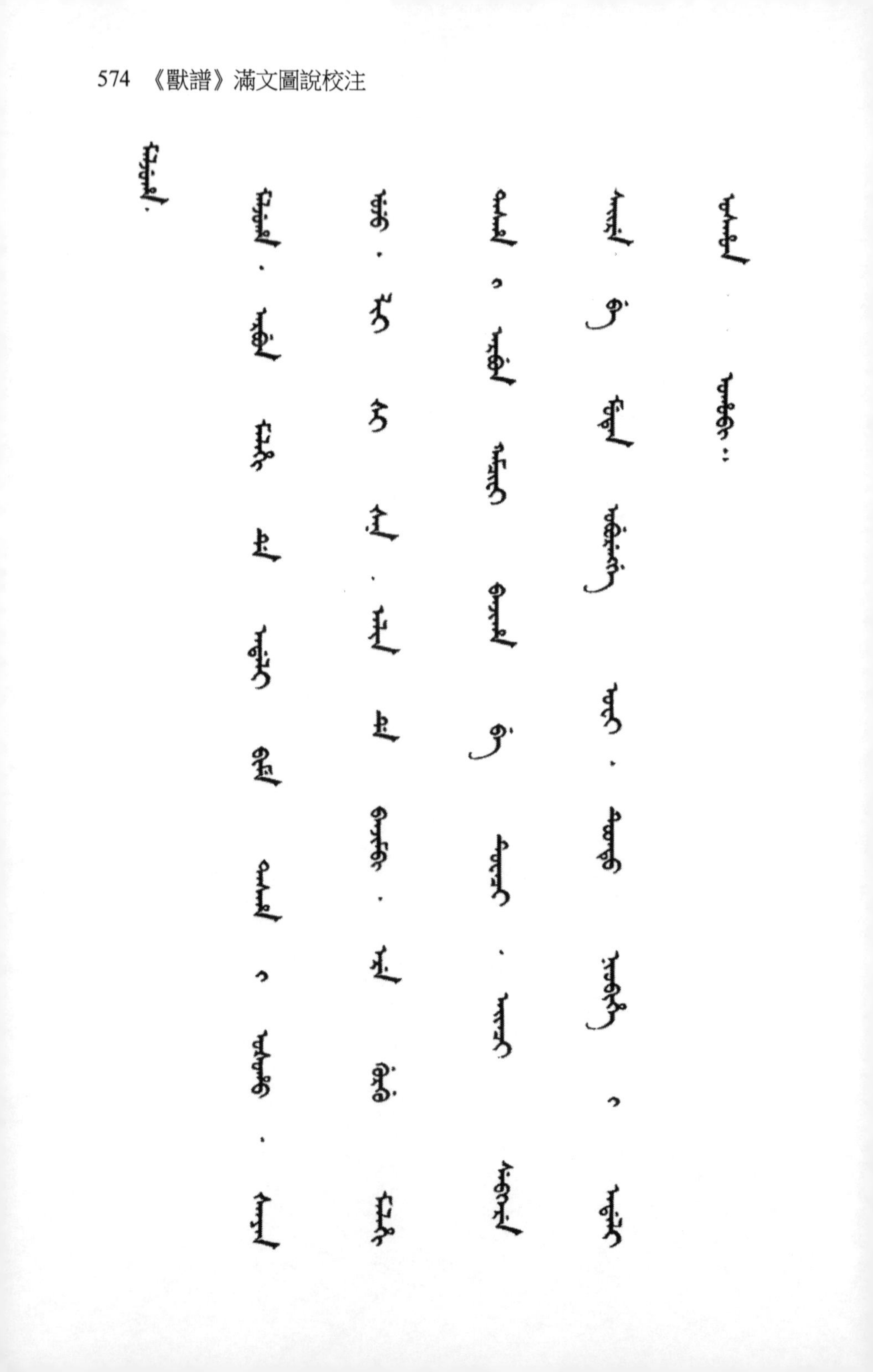

maljuha

maljuha, arbun malahi de adali bime tasha i ošoho, šanyan uju. lii ši ša<u>n</u> alin de banjimbi. ere gurgu malahi tasha i arbun kamcifi banjiha be tuwaci, ainci sebkere saire be muten oburengge ofi, tuttu niobihe i adali oshon ohobi.

梁渠

梁渠，狀如貍而虎爪[1]，白首。產歷石之山。案：此兼貍虎之形，蓋以搏噬為事者，故與狏狼同惡耳[2]。

梁渠

梁渠，状如狸而虎爪，白首。产历石之山。案：此兼狸虎之形，盖以搏噬为事者，故与狏狼同恶耳。

---

1 狀如貍而虎爪，句中「貍」，滿文讀作"malahi"，意即「豹貓」，又稱「山貓」，又作「貍貓」。

2 故與狏狼同惡耳，滿文讀作"tuttu niobihe i adali oshon ohobi"，意即「故如同狏狼殘暴」。

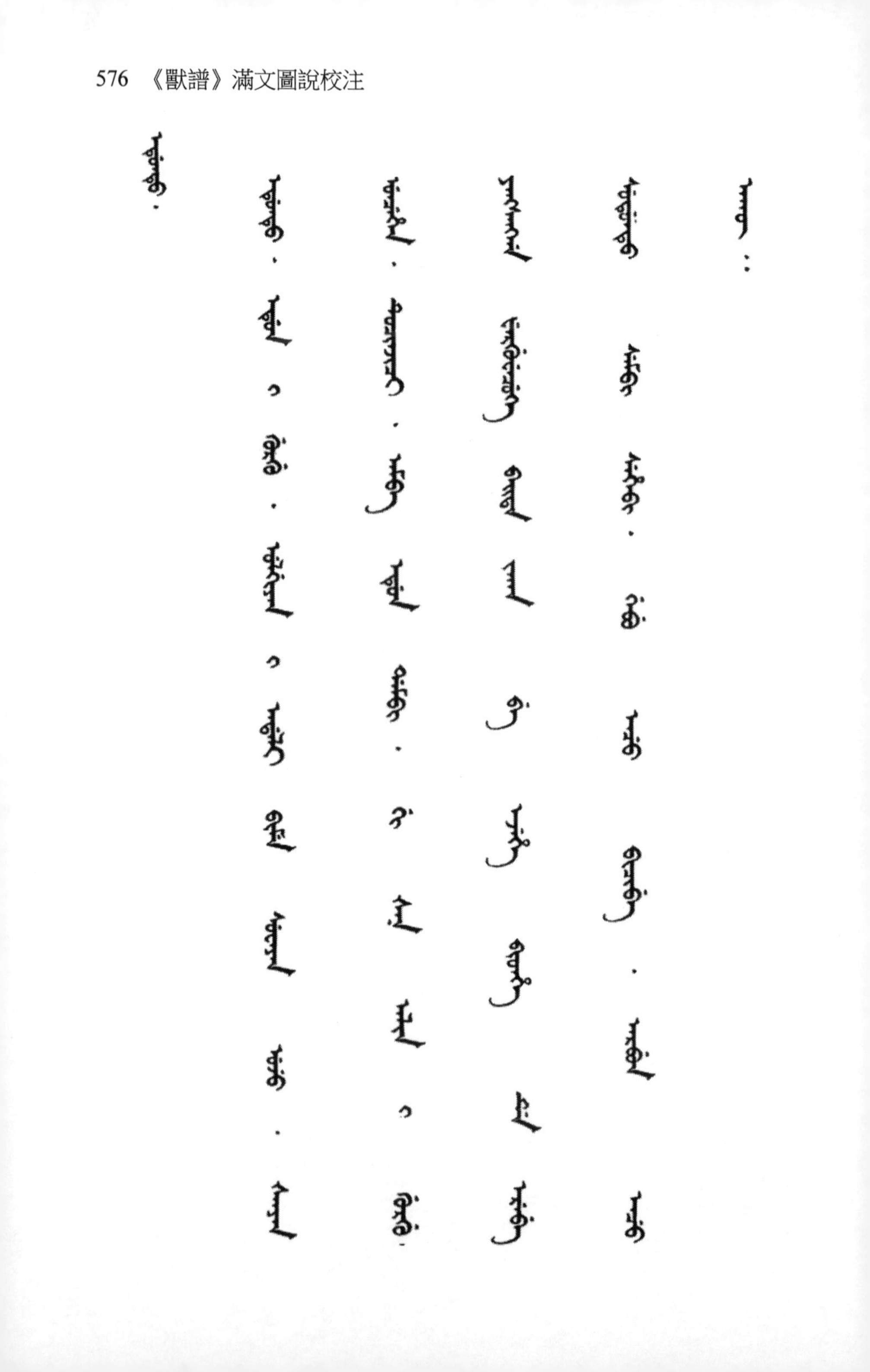

eduntu

eduntu, edun i gurgu, ulgiyan i adali bime suwayan uju, šanyan uncehen. tucinjici, amba edun dambi. gi šan alin i gurgu. yangsangga ferguwecuke baita jaka be ejehe bithe de, erebe suduntu sembi sehebi. gebu encu bicibe, arbun encu akū.

聞獜

聞獜，風獸，彘形而黃頭[3]，尾白，見則大風。几山之獸也。〈事物紺珠〉作羴，名異而形不殊。

闻獜

闻獜，风兽，彘形而黄头，尾白，见则大风。几山之兽也。〈事物绀珠〉作羴，名异而形不殊。

---

3 彘形而黃頭，句中「彘形」，滿文讀作“ulgiyan i adali”，意即「如豬」。

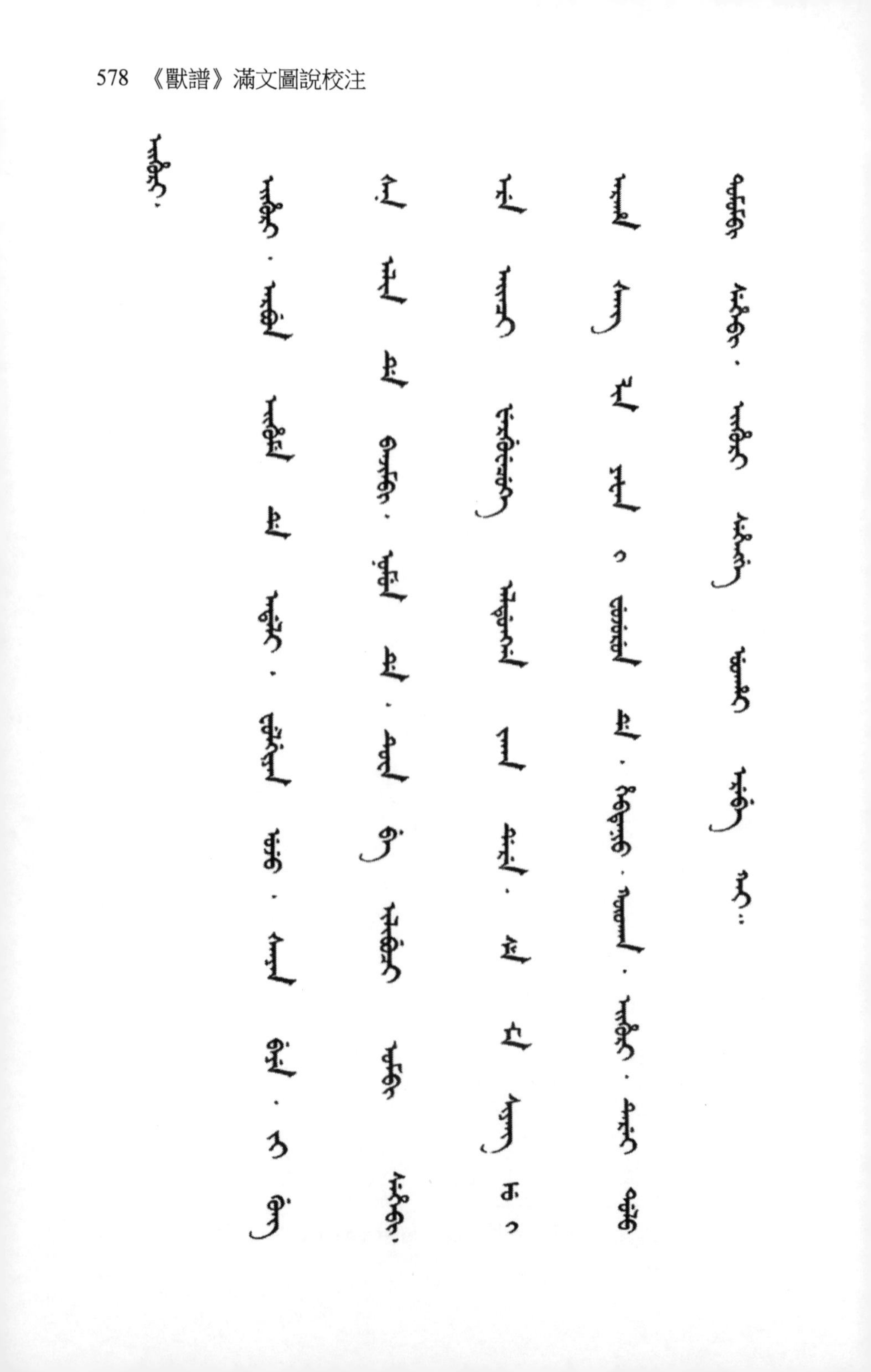

[illegible]

[illegible]

[illegible]

[illegible]

[illegible]

[illegible]

[illegible]

eihuri

eihuri, arbun eihume de adali, fulgiyan uju, šanyan beye, ji gung šan̲ alin de banjimbi. nomun de, tuwa be ilibuci ombi sehebi. ere ainci ferguwecuke aldungga jaka dere. sy ma siyang žu i araha šang lin yafan i fujurun de, hebtenio, kūtka, eihuri, terei dolo tomombi sehebi, eihuri sehengge uthai erebe kai.

蚼

蚼，狀如龜，赤首，白身。生即公山中。《經》云可以禦火[4]，蓋物之靈異者。相如[5]〈上林賦〉：蟨胡[6]、彀[7]、蚼，棲息乎其間，蚼即此爾。

蚼

蚼，状如龟，赤首，白身。生即公山中。《经》云可以御火，盖物之灵异者。相如〈上林赋〉：蟨胡、彀、蚼，栖息乎其间，蚼即此尔。

---

4 可以禦火，滿文讀作“tuwa be ilibuci ombi”，意即「可以止火」。

5 相如，滿文讀作“sy ma siyang žu”，意即「司馬相如」。

6 蟨胡，滿文讀作“hebtenio”，意即「蟨猢」。

7 彀，滿文讀作“kūtka”，意即「貑崽」。

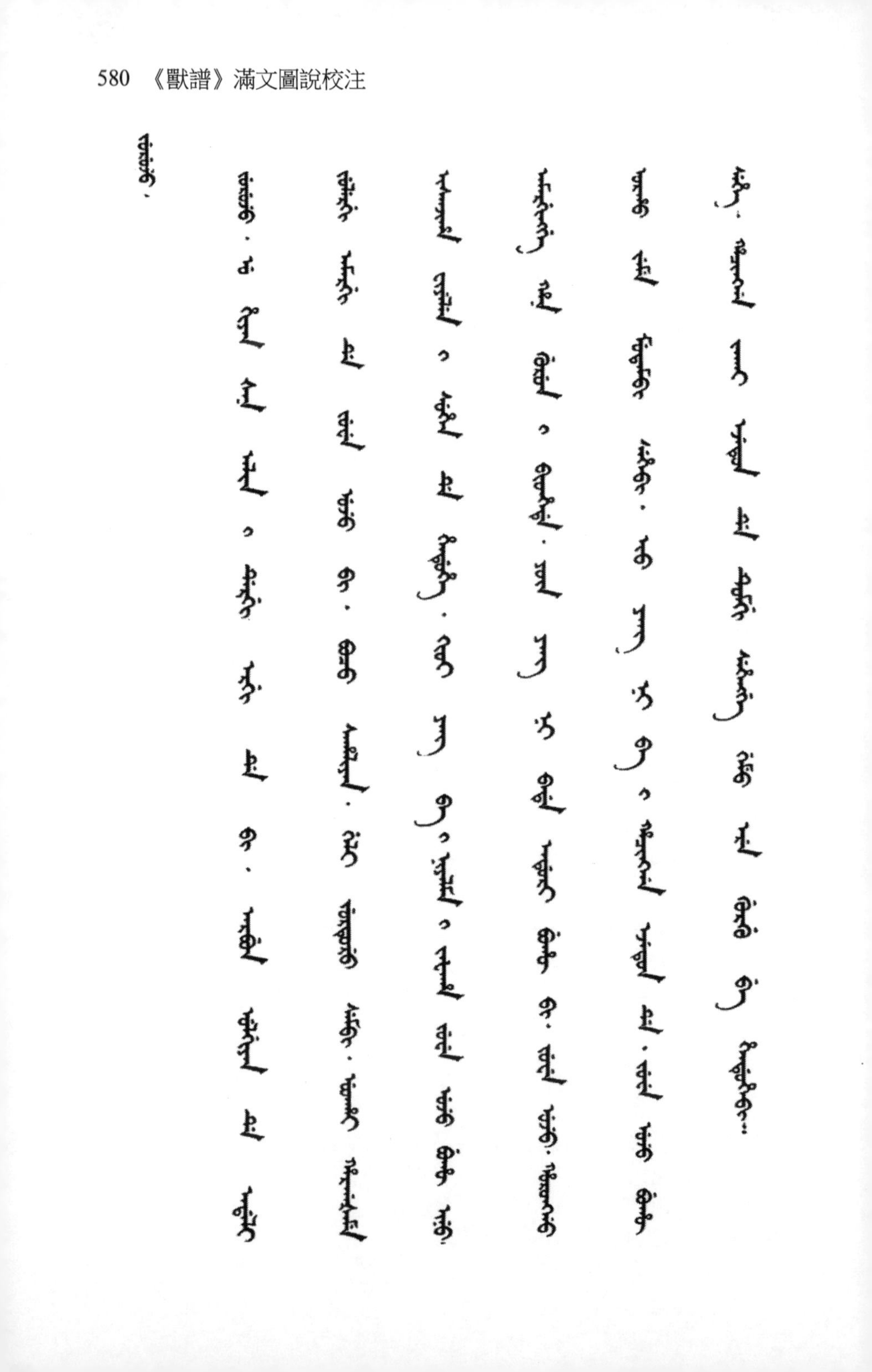

[illegible]

[illegible]

[illegible]

[illegible]

[illegible]

[illegible]

[illegible]

juruju

juruju, u hiyan šan̲ alin i dergi ergi de bi. arbun ulgiyan de adali, julergi amargi de juwe uju bi, boco sahaliyan, geli jurturu sembi. uthai hargašame isanjiha fiyelen i suhen de henduhe, kioi yang ba i niyalma i jafaha juwe uju buhū inu. amargingge han̲ gurun i bithede, yūn yang ni bade enduri buhū bi, juwe uju, horonggo orho jeme mutembi sehebi. io yang ni ba i hacingga ejetun de, juwe uju buhū sehe. hacingga jakai ejetun de, tumgi sehengge, gemu ere gurgu be henduhebi.

并封

并封，在巫咸東[8]。狀如彘，前後兩首，其色黑，一名鼈封。即《王會解》：區陽人所獻之兩頭鹿也。《後漢書》：雲陽有神鹿，兩頭，能食毒草，《酉陽雜俎》所言雙頭鹿，《博物志》所謂茶首機，皆謂此獸耳。

并封

并封，在巫咸东。状如彘，前后两首，其色黑，一名鳖封。即《王会解》：区阳人所献之两头鹿也。《后汉书》：云阳有神鹿，两头，能食毒草，《酉阳杂俎》所言双头鹿，《博物志》所谓茶首机，皆谓此兽耳。

---

[8] 在巫咸東，滿文讀作"u hiyan šan̲ alin i dergi ergi de bi"，意即「在巫咸山之東」。

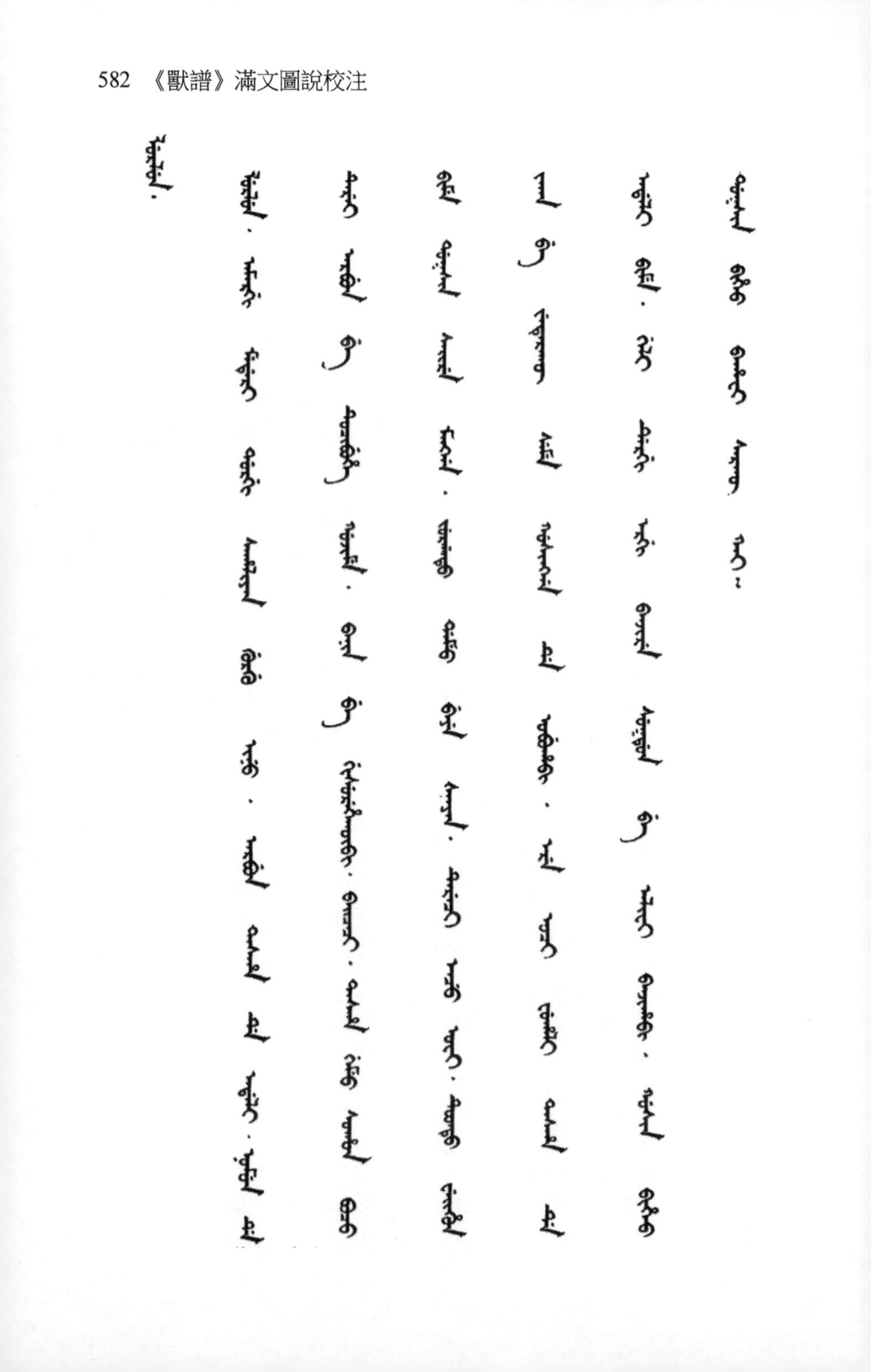

[illegible]

[illegible]

[illegible]

[illegible]

[illegible]

[illegible]

[illegible]

lurlun

lurlun, amargi mederi dorgi sahaliyan gurgu inu. arbun tasha de adali. nomun de terei arbun be tucibuhe gojime, banin be gisurehekūbi. baicaci, tasha gemu sohon boco bime doksin saire mangga. jurgantu damu beye šanyan, tereci encu ofi, tuttu weihun jaka be jeterakū seme gosingga de obuhabi. ere oci fuhali tasha de adali bime, geli dergi ergi banjire sukdun be alifi banjihabi. gosin biheo doksin biheo bahafi sarkū kai.

羅羅

羅羅，北海内青獸也[9]，狀如虎。《經》著其形，而未詳其性。按：虎皆黃色而猛噬。騶虞惟白質[10]，異則以不食生物稱仁。此厥類從風[11]，而備東方生氣，仁歟？猛歟？未可知也。

羅羅

罗罗，北海内青兽也，状如虎。《经》着其形，而未详其性。按：虎皆黄色而猛噬。驺虞惟白质，异则以不食生物称仁。此厥类从风，而备东方生气，仁欤？猛欤？未可知也。

---

9 青獸，滿文讀作“sahaliyan gurgu”，意即「黑獸」。

10 白質，滿文讀作“beye šanyan”，意即「白身」。

11 此厥類從風，滿文讀作“ere oci fuhali tasha de adali ”，意即「此則全然如虎」。

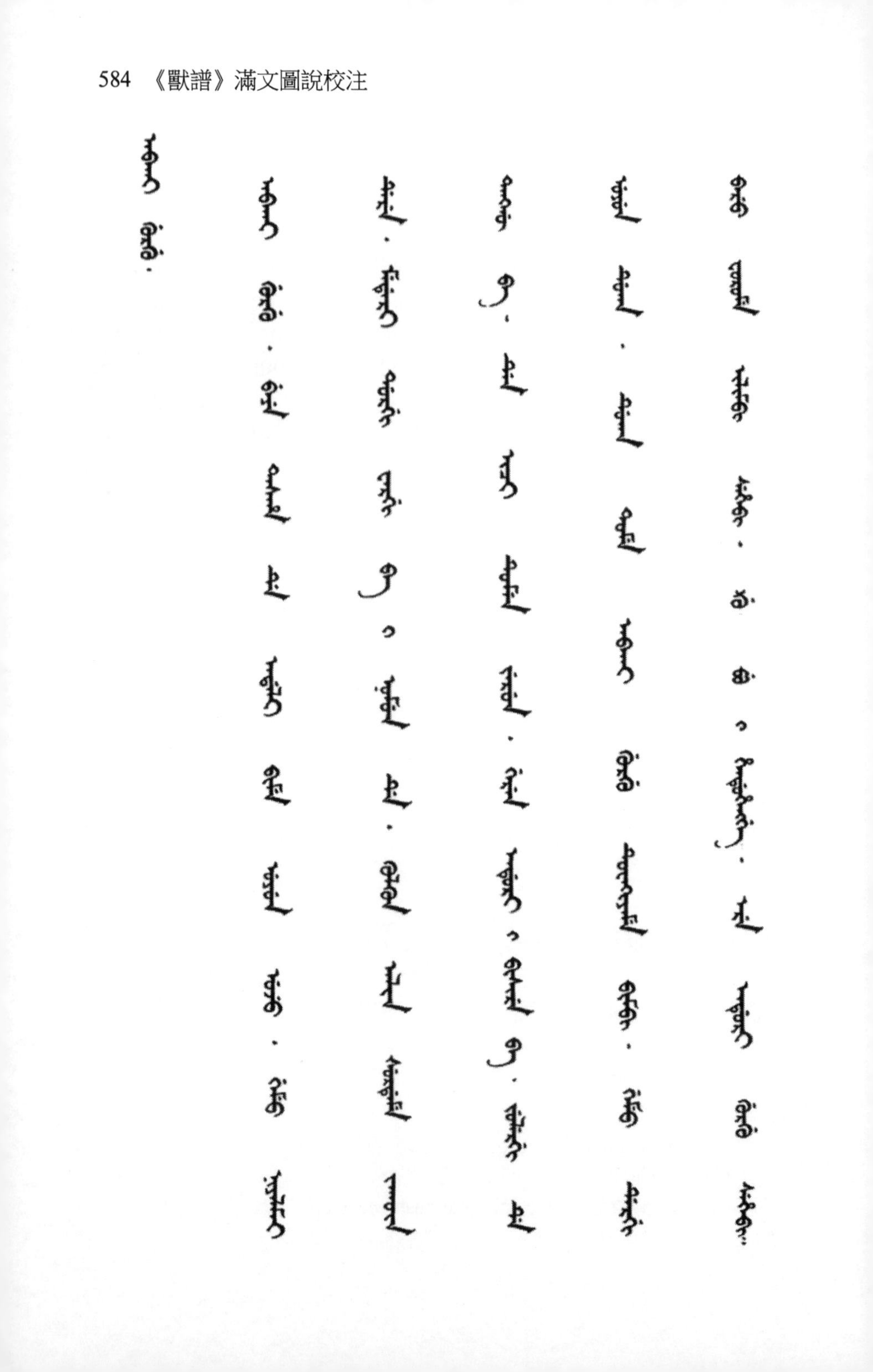

[illegible]

abkai gurgu

abkai gurgu, beye tasha de adali bime uyun uju, gemu niyalmai dere. mederi dorgi wargi ba i nomun de, kulkun alin šurdeme jakūn tanggū ba, den ici tumen jerun, geren enduri i bisire ba, julergi de uyun duka, duka tome abkai gurgu tuwakiyame bimbi, gemu dergi baru forome ilimbi sehebi. g'o pu i henduhengge, ere enduri gurgu sehebi.

開明獸

開明獸[12]，身類虎而九首，皆人面。《海內西經》稱：崑崙之墟，方八百里，高萬仞，百神之所在；面有九門[13]，門有開明獸守之，皆東嚮立。郭璞云：天獸也[14]。

开明兽

开明兽，身类虎而九首，皆人面。《海内西经》称：昆仑之墟，方八百里，高万仞，百神之所在；面有九门，门有开明兽守之，皆东向立。郭璞云：天兽也。

---

12 開明獸，滿文讀作"abkai gurgu"，意即「天獸」。

13 面有九門，滿文讀作"julergi de uyun duka"，意即「南面有九門」。

14 天獸，滿文讀作"enduri gurgu"，意即「神獸」。

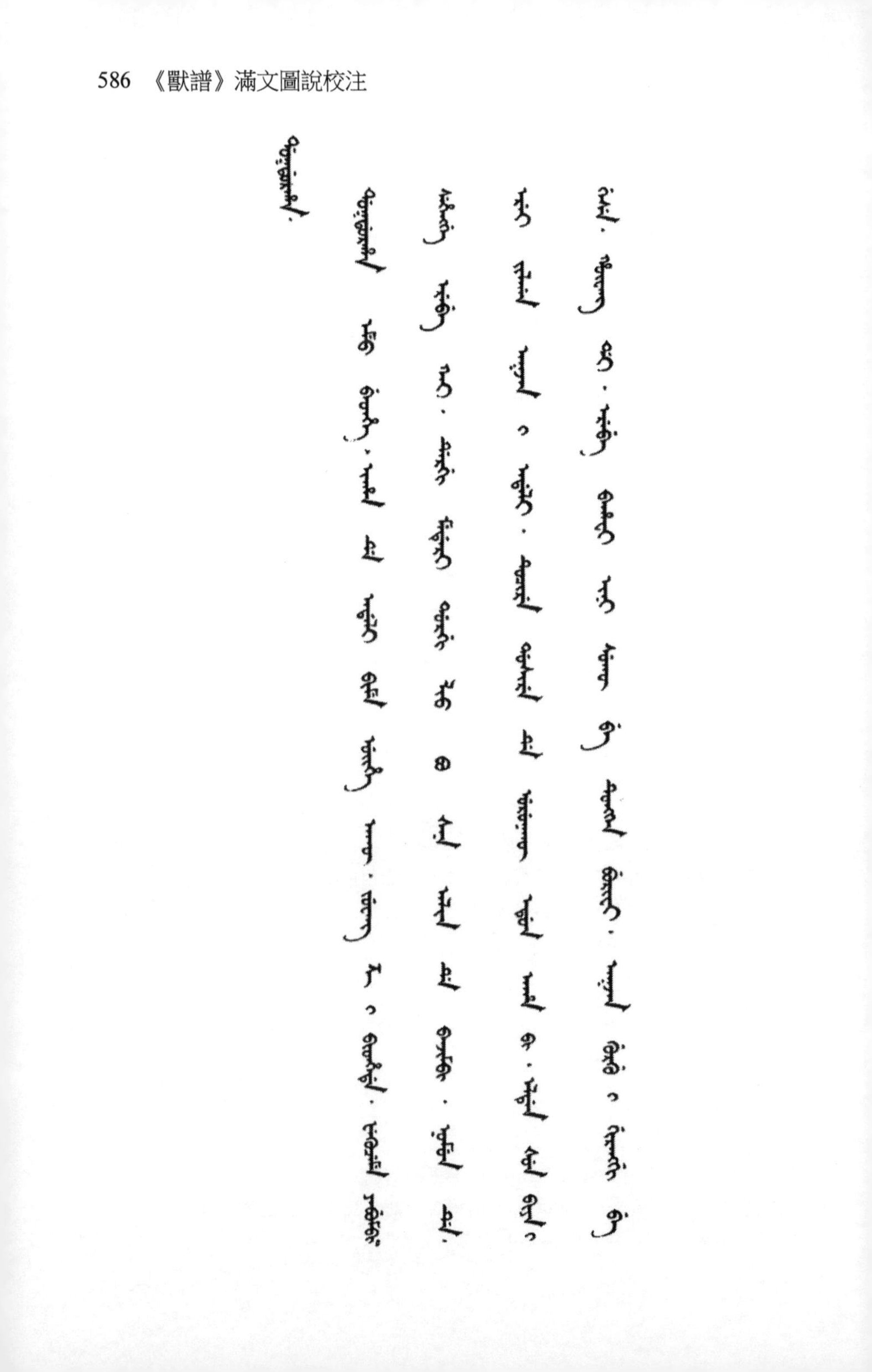

dokdorhan

dokdorhan, emu bethe, ihan de adali bime uihe akū. juwang dz i bithede, fekuceme yabumbi sehengge erebe kai. dergi mederi dorgi lio bo šan̲ alin de banjimbi. nomun de, erei jilgan akjan i adali, tucire dosire de urunakū edun aha [aga] bi. elden šun biya i gese, hūwang di erebe bahafi ini sukū be tungken burifi, akjan gurgu i giranggi be

---

夔

夔，一足，似牛而無角。《莊子》所云踸踔而行者也[15]，生東海中流波山。《經》云：其聲如雷，出入必有風雨，光如日月。黃帝得之，以其皮為鼓[16]，

夔

夔，一足，似牛而无角。《庄子》所云踸踔而行者也，生东海中流波山。《经》云：其声如雷，出入必有风雨，光如日月。黄帝得之，以其皮为鼓，

---

15 踸踔而行，滿文讀作"fekuceme yabumbi"，意即「跳躍而行」，或「蹦蹦跳跳而行」。

16 以其皮為鼓，滿文讀作"ini sukū be tungken burifi "，意即「以其皮蒙鼓」。

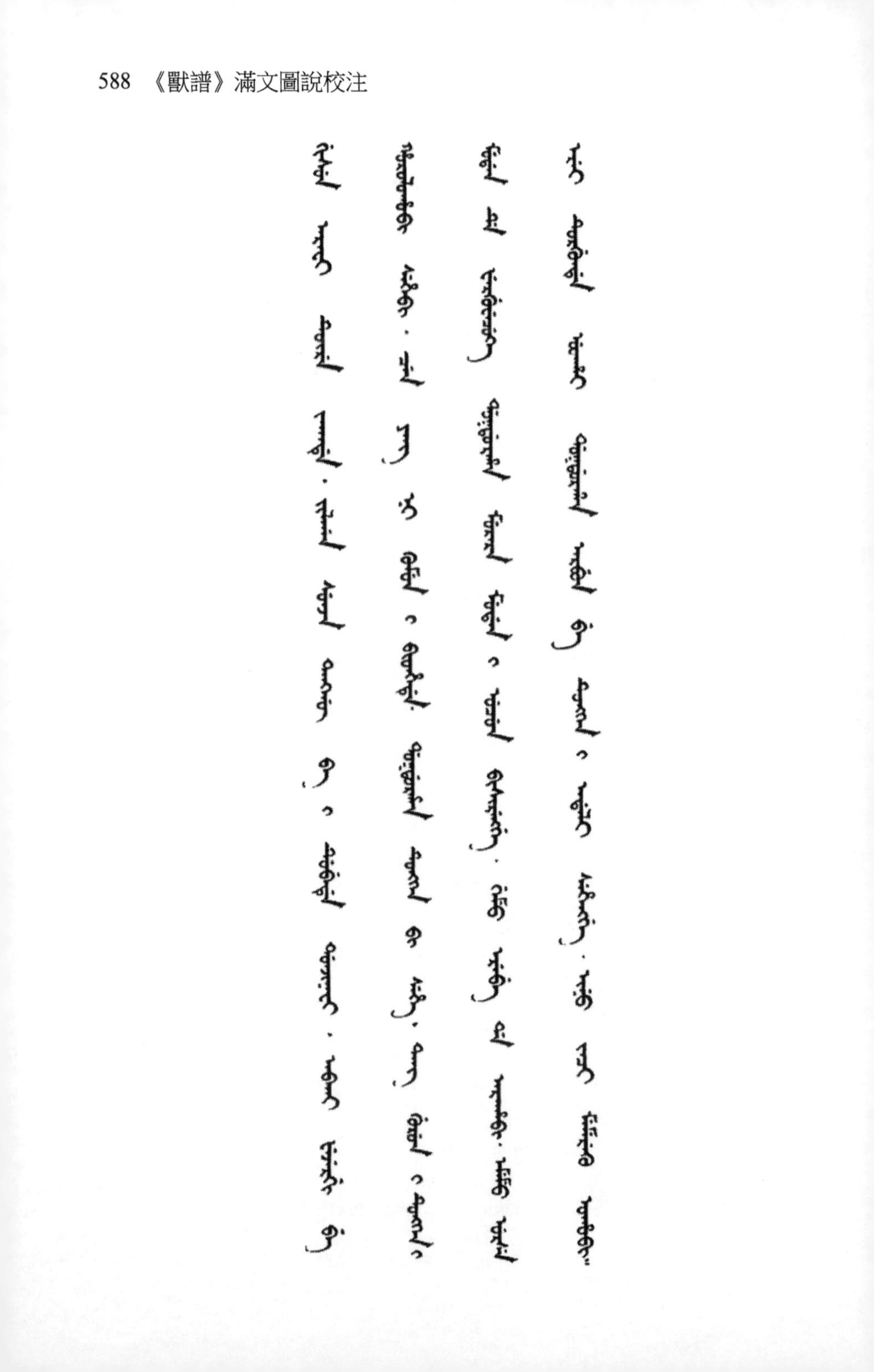

[illegible]

[illegible]

[illegible]

[illegible]

gisun arafi tūre jakade, jilgan sunja tanggū ba i dubede donjinafi, abkai fejergi be horolohobi sehebi. cen yang ni kumun i bithede, dokdorhan tungken bi sehe. tang gurun i tungken i mudan de ferguwecuke dokdorhan murara mudan i ucun bisirengge, gemu erebe da arahabi. ememu urse erei turgunde uthai dokdorhan arbun be tungken i adali sehengge, inu jaci memereku ohobi.

橛以雷獸之骨[17]，聲聞五百里，以威天下。陳暘《樂書》有夔鼓；唐㭊鼓[18]有〈靈夔吼〉之曲，皆本諸此。或因是遂謂夔形如鼓，其亦拘泥甚矣。

橛以雷兽之骨，声闻五百里，以威天下。陈旸《乐书》有夔鼓；唐㭊鼓有〈灵夔吼〉之曲，皆本诸此。或因是遂谓夔形如鼓，其亦拘泥甚矣。

---

17 橛以雷獸之骨，滿文讀作"akjan gurgu i giranggi be gisun arafi tūre"，意即「以雷獸之骨製作鼓槌捶打」。

18 唐㭊鼓，滿文讀作"tang gurun i tungken"，意即「唐朝之鼓」。

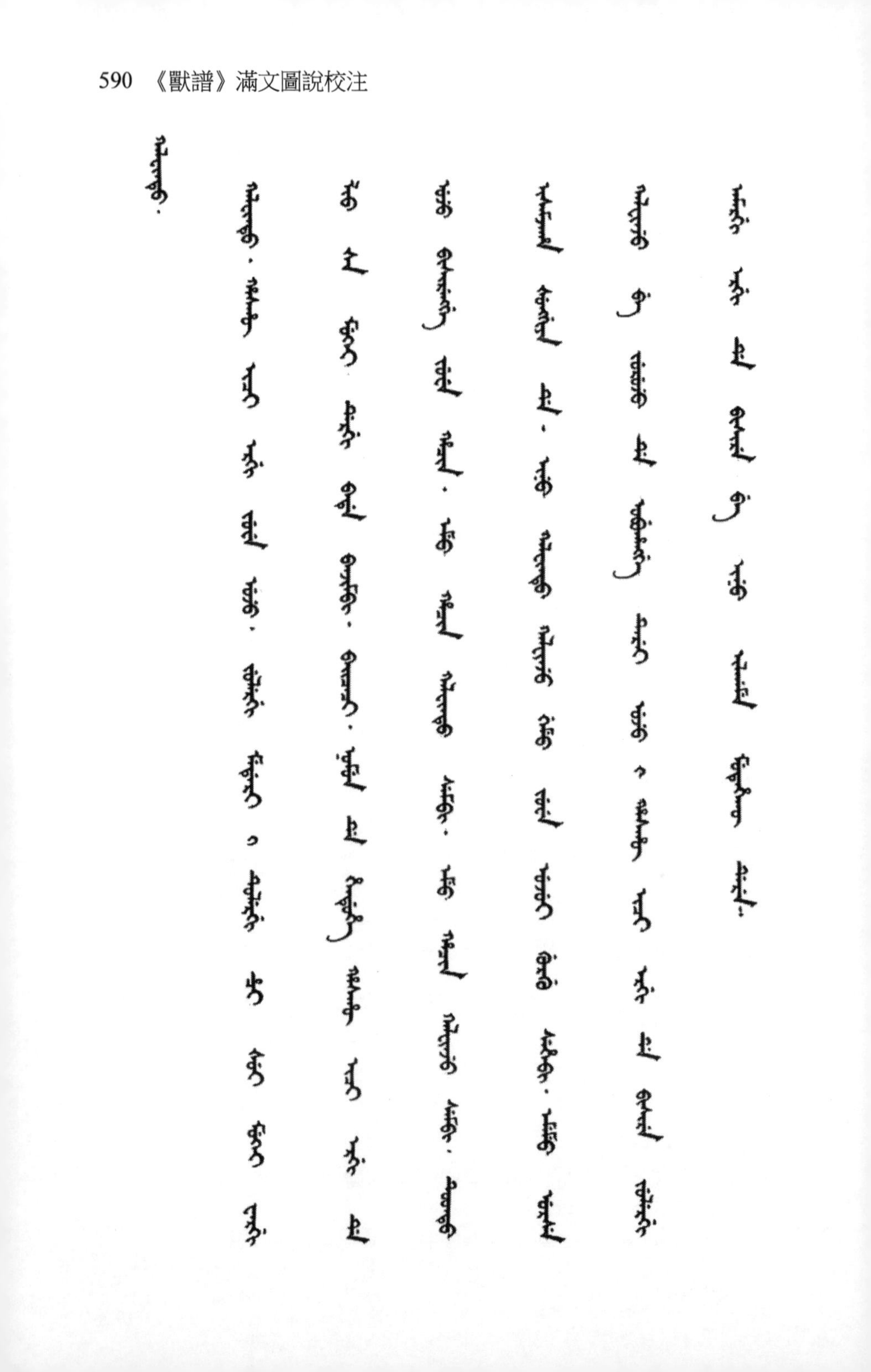

[illegible]

[illegible]

[illegible]

[illegible]

[illegible]

[illegible]

[illegible]

kalfintu

kalfintu, hashū ici ergi juwe uju. julergi mederi i tulergi c'y šui mukei wargi lio ša mukei dergi bade banjimbi. baicaci, nomun de henduhe hashū ici ergi de uju bisirengge juwe hacin, emu hacin kalfintu sembi, emu hacin kalfinju sembi. tuttu isamjaha šunggiya de, inu kalfintu, kalfinju gemu juwe ujui gurgu sehebi. ememu urse kalfinju be juruju de obuhangge, terei uju i hashū ici ergi de bisire julergi amargi ergi de bisire be, inu ilgame mutehekū dere.

䟴踢

䟴踢，左右有首。生南海之外，赤水之西，流沙之東。考《經》言左右有首者二：一曰䟴踢；一曰屏蓬。故《駢雅》亦曰：䟴踢、屏蓬，兩首獸也。或以屏蓬為并封，亦未辨左右前後之異耳。

䟴踢

䟴踢，左右有首。生南海之外，赤水之西，流沙之东。考《经》言左右有首者二：一曰䟴踢；一曰屏蓬。故《骈雅》亦曰：䟴踢、屏蓬，两首兽也。或以屏蓬为并封，亦未辨左右前后之异耳。

ᡤᡝ ᠨᡳ ᠠ ᡩᡠ ᡳ ᠨᡳᠶᠠᠯᠮᠠ.

ᡤᡝ ᠨᡳ ᠠ ᡩᡠ ᡳ ᠪᡝᠶᡝ ᠨᡳᠶᠠᠯᠮᠠ ᠪᡝ ᡳᠯᠠᡥᠠ ᠮᡠᡩᠠᠨ ᠪᡳ ᠰᡝᠮᡝ ᠪᡝᠶᡝ ᡠᡩᡠ ᠪᠠ ᠨᡳᠶᠠᠯᠮᠠ ᠪᡝ ᡳᠯᠠᡥᠠ ᡩᡝ · ᡨᡠᡵᡤᡠᠨ ᠪᡝ ᡩᠣᠯᠣ ᠪᡝ ᠰᠠᠮᠪᡳ ᠪᡝ ᡳᠯᠠᡥᠠ ᠰᡝᠮᡝ ᠰᡠᡵᡝ ᠪᡝᠶᡝ ᠪᡝ

ᡠᠮᡝ ᠠᡵᠪᡠᠨ · ᡠᠮᡝ ᡩᠣᡵᡤᡳ ᡳ ᡨᡠᠯᡤᡳᠶᡝᠨ ᠪᡳ ᠨᡳᠶᠠᠯᠮᠠ ᡳ ᡩᡠᡵᡠᠨ ᡳ ᠪᡝᠶᡝ ᠪᡝ ᡨᡠᠸᠠᠴᡳ ᡠᠮᡝ · ᡥᠠᡵᡤᠠᠰᠠᡵᠠ ᠪᡝ ᡨᡠᡵᡤᡠᠨ ᠪᡳ ᡳᠰᡳᠨᠵᡳᡵᡝ ᡩᡝ ᠪᡝᡳᡤᡠᠸᡝᠨ ᠨᡳ

ᡥᠣᡵᡳᠮᠪᡳ · ᡨᡝᡵᡝ ᠮᡝᠨᡝ ᠪᡝᡵᡝ ᡨᡠᡵᡤᡠᠨ ᡨᡠᠸᠠᠴᡳᡥᡳᠶᠠᠮᠪᡳ · ᠪᡝᠶᡝ ᡩᡝ · ᠰᡝᡵᡝ ᡨᡝᡵᡝ ᠪᡝ ᡤᡳᠰᡠᡵᡝᠮᠪᡳ ᠰᡝᠮᡝ ᠮᡝᠨᡳ ᠪᡝᠶᡝ ᠨᡳᠶᠠᠯᠮᠠ ᠰᡝᡥᡝ ᠪᡝᠶᡝ ᡩᡝ ᠨᡳ ᠪᡝᠶᡝ

ᡨᡠᠸᠠᠴᡳᡥᡳᠶᠠᠮᠪᡳ ᡝᡵᡝ ᠰᡠᠨᠵᠠ ᠮᡝᠨᡳ ᠨᡳᠶᠠᠯᠮᠠ ᡳ ᠪᡝᠶᡝ ᠪᡝ ᡨᡠᠸᠠᠴᡳ ᠰᡝᡵᡝ ᠪᡝ ᡩᠣᡵᡤᡳ ᡳᠯᡳᡥᠠ ᠪᡝᡳᡤᡝ ᠪᡝ ᠰᡠᠸᠠᠯᠠᠮᠪᡳ ᠪᡳ ᡨᡠᡵᡤᡠᠨ ᡳ ᡤᡳᠰᡠᠨ ᠪᡝ ᠰᡝᠮᠪᡳ ::

lii wei ya jeo i arsalan

lii wei ya jeo i bade arsalan labdu, banin doksin bime cokto, erebe ucarahangge ekšeme hujuci, udu yadahūšacibe niyalma be sairakū, niyalma be saburakū oci, feksirengge edun i gese hūdun, geren aika amcaci, emu okson emu okson i elhei yabume umai herserakū, damu coko i hūlara, jai sejen i jilgan de gelembi. donjime, uthai goro jailambi. aika doksirame gūbadara nergin, imbe umainame muterakū oci, emu mumuhu maktame buhede, uthai fekuceme miyehudeme fuhešeme efime nakarakū ombi. leolere urse, geli terebe kesi be alici urunakū karulambi sembi, ere ainci gurgu i dorgi baili be sarangge kai.

利未亞師子

利未亞州[19]多獅，性猛而傲。遇者亟俯伏，雖飢不噬，人不見則疾走如風，或眾逐之，徐行彳亍弗顧也。惟畏雞鳴及車聲，聞即遠遁。當其暴烈難制，擲以毬，輒騰躍轉弄不息。說者又謂其受德必報，蓋毛群之有情者[20]。

利未亞師子

利未亚州多狮，性猛而傲。遇者亟俯伏，虽饥不噬，人不见则疾走如风，或众逐之，徐行彳亍弗顾也。惟畏鸡鸣及车声，闻即远遁。当其暴烈难制，掷以球，辄腾跃转弄不息。说者又谓其受德必报，盖毛群之有情者。

---

[19]利未亞州，滿文讀作"lii wei ya jeo i ba"，意即「非洲地方」。

[20] 毛群之有情者，滿文讀作"gurgu i dorgi baili be sarangge"，意即「諸獸中知恩惠者」。

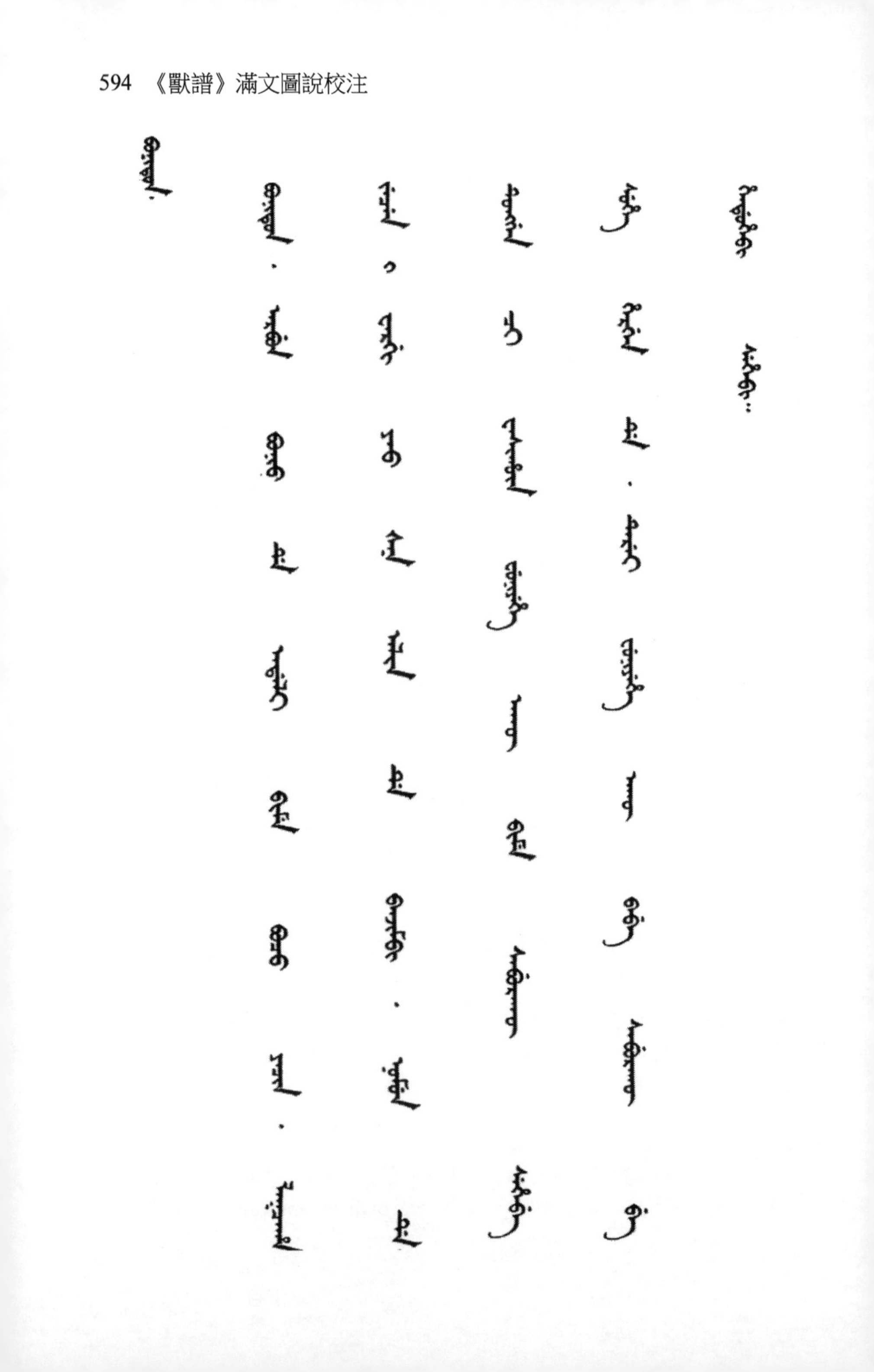

bonitun

bonitun. arbun bonio de adali bime boco yacin, lakcaha jecen i wargi yao šan alin de banjimbi. nomun de tunggen ci wasihūn funiyehe akū bime saburakū sehebe suhe hergen de, terei funiyehe akū babe saburakū be henduhebi sehebi.

蠱

蠱，狀如猨而色青。生大荒西之搖山。《經》云：胸以後裸不見[21]。注謂：不見其裸露處也[22]。

蛊

蛊，状如猨而色青。生大荒西之摇山。《经》云：胸以后裸不见。注谓：不见其裸露处也。

---

21 胸以後裸不見，滿文讀作“tunggen ci wasihūn funiyehe akū bime saburakū”，意即「自胸以下無毛而不見」。

22 不見其裸露處也，滿文讀作“terei funiyehe akū babe saburakū”，意即「不見其無毛之處」。

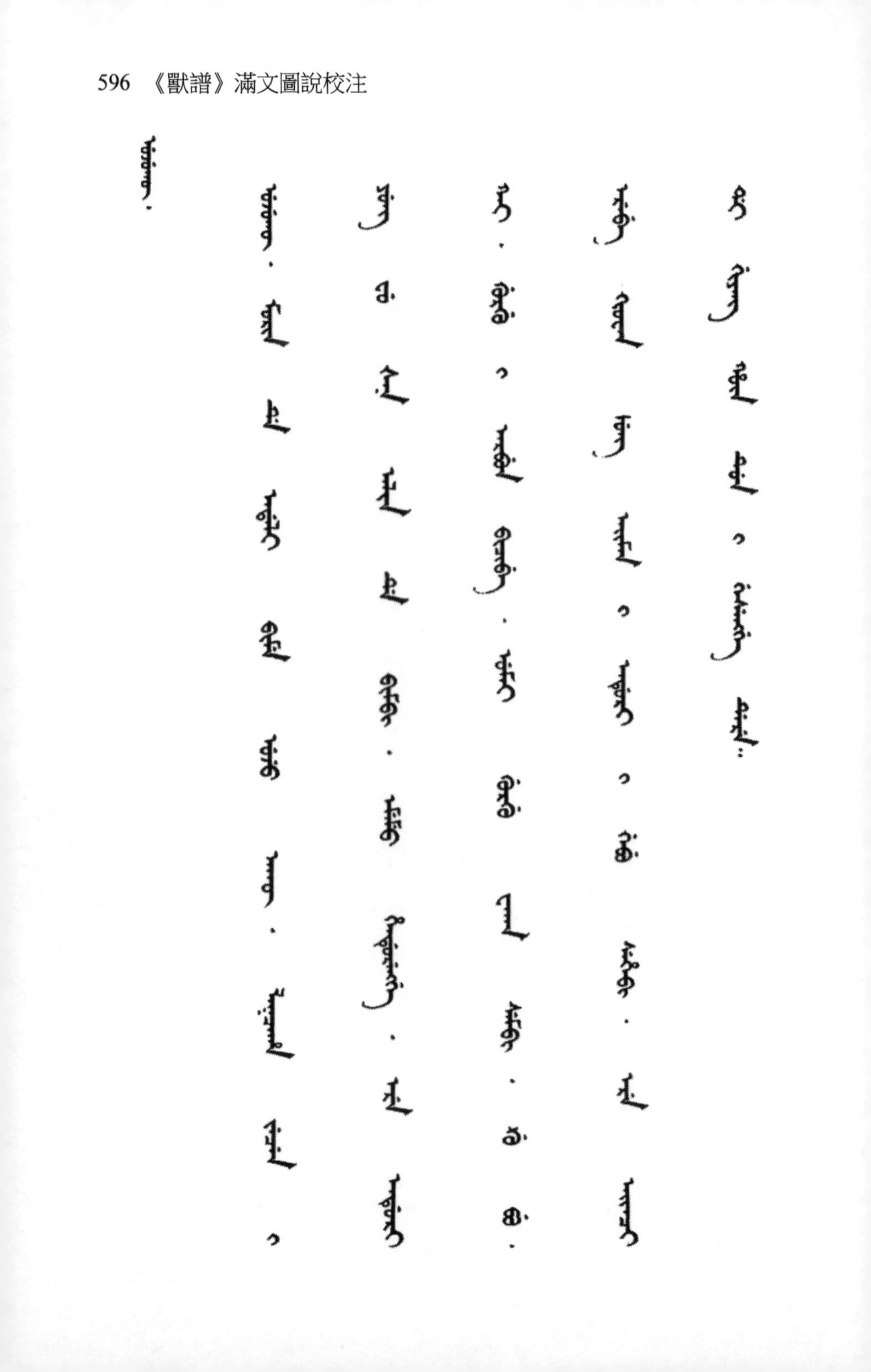

ujukū

ujukū, morin de adali bime uju akū, lakcaha jecen i yung fu šan alin de bimbi. ememu hendurengge, ere enduri kai, gurgu i arbun bicibe, umai gurgu waka sembi. g'o pu, erebe kiowan žung aiman i enduri i gebu sehebi. ere ainci di giyang hūn dun i gesengge dere.

戎宣王尸

戎宣王尸，如馬而無首。居大荒中融父之山。或謂此神，獸狀，非真獸也[23]。郭璞謂為犬戎神名[24]，豈帝江、渾沌之類乎？

戎宣王尸

戎宣王尸，如马而无首。居大荒中融父之山。或谓此神，兽状，非真兽也。郭璞谓为犬戎神名，岂帝江、浑沌之类乎？

---

23 或謂此神，獸狀，非真獸也，滿文讀作“ememu hendurengge, ere enduri kai, gurgu i arbun bicibe, umai gurgu waka sembi”，意即「或謂此神，雖然獸狀，但是並非獸。」

24 謂為犬戎神名，滿文讀作“erebe kiowan žung aiman i enduri i gebu sehebi”，意即「謂為犬戎部族神名。」

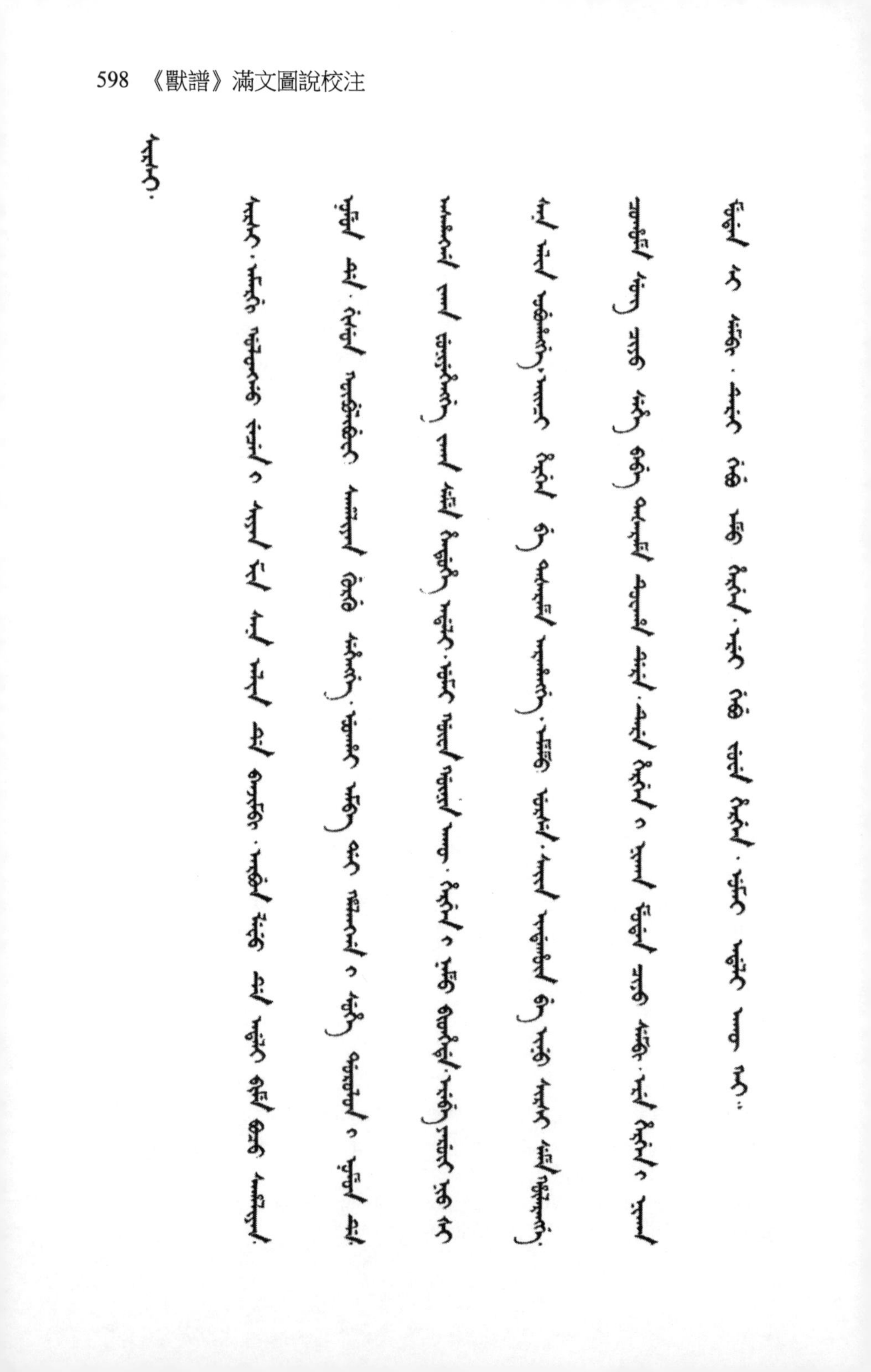

[illegible]

[illegible]

[illegible]

[illegible]

[illegible]

[illegible]

[illegible]

sirsi

sirsi, amargi golonggo jecen i siyan min šan alin de banjimbi, arbun lefu de adali bime boco sahaliyan. nomun de, gisun kūbulibufi sahaliyan gurgu sehengge, uthai amba dai halangga i suhe dorolon i nomun de, ashangga jaka funiyehengge jaka seme henduhe adali, umai gūwa gūnin akū. hergen i namu bithede, erebe yarufi nio ši šan alin obuhangge, ainci hergen be tašarame arahangge. ememu urse, sain indahūn be inu sirsi seme hūlarangge, cohome sung ciyo sehe babe tašarame tuwaha dere. tere hergen i nikan mudan ciyo sembi, ere hergen i nikan mudan si sembi. terei gebu emu hergen, erei gebu juwe hergen, umai adali akū kai.

猎猎

猎猎，生北荒先民山中。如熊狀，色黑。《經》變文曰：黑蟲[25]，猶《大戴禮》稱羽蟲、毛蟲之類，無他義也。《篇海》引此作牛氏山，蓋魯魚亥豕之譌。或又云：良犬亦名猎猎，則因宋猎而誤。彼音鵲，此音夕，彼單舉，此雙稱，為不同耳。

猎猎

猎猎，生北荒先民山中。如熊状，色黑。《经》变文曰：黑虫，犹《大戴礼》称羽虫、毛虫之类，无他义也。《篇海》引此作牛氏山，盖鲁鱼亥豕之讹。或又云：良犬亦名猎猎，则因宋猎而误。彼音鹊，此音夕，彼单举，此双称，为不同耳。

---

[25] 黑蟲，滿文讀作“sahaliyan gurgu”，意即「黑獸」。

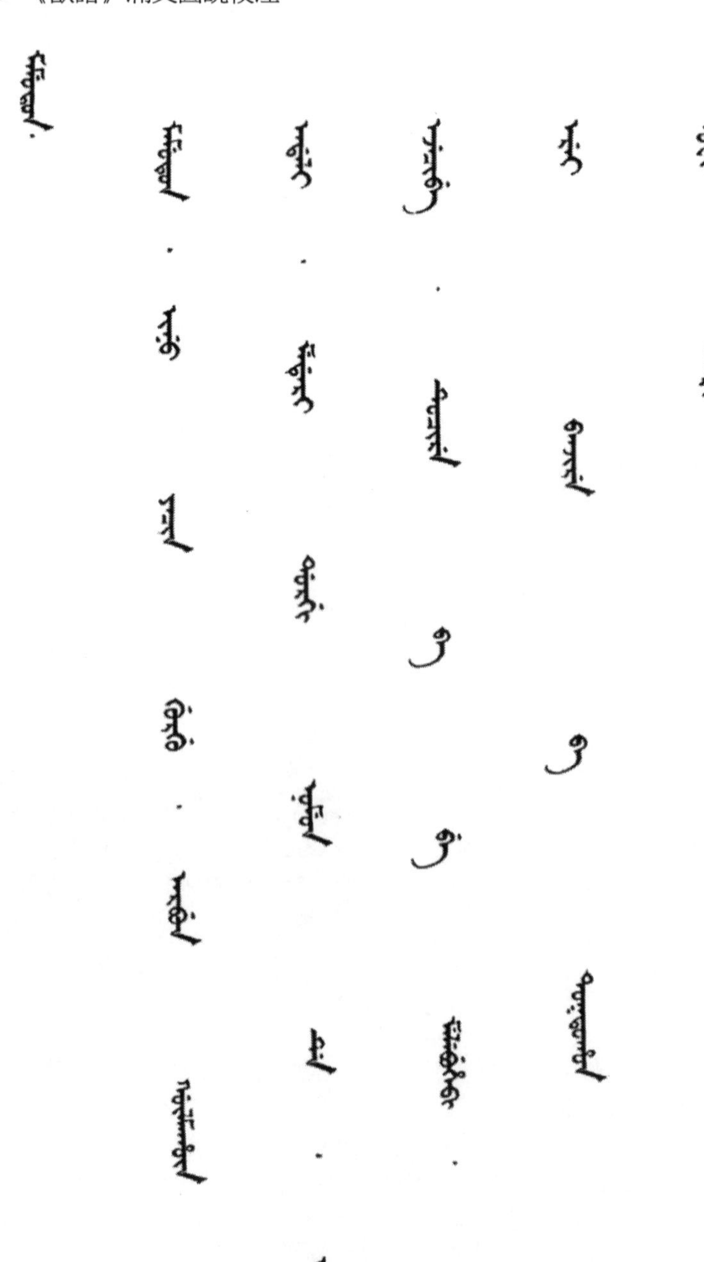

mamutun

mamutun, inu yacin gurgu, arbun gūlmahūn de adali. mederi dorgi nomun de, erebe ejecibe, tucire ba be melebuhebi. ainci erei banjire ba toktohon akū ofi dere.

麕狗

麕狗，亦青獸，狀如菟[26]。《海內經》載之而逸其地[27]，豈以產無定所耶？麕音菌[28]。

麕狗

麕狗，亦青兽，状如菟。《海内经》载之而逸其地，岂以产无定所耶？麕音菌。

---

[26] 狀如菟，滿文讀作"arbun gūlmahūn de adali"，意即「狀如兔」。

[27] 載之而逸其地，滿文讀作"erebe ejecibe tucire ba be melebuhebi"，意即「雖載之而遺漏出處」。

[28] 麕音菌，原書未譯出滿文。

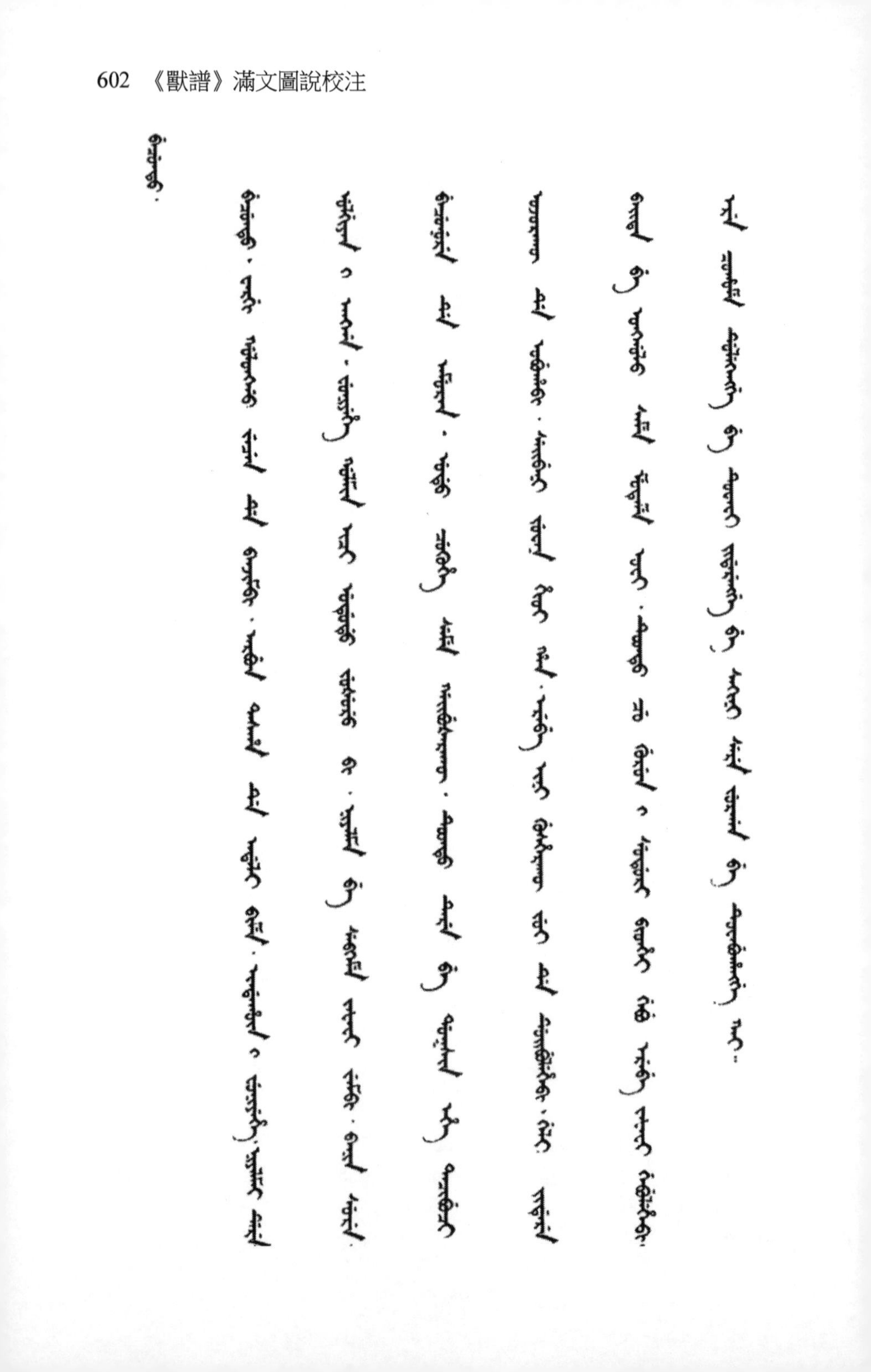

[illegible]

becuntu

becuntu, wargi golonggo jecen de banjimbi. arbun tasha de adali bime, indahūn i funiyehe, niyalmai dere, ulgiyan i angga, funiyehe golmin ici ududu jušuru bi. niyalma be sebkeme jafafi jembi. banin sure becunure de amuran, udu cukuhe seme gaibušarakū, tuttu tere be doksin ehe tacibuci ojorakū de obuhabi. seibeni juwan hioi han, erebe ini gusherakū jui de duibulehebi. geli jidere baita be onggolo same muteme ofi, tuttu cu gurun i suduri bithei gebu erebe jafafi gebulehebi. ere cohome dulekengge be tuwafi jiderengge be sakini sere jurgan be tuwabuhangge kai.

檮杌

檮杌，生西荒中。狀如虎而犬毛，人面，豬喙，毫長數尺。能攫人食之。性黠而好鬥，雖困不却，故為獓狠，亦曰：難訓[29]。昔顓頊氏以比其不才子。又能逆知來事，故楚國之史亦以為名。用昭示往知來之義焉。

梼杌

梼杌，生西荒中。状如虎而犬毛，人面，猪喙，毫长数尺。能攫人食之。性黠而好斗，虽困不却，故为獓狠，亦曰：难训。昔颛顼氏以比其不才子。又能逆知来事，故楚国之史亦以为名。用昭示往知来之义焉。

---

[29] 故為獓狠，亦曰：難訓，滿文讀作"tuttu tere be doksin ehe tacibuci ojorakū de obuhabi"，意即「故為暴戾不可訓」。

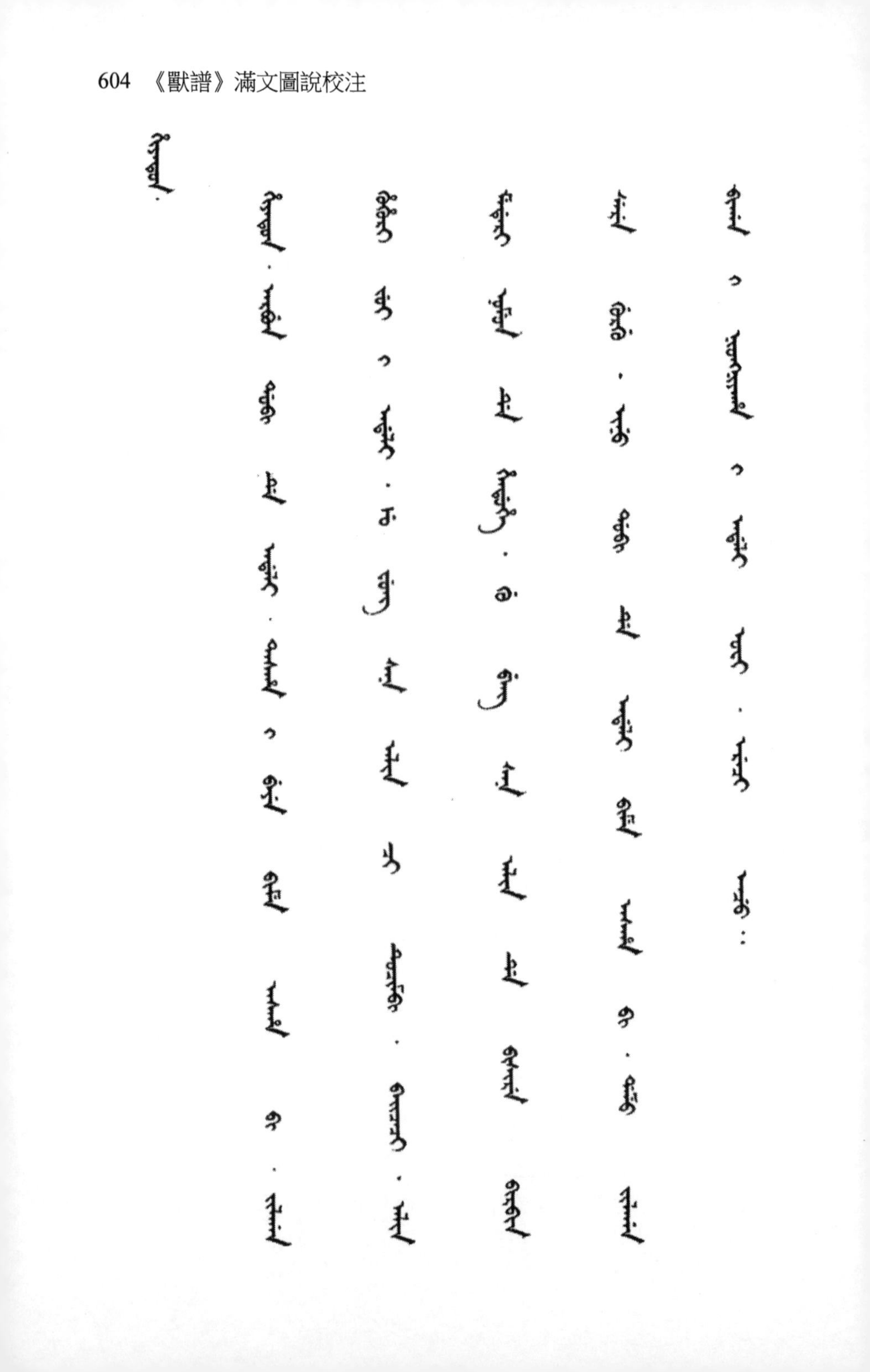

[illegible]

[illegible]

[illegible]

[illegible]

[illegible]

[illegible]

hiyatun

hiyatun, arbun dobi de adali, tasha i beye bime asha bi. jilgan huhuri jui i adali, žu fung šan alin ci tucimbi. baicaci, alin mederi nomun de henduhe, gu peng šan alin de bisire birbin sere gurgu, inu dobi de adali bime asha bi, damu jilgan bigan i niongniyaha i adali ofi, ereci encu.

旱獸

旱獸，狀如狐，虎身而傅翼[30]，音如嬰兒，出如逢山。案：《山海經》姑逢之山有獸曰獙獙[31]，亦似狐而有翼，惟音如鴻雁，與此異耳。

旱兽

旱兽，状如狐，虎身而傅翼，音如婴儿，出如逢山。案：《山海经》姑逢之山有兽曰獙獙，亦似狐而有翼，惟音如鸿雁，与此异耳。

---

[30] 虎身而傅翼，句中「傅翼」，滿文讀作“asha bi”，意即「有翼」，或「有翅」。

[31] 姑逢之山有獸曰獙獙，句中「姑逢之山」，滿文讀作“gu peng šan alin”，意即「姑逢山」，句中「逢」，音「蓬」。

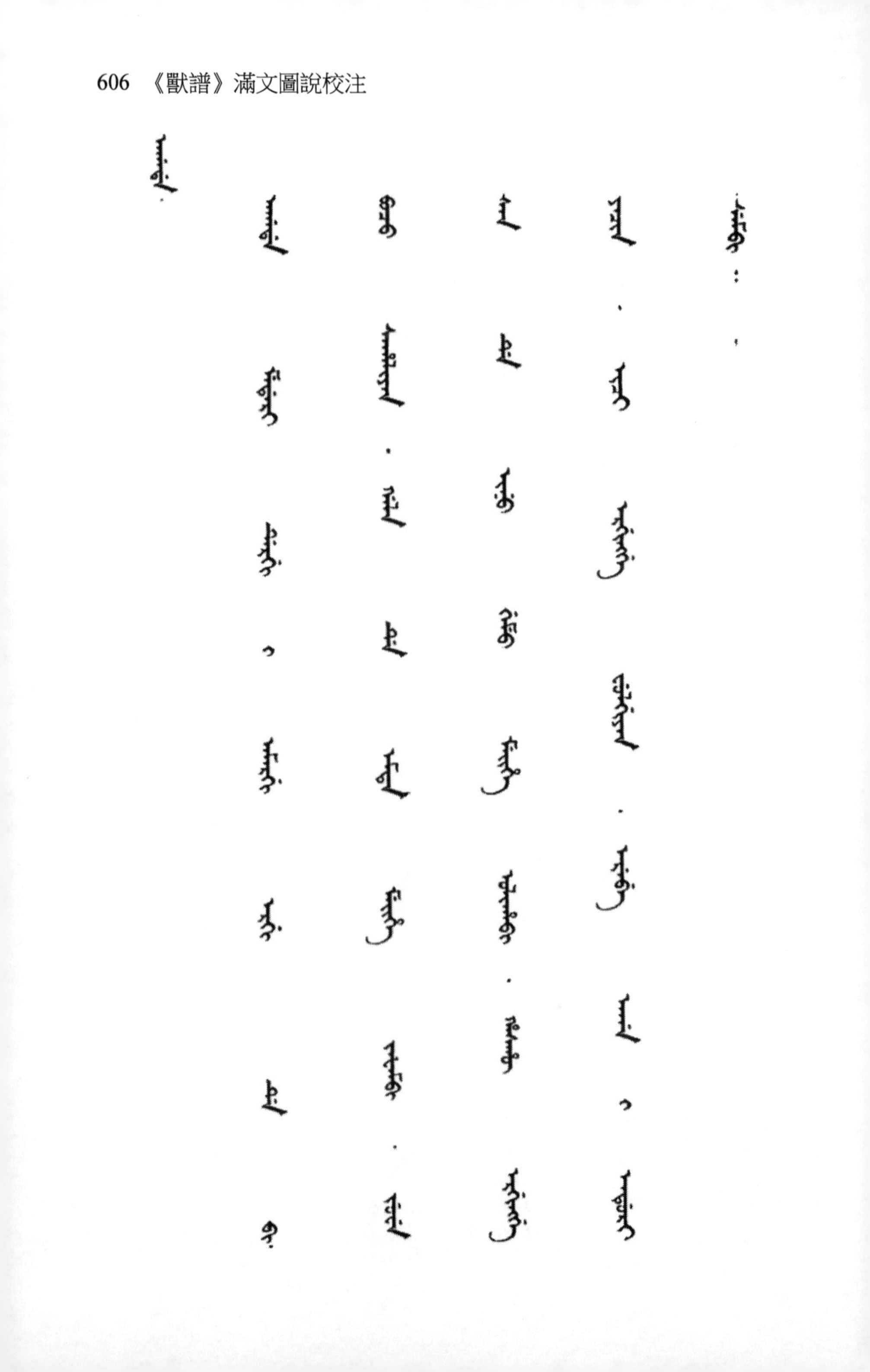

agada

agada, mederi dergi i amargi ergi de bi. boco sahaliyan, gala de emte meihe jafambi, juwe šan de inu gemu meihe olihabi, hashū ergingge yacin, ici ergingge fulgiyan, erebe aga i enduri sembi.

屏翳

屏翳，在海東之北，其形黑[32]，手執一蛇[33]，兩耳亦有蛇貫之[34]，左青而右赤，是為雨師[35]。

屏翳

屏翳，在海东之北，其形黑，手执一蛇，两耳亦有蛇贯之，左青而右赤，是为雨师。

---

32 其形黑，滿文讀作"boco sahaliyan"，意即「色黑」。

33 手執一蛇，滿文讀作"gala de emte meihe jafambi"，意即「手上各執一蛇」。

34 兩耳亦有蛇貫之，滿文讀作"juwe šan de inu gemu meihe olihabi"，句中" olihabi "，當作"ulihabi"，意即「貫穿」。

35 是為雨師，滿文讀作"erebe aga i enduri sembi"，意即「此為雨神」。

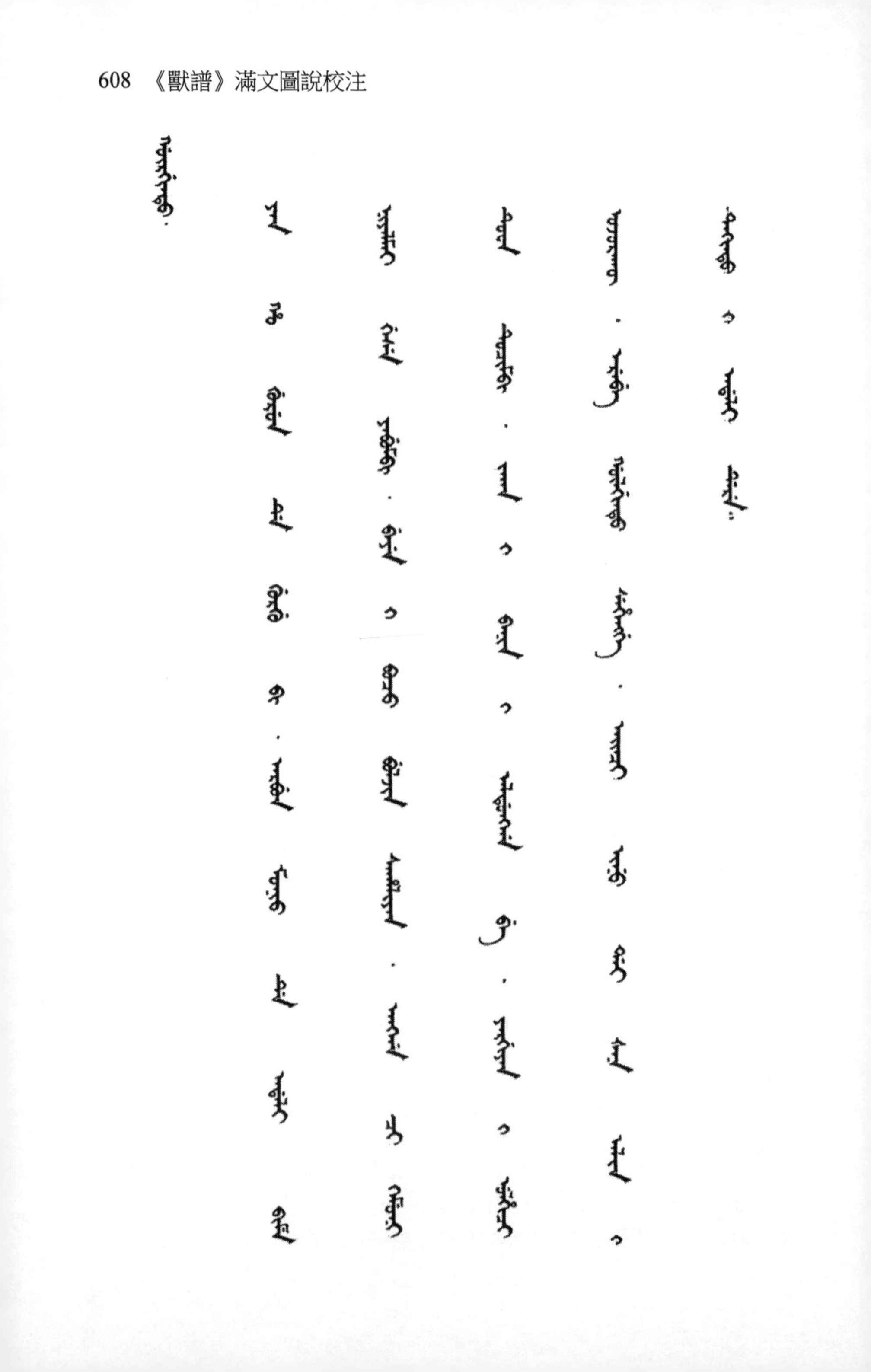

[illegible]

gūrgintu

yan ho gurun de gurgu bi, arbun monio de adali bime niyalmai gese yabumbi, beye i boco buljin sahaliyan, angga ci kemuni tuwa tucimbi. jaka i banin i aldungga be, yargiyan i ulhici ojorakū. erebe gūlgintu sehengge, ainci inu dai šan̲ alin i takintu i adali dere.

厭火獸[36]

厭火國有獸焉，狀如猴而人行，身正黑[37]，口常吐火。物性之異，殆不可解。謂之厭火，豈帶山䑏疏類歟?

厌火兽

厌火国有兽焉，状如猴而人行，身正黑，口常吐火。物性之异，殆不可解。谓之厌火，岂带山䑏疏类欤?

---

[36] 厭火獸，規範滿文讀作"gūrgitu"，此作"gūrgintu"，異。

[37] 身正黑，滿文讀作"beye i boco buljin sahaliyan"，意即「身色純黑」。

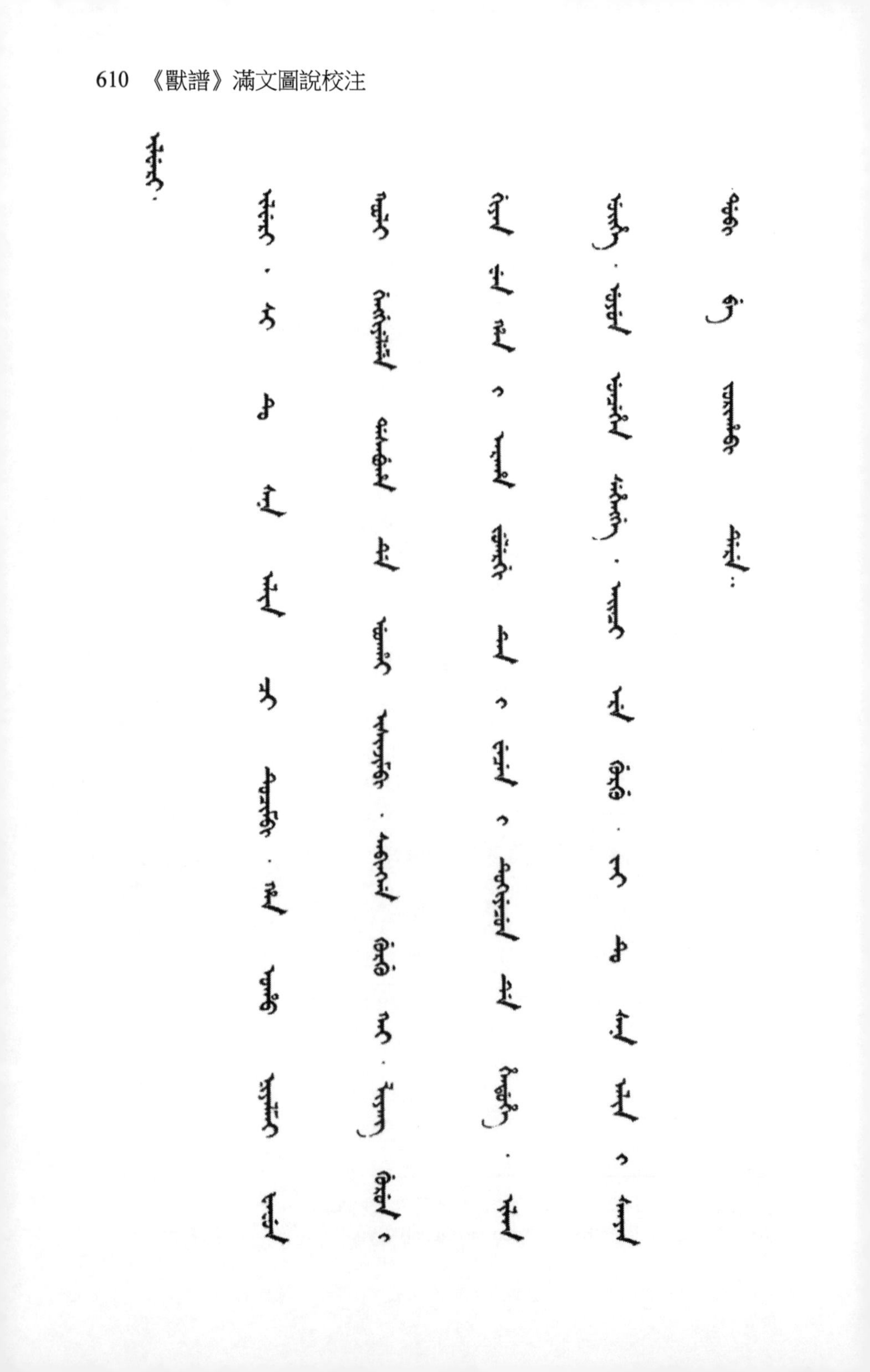

ilweri

ilweri, si tu ša<u>n</u> alin ci tucimbi. han oho niyalmai fafun kooli genggiyeleme dasabuha de uthai isinjimbi, sabingga gurgu kai. liyang gurun i giyan wen han i araha julergi ten i wecen i tukiyecun de henduhe, ilan uihe uyun uncehen sehengge, ainci ere gurgu, jai tu ša<u>n</u> alin i šanyan dobi be jorihabi dere.

三角獸

三角獸，出西凸山。王者法度修明則至，瑞獸也。梁簡文〈南郊頌〉所云：三角九尾[38]，蓋指此獸與塗山白狐耳。

三角兽

三角兽，出西凸山。王者法度修明则至，瑞兽也。梁简文〈南郊颂〉所云：三角九尾，盖指此兽与涂山白狐耳。

---

38 梁簡文〈南郊頌〉，滿文讀作"liyang gurun i giyan wen han i araha julergi ten i wecen i tukiyecun"，意即「梁朝簡文帝御製〈南郊頌〉」。

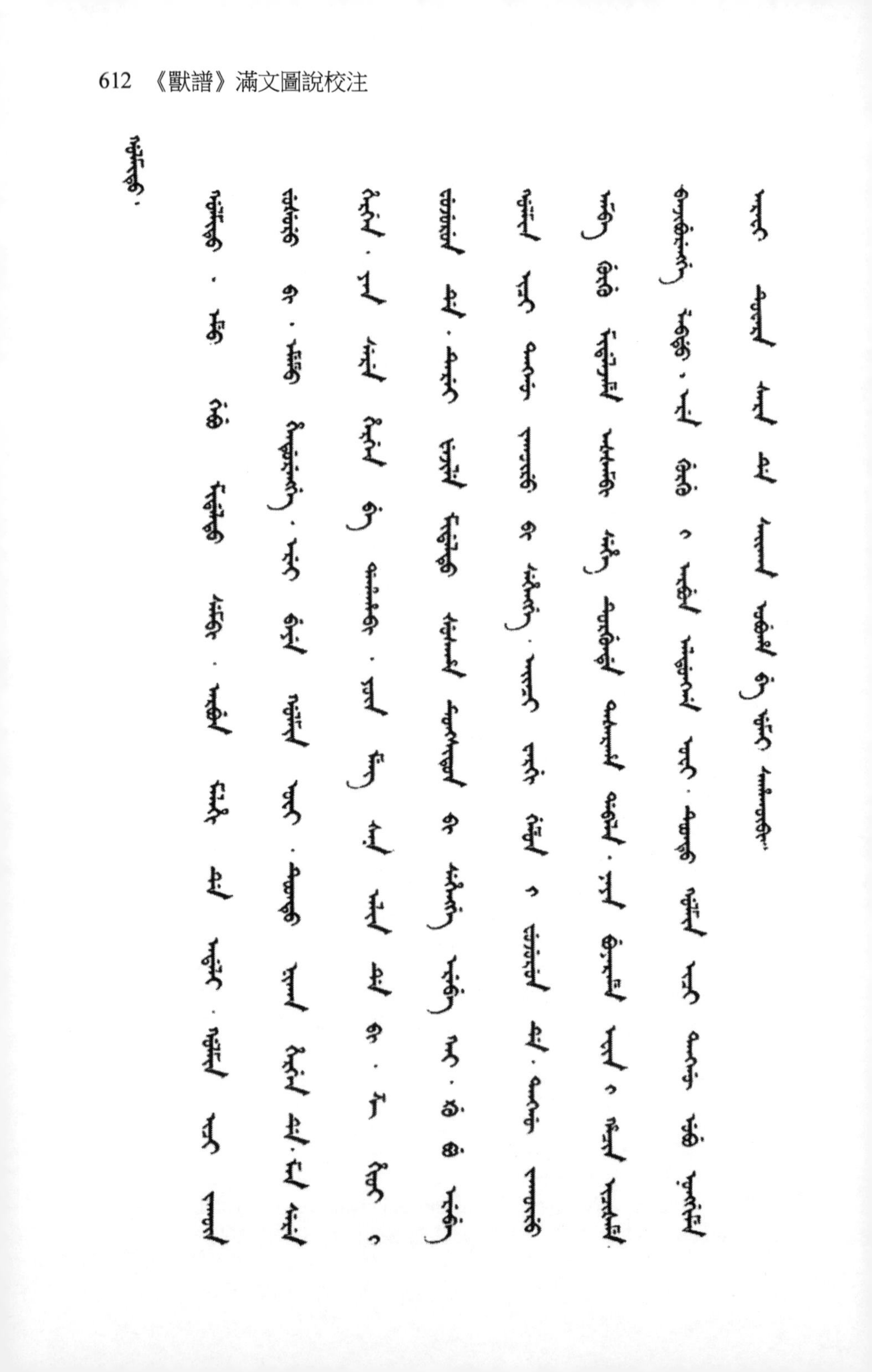

golmitu

golmitu, emu gebu midaltu sembi. arbun malahi de adali, golmin ici jakūn jušuru bi. ememu hendurengge, erei beye golmin ofi, tuttu nikan hergen de, man sere hergen, yan sere hergen be dahahabi. yūn meng šan alin de bi. dz hioi i fujurun de, terei fejile midaltu šusha tungsitun bi sehengge, erebe kai. g'o pu erebe golmin ici tanggū jakūru bi sehengge, ainci wargi gemun i fujurun de, tanggū jakūru amba gurgu midaljame aššambi sehe turgunde tašaraha dabala. yaya buyarame efin i hacin icišame banjiburengge labdu, ere gurgu i arbun aldungga ofi, tuttu golmin ici tanggū ubu nonggime arafi, tuwara šara de saikan obuha be umai sahakūbi.

蟃

蟃，一作獌，亦名蟃蜒[39]。形似貍，長八尺。或曰以其長，故字從曼，從延[40]。雲夢有之。〈子虛賦〉所謂其下則有蟃蜒貙豻是也。郭璞謂其長百尋，蓋因〈西京賦〉巨獸百尋，是為漫延之語而誤。豈知雜戲所陳，本多假設，以此獸形奇，故百倍其長以供翫乎？

蟃

蟃，一作獌，亦名蟃蜒。形似狸，长八尺。或曰以其长，故字从曼，从延。云梦有之。〈子虚赋〉所谓其下则有蟃蜒貙豻是也。郭璞谓其长百寻，盖因〈西京赋〉巨兽百寻，是为漫延之语而误。岂知杂戏所陈，本多假设，以此兽形奇，故百倍其长以供翫乎？

---

[39] 蟃，一作獌，亦名蟃蜒，滿文讀作"golmitu, emu gebu midaltu sembi"，意即「蟃，一名蟃蜒」；句中「一作獌」，未譯出滿文，滿漢文義稍有出入。

[40] 或曰以其長，故字從曼，從延，滿文讀作"ememu hendurengge, erei beye golmin ofi, tuttu nikan hergen de, man sere hergen, yan sere hergen be dahahabi"，意即「或曰，因身長，故漢字從曼，從延」。

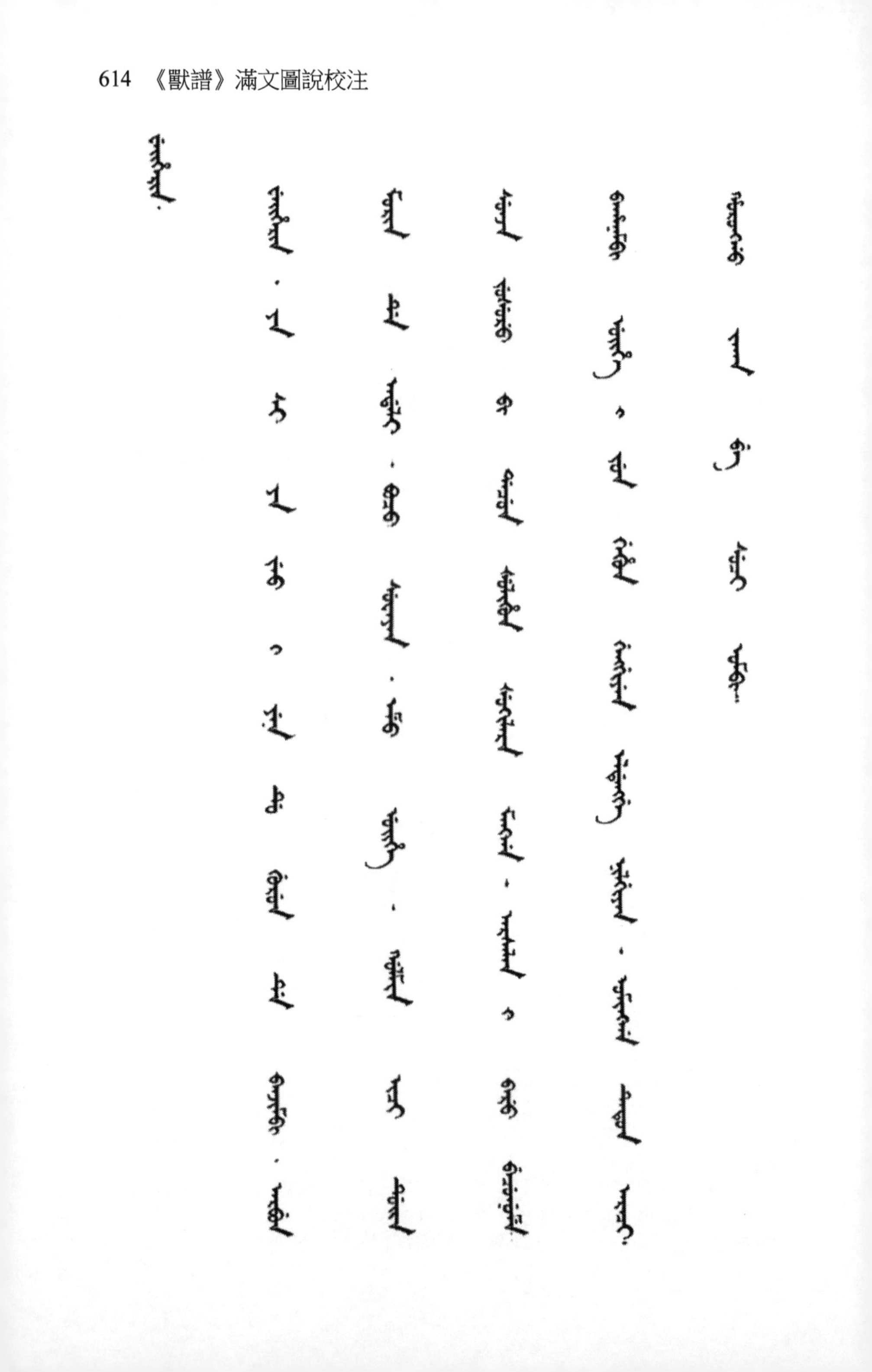

weiherin

weiherin, ya si ya jeo i yen du gurun de banjimbi. arbun morin de adali, boco suwayan, emu uihe, golmin ici duin sunja jusuru bi. dacun šulihun šukilara mangga, arsalan i baru bebcunume bahanambi. uihe i jun gehun genggiyen eldengge nilgiyan, omingga tetun araci, horoggo jaka be suci ombi.

獨角獸

獨角獸，產亞細亞州印度國。形如馬，色黃，一角，長四、五尺，銛銳善觸[41]，能與獅鬥。角理通明光潤，作飲器，能辟毒[42]。

独角兽

独角兽，产亚细亚州印度国。形如马，色黄，一角，长四、五尺，铦锐善触，能与狮斗。角理通明光润，作饮器，能辟毒。

---

[41] 銛銳善觸，滿文讀作“ dacun šulihun šukilara mangga”，意即「尖銳善觸」。

[42] 能辟毒，滿文讀作“horonggo jaka be suci ombi”，意即「可解毒物」。

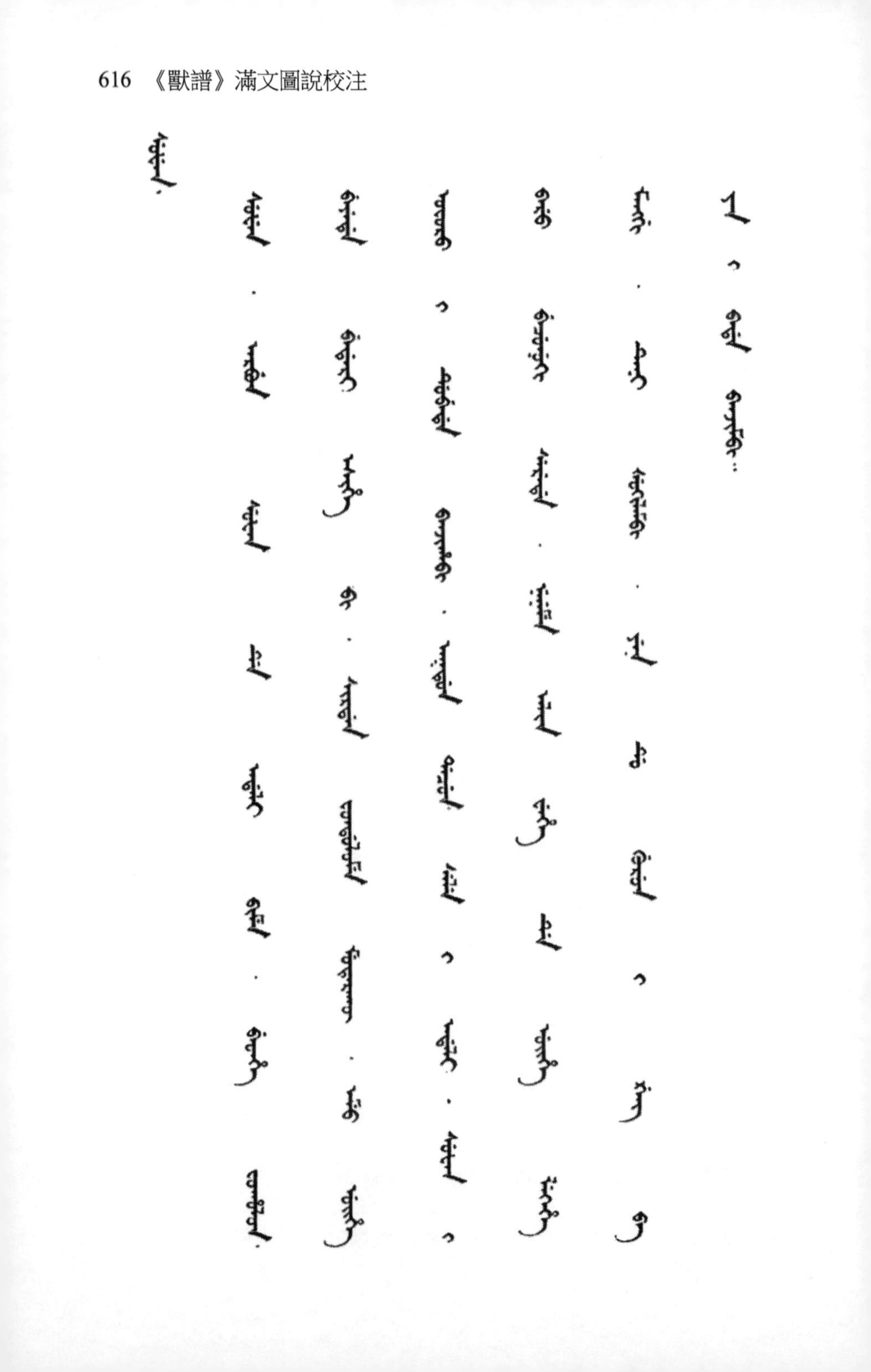

sufen

sufen, arbun sufan de adali bime, bethe foholon, beyede bederi esihe bi, sirdan fondolome muterakū. emu uihe oforo i dubede banjihabi, akdun dacun sele i adali, sufan i baru becunuki serede, neneme alin wehe de uihe lekehe manggi, teni šukilambi. yen du gurun i g'ang ba ya i bade banjimbi.

鼻角獸

鼻角獸，狀如象而足短，身有斑文，鱗介[43]，矢不能入[44]。一角出鼻端[45]，堅利如鐵，將與象鬥，先於山石間礪其角以觸。印度國剛霸亞地所產也。

鼻角兽

鼻角兽，状如象而足短，身有斑文，鳞介，矢不能入。一角出鼻端，坚利如铁，将与象斗，先于山石间砺其角以触。印度国刚霸亚地所产也。

---

[43] 鱗介，滿文讀作“esihe bi”，有鱗。

[44] 矢不能入，滿文讀作“sirdan fondolome muterakū”，意即「矢不能穿透」。

[45] 一角出鼻端，滿文讀作“emu uihe oforo i dubede banjihabi”，意即「一角長在鼻端」。

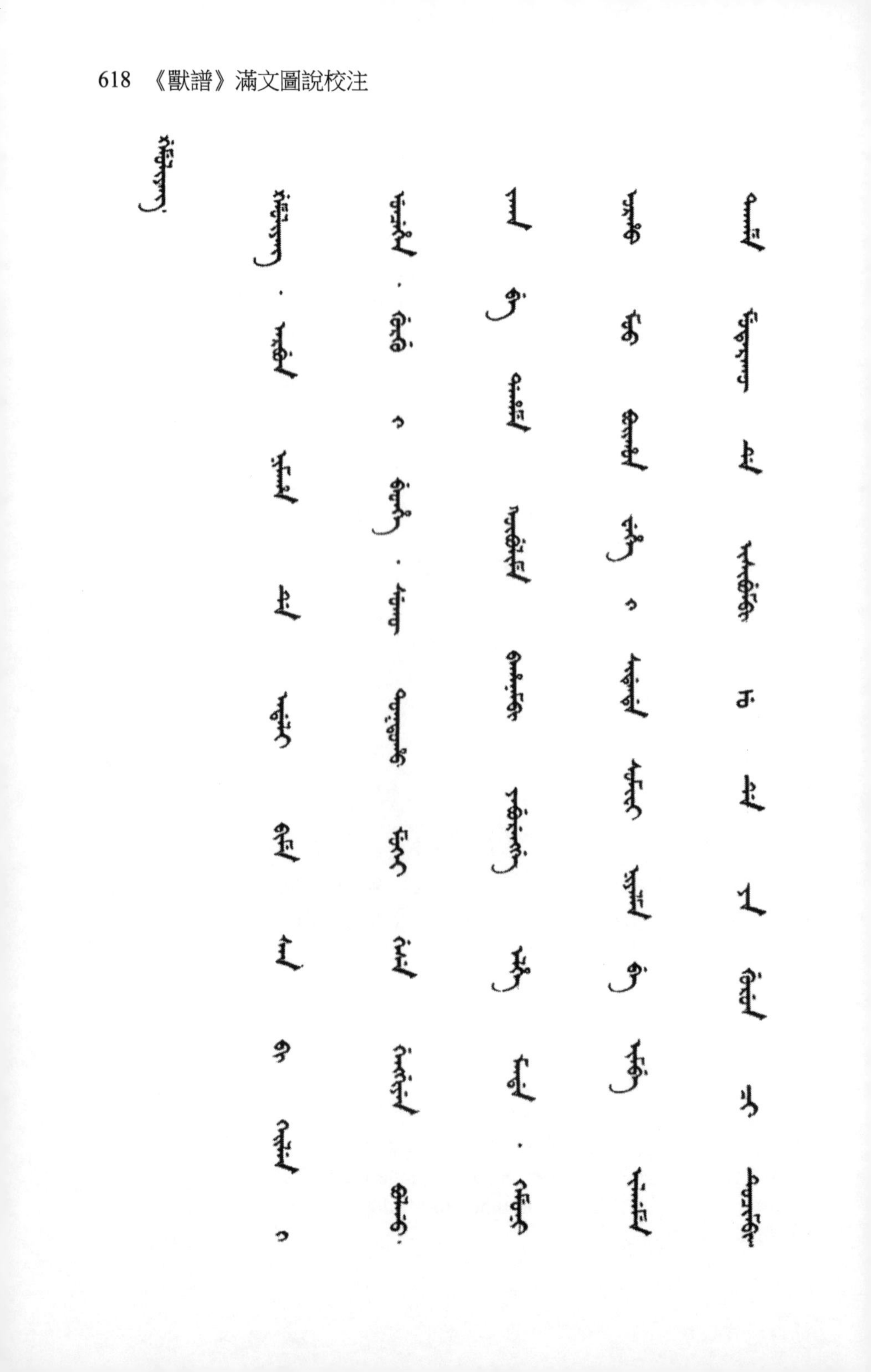

g’amuliyang

g’amuliyang, arbun nimaha de adali bime šan bi, keilen i uncehen, gurgu i bethe, sukū toktoho mukei gese genggiyen bolgo, jaka be dahame kūbulime bahanambi, yaburengge elhe manda, kemuni orho moo boihon wehe i sidende somifi niyalma be imbe ilgame takame muterakū de isibumbi, žu de ya gurun ci tucimbi.

加默良

加默良[46]，狀似魚而有耳，鼉尾獸足，皮如澄水明瑩，能隨物變色。行遲緩，常匿草木土石間，令人不能辨識[47]，出如德亞國[48]。

加默良

加默良，状似鱼而有耳，鼍尾兽足，皮如澄水明莹，能随物变色。行迟缓，常匿草木土石间，令人不能辨识，出如德亚国。

---

46 加默良，滿文讀作“g’amuliyang”，係西班牙文“camaleón”之音譯，意即「避役」、「變色龍」。

47 令人不能辨識，滿文讀作“niyalma be imbe ilgame takame muterakū de isibumbi”，意即「以致令人不能辨識牠」。

48 如德亞國，滿文讀作“žu de ya gurun”，意即「猶太（Judea）國」，相當今之巴勒斯坦地區。

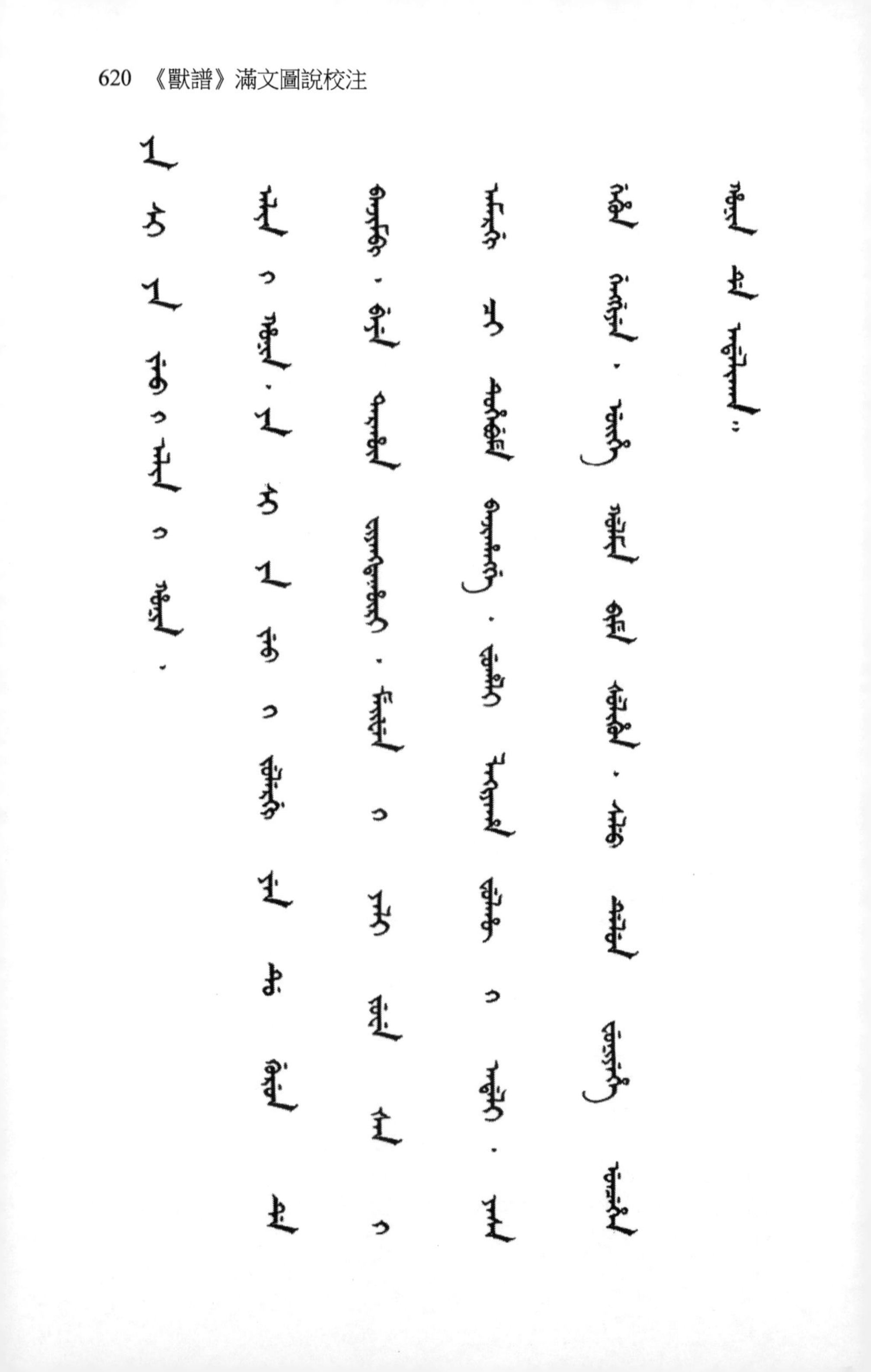

ya si ya jeo i alin i honin

alin i honin, ya si ya jeo i julergi yen du gurun de banjimbi, beye tarhūn fiyangtahūri, meifen i yali juwe šan i amargi ci tuhebume banjihangge, fuhali lakiyaha fulhū i adali, yasa gehun genggiyen, uihe golmin bime šulihun, salu delun funiyehe uncehen honin de adalikan.

亞細亞州山羊

山羊產亞細亞州南印度國。體肥腯[49]，項垂兩乳如懸槖[50]。其目靈明，角銳長而樇，髯鬣毛尾與羊略同。

亚细亚州山羊

山羊产亚细亚州南印度国。体肥腯，项垂两乳如悬槖。其目灵明，角锐长而樇，髯鬣毛尾与羊略同。

---

[49] 體肥腯，滿文讀作"beye tarhūn fiyangtarhūri"，意即「身體肥壯」。

[50] 項垂兩乳如懸槖，滿文讀作"meifen i yali juwe šan i amargi ci tuhebume banjihangge, fuhali lakiyaha fulhū i adali"，意即「頸項肉從兩耳後垂落，長的全然如同懸掛的口袋」。

ᠪᡠᡥᡡᠨᡳᠶᠠᠮᠠᠩᡤᠠ.

ᠪᡠᡥᡡ ᠨᡳᠶᠠᠮᠠᠩᡤᠠ. ᠮᡠ ᡨᡳᠶᠠᠨ ᡩᡝ ᡳ ᠰᡝ ᡩᡝ ᡳ ᠰᡝ ᠠ ᠪᡳᡨᡥᡝ ᠶᠠ

ᠪᡳᠰᡳᡵᡝᠩᡤᡝ. ᡩᡠᡵᡠᠩᡤᡝ ᡩᡝ ᡳ ᡨᡠ ᠮᡝ ᠰᡝᠮᡝ ᡳ ᡨᡠᡵᡤᡠᠨ ᡩᡝ

ᠪᡝᠶᡝᠩᡤᡝ ᠪᡝ. ᡳᠰᡳ ᠪᡝᡳᠯᡝ ᠪᡠᡵᡠᠯᠠᠪᡠ. ᠠᡧᡧᠠᠮᡝ ᡤᡝᠯᡝ ᡩᡝ ᡤᡝᡵᡤᡠᠨ ᡩᡝ

ᠠᠮᠪᠠᡴᡳᠯᠠᠪᡠ. ᡤᡝᡵᡤᡝᠨ ᡳᠯᡝᡨᡠ ᠪᡝ ᠰᡝᠮᡝ ᡨᡠᠰᡠᠯᡝᠮᡝ. ᠰᠠᡵᡤᡳᠶᠠᠨ ᠠᠰᡳ ᡩᡝ ᠰᡳᠮᠠᡵᠠᠨ

ᡨᡠᠮᡝᠨ ᡳ ᠠᠯᡳᠨ ᠪᡝᡳᠯᡝ. ᡥᡡᠸᠠᡵᡤᠠᠨ ᠪᡠᡥᡡ ᠠᠯᡳᠨ ᠠᠮᠪᠠ. ᠠᡵᠪᡠᠨ ᡩᡝ

ᡳ ᠪᡝ ᠪᠠᡩᠠᡵᠠᠮᠪᡠ::

bandi indahūn

bandi indahūn, eo lo ba jeo i i da lii ya gurun ci tucimbi.tubade bisire ba do ho bira i muke mederi de dosinara bade, ere gurgu banjimbi, inenggi šun de muke de somimbi, dobori cikin dalin de debumbi. ini argan moo be kajaci loho i adali dacun, funiyehei boco adali akū, kara ningge be ja de baharakū.

般第狗

般第狗[51]，出歐邏巴州意大理亞國，其地有河，名巴鐸河，入海處是獸生焉[52]。晝潛於水，夜臥岸側，鋸牙齧樹，其利如刀。毛色不一，黑者不易得也。

般第狗

般第狗，出欧逻巴州意大理亚国，其地有河，名巴铎河，入海处是兽生焉。昼潜于水，夜卧岸侧，锯牙啮树，其利如刀。毛色不一，黑者不易得也。

---

[51] 般第狗，滿文讀作"bandi indahūn"，意即「河狸」。

[52] 其地有河，名巴鐸河，入海處是獸生焉，滿文讀作"tubade bisire ba do ho bira i muke mederi de dosinara bade, ere gurgu banjimbi"，意即「在那裡的巴鐸河的水入海處，此獸生長。」按：巴鐸河，據考證為義大利文"Brenta"（布倫塔）音譯，該河注入亞得里亞海。

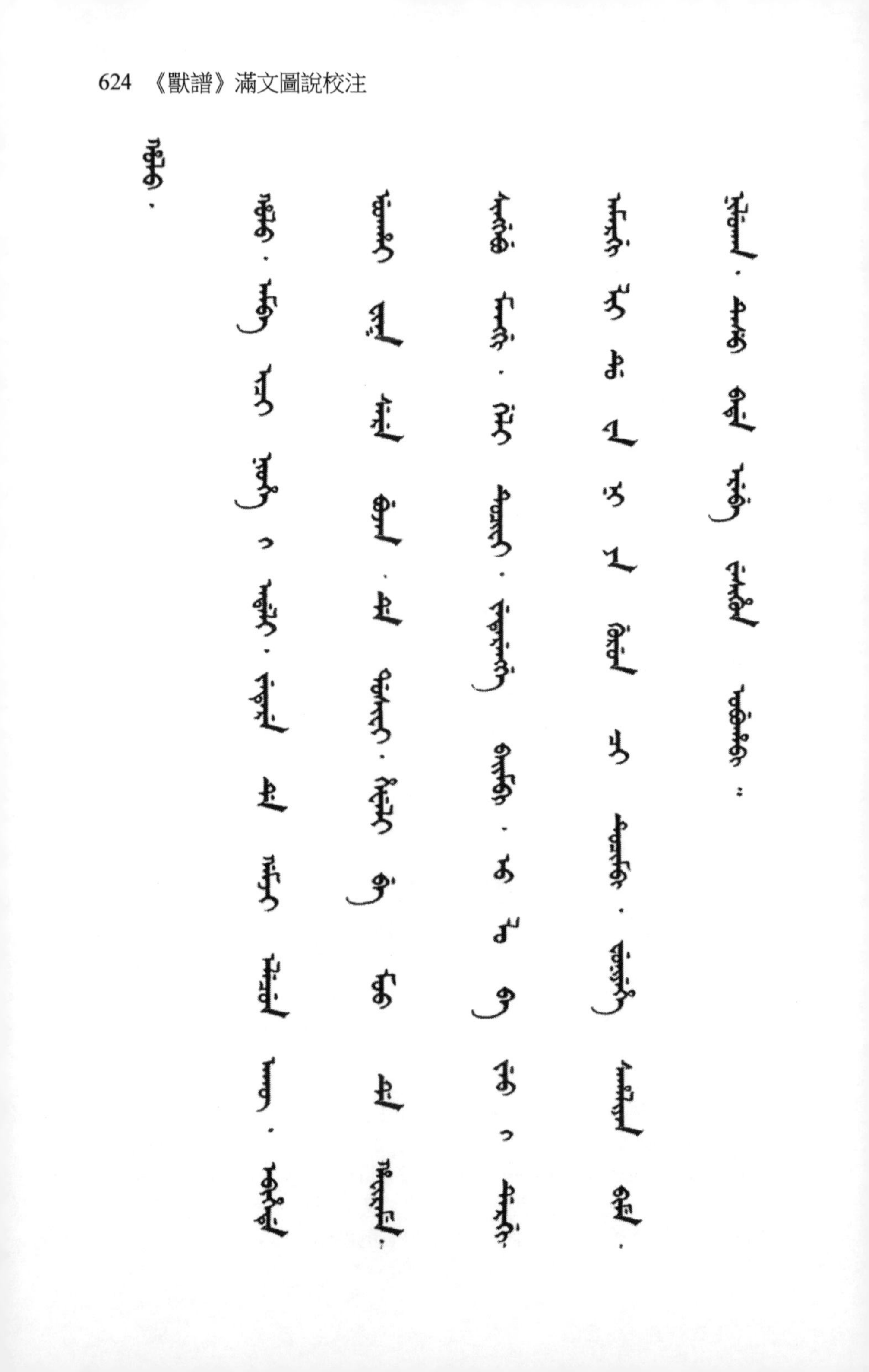

holo

holo, amba ici niohe i adali, jetere de gamji elecun akū, ebihede uthai fik sere bujan de dosifi, hefeli be moo de hafirame, singgebu manggi, geli tucifi, jeterenggge baimbi. eo lo ba jeo i dergi amargi lii du wa ni ya gurun ci tucimbi, funiyehe sahaliyan bime nilukan, tesu bade erebe wesihun obuhabi.

獲落

獲落[53]，大如狼，貪食無厭[54]，飽則走入密樹間，夾其腹以消之[55]，復出覓食。產歐邏巴東北里都瓦你亞國[56]，毛黑而澤，彼土珍之。

获落

获落，大如狼，贪食无厌，饱则走入密树间，夹其腹以消之，复出觅食。产欧逻巴东北里都瓦你亚国，毛黑而泽，彼土珍之。

---

53 獲落，滿文讀作"holo"，意即「貂熊」。

54 無厭，滿文讀作"elecun akū"，意即「無饜」。

55 夾其腹以消之，滿文讀作"hefeli be moo de hafirame, singgebu manggi"，意即「以樹夾腹，使消化後」。

56 里都瓦你亞國，滿文讀作"lii du wa ni ya gurun"，意即「立陶宛」（Lithuania）音譯。

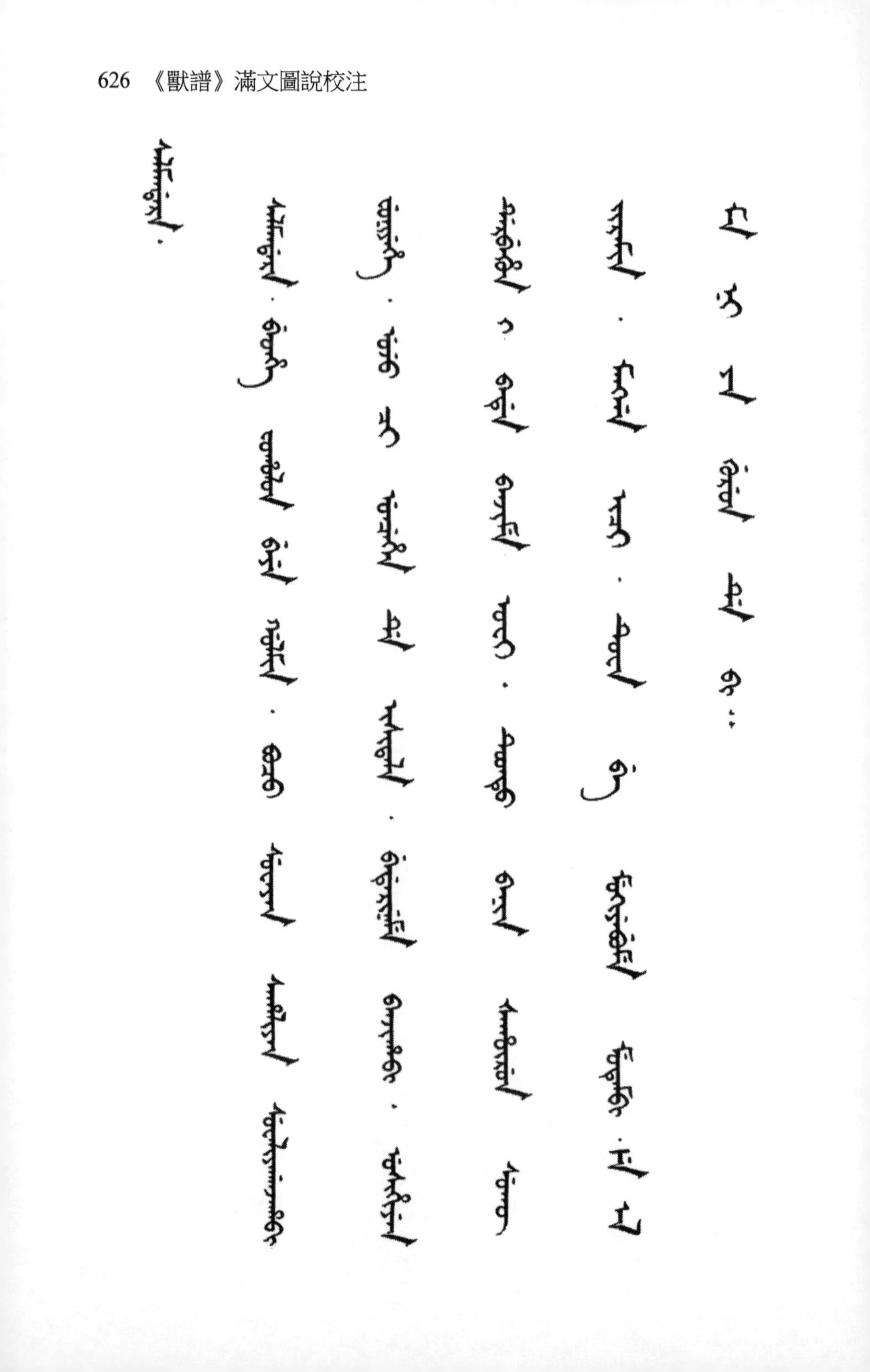

[illegible]

salmandara

salmandara, bethe foholon beye golmin, boco suwayan sahaliyan suwaliyaganjahabi, funiyehe, uju ci uncehen de isitala, bederineme banjihabi. usihiyen derbehun i bade banjime ofi, tuttu banin šahūrun sukū jiramin, mangga ici tuwa be mukiyebume mutembi, že el ma ni ya gurun de bi.

撒辢漫大辢

撒辢漫大辢[57]，短足長身，色黃黑錯[58]，毛文斑斑，自首貫尾[59]。產陰濕之地，故其性寒皮厚，力能滅火，熱爾瑪尼亞國中有之[60]。

撒辢漫大辢

撒辢漫大辢，短足长身，色黄黑错，毛文斑斑，自首贯尾。产阴湿之地，故其性寒皮厚，力能灭火，热尔玛尼亚国中有之。

---

57 撒辢漫大辢，滿文讀作“salmandara”， 係西班牙文“salamandra”之音譯，意即「蠑螈」、「火蜥蜴」。

58 色黃黑錯，滿文讀作“boco suwayan sahaliyan suwaliyaganjahabi”，意即「黃黑色攙雜」。

59 毛文斑斑，自首貫尾，滿文讀作“funiyehe, uju ci uncehen de isitala, bederineme banjihabi”，意即「毛自首至尾長了斑紋」。

60 熱爾瑪尼亞國，滿文讀作“že el ma ni ya gurun”，係拉丁文“Germania”音譯，意即「日耳曼」。

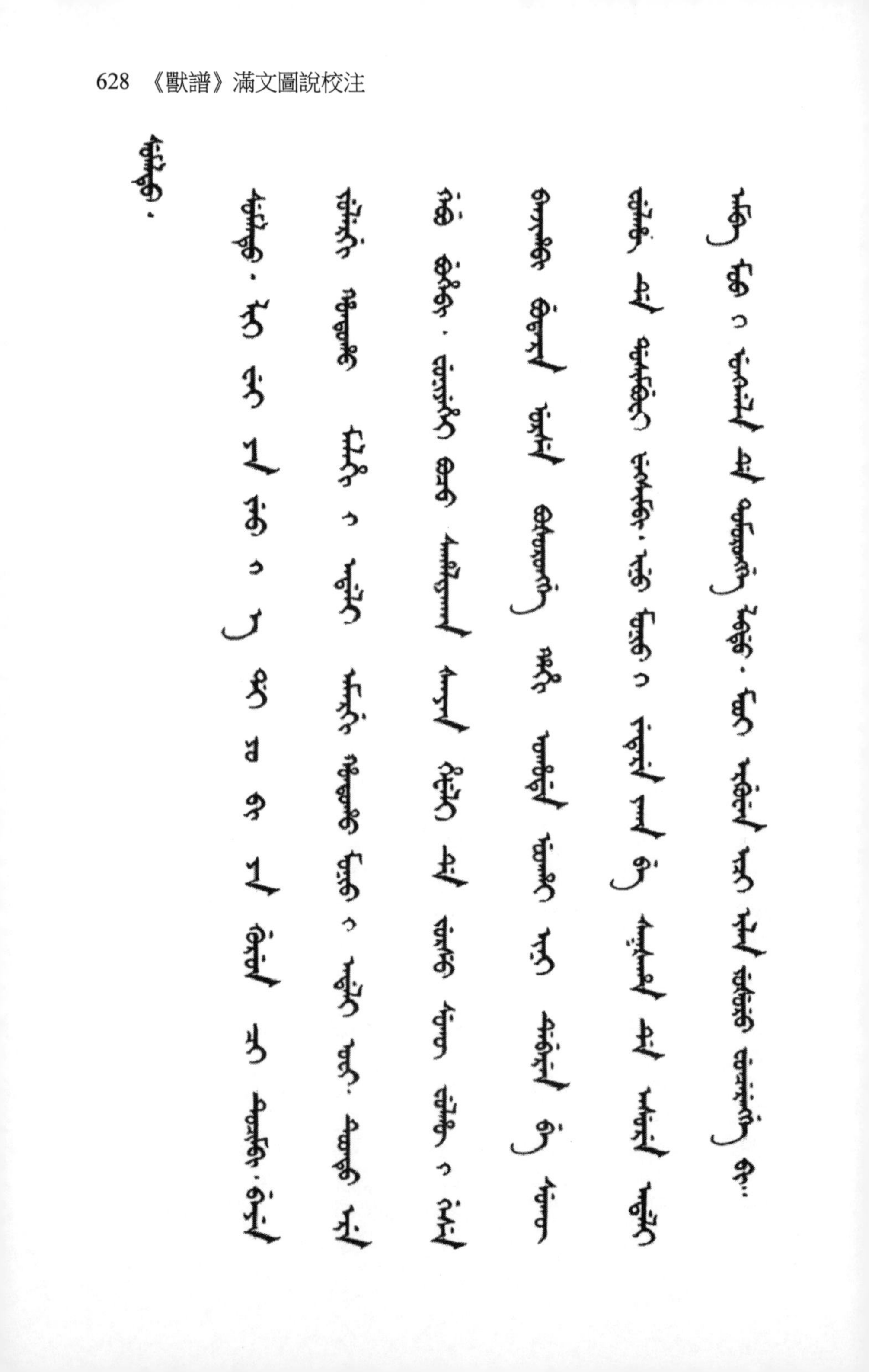

sumaltu

sumaltu, lii wei ya jeo i e di yo bi ya gurun ci tucimbi. beye julergi hontoho malahi i adali, amargi hontoho monio i adali ofi, tuttu ere gebu buhebi. funiyehei boco sahaliyakan šanyan, hefeli de jursu sukū fulhū i gese banjihabi. butara urse bošorongge hahi ohode, uthai ini deberen be sukū fulhū de dosimbufi feksimbi. inu monio i jetere jaka be šakšaha de asuru adali, amba moo i unggala de tomorongge labdu, mooi erguwen ici ilan jušuru funcerengge bi.

狸猴

狸猴獸[61]，出利未亞州額第約必牙國。其體前似狸，後似猴[62]，因以名之。毛色蒼白，腹有重革如囊。獵人逐之急，則納其子於囊而走，亦如猴之有嗛以藏食也[63]。多窟大樹中，樹有徑三尺餘者。

狸猴

狸猴兽，出利未亚州额第约必牙国。其体前似狸，后似猴，因以名之。毛色苍白，腹有重革如囊。猎人逐之急，则纳其子于囊而走，亦如猴之有嗛以藏食也。多窟大树中，树有径三尺余者。

---

61 狸猴獸，滿文讀作“sumaltu”，意即「負鼠」。

62 其體前似狸，後似猴，滿文讀作“beye julergi hontoho malahi i adali, amargi hontoho monio i adali ofi”，意即「因其身體前半似貍貓，後半似猴」。

63 亦如猴之有嗛以藏食也，句中「嗛」，滿文讀作“šakšaha”，意即「臉頰」，或「腮幫子」。

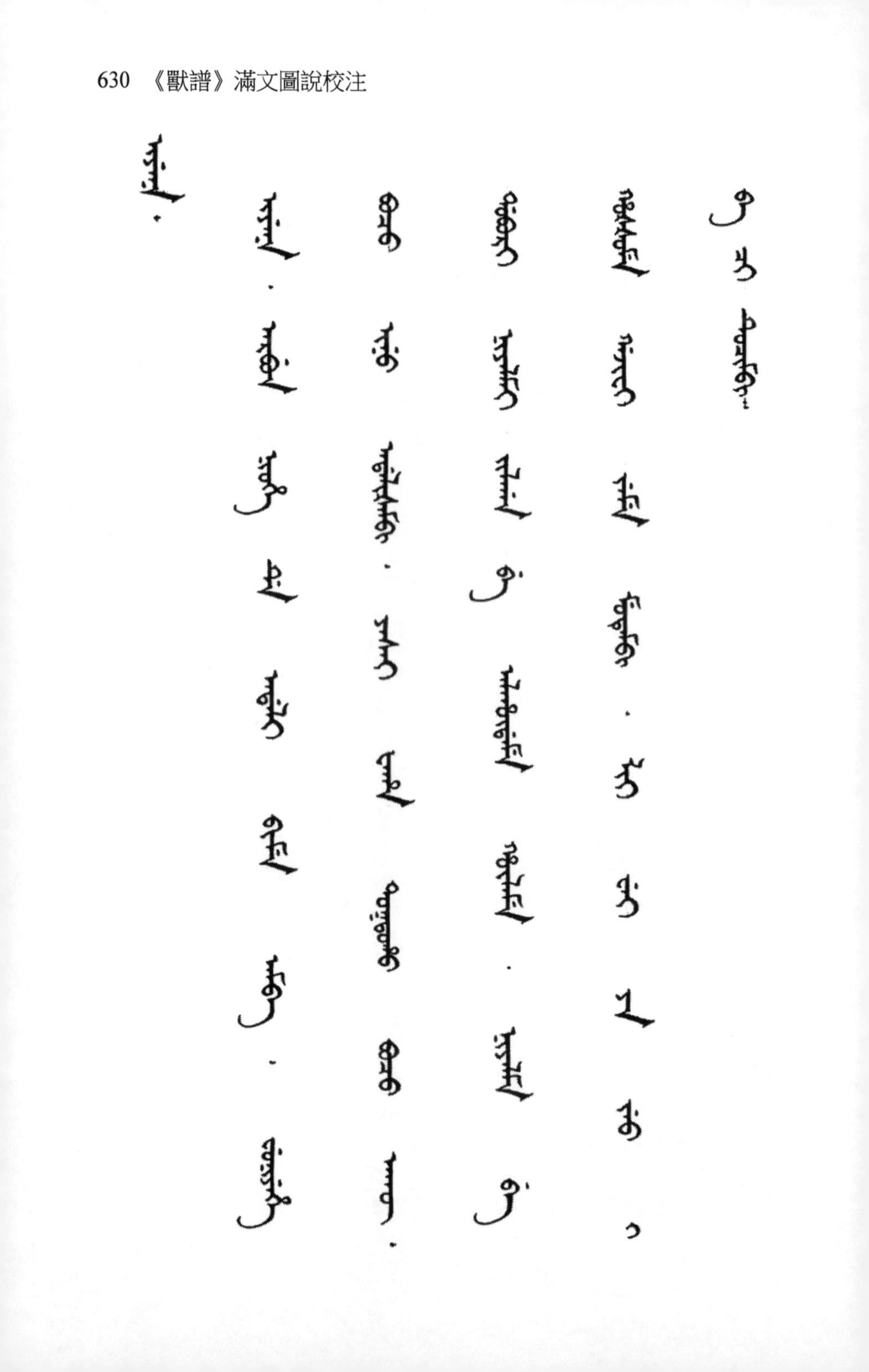

[illegible]

[illegible]

[illegible]

[illegible]

[illegible]

[illegible]

[illegible]

iyena

iyena, arbun niohe de adali bime amba, funiyehe boco inu adališambi. yasai faha toktoho boco akū. dobori niyalmai jilgan be alhūdame hūlame, niyalma be hoššome gajifi jeme mutembi, lii wei ya jeo i ba ci tucimbi.

意夜納

意夜納[64]，狀似狼而大，毛質亦如之[65]，睛無定色[66]。能夜作人聲，誘人而啖。出利未亞州。

意夜納

意夜纳，状似狼而大，毛质亦如之，睛无定色。能夜作人声，诱人而啖。出利未亚州。

---

64 意夜納，滿文讀作"iyena"，一說係 hyena 之音譯，意即「鬣狗」。

65 毛質亦如之，滿文讀作"funiyehe boco inu adališambi"，意即「毛色亦相似」。

66 睛無定色，滿文讀作"yasai faha toktoho boco akū"，意即「眼珠子無定色」。

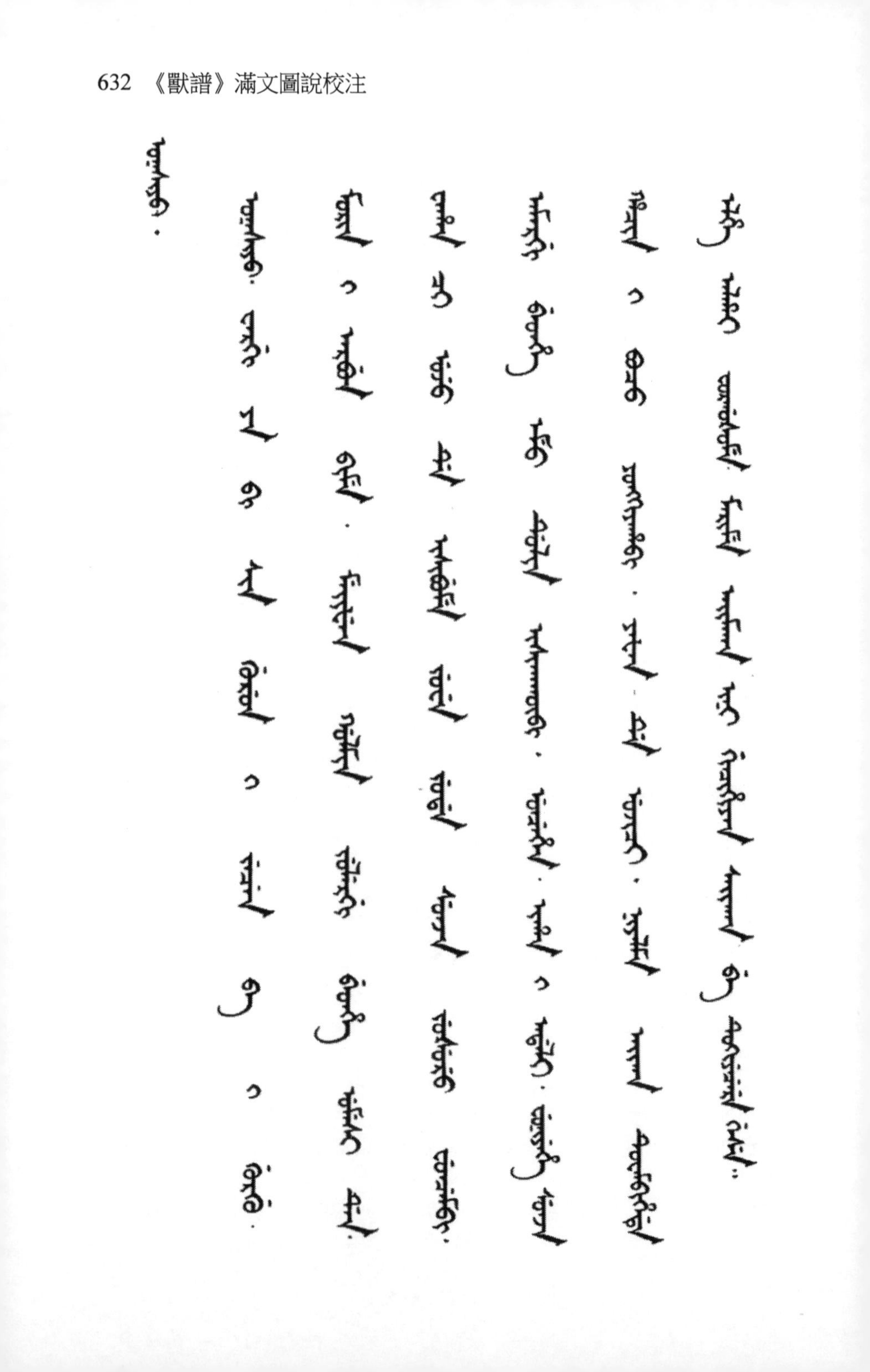

[illegible]

onasiyo

onasiyo, wargi ya bi sin gurun i jecen ba i gurgu, morin i arbun bime, meifen golmin, julergi bethe umesi den, wahan ci uju de isibume juwe juda sunja jušuru funcembi. amargi bethe emu dulin isikakūbi. uncehen ihan i adali, funiyehe sunja hacin i boco yongkiyahabi, yafan de ujici, niyalma aika tuwambihede elhe alhai forgošome marime aimaka ini gincihiyan saikan be tukiyecere gese.

惡那西約

惡那西約者[67]，西亞毗心域國之獸也[68]。具馬形而長頸，前足極高，自蹄至首可二丈五尺餘，後足不及其半。尾如牛，毛備五色。芻畜囿中[69]，人或視之，則從容旋轉，若以華采自炫焉[70]。

恶那西約

恶那西约者，西亚毗心域国之兽也。具马形而长颈，前足极高，自蹄至首可二丈五尺余，后足不及其半。尾如牛，毛备五色。刍畜囿中，人或视之，则从容旋转，若以华采自炫焉。

---

67 惡那西約，滿文讀作"onasiyo"，即「長頸鹿」之舊稱。

68 亞毗心域國，滿文讀作"ya bi sin gurun"，係"Abyssinia"音譯，即「衣索匹亞（埃塞俄比亞）」古稱。

69 芻畜囿中，滿文讀作"yafan de ujici"，意即「養於園中」。

70 若以華采自炫焉，滿文讀作"aimaka ini gincihiyan saikan be tukiyecere gese"，意即「若自詡其華麗」。

[illegible] ᠪᡠᠵᠠᠨ ᡩᡝ ᠪᠠᠨᠵᡳᠮᠪᡳ::

[illegible] [illegible] ᠪᡝ [illegible] · [illegible] [illegible] [illegible] [illegible] [illegible] [illegible] [illegible] [illegible]

[illegible] ᡩᡝ [illegible] · [illegible] [illegible] [illegible] · [illegible] [illegible] ᡩᡝ [illegible] [illegible]

[illegible] ᡩᡝ [illegible] · [illegible] [illegible] [illegible] ᠪᡝ·

[illegible] · [illegible] [illegible] [illegible] [illegible] ᡩᡝ [illegible]·

[illegible]·

unurtu

unurtu, funiyehe nunggari uncehen beye de teherembi. niyalma de bošobuhade, uthai ini deberen be fisa de unufi, uncehen i dalimbi. hahi ohode den jilgan i murame niyalma be golobumbi, julergi ya me lii giya jeo i jy le gurun de banjimbi.

蘇獸

蘇獸：茸毛尾與身等[71]，遇人追逐，則負其子於背，以尾蔽之。急則大吼，令人怖恐[72]。產南亞墨利加州智勒國[73]。

苏兽

苏兽：茸毛尾与身等，遇人追逐，则负其子于背，以尾蔽之。急则大吼，令人怖恐。产南亚墨利加州智勒国。

---

71 茸毛尾與身等，滿文讀作"funiyehe nunggari uncehen beye de teherembi"，意即「茸毛尾與身體相等」。

72 急則大吼，令人怖恐，滿文讀作"hahi ohode den jilgan i murame niyalma be golobumbi"，意即「急時以高聲吼叫使人驚恐」。

73 智勒國，滿文讀作"jy le"，係西班牙文"chile"音譯，意即「智利」。

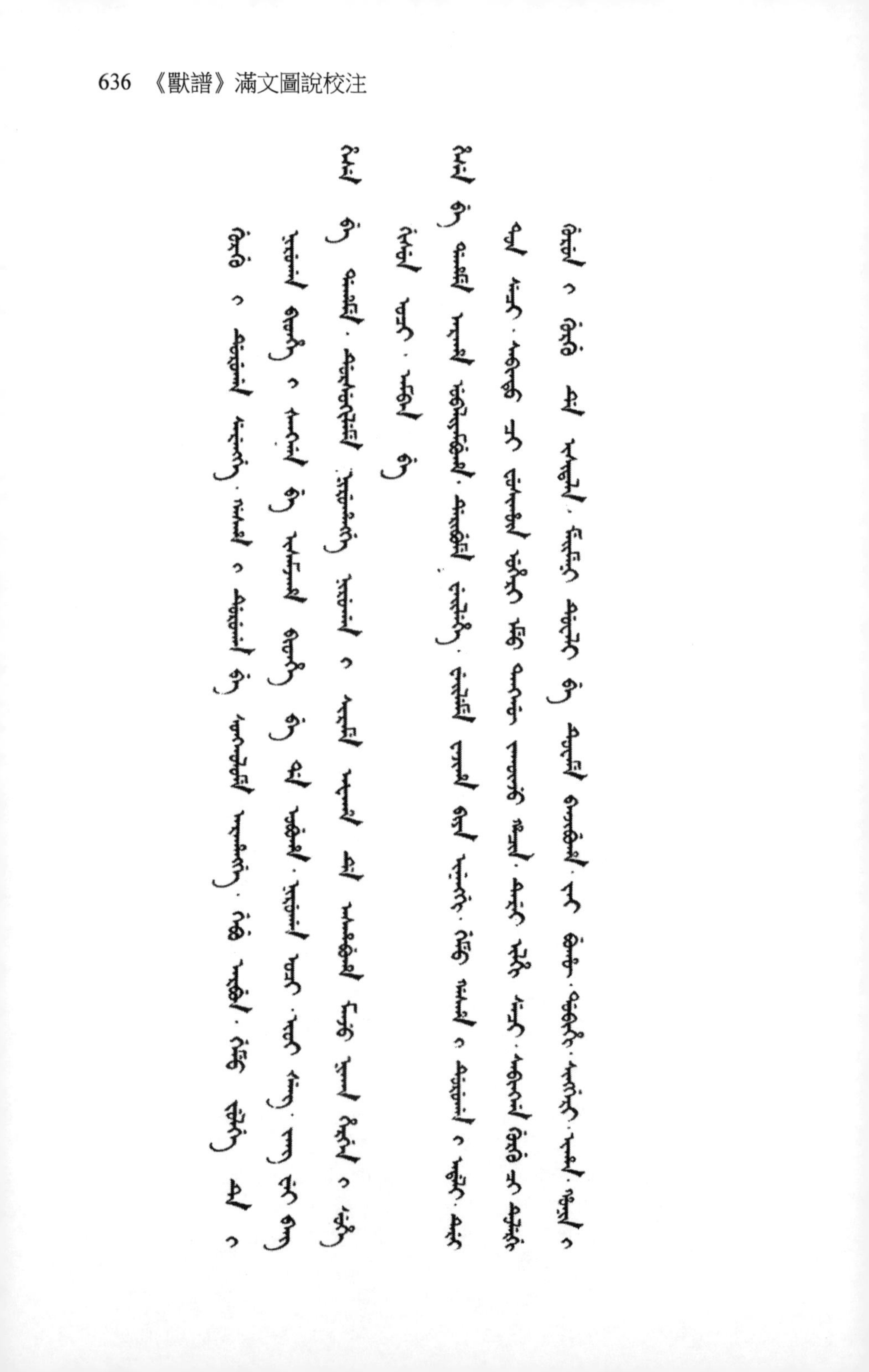

gurg i durugan serengge, gasha i durugan be songkolome arahangge, gebu arbun, gemu julge te i nirugan bithe i šanggan be isamjaha bithe be da obuha. nirugan oci, ioi šeng, jang wei bang hese be dahame, dursukileme niruhangge, nirugan i sirame afaha de ashabuha manju nikan hergen i suhe gisun oci, amban be hese be dahame araha ubaliyambuha, deribume weilehe, weileme wajiha biya inenggi, gemu gasha i durugan i adali, terei ton seci, sabintu ci fusihūn uheri emu tanggū jakūnju hacin, terei ilhi seci, sabingga gurgu ci tulergi gurun i gurgu de isitala, meimeni duwali be tuwame banjibuha. jai buhū, dobihi, singgeri, ihan, honi i

---

《獸譜》仿《鳥譜》為之，名目形相，蓋本諸《古今圖書集成》。而設色，則余省、張為邦奉勅摹寫者也。圖左方清漢說文，臣等承旨繕譯，及始工蕆事月日，並與《鳥譜》同其數，自麟以下，凡一百有八十。其序，自瑞獸至異國獸，各以類次其屬。若鹿，若狐，若鼠，若牛、羊

《兽谱》仿《鸟谱》为之，名目形相，盖本诸《古今图书集成》。而设色，则余省、张为邦奉勅摹写者也。图左方清汉说文，臣等承旨缮译，及始工蒇事月日，并与《鸟谱》同其数，自麟以下，凡一百有八十。其序，自瑞兽至异国兽，各以类次其属。若鹿，若狐，若鼠，若牛、羊

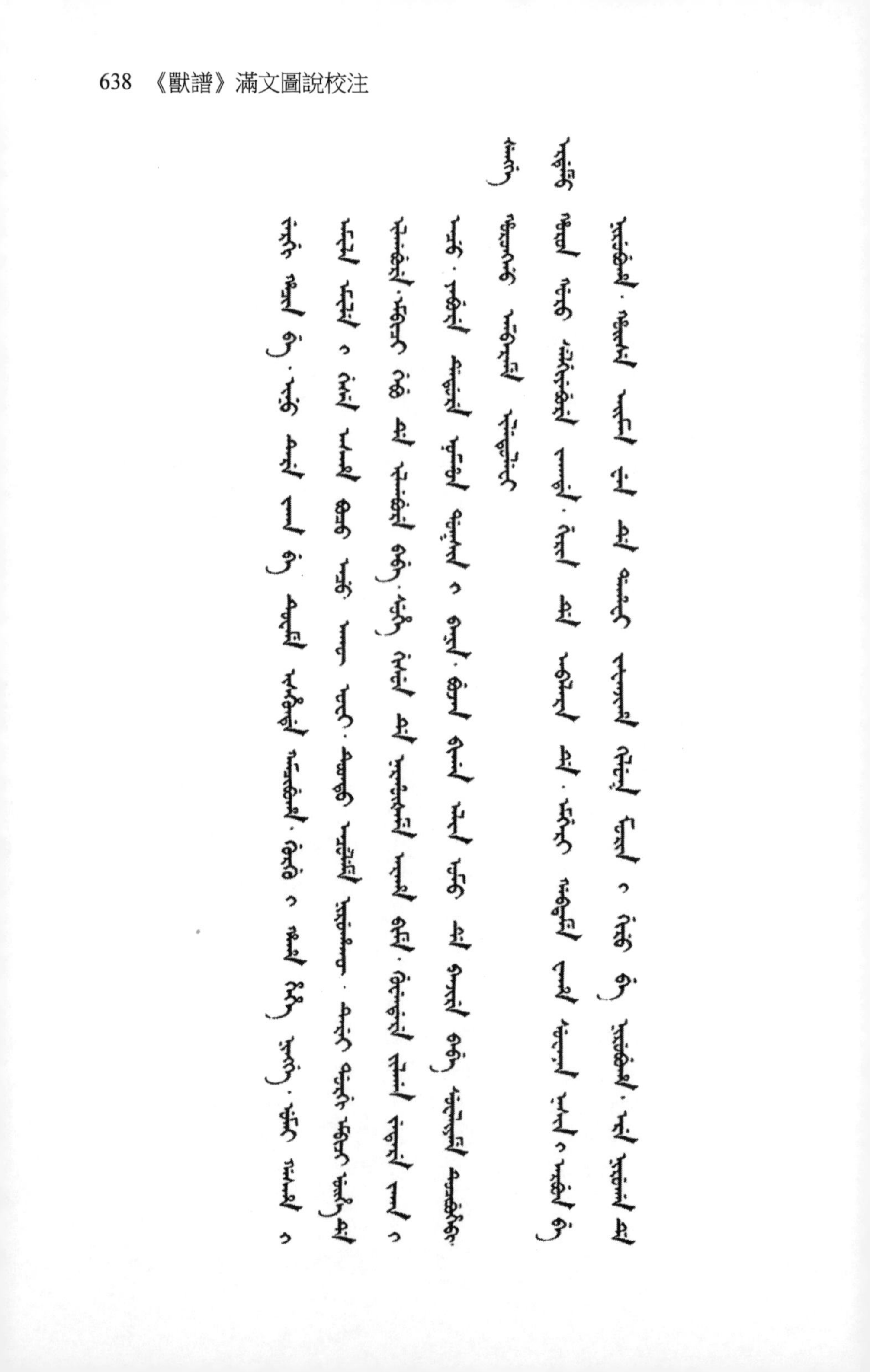

[illegible]

[illegible]

[illegible]

[illegible]

[illegible]

[illegible]

[illegible]

jergi hacin be, inu tere jaka be tuwame ishunde kamcibuha, gurgu i haha hehe ningge, umai gasha i amila emile i gese asha boco encu akū ofi, tuttu enculeme niruhakū, terei dorgi embici uihe de ilgabure, embici gebu de ilgabure babe, suhe gisun de narhūšame araha bime, guwendere jilgan jetere jaka i encu, yabure dedure nomhon doksin i banin, bujan bigan alin omo de banjire babe suwaliyame tucibuhebi. šengge horonggo ambarame iletulefi erdemu horon goro selgiyebure jakade, girin de abalara de, emgeri gabtame waha suwayan nasin i arbun be nirubuha, hoise aiman wen de dahafi jafanjiha kiluk morin i giru be nirubuha, ere nirugan de

---

等，亦以其物相附，至於毛群之牝牡，非若羽族雌雄之別翼殊色，故不另繪，其或以角辨，或以名判者，則於說文詳識之，以及鳴聲食嗜之異，走伏馴猛之性，林坰山澤之產，咸並疏焉。若夫神武丕昭，德威遐讋，講武吉林，壹發而寫黃羆之狀。回部嚮化底貢而圖天驥之材，

等，亦以其物相附，至于毛群之牝牡，非若羽族雌雄之别翼殊色，故不另绘，其或以角辨，或以名判者，则于说文详识之，以及鸣声食嗜之异，走伏驯猛之性，林坰山泽之产，咸并疏焉。若夫神武丕昭，德威遐讋，讲武吉林，壹发而写黄罴之状。回部向化底贡而图天骥之材，

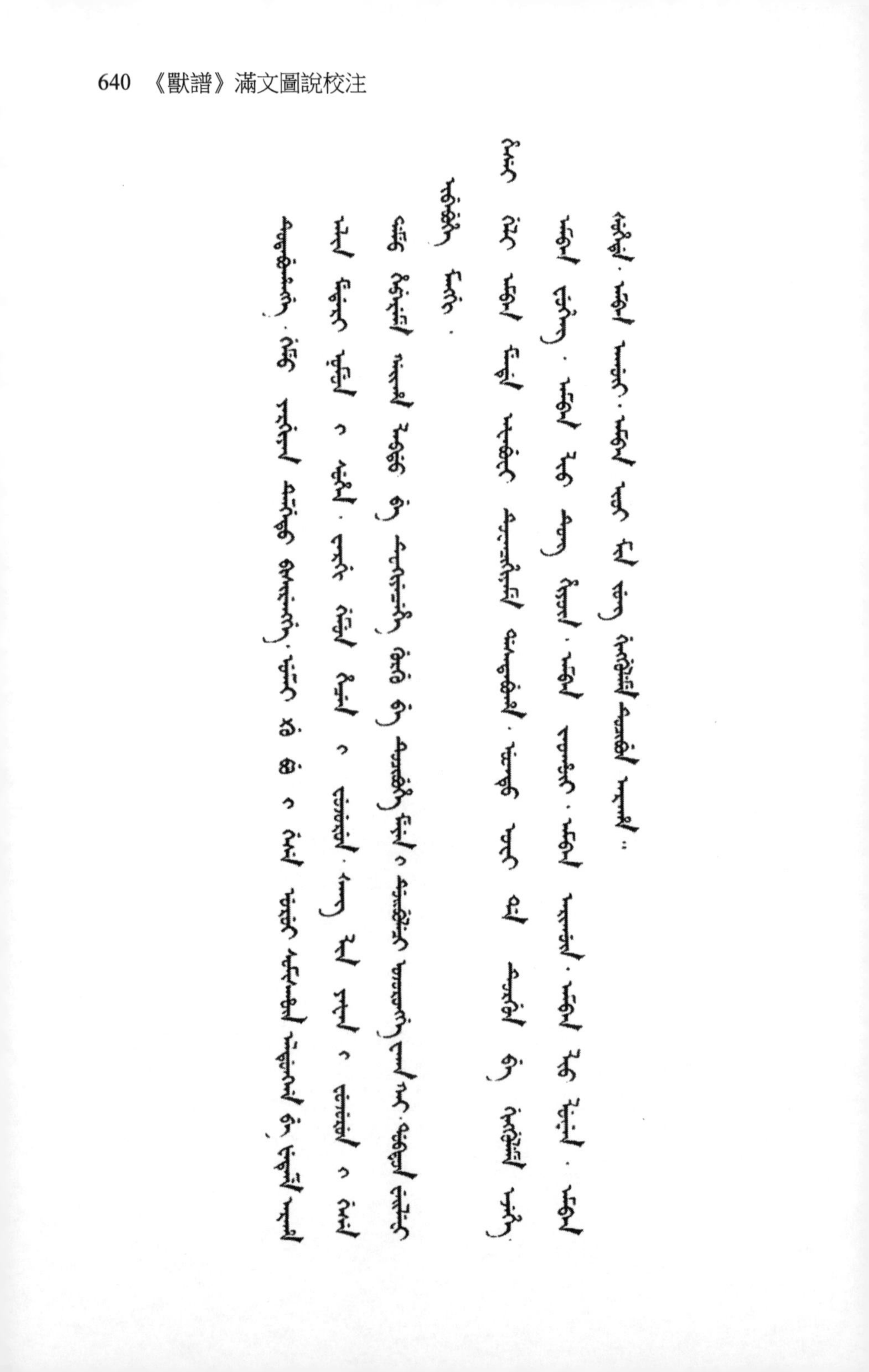

[illegible]

tutabuhangge, gemu yargiyan temgetu bisirengge, umai g'o pu i gese urui somishūn aldungga be feteme araha alin mederi nomun i suhen, wargi gemun hecen i fujurun, šang lin yafan i fujurun i gese damu hepereme gaiha labdu be tukiyecehe gurgu be tucibuhe meyen i duibuleci ojorongge waka kai. dobton weilefi ibebuhe manggi, hesei geli amban mende afabufi tuwancihiyame dasatabuha, uttu ofi da turgun be gingguleme ejehe. amban fuheng, amban lio tung hiyūn, amban jaohūi, amban arigūn, amban lio luwen, amban šuhede, amban agūi, amban ioi min jung gingguleme tucibun araha.

繪事所垂，悉皆徵實，豈郭璞《山海經注》之務探怪隱，〈西京〉〈上林〉獸簿之徒誇羅致所能仿佛哉？既裝池進呈，復命臣等勘正之，謹識緣起如右。臣傅恒、臣劉統勳、臣兆惠、臣阿里衮、臣劉綸、臣舒赫德、臣阿桂、臣于敏中恭跋。

绘事所垂，悉皆征实，岂郭璞《山海经注》之务探怪隐，〈西京〉〈上林〉兽簿之徒夸罗致所能仿佛哉？既装池进呈，复命臣等勘正之，谨识缘起如右。臣傅恒、臣刘统勋、臣兆惠、臣阿里衮、臣刘纶、臣舒赫德、臣阿桂、臣于敏中恭跋。

感 謝 詞

本書滿文、羅馬拼音及漢文，由國立臺灣師範大學研究所趙冠中同學編輯排版，原任駐臺北韓國代表部連寬志先生協助校對，並承國立臺灣大學中文學系滿文班同學暨文史哲出版社的熱心協助與支持，在此一併致謝。

莊 吉 發謹識

二〇一八年十二月